Fit fürs Studium

Elektrotechnik

Uwe Post

Rheinwerk
Computing

Liebe Leserin, lieber Leser,

willkommen in der Welt der Elektrotechnik! Mit diesem Studiengang haben Sie sich für das Beste aus allen Welten entschieden. Neben theoretischen Aspekten des Fachs, in denen Sie alles über elektrische Energie lernen, werden Sie in den kommenden Jahren nämlich auch oft selbst Hand anlegen dürfen – und Schaltungen, Generatoren und Elektroinstallationen aus nächster Nähe betrachten können.

Damit Sie dafür bestens gerüstet ins erste Semester starten, hat unser erfahrener Autor, Uwe Post, in diesem Lehrbuch alle Infos für Sie kompakt zusammengefasst. Er vermittelt mit vielen Übungen, Beispielen und einer guten Prise Augenzwinkern von den mathematischen Grundlagen bis hin zu Nachrichtentechnik und Microcontrollern alles, was Sie für den Einstieg brauchen.

Am besten arbeiten Sie sich von vorne nach hinten durch die Kapitel, sie sind größtenteils thematisch aufeinander aufgebaut. Je nach Kenntnisstand und Interesse können Sie aber auch erst einmal Ihrem Lieblingskapitel den Vorzug geben – oder das Buch für die nächste Klausur als Nachschlagewerk nutzen.

Eine Anmerkung noch in eigener Sache: Wir möchten unsere Arbeit und unsere Bücher immer besser machen. Lob und konstruktive Kritik sind uns deshalb willkommen. Das Gleiche gilt für die Autoren, die eine Webseite zum Buch eingerichtet haben und sich über Feedback freuen.

Einen guten Start an der Hochschule wünscht Ihnen

Ihre Almut Poll
Lektorat Rheinwerk Computing

almut.poll@rheinwerk-verlag.de
www.rheinwerk-verlag.de
Rheinwerk Verlag · Rheinwerkallee 4 · 53227 Bonn

Auf einen Blick

Wir hoffen, dass Sie Freude an diesem Buch haben und sich Ihre Erwartungen erfüllen. Falls Sie Anregungen, Wünsche und Kommentare haben, lassen Sie es uns wissen: **service@rheinwerk-verlag.de**.

Informationen zu unserem Verlag und Kontaktmöglichkeiten finden Sie auf unserer Verlagswebsite **www.rheinwerk-verlag.de**. Dort können Sie sich auch umfassend über unser aktuelles Programm informieren und unsere Bücher und E-Books bestellen.

Autor Uwe Post
Fachgutachten Denis Rühmer
Lektorat Almut Poll, Lisa Helmus
Copy-Editing Sibylle Feldmann, Düsseldorf
Typografie und Layout Christine Netzker
Satz SatzPro, Krefeld
Herstellung Norbert Englert
Einbandgestaltung Mai Loan Nguyen Duy
Titelbilder iStock: 1867264870 © AleksandarGeorgiev, 506725449 © demarco-media
Druck und Bindung mediaprint solutions, Paderborn

PEFC
PEFC/04-31-0810

Dieses Buch wurde mit mineralölfreien Farben auf PEFC-zertifiziertem Papier aus nachhaltiger Waldwirtschaft gedruckt.

Hergestellt in Deutschland.

Bibliografische Information der Deutschen Nationalbibliothek:
Die Deutsche Nationalbibliothek verzeichnet diese Publikation in der Deutschen Nationalbibliografie; detaillierte bibliografische Daten sind im Internet über *http://dnb.dnb.de* abrufbar.

ISBN 978-3-367-10939-5

1. Auflage 2025

Rheinwerk Verlag GmbH • Rheinwerkallee 4 • 53227 Bonn
service@rheinwerk-verlag.de

Inhalt

Kapitel 1

Einführung

Auf geht's in die Welt von Ladung, Spannung und Strom! Damit der Start in Ihr Studium möglichst widerstandsfrei gelingt, hilft eine kleine Auffrischung des benötigten Schulstoffs – aber dieses Buch geht darüber hinaus: Es vermittelt Ihnen auch Wissen, das nicht auf allen Lehrplänen steht oder in der Schule überhaupt nicht vorkommt, die ersten Semester Ihres Studiums aber erleichtern wird.

Dieses Buch möchte Ihnen den Einstieg in das durchaus anspruchsvolle Elektrotechnik-Studium erleichtern. Dazu gehört zunächst eine ordentliche Portion *Mathematik* – denn wie jedes MINT-Fach kommt auch die Elektrotechnik nicht ohne *Algebra* und *Analysis* aus. Dementsprechend wichtig ist es, dass Sie das Mathe-Handwerk sicher beherrschen. *Rechengesetze, Einheiten, Gleichungen, Funktionen* ... all das frischen Sie auf, indem Sie sich mit ein paar Aufgaben selbst testen: Können Sie diese auf Anhieb lösen, dürfen Sie meine Erklärungen zu dem jeweiligen Thema überspringen und sich am nächsten versuchen. *Differenzialrechnung* (inklusive *partieller Ableitungen* und unterschiedlicher Schreibweisen) wird Ihnen ebenso aufgetischt wie *Integralrechnung* und *Differenzialgleichungen* – alles wichtig für viele Bereiche der Elektrotechnik, wie Sie sehen werden. Nach *Vektorrechnung* und *Trigonometrie* stelle ich Ihnen die *komplexen Zahlen* vor, die Ihnen in Ihrer Schulzeit vermutlich noch keiner erklärt hat, die aber vor allem bei Wechselstromberechnungen gern herangezogen werden. Heutzutage ist es selbstverständlich, mathematische Aufgabenstellungen auch mit Computerunterstützung bearbeiten zu können. Daher zeige ich Ihnen den Umgang mit dem bewährten *Online-CAS GeoGebra* (Abbildung 1.1). Zum Schluss folgen – wie am Ende fast aller Kapitel – lockere *Entspannungsübungen*, mit denen Sie Ihren Lernstand überprüfen können.

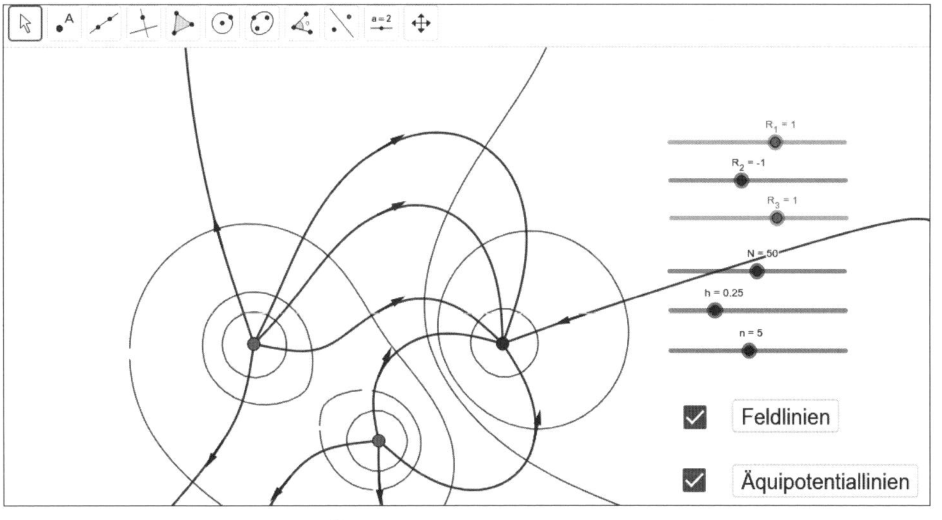

Abbildung 1.1 Elektrische Feld- und Äquipotenziallinien lassen sich mit GeoGebra im Browser berechnen und darstellen. Keine Sorge: So verwirrende krumme Pfade sind in diesem Buch selten.

In Kapitel 3 geht es dann um *elektrische Ladung, Elektronen, Coulomb-Kraft* und das *elektrostatische Feld* – alles Naturerscheinungen, die Ihnen nicht nur im Physikunterricht, sondern auch im Alltag schon begegnet sind. Die zugehörigen elektronischen Bauteile sind *Kondensatoren*.

Um *Spannung* und *Strom* geht es in Kapitel 4. Sie lernen *Schaltpläne* kennen (und Software, mit der man sie zeichnen kann), *Widerstände* und natürlich das *ohmsche Gesetz*. Noch etwas spannender als elektrische Leiter sind *Halbleiter*. Folgen Sie also Elektronen (und Löchern) durch n- und p-Schichten, konstruieren Sie nützliche Schaltungen mit *Dioden* und *Transistoren* (Abbildung 1.2).

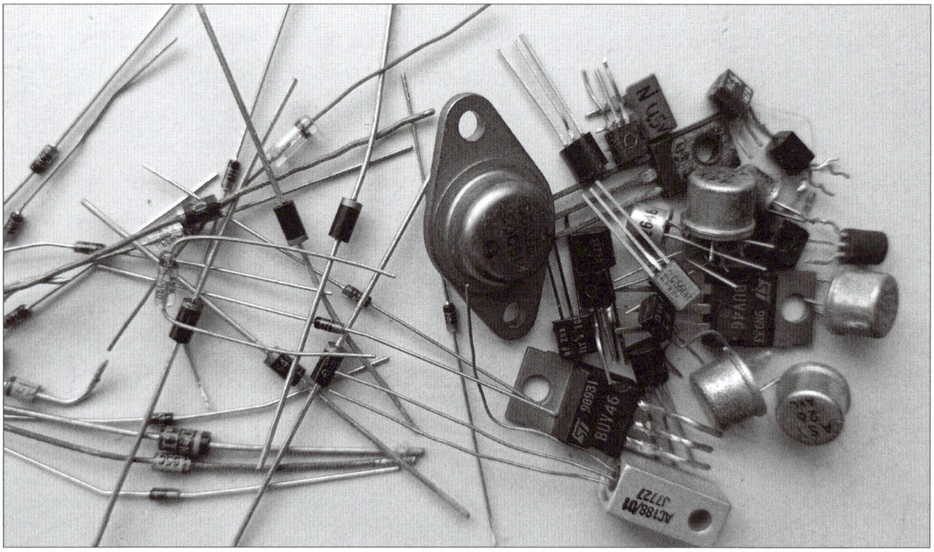

Abbildung 1.2 Pfade durch Dickichte aus Dioden (links) und Transistoren (rechts) finden Sie in Kapitel 4.

Basteln Sie mit!

Elektronische Bauteile haben den großen Vorteil, äußerst preiswert und leicht verfügbar zu sein (Versand, Bastelkiste, ausgeschlachteter kaputter Fernseher …). Besorgen Sie sich eine Handvoll *Widerstände*, *Kondensatoren*, *Dioden*, *LEDs*, *Transistoren*, einen *Mikrocontroller* (z. B. *Arduino Nano*) sowie *Drähte* und eine *Steckplatine* und basteln Sie mit! Sie können Schaltungen nachbauen, ausprobieren und variieren. Das ist nicht nur lehrreich, sondern macht auch Spaß, und Sie bekommen Übung im Umgang mit den Bauteilen, die Ihnen so oder so im Studium irgendwann in die Hände fallen werden. Ferner sollte jeder Elektrotechnik-Haushalt über ein *Multimeter* und einen *Lötkolben* verfügen – nicht nur fürs Studium, sondern auch für etwaige Privatprojekte der Kategorie »Reparieren ist besser als neu kaufen«.

In Kapitel 5 geht es um *Magnetfelder* und die *Lorentzkraft* sowie einige praktische Anwendungen. In einer kleinen Sneak Preview stelle ich Ihnen die *Maxwell-Gleichungen* vor, die für die Elektrodynamik von entscheidender Bedeutung sind.

Praktische Anwendungen von Magnetfeldern in der Elektrotechnik sind unter anderem *Spule* und *Induktion*, um die sich Kapitel 6 dreht – im wahrsten Sinne des Wortes, denn nicht nur *Wirbelströme* bewegen sich kreisförmig.

Kapitel 7 ist *Messgeräten* gewidmet sowie einem Phänomen, ohne das keine Messung auskommt: *Ungenauigkeit*. Wie sich diese auf Messungen und Messergebnisse auswirkt, ist auf den zweiten Blick nicht so trivial, wie es die zehnstellige Anzeige Ihres Taschenrechners nahelegt. Schließlich lernen Sie in Kapitel 7 *LTspice* kennen, eine frei verfügbare Simulationssoftware für elektronische Schaltungen.

Kapitel 8 behandelt das *Schwingkreis*-Thema, das für viele Analogelektronikschaltungen von großer Bedeutung ist.

Kapitel 9 beantwortet unter anderem die häufig gestellte Frage, wie der Strom eigentlich in die Steckdose gelangt und warum manche Gegenden mit *Hochspannungsleitungen* gepflastert sind, andere aber nicht. Wie aus *Gleichstrom Wechselstrom* wird (und umgekehrt), zeige ich Ihnen auch noch, bevor Kapitel 10 erklärt, wie aus Strom Bewegung wird und umgekehrt: Es geht dabei um *Motoren* (und wie man deren Drehzahl regeln kann) sowie um die Frage, wieso ein anfahrender ICE-Triebzug oder ein österreichischer RailJet wie ein elektronischer Synthesizer klingt. Zum Schluss geht es um *Generatoren* und deren Einsatz in *Windkraftanlagen* und *Energiespeichern*.

Mit Kapitel 11 beginnt die Tour durch die *Digitalelektronik*. Sie frischen *boolesche Logik* auf, die Sie möglicherweise aus dem Informatik-Unterricht kennen. Ich zeige Ihnen, wie digitale Schaltungen zu *Gates* werden und wie Sie sie ausprobieren können, ohne sich die Finger am Lötkolben zu verbrennen: in *Onlinesimulatoren*. Wichtige Anwendungen von Gates sind die Grundlage für *Mikroprozessoren*, um die es in Kapitel 12 geht. Dort stelle ich Ihnen auch den nicht umsonst bei Bastlern und in der Maker-Szene beliebten *Einplatinencomputer Raspberry Pi* und seine Programmierung ausführlich vor.

In Kapitel 13 wird es richtig nerdig, denn Sie basteln mit Mikrocontrollern (z. B. *Arduino Nano*) coole Schaltungen mit OLED-Display, temperaturabhängigem Widerstand, Joystick und Ultraschallabstandsmesser (Abbildung 1.3), deren Einzelteile meist deutlich unter 5 € kosten – zusammengerechnet, wohlgemerkt.

Abbildung 1.3 Lernen Sie Mikrocontroller und Sensoren kennen – Kapitel 13 unterstützt Sie dabei mit coolen, budgetfreundlichen Beispielen.

Das Bonuskapitel 14 zeigt Ihnen exemplarisch, wie Sie ein konkretes Projekt professionell anpacken und umsetzen. Ich bin gespannt, was Sie basteln werden!

Wie viele der Inhalte aus diesem Buch Sie im Studium wie dringend benötigen, hängt nicht zuletzt von Ihrer Schullaufbahn ab. Hatten Sie Technik-Unterricht? Leistungskurs Mathe oder Physik oder weder noch? Wahlpflichtfach Informatik? Oder haben Sie in einer Computer-AG bereits Programmieren gelernt? Was auch immer fehlt – dieses Buch füllt die Wissenslücken.

Wenn Sie gut vorbereitet ins Studium starten, können Sie sich auf die wirklich anspruchsvollen Themen konzentrieren – und die kommen garantiert. Streckenweise müssen Sie mit einem hohen Schwierigkeitsgrad rechnen. Aber lassen Sie sich davon nicht abschrecken – das Studium der Elektrotechnik ist spannend, cool und verschafft Ihnen höchstwahrscheinlich einen sicheren, gut bezahlten, abwechslungsreichen Job.

Alle Schalter auf *ON*, der Spaß beginnt!

Kapitel 2

Zahlen, bitte: Ein paar Mathe-Grundlagen

Es wird Sie wenig überraschen, dass Sie neben Lötkolben und Multimeter auch ein bisschen Mathematik für Ihr Elektrotechnik-Studium benötigen. Und Algorithmen. Zum Beispiel diesen: »Falls Sie die Beispielaufgabe problemlos lösen können, dürfen Sie meine ausführliche Erläuterung der Lösung überspringen.« Einfach, oder?

Testen Sie sich selbst: Jeder Abschnitt in diesem Kapitel beginnt mit Beispielaufgaben. Wenn Sie sie lösen können, dürfen Sie den jeweiligen Abschnitt mit der Lösung überspringen (oder gerne noch mal überfliegen – nur zur Sicherheit). Legen Sie sich ein Blatt Karopapier bereit und einen Bleistift. Sie dürfen an einigen Stellen auch einen grafischen Taschenrechner oder eine App wie *GeoGebra* verwenden, es sei denn, ich verlange Ihnen explizit Kopfrechnen ab. Startbereit? Los geht's!

2.1 Rechengesetze

Die elementaren Regeln der Algebra kennen Sie sicher. Sie wenden sie sogar heimlich an, wenn Sie im Kopf 35 und 5 addieren: $(30 + 5) + 5 = 30 + (5 + 5) = 30 + 10 = 40$. Haben Sie das *Assoziativgesetz* bemerkt? Wenn nicht, ist das nicht schlimm. Hauptsache, Sie beherrschen es! Versuchen Sie sich zum Test an den folgenden Aufgaben, die ein klein wenig schwieriger sind:

Testen Sie sich selbst!

Berechnen oder vereinfachen Sie im Kopf:

a) $\frac{4}{3} + \frac{3}{4} =$

b) $a^2 \cdot a^3 \cdot a^{-5} =$

c) $\sqrt[4]{x} \cdot \frac{x^3}{x^4} \cdot \sqrt{x} =$

d) $(d^2 + 1)^2 - d^4 - 1 =$

Lösungen

a) $\frac{4}{3} + \frac{3}{4} = \frac{16}{12} + \frac{9}{12} = \frac{16+9}{12} = \frac{25}{12} = 2\frac{1}{12}$

b) $a^2 \cdot a^3 \cdot a^{-5} = a^{2+3-5} = a^0 = 1$

c) $\sqrt[4]{x} \cdot \frac{x^3}{x^4} \cdot \sqrt{x} = x^{\frac{1}{4}+3-4+\frac{1}{2}} = x^{\frac{1+2}{4}-1} = x^{-\frac{1}{4}} = \frac{1}{\sqrt[4]{x}}$

d) $(d^2 + 1)^2 - d^4 - 1 = (d^2)^2 + 2d^2 \cdot 1 + 1^2 - d^4 - 1 = 2d^2$

Wenn Sie bei der Lösung der Aufgaben Schwierigkeiten hatten, erinnern Sie sich am besten an ein paar Rechengesetze der Algebra. Es gelten bei Addition und Multiplikation *Kommutativ-*, Assoziativ- und *Distributivgesetze*:

$a + b = b + a$; $(a + b) + c = a + (b + c)$

$a \cdot b = b \cdot a$; $(a \cdot b) \cdot c = a \cdot (b \cdot c)$

$a \cdot (b + c) = a \cdot b + a \cdot c$

Etwaige Minuszeichen können Sie so behandeln, als würden sie zur Zahl gehören oder als stünde dort ein Faktor –1, für den das *Vertauschungsgesetz* (anderes Wort für Kommutativgesetz) gilt:

$a \cdot (b - c) = a \cdot (b + (-c)) = a \cdot b + a \cdot (-c) = a \cdot b + a \cdot (-1) \cdot c = a \cdot b - a \cdot c$

Die gefürchtete *Minusklammer* ist nichts anderes als das Distributivgesetz mit einem Faktor –1 vor der Klammer:

$-(a - b) = (-1) \cdot (a - b) = (-1) \cdot a - (-1) \cdot b = -a + b = b - a$

Das Minuszeichen dreht also letztlich die Minusaufgabe um.

Analog funktioniert es mit Quotienten: Das sind Produkte mit Potenzen mit Exponent –1, für die ebenfalls die obigen Gesetze gelten:

$a/n + b/n = a \cdot n^{-1} + b \cdot n^{-1} = (a + b) \cdot n^{-1} = (a + b)/n$

Bei Brüchen erinnern Sie sich immer daran, dass ein *Bruch* nichts anderes ist als eine Division: Der Zähler wird durch den Nenner geteilt. Dann stellt sich heraus, dass die Addition zweier Brüche die Anwendung einfacher Rechengesetze bedeutet:

$$\frac{4}{5} + \frac{6}{5} = 4/5 + 6/5 = (4 + 6)/5 = 10/5 = \frac{10}{5} = 2$$

Apropos Potenzen: Diese können Sie als Abkürzung für eine mehrfache Multiplikation mit sich selbst auffassen. Dann ergibt sich das *Potenzgesetz*, nach dem sich bei Produkten von Potenzen mit gleicher Basis die Exponenten addieren:

$y^2 \cdot y^3 = (y \cdot y) \cdot (y \cdot y \cdot y) = y \cdot y \cdot y \cdot y \cdot y = y^{2+3} = y^5$

Wurzeln sind Potenzen mit gebrochen rationalen Exponenten wie z. B. $\frac{1}{2}$, für die aber die gleichen Regeln gelten. Der Exponent 0 ist ein Spezialfall und ist unabhängig von der Basis als 1 definiert.

Falls Sie sich, wie viele Menschen, die *binomischen Formeln* nicht merken können, wenden Sie doch einfach das Distributivgesetz an:

$(b + p)^2 = (b + p) \cdot (b + p) = b \cdot (b + p) + p \cdot (b + p) = b^2 + 2bp + p^2$

Fit fürs Studium: Mathematik

Wenn Sie tiefer eintauchen möchten oder weitere Entspannungsübungen gebrauchen können, empfehle ich Ihnen gerne mein anderes Buch. Es behandelt die Mathematik viel umfassender und eignet sich für alle Mint-Studiengänge. Auch CAS-Systeme wie Sage und GeoGebra kommen nicht zu kurz. Sie finden das Buch und alle Informationen dazu über den folgenden Link: *www.rheinwerk-verlag.de/6099*.

2.2 Einheiten und Vorsilben

In der Technik hantieren Sie sowohl mit abstrakten Größen als auch mit Messwerten – die nicht nur aus einer reellen Zahl bestehen, sondern auch *Einheiten* mit sich herumschleppen. Je nach Dimension auch noch mit Vorsilben. Testen Sie Ihr Wissen!

Testen Sie sich selbst!

Berechnen Sie:

a) 0,3 m in cm

b) 0,04 km^2 in m^2

c) 0,005 l in mm^3

d) 0,0006 t in g

e) 0,735(5) · 10–5 V in µV

f) 41,5±2% A – Messunsicherheit in mA

Lösungen

a) 0,3 m = 30 cm

b) 0,04 km^2 = 0,04 ·1.000.000 m^2 = 40.000 m^2

c) 0,005 l = 0,005 dm^3 = 0,005 · 1.000.000 mm^3 = 5.000 mm^3

d) 0,0006 t = 0,0006 · 1.000 kg = 0,0006 · 1.000.000 g = 6.000 g

e) $0{,}735(5) \cdot 10^{-5}$ V = $0{,}735(5) \cdot 10^{-5} \cdot 10^{6}$ µV = $0{,}735(5) \cdot 10^{1}$ µV = 7,35(5) µV

f) Die Messunsicherheit ist 41,5 A · 2 % = 0,83 A = 830 mA

Kannten Sie alle Vorsilben und Schreibweisen?

Erinnern Sie sich daran, dass Flächeneinheiten immer quadratisch sind. Aus einem Umrechnungsfaktor 10 zwischen mm und cm wird 10^2, also 100 (siehe Aufgabe b). Bei Volumeneinheiten lautet der Exponent 3 (Aufgabe c). Bitte schreiben Sie nie »ccm« für Kubikzentimeter, obwohl das leider immer noch auf vielen Küchenmessbechern steht. Mit Ausnahme von »centi« (ausgeschrieben: Zentimeter, also mit Z) und »dezi« (beides fast nur bei Längenmaßen üblich) unterscheiden sich aufeinanderfolgende Vorsilben immer um den Faktor 1000. Tabelle 2.1 zeigt Vorsilben, die Sie kennen sollten:

Vorsilbe	Faktor	Vorsilbe	Faktor
milli (m)	10^{-3}	kilo (k)	10^{3}
mikro (µ)	10^{-6}	Mega (M)	10^{6}
nano (n)	10^{-9}	Giga (G)	10^{9}
piko/pico (p)	10^{-12}	Tera (T)	10^{12}

Tabelle 2.1 Vorsilben und ihre Faktoren

Beachten Sie, dass Tonnen (t) keine *SI-Einheit* sind, also nicht Teil des internationalen Einheitensystems und daher kein Standard. Verwenden Sie sie nur umgangssprachlich und arbeiten Sie sonst immer mit g bzw. kg. Auch »ein Kilo« ist Umgangssprache, gemeint ist damit stets ein Kilo*gramm*, also 1 kg.

Die *Exponentialschreibweise* ist immer dann gefragt, wenn besonders große oder kleine Zahlenwerte auftauchen oder Vorsilben unerwünscht sind. So wird die *elektrische Feldkonstante* üblicherweise $\varepsilon_0 = 8{,}854 \cdot 10^{-12}$ As/Vm geschrieben und nicht $\varepsilon_0 = 8{,}854$ pAs/Vm, also mit Vorsilbe *piko*, was ebenfalls richtig wäre. Einfache Taschenrechnermodelle kürzen die Exponentialschreibweise mit einem E ab, zeigen also 8,854E–12 an. Zur Eingabe solcher Zahlen dient oft eine entsprechende [E]-Taste am Gerät.

Apropos Potenzen: Die Frage nach dem Exponenten zu einer bestimmten Basis ist der *Logarithmus*. Der Zehner-Logarithmus von 10^3 ist beispielsweise 3. Bei einer logarithmischen Skalierung in einem Messdiagramm wird aus je einem Faktor 10 ein Schritt von 1, was sich oft als nützlich erweist, wenn große Wertebereiche überblickt werden müssen oder bei sehr niedrigen Werten auch feine Unterschiede relevant sind. Neben dem Logarithmus zur Basis 10 ist in der Mathematik und der Elektrotechnik der *natürliche Logarithmus* $\ln(x)$ zur Basis e häufig anzutreffen.

Aus den Potenzgesetzen ergeben sich sofort die Logarithmusregeln:

$$\log(xy) = \log(x) + \log(y)$$

$$\log(a^x) = x \log(a)$$

Diese Regeln gelten unabhängig von der Basis, solange diese überall dieselbe ist. Wenn Sie Logarithmen zu verschiedenen Basen ineinander umrechnen müssen, brauchen Sie diese Formel:

$$\log_b(x) = \frac{\log_a(x)}{\log_a(b)}$$

In Teilaufgabe e) steht eine *Messunsicherheit* in Klammern. Solche Werte gelten für die letzte oder die letzten (beiden) signifikanten Stellen. Eine alternative Schreibweise ist 7,35±5 µV. Oft wird nur ein Prozentsatz angegeben. Wenn Sie Experimente durchführen, ist Ihr Messergebnis bestenfalls so genau wie Ihr Messgerät. Das sind oft nur drei oder vier Stellen (entsprechend 1 % oder 0,1 %). Wenn Sie einen solchen Messwert noch in eine Formel füttern und dann ein Endergebnis mit allen dargestellten Nachkommastellen vom Taschenrechner ablesen, übertreiben Sie Ihre Messgenauigkeit. Bei behaupteten Messunsicherheiten von unter 1 % sollten Sie immer hellhörig werden: So genau arbeiten viele Geräte gar nicht, die Ihnen zur Verfügung stehen. Schauen Sie sich im Zweifel das Kleingedruckte an (oft auf Typschildern auf der Rückseite untergebracht). Bei linearen Zusammenhängen kann der endgültige Wert maximal so viele signifikante Stellen besitzen wie der ursprüngliche Messwert, bei komplizierteren Formeln wird es schwierig. Das zugehörige Verfahren heißt Fehlerfortpflanzung, und ich behandle es später in diesem Buch in Abschnitt 7.1, »Wer misst, misst Mist«. Einige Naturkonstanten sind übrigens auf einen exakten Wert festgelegt und haben daher eine Messunsicherheit von 0.

2.3 Gleichungen

Zu fast jeder Aufgabe gehört eine Gleichung, deren Lösung Sie suchen müssen. Manchmal gibt es gar keine, manchmal mehrere oder unendlich viele. In der wirklichen Welt haben Sie oft mehrere Gleichungen auf einmal auf dem Tisch. Finden Sie also jene Zahlen, die Sie für die Unbekannten einsetzen können, sodass die jeweilige Gleichung eine wahre Aussage ergibt:

Testen Sie sich selbst!

Lösen Sie ohne technische Hilfsmittel:

a) $0{,}7x = 4{,}9$

b) $(x + 5)\,(x + 2) - (6 + x)\,(1 + x) = 8$

c) $2/(x + 1) = (x + 7)/8$

d) $5 + 2x = 2y + 2\,;\ 0{,}5y - 1 = x + 3$

e) Ihr E-Auto verbraucht auf der 40 km langen Strecke von Schalke nach Dortmund 8,8 kWh. Wie hoch ist bei gleichen Fahrbedingungen die Restreichweite, wenn der Akku zuvor mit 50 kWh voll aufgeladen war?

Lösungen

a) $x = 7$

b) Multiplizieren Sie aus und fassen Sie zusammen:

$x^2 + 5x + 2x + 5 \cdot 2 - 6 - x - 6x - x^2 = 8$

$4 = 8$

Ups! Alle x heben sich auf, und es bleibt eine falsche Aussage übrig. Diese Gleichung hat daher leider keine Lösung.

c) Nehmen Sie zunächst zur Kenntnis, dass $x = -1$ ausgeschlossen ist, da $x + 1$ links im Nenner steht und dieser nicht 0 sein darf.

Bringen Sie die Nenner jeweils auf die gegenüberliegende Seite, indem Sie mit $8\,(x + 1)$ multiplizieren. Das ist nur erlaubt, weil x nicht -1 sein kann – keinesfalls dürfen Sie eine Gleichung durch eine Multiplikation mit 0 »umformen«.

$16 = (x + 7)\,(x + 1)$

Wenn Sie die Klammer ausrechnen, erhalten Sie:

$16 = x^2 + 7x + x + 7 = x^2 + 8x + 7$

Das ist eine quadratische Gleichung, die Sie entweder mit der *pq-Formel* lösen können oder, falls Sie wie ich keine Lust haben, sich die zu merken, durch *quadratische Ergänzung* mit 16, um eine binomische Formel zu erzeugen:

$16 = x^2 + 2 \cdot 4x + 16 - 16 + 7$

$16 = (x + 4)^2 - 16 + 7$

$25 = (x + 4)^2$

Ziehen Sie die Wurzel und beachten Sie, dass es zwei mögliche Lösungen gibt:

$5 = x + 4$ oder $-5 = x + 4$

$x = 1$ oder $x = -9$

Der Vollständigkeit halber zeige ich Ihnen die pq-Formel, die Sie sich natürlich gerne merken können:

$$x^2 + px + q = 0$$

$$x = \frac{-p}{2} \pm \sqrt{\left(\frac{p}{2}\right)^2 - q}$$

d) Wenn Sie Gleichungen mit mehreren Unbekannten vor sich haben, gibt es verschiedene Lösungsstrategien. Entscheidend dabei ist nicht, *welche* Sie einsetzen, sondern, dass Sie immer zwei Gleichungen in Beziehung zueinander setzen und dabei eine Variable eliminieren. Im vorliegenden Fall bietet es sich an, die zweite Gleichung mit 2 zu multiplizieren. Erstens werden Sie dadurch die Kommazahl los, und zweitens steht dann auf der rechten Seite der Summand $2x$. Wenn Sie die beiden Gleichungen I und II dann voneinander subtrahieren, fällt das x komplett weg:

$5 + 2x = 2y + 2$ (I)

$2x + 6 = y - 2$ (II · 2)

Resultat der Subtraktion I – II · 2 (*Subtraktionsverfahren*):

$5 - 6 = 2y + 2 - y + 2$

$-1 = y + 4$

$y = -5$

Jetzt müssen Sie nur noch das errechnete y in eine der beiden Ausgangsgleichungen einsetzen und erhalten:

$0{,}5 \cdot (-5) = x + 3$

$x = -5{,}5$

Statt des Subtraktionsverfahrens ist oft das *Einsetzungsverfahren* von Vorteil, denn dazu isolieren Sie die zu eliminierende Variable – und haben somit für den zweiten Schritt die Gleichung bereits so umgeformt, dass Sie das Ergebnis direkt ausrechnen können. Gleichung II lässt sich besonders leicht nach x umstellen:

$x = 0{,}5y - 4$

Einsetzen in Gleichung I:

$5 + 2\,(0{,}5y - 4) = 2y + 2$

$5 + y - 8 = 2y + 2$

Bringen Sie y auf die rechte Seite und alle y-freien Summanden nach links:

$5 - 8 - 2 = y$

Auch hier ergibt sich natürlich $y = -5$.

e) Bei einer Sachaufgabe ist es sehr wichtig, die Bedeutung des Textes genau zu erfassen. Welche Werte sind gegeben, welche sind gesucht? Danach benötigen Sie eine Formel oder Gleichung, in die Sie die Werte einsetzen können.

Die vorliegende Aufgabe enthält einen linearen Zusammenhang. Die verbrauchte Akkuladung A ist proportional zur gefahrenen Strecke s. Der *Proportionalitätsfaktor* ist der Verbrauch v:

$$v = \frac{A}{s}$$

Anhand der gegebenen Werte für die verbrauchte Ladung auf der ersten Strecke können Sie den Verbrauch ausrechnen:

$$v = \frac{8{,}8\ \text{kWh}}{40\ \text{km}} = 0{,}22\ \text{kWh/km}$$

Die verbliebene Akkuladung in Dortmund beträgt 50 kWh – 8,8 kWh = 41,2 kWh.

Jetzt können Sie ausrechnen, wie weit das Auto damit noch kommt, indem Sie die Formel für den Verbrauch nach der Strecke umstellen:

$$s = \frac{a}{v} = \frac{41{,}2\ \text{kWh}}{0{,}22\ \text{kWh/km}} \approx 187{,}3\ \text{km}$$

Vergessen Sie nicht, die Einheiten immer mit hinzuschreiben. Letztlich hilft Ihnen das, denn falls Sie ein Ergebnis mit einer unpassenden Einheit erhalten, wissen Sie, dass etwas mit Ihrer Berechnung nicht stimmt. In diesem Fall kürzen sich die kWh weg, und es bleiben km wie erwartet stehen.

Gleichungen lösen mit GeoGebra

Schon längst können Taschenrechner, *CAS* (*Computer-Algebra-Systeme*) und natürlich moderne große Sprachmodelle (Large Language Models, LLM) wie *ChatGPT* auch Gleichungen lösen. Natürlich heißt das nicht, dass Sie das nicht mehr selbst können müssen. Aber die reine Fleißarbeit können Sie ruhig einem Rechner überlassen, dafür wurden die Dinger schließlich erfunden.

Lassen Sie uns das Gleichungssystem aus Aufgabe d) einmal in *GeoGebra* stopfen. GeoGebra ist ein frei verfügbares, sehr mächtiges CAS, das im Browser läuft und als App verfügbar ist.

Öffnen Sie die App oder alternativ im Browser Ihrer Wahl die GeoGebra-Webseite: *https://www.geogebra.org/cas*.

Sobald Sie die erste Gleichung eingegeben haben, zeichnet Ihnen das System den zugehörigen Funktionsgraphen. Geben Sie dann die zweite Gleichung ein, aber beachten Sie dabei, dass GeoGebra als Dezimaltrennzeichen einen angloamerikanischen Punkt möchte, kein deutsches Komma. Der zweite Graph erscheint. Die Lösung ist der Schnittpunkt. Klicken Sie darauf, um den numerischen Wert zu erhalten. Alternativ klicken Sie auf das Dreipunktmenü und wählen **Löse** (Abbildung 2.1).

Mit Funktionsgraphen aller Art werden Sie es noch oft zu tun bekommen. Daher lohnt sich ein näherer Blick.

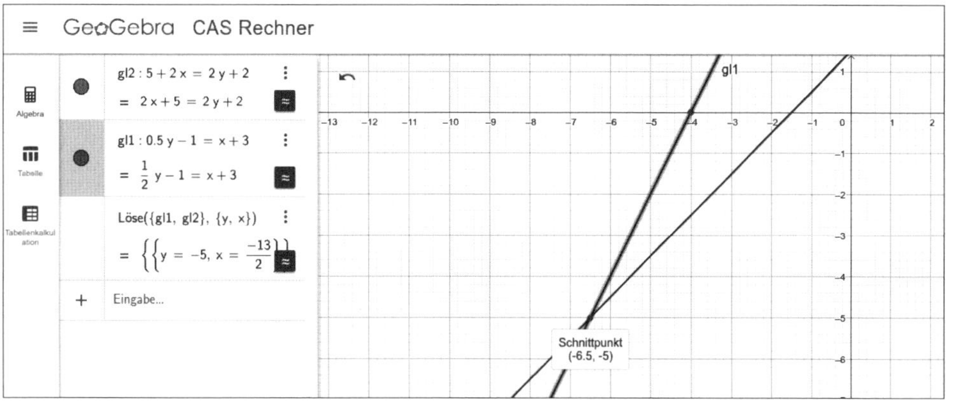

Abbildung 2.1 GeoGebra zeigt Ihnen die Lösung eines Gleichungssystems auch grafisch an.

2.4 Funktionsgraphen in kartesischen Koordinaten

Im vorangegangenen Abschnitt habe ich Ihnen bereits zwei lineare Funktionen untergejubelt, ohne dass ich Ihnen Näheres erklärt habe. Aber Sie wissen sicher aus der Schule noch vieles über Funktionen, oder?

Testen Sie sich selbst!

Verwenden Sie Karopapier, Lineal und Bleistift, um die folgenden Aufgaben zu bearbeiten.

a) Zeichnen Sie die Funktion $f(x) = (x - 1)^2 - 1$ in ein geeignetes Koordinatensystem. Berechnen Sie die Achsenschnittpunkte und gleichen Sie anschließend Ihr Ergebnis mit der Zeichnung ab.

b) Ermitteln Sie zur Funktion $g(x) = 1 - 2x$ Nullstelle und Achsenabschnitt und zeichnen Sie sie in das gleiche Koordinatensystem. Ermitteln Sie rechnerisch die Schnittpunkte der beiden Funktionen.

c) Berechnen Sie die Sekantensteigung zwischen den Schnittpunkten.

Lösungen

a) Am Quadrat haben Sie sicher sofort erkannt: Diese Funktion ist eine *Parabel*! Sie beschreibt die typische Kurve eines kaputten Smartphones, das Sie im hohen Bogen aus dem Fenster werfen. Bei einem positiven Vorzeichen wie in diesem Beispiel ist die Parabel jedoch nach oben geöffnet – nicht nach unten wie beim weggeworfenen Smartphone. Da kein Faktor vor dem x steht, handelt es sich im Grunde sogar um die Normalparabel – sie ist lediglich vom Ursprung fortgeschoben worden.

Die Schnittpunkte mit der x-Achse berechnen Sie, indem Sie den Funktionsterm mit null gleichsetzen, denn auf der x-Achse ist $y=0$. Die gesuchten x-Stellen heißen auch *Nullstellen*. Stellen Sie diese Gleichung auf:

$(x-1)^2-1=0$

Bringen Sie die 1 auf die andere Seite:

$(x-1)^2=1$

Ziehen Sie die Wurzel. Sie erhalten zwei mögliche Lösungen:

$x-1=1$ oder $-(x-1)=1$

Das bedeutet für x:

$x=0$ oder $x=2$

Damit ist (0; 0) nicht nur die Nullstelle, sondern auch der Schnittpunkt mit der y-Achse.

Setzen Sie noch ein paar Werte ein, um die Funktion besser skizzieren zu können:

x	y
−2	8
−1	3
0	0
1	−1
2	0
3	3
4	8

Das sollte genügen. Letztlich ähnelt eine Funktion einem Geldautomaten: Sie geben etwas ein und erhalten eine Ausgabe – und zwar bei gleicher Eingabe immer die gleiche. Dies unterscheidet Geldautomaten von Spielautomaten und erklärt vielleicht auch ihre etwas höhere Beliebtheit.

Fertigen Sie eine Skizze an (Abbildung 2.2).

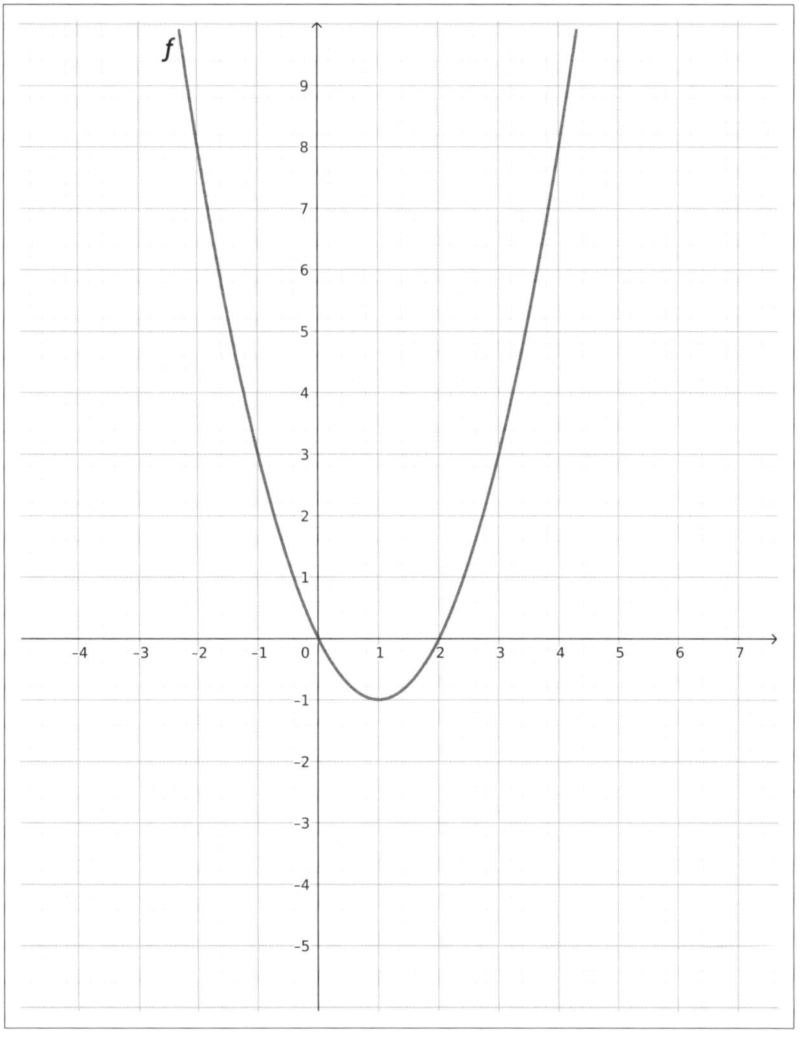

Abbildung 2.2 Parabeln lassen sich mit Bleistift und Schablone zeichnen – schneller geht es mit GeoGebra.

b) Die Funktion $g(x) = 1 - 2x$ ist etwas unkomplizierter. Als *lineare Funktion* verfügt sie über einen geradlinigen Verlauf und ist somit durch nur zwei Punkte eindeutig definiert. Der *Achsenabschnitt* ist der Funktionswert an der Stelle 0, also 1. Die einzige Nullstelle liegt bei $x = 0{,}5$, denn $g(0{,}5) = 1 - 2 \cdot 0{,}5 = 0$. Alle linearen Funktionen haben genau eine Nullstelle, es sei denn, sie haben die Steigung 0. In diesem Fall enthalten sie überhaupt kein x und verlaufen genauso konstant wie langweilig.

Gefragt hatte ich noch nach den Schnittpunkten. Setzen Sie beide Funktionsvorschriften gleich:

$1 - 2x = (x - 1)^2 - 1$

Wenden Sie die zweite binomische Formel an, um die Klammer aufzulösen:

$1 - 2x = x^2 - 2x + 1 - 1$

Erfreulicherweise hebt sich einiges gegeneinander auf, sodass übrig bleibt:

$x^2 = 1$

Also liegen die Schnittpunkte bei $x = \pm1$, genauer: (–1; 3) und (1; –1). Wenn Sie beide Funktionsvorschriften in GeoGebra einfüttern, erhalten Sie die zugehörige Darstellung (Abbildung 2.3).

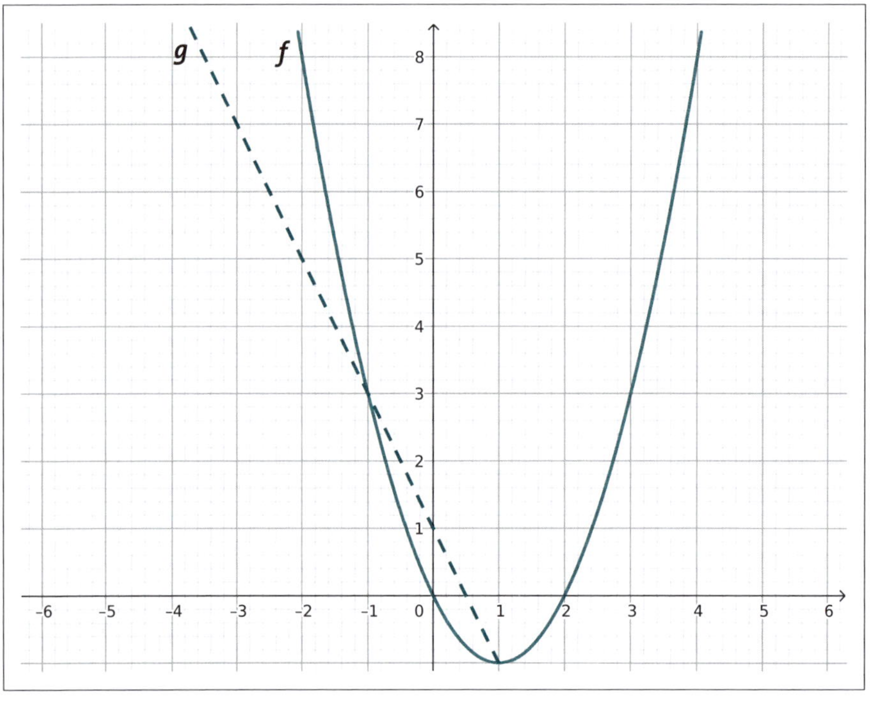

Abbildung 2.3 Betrachten Sie Parabel und lineare Funktion (gestrichelt) in GeoGebra.

c) Die *Steigung* einer Funktion ist ein sehr wichtiger Begriff. Denn die Steigung ist ein Maß für die Änderung einer abhängigen Größe. Bei linearen Funktionen ist die Steigung überall gleich und entspricht einem Proportionalitätsfaktor. Werte, die sich in Abhängigkeit anderer Werte verändern, sind in der Elektrotechnik sehr interessant. Das fängt mit dem Zusammenhang zwischen Spannung und Strom an und hört bei Ladungen und elektrischem Feld noch lange nicht auf.

Zunächst ist aber nur nach einer *Sekantensteigung* gefragt, also der Steigung einer Geraden, die durch die Schnittpunkte (−1; 3) und (1; −1) verläuft. Die Rechenvorschrift für die Steigung lautet:

$$m = \frac{\Delta y}{\Delta x}$$

Sie müssen also die Differenz der vertikalen Koordinaten durch die horizontale Distanz teilen. Das ist hier:

$$m = \frac{-1-3}{1-(-1)} = \frac{-4}{2} = -2$$

Übersetzt in Papierkästchen heißt das: Für jedes Kästchen nach rechts führt die Sekante um 2 nach unten.

Apropos Sekante: Die ist natürlich identisch mit der linearen Funktion. Ich wollte Sie mit dem Begriff aufs Glatteis führen. Ich hoffe, Sie sind nicht ausgerutscht, −2 ist nämlich ganz schön steil!

Im Ernst: In der Differenzialrechnung interessieren Sie sich normalerweise für Steigungen von *Tangenten*, die im Gegensatz zu Sekanten einen Graphen nicht zweimal schneiden, sondern nur an einer Stelle berühren. Tangenten haben die gleiche Steigung wie die Funktion an der Berührungsstelle und sind der Hotspot des nächsten Abschnitts.

2.5 Differenzialrechnung

In der Elektrotechnik werden Sie mit vielen Funktionen hantieren, und glücklicherweise sind die meisten davon *differenzierbar*. Das heißt, Sie können die *Ableitung* bilden. Die erste Ableitung einer Funktion ist selbst auch wieder eine Funktion. Deren Funktionswerte entsprechen der Steigung von Tangenten der Ursprungsfunktion an der jeweils betrachteten Stelle x. Es gibt einen ganzen Zoo von Regeln, um die Ableitungsfunktion zu bilden – kennen Sie noch alle?

Testen Sie sich selbst

Benutzen Sie für die folgenden Aufgaben keine digitalen Hilfsmittel.

a) Ermitteln Sie die Steigung der Tangente der Funktion $f(x) = (x - 1)^2 - 1$ an den beiden Schnittpunkten mit der Funktion $g(x) = 1 - 2x$. Bilden Sie dazu die erste Ableitung $f'(x)$ sowie die zweite Ableitung $f''(x)$.

b) Leiten Sie nach x ab:

$$y = \frac{2}{1-x}$$

c) Leiten Sie nach u ab:

$$q = k_0 \cdot \ln u \cdot u^2$$

d) Leiten Sie nach t ab:

$$h(t) = b_0 \cdot \sin t + a_0$$

e) Leiten Sie ab:

$$C(t) = C_0 e^{-\omega t}$$

Lösungen

a) Anhand dieser Lösungen können Sie die *Ableitungsregeln* Revue passieren lassen. Lassen Sie uns der Einfachheit halber die Funktion $f(x)$ zunächst ausmultiplizieren:

$f(x) = x^2 - 2x + 1 - 1 = x^2 - 2x$

Es handelt sich um eine rationale Funktion, die aus Summanden besteht, die nur positive Exponenten von x enthalten.

Die Ableitungsregel für eine Potenz von x lautet:

$(x^n)' = n \cdot x^{n-1}$

Die Ableitung einer Summe ist einfach die Summe der Ableitungen, und konstante Faktoren bleiben erhalten. Da die Ableitung von x (also x^1) gleich 1 ist (nämlich x^0), ist:

$f'(x) = 2x - 2$

Die Tangentensteigung war ja gesucht für die Schnittpunkte mit der linearen Funktion, also für $x=\pm 1$. Sie können daher ganz leicht ermitteln:

$f'(-1) = -4$

$f'(+1) = 0$

An der Stelle $x=1$ hat die Parabel ihren tiefsten Punkt, den man auch *Scheitelpunkt* nennt. Dort verläuft die Tangente horizontal, die Steigung ist also 0. Nullstellen der ersten Ableitung bedeuten immer einen Sattelpunkt (wenn auch die zweite Ableitung 0 ist) oder ein lokales Minimum oder Maximum.

Die zweite Ableitung ist:

$f''(x) = 2$

Das ist eine Konstante. Da die Ableitung einer quadratischen Funktion stets eine lineare Funktion ist, die überall die gleiche Steigung besitzt, war das nicht anders zu erwarten. Merken sollten Sie sich, dass etwaige Nullstellen der zweiten Ableitung mögliche *Wendepunkte* der Ursprungsfunktion sind. Das sind solche Punkte, an denen Sie in die andere Richtung lenken müssten, wenn der Graph eine Straße wäre. Der Scheitelpunkt einer Parabel ist hingegen kein Wendepunkt.

b) Wenn das x im Nenner steht, ist die Funktion ein Fall für die *Quotientenregel*. Diese lautet allgemein:

$$\left(\frac{u}{v}\right)' = \frac{u'v - uv'}{v^2}$$

Wie Sie sehen, habe ich die umständliche Notation (x) weggelassen. Sowohl u als auch v sind beliebige Funktionen von x. In der Beispielaufgabe steht im Zähler $u = 2$, das ergibt abgeleitet $u' = 0$.

Die Ableitung von $v = 1 - x$ ist $v' = -1$.

Damit ist die Ableitung der gesamten Funktion y:

$$y' = \frac{0 \cdot (1-x) - 2 \cdot (-1)}{(1-x)^2} = \frac{2}{(1-x)^2}$$

c) In diesem Beispiel benötigen Sie die *Produktregel*. Außerdem müssen Sie sich daran erinnern, dass die Ableitung des natürlichen Logarithmus von x die Funktion $1/x$ ist. Bei dieser Gelegenheit möchte ich Ihnen eine in den Natur- und Ingenieurwissenschaften gern verwendete andere Schreibweise für Ableitungen auftischen, die auf Gottfried Wilhelm Leibniz zurückgeht:

$$\frac{\mathrm{d}q}{\mathrm{d}u} = \frac{\mathrm{d}}{\mathrm{d}u} k_0 \cdot \ln u \cdot u^2$$

Gesprochen wird diese Notation: »D Q nach D U« bzw. »D nach D u von ...«. Der Quotient ähnelt der Steigung, wenn Sie sich die Buchstaben d durch griechische Deltas ersetzt denken. Unten steht folglich die Größe, nach der abgeleitet wird, also diesmal u. q ist die abhängige Größe. Da k_0 eine Konstante ist, dürfen Sie sie sofort vor den Ableitungsoperator ziehen:

$$\frac{\mathrm{d}q}{\mathrm{d}u} = k_0 \frac{\mathrm{d}}{\mathrm{d}u} \ln u \cdot u^2$$

Die Produktregel lautet allgemein in der Leibniz-Schreibweise:

$$\frac{\mathrm{d}}{\mathrm{d}x} u \cdot v = v \frac{\mathrm{d}u}{\mathrm{d}x} + u \frac{\mathrm{d}v}{\mathrm{d}x}$$

Das bedeutet für die Aufgabe:

$$\frac{\mathrm{d}q}{\mathrm{d}u} = k_0 \left(u^2 \frac{1}{u} + 2u \ln u\right) = k_0(u + 2u \ln u) = k_0 u(1 + 2 \ln u)$$

d) Nicht ohne Grund ist die nächste Funktion nach t abzuleiten. Dieser Buchstabe steht meistens für die Zeit. Ableitungen nach der Zeit werden gern mit einem Punkt über der abzuleitenden Größe notiert:

$$\dot{h} = \frac{\mathrm{d}}{\mathrm{d}t}(b_0 \cdot \sin t + a_0)$$

Ableitungen nach der Zeit kommen in der Physik häufig vor. So ist die Geschwindigkeit nichts anderes als die Ableitung des Orts nach der Zeit. Auch die Ladung eines Kondensators kann sich mit der Zeit ändern, wie Sie demnächst sehen werden.

Während die Konstante b_0 als Faktor erhalten bleibt, fällt a_0 als Summand bei der Ableitung weg. Die Ableitung der Sinusfunktion ist der Kosinus (die Ableitung des *Kosinus* ist der negative *Sinus*). Also erhalten Sie:

$$\dot{h} = b_0 \sin t$$

Die zweite Ableitung sieht übrigens in Leibniz-Schreibweise wie folgt aus:

$$\ddot{h} = \frac{d^2}{dt^2}(b_0 \cdot \sin t + a_0) = b_0 \frac{d}{dt} \cos t = -b_0 \sin t$$

Die zweite Ableitung ist also bis auf das Minuszeichen wiederum der Sinus. Komischer Zufall? Ich verspreche Ihnen: Das wird noch von Nutzen sein!

e) Auch in der letzten Teilaufgabe müssen Sie sich an eine spezielle Ableitungsregel erinnern: Die Ableitung der *Exponentialfunktion* ist sie selbst. Zur Erhöhung des Schwierigkeitsgrads und weil eine wichtige Regel bisher noch fehlte, steht das t nicht allein in der Exponentialfunktion, sondern mit einem Faktor. Das heißt, dass Sie hier die *Kettenregel* anwenden müssen. Diese lautet allgemein:

$$\big(u(v)\big)' = u'(v) \cdot v'$$

Benutzen Sie diese Regel für die Aufgabe! Das Ergebnis sieht der Ursprungsfunktion zum Verwechseln ähnlich:

$$\dot{C} = -C_0 \omega e^{-\omega t}$$

Die Ableitung der inneren Funktion $-\omega t$ ist $-\omega$, der Rest bleibt so stehen. Die Exponentialfunktion und ihre Ableitung werden Ihnen in der Elektrotechnik noch das eine oder andere Mal über den Weg laufen.

Partielle Ableitungen

Eher selten kommen in der Schulmathematik *partielle Ableitungen* vor. Das sind Ableitungen von Funktionen, die von mehr als einer Variablen abhängig sind. Ein Beispiel dafür wäre das elektrostatische Potenzial einer Punktladung im Vakuum an einer Stelle im dreidimensionalen Raum. Was genau ein Potenzial ist, erkläre ich Ihnen erst im nächsten Kapitel, aber es handelt sich um eine Funktion, die wie folgt aussieht:

$$\Phi(x, y, z) = \frac{kQ}{\sqrt{x^2 + y^2 + z^2}}$$

Sie sehen, dass das Potenzial im dreidimensionalen Raum unterschiedliche Werte annimmt und somit von den drei Raumkoordinaten x, y, z abhängt. Im Nenner erkennen Sie den dreidimensionalen Pythagoras, der der Entfernung vom Ursprung zum Punkt $(x; y; z)$ entspricht. In Kugelkoordinaten wäre das der Radius r.

Wenn Sie nur die Steigung (die räumliche Veränderung) des Potenzials in x-Richtung wissen möchten, leiten Sie die obige Funktion nach x ab und behandeln y und z wie Konstanten. Es handelt sich dabei um eine *partielle Ableitung nach x*, die man in Abgrenzung zu den üblichen kleinen Differenzial-*d*s etwas anders schreibt, aber genauso ausspricht:

$$\frac{\partial \Phi}{\partial x} = \frac{\partial}{\partial x} \frac{kQ}{\sqrt{x^2 + y^2 + z^2}}$$

Das Ergebnis dieser Ableitungsaufgabe erhalten Sie, wenn Sie die Potenzregel sowie die Kettenregel anwenden, während k und Q nur konstante Faktoren sind. Die Wurzel im Nenner bedeutet nämlich letztlich auch eine Potenz:

$$\frac{\partial}{\partial x} \frac{kQ}{\sqrt{x^2 + y^2 + z^2}} = kQ \frac{\partial}{\partial x} (x^2 + y^2 + z^2)^{-\frac{1}{2}}$$

Wenden Sie die bekannten Regeln an:

$$\frac{\partial \Phi}{\partial x} = -kQ \frac{1}{2} \cdot 2x(x^2 + y^2 + z^2)^{-\frac{3}{2}} = -kQx(x^2 + y^2 + z^2)^{-\frac{3}{2}}$$

$$= -\frac{kQx}{\left(\sqrt{x^2 + y^2 + z^2}\right)^3}$$

Die partiellen Ableitungen nach y und z lesen sich ganz ähnlich, weil die Funktion in jede Richtung gleich ausschaut.

2.6 Integralrechnung

Laut *Hauptsatz der Differenzial- und Integralrechnung* (auch bekannt als *Fundamentalsatz der Analysis*) ist, etwas vereinfacht gesagt, Integrieren das Gegenteil von Differenzieren. Während die erste Ableitung Ihnen etwas über die Steigung einer Funktion verrät, errechnet das Gegenteil, das Integral, den Flächeninhalt zwischen Graph und x-Achse. Um ein Integral zu lösen, benötigen Sie eine *Stammfunktion*, deren Ableitung die zu integrierende Funktion ist. Erinnern Sie sich an alle zugehörigen Regeln und Schreibweisen?

Testen Sie sich selbst!

Verwenden Sie auch für diese Aufgaben weder Taschenrechner noch irgendein CAS.

a) Berechnen Sie das bestimmte Integral:

$$\int_0^2 \frac{3x^2}{4}\,\mathrm{d}x$$

b) Berechnen Sie dieses *uneigentliche Integral*:

$$\int e^{-at}\,\mathrm{d}t (\text{für } a > 0)$$

c) Lösen Sie ein unbestimmtes Integral:

$$\int 2x \ln x \,\mathrm{d}x$$

d) Integrieren Sie diese spezielle Funktion:

$$\int_0^{\frac{\pi}{2}} t \cos t^2 \,\mathrm{d}t$$

Lösungen

a) Wenn Sie die Ableitungsregeln für Potenzen von x kennen, können Sie sicher sofort eine Stammfunktion für das Integral hinschreiben:

$$\int_0^2 \frac{3x^2}{4}\,\mathrm{d}x = \left.\frac{x^3}{4}\right|_0^2$$

Setzen Sie die Grenzen für x ein, und Sie erhalten die Lösung, die dem Flächeninhalt unter dem Graphen der Ausgangsfunktion zwischen $x = 0..2$ entspricht:

$$\left.\frac{x^3}{4}\right|_0^2 = \frac{1}{4}(2^3 - 0^3) = \frac{1}{4} \cdot 8 = 2$$

Zur Erinnerung: Die Rede ist immer von *einer* Stammfunktion, weil ein konstanter Summand bei der Ableitung wegfällt. Daher wäre auch die Funktion $1 + x^{3/4}$ eine korrekte Stammfunktion – aber der Summand 1 würde sich beim Einsetzen der Grenzen ohnehin aufheben, daher ist es einfacher, die additive Konstante 0 zu verwenden.

b) Uneigentliche Integrale zeichnen sich dadurch aus, dass die zu integrierende Funktion an einer oder beiden Grenzen nicht definiert ist. In diesem Fall ist das die obere Grenze. Sie wissen, dass die Exponentialfunktion für negative Exponenten gegen die x-Achse konvergiert, also könnte es ja sein, dass das Integral tatsächlich numerisch lösbar ist. Streng genommen müssen Sie hier einen *Grenzwert* (Limes, abgekürzt lim) bilden:

$$\int e^{-at}\,\mathrm{d}t = \lim_{b\to\infty} \int e^{-at}\,\mathrm{d}t$$

Sie integrieren also in Wirklichkeit nur bis zu einer Stelle b, an der die Funktion definiert ist, und lassen dann dieses b gegen unendlich laufen und schauen, was passiert.

Zunächst aber benötigen Sie eine Stammfunktion. Da Sie aus dem letzten Abschnitt wissen, dass die Exponentialfunktion beim Ableiten sich selbst ergibt, wobei ein etwaiger Faktor vor dem x vor der Funktion hinzukommt, probieren Sie mal:

$$\int e^{-at}\,\mathrm{d}t = -\frac{1}{a} \lim_{b\to\infty} e^{-at}|_1^b$$

Setzen Sie die Grenzen ein:

$$-\frac{1}{a} \lim_{b\to\infty} e^{-at}|_1^b = -\frac{1}{a} \lim_{b\to\infty} \left(e^{-ab} - e^{-a}\right)$$

Dabei ist der zweite Term in der Klammer konstant. Nach den Regeln für Grenzwerte genügt es also, den Limes für den ersten Term zu berechnen. Da die Exponentialfunktion gegen 0 geht, wenn der Exponent gegen $-\infty$ geht, ist der Grenzwert 0. Es bleibt also der konstante Term übrig, und Sie erhalten:

$$\int e^{-at}\,\mathrm{d}t = \frac{e^{-a}}{a}$$

Sie können sich dieses etwas abstrakte Ergebnis mit dem GeoGebra-Grafikrechner visualisieren lassen. Mit den einstellbaren Konstanten a und b können Sie verschiedene Beispiele durchspielen. Schieben Sie den Regler für b nach rechts, ändert sich so gut wie nichts mehr am angezeigten Flächeninhalt. Sie können sogar eine Animation abspielen, indem Sie auf das Abspielen-Icon klicken (Abbildung 2.4).

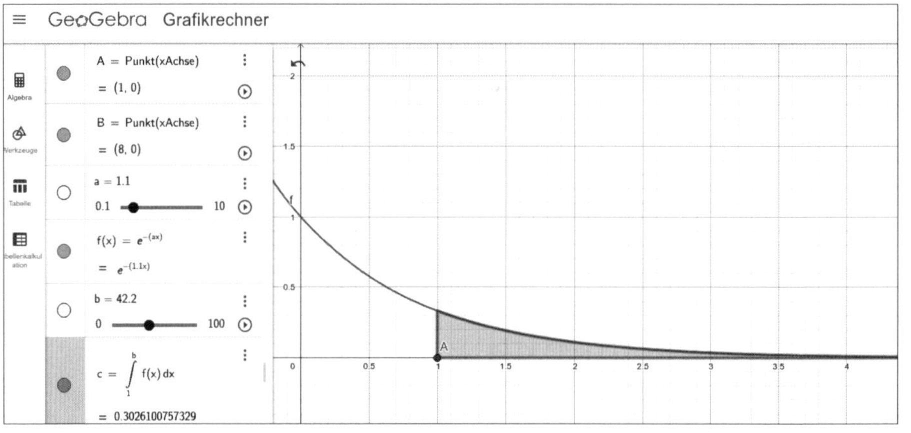

Abbildung 2.4 In GeoGebra können Sie mit den Integrationsgrenzen spielen und den numerischen Flächenwert beobachten.

c) Unbestimmte Integrale haben keine expliziten Grenzen angegeben. Sie können also keinen konkreten Wert ermitteln, der einem Flächeninhalt entspricht. Stattdessen sind implizit die Grenzen 0 und x' gemeint, also irgendeine Koordinate auf der horizontalen Achse. Die gesuchte Lösung ist dann eine Rechenvorschrift für die Bestimmung einer beliebigen Fläche zwischen 0 und x'.

$$\int f(x)\,\mathrm{d}x = \int_0^{x'} f(x)\,\mathrm{d}x$$

Erschwerend kommt hinzu, dass Sie für die zu integrierende Funktion vermutlich nicht auf Anhieb eine Stammfunktion nennen können. Stattdessen benötigen Sie die *partielle Integration*, die eine Umkehrung der Produktregel darstellt. Die allgemeine Formel dafür lautet:

$$\int_a^b f'(x) \cdot g(x)\,\mathrm{d}x = [f(x) \cdot g(x)]_a^b - \int_a^b f(x) \cdot g'(x)\mathrm{d}x$$

Um das Integral aus der Aufgabenstellung zu lösen, setzen Sie $g(x)$ für den Logarithmus und $f'(x) = 2x$. Dann ist $f(x) = x^2$ eine passende Stammfunktion, sodass Sie wie folgt partiell integrieren können:

$$\int_0^{x'} 2x \ln x\,\mathrm{d}x = x^2 \ln x|_0^{x'} - \int_0^{x'} x^2 \cdot \frac{1}{x}\mathrm{d}x = x'^2 \ln x' - \int_0^{x'} x^2 \cdot \frac{1}{x}\mathrm{d}x$$

Die Ableitung des natürlichen Logarithmus ist $1/x$ und steht im restlichen Integral, das zum Glück leicht auszurechnen ist, weil sich ein x wegkürzt:

$$\ldots = x'^2 \ln x' - \int_0^{x'} x \, \mathrm{d}x = x'^2 \ln x' - \frac{1}{2} x^2 \bigg|_0^{x'} = x'^2 \ln x' - \frac{1}{2} x'^2$$

Als Endergebnis können Sie die Lösung ohne die Striche am x hinschreiben:

$$\int_0^{x'} 2\, x \ln x \, \mathrm{d}x = x^2 \ln x - \frac{1}{2} x^2$$

d) Das letzte Integral hält mal wieder eine trigonometrische Funktion für Sie bereit. Hinzu kommt: Im Kosinus steckt ein gemeines Quadrat:

$$\int t \cos t^2 \, \mathrm{d}t$$

Das riecht nach Kettenregel, oder? Deren Umkehrung für die Integration heißt *Substitutionsregel*. Diese lautet:

$$\int_a^b f\big(g(t)\big) g'(t) \, \mathrm{d}t = \int_{g(a)}^{g(b)} f(x) \, \mathrm{d}x$$

Bewährt hat es sich allerdings, eine geeignete innere Funktion in Leibniz-Schreibweise zu formulieren:

$$x = t^2, \frac{\mathrm{d}x}{\mathrm{d}t} = 2t$$

Die innere Funktion ist also t^2, deren Ableitung $2t$. Dadurch bekommen wir einen Faktor 2 herein. Beachten Sie, dass Sie bei der Substitution die Grenzen des Integrals anpassen müssen, indem Sie sie von t-Grenzen in x-Grenzen umrechnen, also quadrieren, da $x = t^2$. Zwar bleibt die untere Grenze dadurch 0, aber die obere ändert sich, wenn Sie das Integral in $f(x)$ umschreiben:

$$\int\limits_0^{\frac{\pi}{2}} t \cos t^2 \, \mathrm{d}t = \frac{1}{2} \int\limits_0^{\frac{\pi^2}{4}} \cos x \;\, \mathrm{d}x$$

Eine Stammfunktion ist der Sinus:

$$\frac{1}{2} \int\limits_0^{\frac{\pi^2}{4}} \cos x \;\, \mathrm{d}x = \frac{1}{2} \sin x \Big|_0^{\frac{\pi^2}{4}}$$

Der Sinus für die untere Grenze 0 ergibt 0, es bleibt also das Endergebnis:

$$\int_0^{\frac{\pi}{2}} t \cos t^2 \, \mathrm{d}t = \frac{1}{2} \sin\left(\frac{\pi^2}{4}\right) \approx 0{,}31$$

Die passende Substitution zu finden, ist bisweilen gar nicht so leicht. Manchmal müssen Sie die Regel sogar rückwärts anwenden. In der Elektrotechnik kommen Integrale vor allem im Zusammenhang mit Differenzialgleichungen vor. Dafür möchte ich Ihnen ein Beispiel nicht vorenthalten.

Differenzialgleichung erster Ordnung

In einem späteren Kapitel werden Sie sehen, dass beim Entladen eines Kondensators über einen Widerstand eine Gleichung auftaucht, in der die Spannung am Kondensator U selbst sowie deren erste Ableitung nach der Zeit gemeinsam auftreten:

$$RC\dot{U} + U = 0$$

Eine solche Gleichung heißt *Differenzialgleichung* erster Ordnung. Ihre Lösung ist keine Zahl, sondern eine Funktion $U(t)$. Ähnliche Gleichungen kommen in der Biologie bei Tierpopulationen, in der Kernphysik beim radioaktiven Zerfall oder bei der Deutschen Bahn beim Bremsen durch Reibung vor.

Um eine solche Gleichung zu lösen, schreiben Sie sie zunächst mit Leibniz-d:

$$RC\frac{\mathrm{d}U}{\mathrm{d}t} + U = 0$$

Der nächste Schritt ist die *Separation der Variablen*:

$$\frac{\mathrm{d}U}{U} = -\frac{\mathrm{d}t}{RC}$$

Integrieren Sie auf beiden Seiten. Links steht eine 1-durch-Funktion von U, deren Stammfunktion der natürliche Logarithmus ist (Sie integrieren über die Spannung U), rechts steht nur eine Konstante, die über die Zeit t zu integrieren ist. Übersehen Sie nicht, dass eine additive Konstante ins Spiel kommt:

$$\ln U = -\frac{t}{RC} + k$$

Die Spannung ist hier immer positiv; denn der Logarithmus ist für negative Zahlen ja nicht definiert.

Die gesuchte Funktion $U(t)$ erhalten Sie, wenn Sie auf beide Seiten die Exponentialfunktion anwenden:

$$U(t) = \exp\left(-\frac{t}{RC} + k\right)$$

Bei dieser Gelegenheit habe ich Ihnen eine alternative Schreibweise der Exponentialfunktion untergejubelt. Ihr Vorteil ist die bessere Lesbarkeit des Exponenten, der jetzt in Klammern steht.

Die Integrationskonstante können Sie als Faktor e^k vor die Exponentialfunktion ziehen. Die physikalische Bedeutung ist die Anfangsspannung U_0, da $U(0) = U_0$ ist, weil die Exponentialfunktion für $t = 0$ den Wert 1 annimmt. Die gesuchte Funktion für den Spannungsverlauf beim Entladen des Kondensators ist also:

$$U(t) = U_0 \exp\left(-\frac{t}{RC}\right)$$

Wie eine solche Kurve prinzipiell aussieht, haben Sie schon in Abbildung 2.4 gesehen: Sie sinkt, aber immer langsamer, und nähert sich der 0 asymptotisch an. Die Spannungskurve dieses Kapitels zeigt im Gegensatz dazu allerdings nach oben, denn wir verlassen jetzt die Eindimensionalität und begeben uns in die endlosen dreidimensionalen Weiten der Vektorräume.

2.7 Koordinatensysteme und Vektoren

Wenn Sie sich in zwei oder auch drei Dimensionen bewegen und vom Nullpunkt entfernen, können Sie sich ein passendes *Koordinatensystem* aussuchen. Der Physik ist das Koordinatensystem egal – aber wenn Sie das richtige System wählen, das die Geometrie einfach zugänglich macht, werden viele Aufgaben deutlich leichter.

In der Elektrotechnik besitzen viele Größen nicht nur Betrag, sondern auch Richtung: Solche Größen nennt man *vektoriell*. Umso wichtiger ist es, dass Sie ein paar Neuronen mit *Vektorrechnung* beschäftigen.

Testen Sie sich selbst!

Lösen Sie diese Aufgaben ohne digitale Hilfsmittel. Falls Ihnen eine benötigte Formel gerade nicht einfällt, dürfen Sie sie im Internet nachschlagen.

a) Berechnen Sie die Oberfläche eines hohlen *Zylinders* mit Radius r und Höhe h durch Integration in einem geeigneten Koordinatensystem.

b) Berechnen Sie das Volumen einer Kugel mit Radius R durch Lösen eines dreifachen Integrals. Verwenden Sie auch hier das optimale Koordinatensystem.

c) Berechnen Sie:

$$\binom{2}{3} \cdot \binom{1}{2} + \frac{1}{5} \cdot \left|\binom{3}{4}\right| - \overrightarrow{e_y} \cdot \binom{-1}{+1}$$

d) Schreiben Sie das folgende *Gleichungssystem* mit einer *Matrix* und bestimmen Sie, wenn möglich, die Lösung:

$2x + 4y - z = -2$

$-4x - 2y + 0{,}5z = 1$

$x + 0{,}5y = -1$

Lösungen

a) Natürlich wählen Sie für diese Aufgabe Zylinderkoordinaten. Diese verwenden den Drehwinkel φ (phi), die Entfernung von der z-Achse r und die vertikale Koordinate z, um irgendeinen Punkt im Raum zu bestimmen. Die gesamte Fläche ist das Integral über beliebig kleine Oberflächenrechtecke der Zylinderoberfläche (bei so kleinen Oberflächenstücken ist die Krümmung zu vernachlässigen, also sind es Rechtecke). Ganz wichtig ist, dass Sie deren Kantenlängen richtig aufschreiben:

$$A = \int \mathrm{d}A = \int_0^h \int_0^{2\pi} r \,\mathrm{d}\varphi \mathrm{d}z$$

Während die vertikale Kantenlänge dz ist, ist die infinitesimale Bogenlänge entlang des Umfangs $r\,\mathrm{d}\varphi$. Genauer gesagt, wäre es $r \sin(\mathrm{d}\varphi)$, die Länge der Gegenkathete in einem rechtwinkligen Dreieck, aber für sehr kleine Winkel ist der Sinus identisch mit dem Winkel im Bogenmaß (Abbildung 2.5).

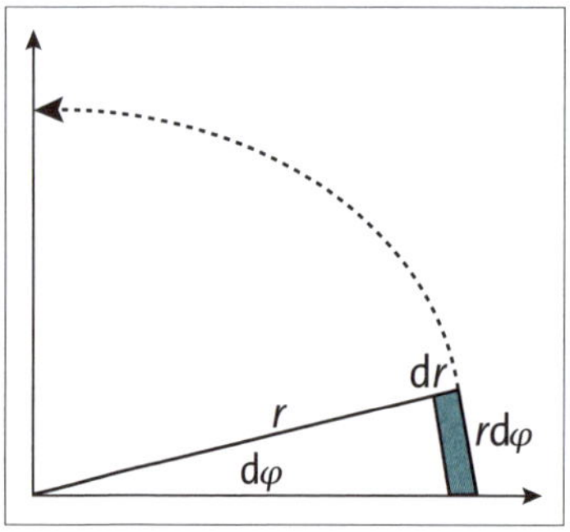

Abbildung 2.5 Das infinitesimale Flächenstück ergibt sich aus einem sehr länglichen Dreieck.

Praktischerweise tummeln sich im Integral ausschließlich Konstanten wie r. Bei der Volumenberechnung wäre das anders, aber hier erhalten Sie einfach die erwartete Formel für die Zylindermantelfläche:

$$A = \int_0^h \int_0^{2\pi} r \, \mathrm{d}\varphi \mathrm{d}z = 2\pi r h$$

Für die Berechnung des Kugelvolumens kommen natürlich nur *Kugelkoordinaten* infrage. Statt der vertikalen Koordinate z verwenden Sie einen zweiten Winkel θ *(kleines Theta)* (theta) zwischen der z-Achse und dem Richtungsvektor vom Ursprung zu einem Punkt im Raum.

Das infinitesimale Volumenelement ist:

$\mathrm{d}V = r^2 \sin(\theta) \, \mathrm{d}\varphi \, \mathrm{d}\theta \, \mathrm{d}r$

Um über das gesamte Volumen einer Kugel mit Radius R zu integrieren, egal ob Fußball oder Planet, lautet der Ansatz:

$$V = \int_0^R \int_0^\pi \int_0^{2\pi} r^2 \sin\theta \, \mathrm{d}\varphi \, \mathrm{d}\theta \, \mathrm{d}r$$

Die Reihenfolge der Integrale ist hier wichtig: Das Integral über den Polarwinkel φ steht innen, das über den Azimutwinkel θ *(kleines Theta)* in der Mitte, und das über den Radius kommt zuletzt. Das Integral über φ ist sehr einfach, weil diese Variable nicht vorkommt – sie liefert einen Faktor 2π entsprechend den Integrationsgrenzen. Es bleibt übrig:

$$V = 2\pi \int_0^R r^2 \int_0^\pi \sin\theta \, \mathrm{d}\theta \, \mathrm{d}r$$

Glücklicherweise habe ich Ihnen in diesem Buch eine Stammfunktion zum Sinus bereits verraten. Es ist der Kosinus mit einem negativen Vorzeichen.

$$V = 2\pi \int_0^R r^2 [-\cos\theta]_0^\pi \, \mathrm{d}r$$

An den Grenzen 0 und π ist der Kosinus 1 bzw. –1, sodass die Integration einen Faktor 2 ergibt. Jetzt fehlt nur noch die Integration über r^2, die Sie jetzt sicher schon im Schlaf beherrschen:

$$2 \cdot 2 \cdot \left[\frac{1}{3} r^3\right]_0^R = \frac{4}{3} \pi R^3$$

Am Ende steht natürlich das Gleiche wie in jeder Formelsammlung. Aber jetzt wissen Sie endlich, warum!

b) Diese Aufgabe ist in etwa so unrealistisch wie gemein. Ich habe nämlich mehrere Rechenarten und Schreibweisen von Vektoren vermischt. Glücklicherweise habe ich mich auf zwei Dimensionen beschränkt, um nicht zu viel Platz zu verbrauchen. Schauen Sie sich den seltsamen Term Summand für Summand an:

$$\binom{2}{3} \cdot \binom{1}{2} + \frac{1}{5} \cdot \left|\binom{3}{4}\right| - \overrightarrow{e_y} \cdot \binom{-1}{+1}$$

Ganz vorne steht ein *Skalarprodukt* oder *inneres Produkt*. Alle anderen Summanden müssen logischerweise auch Skalare (also reelle Zahlen) sein, denn Vektoren unterschiedlicher Dimensionen lassen sich schlecht addieren. Rechnen Sie den ersten Term einmal für sich allein aus:

$$\binom{2}{3} \cdot \binom{1}{2} = 2 \cdot 1 + 3 \cdot 2 = 2 + 6 = 8$$

Wie Sie sehen, multiplizieren Sie die beiden x-Werte und addieren das Produkt der y-Werte. Geometrisch entspricht dies dem Produkt der Beträge mit dem eingeschlossenen Winkel. Falls die beiden Vektoren senkrecht aufeinanderstehen, ist das Skalarprodukt 0.

Der zweite Summand enthält den Betrag eines Vektors. Das ist geometrisch nichts anderes als dessen Länge, die Sie mit dem Satz des Pythagoras berechnen können:

$$\frac{1}{5} \cdot \left|\binom{3}{4}\right| = \frac{1}{5}\sqrt{3^2 + 4^2} = \frac{1}{5}\sqrt{25} = 1$$

Schließlich ist ein weiteres Skalarprodukt zu subtrahieren, wobei der erste Faktor der Einheitsvektor in y-Richtung ist. Einheitsvektoren haben definitionsgemäß stets die Länge 1. Zu berechnen ist also:

$$\overrightarrow{e_y} \cdot \binom{-1}{+1} = \binom{0}{1} \cdot \binom{-1}{1} = 0 \cdot (-1) + 1 \cdot 1 = 1$$

Klarer Fall, oder? Das Skalarprodukt mit dem Einheitsvektor ergibt die Länge des anderen Vektors in y-Richtung, und das ist 1.

Die gesuchte Gesamtsumme des (versprochen!) unsinnigsten Vektorterms in diesem Buch ist also 8 + 1 – 1 = 8.

c) Lineare Gleichungssysteme lassen sich prima per Hand lösen, wenn man viel Zeit und Geduld hat. Aber im Ernst: Wir leben im 21. Jahrhundert und haben Computer. Aufgaben wie diese sind also schon ein wenig Studierendenquälerei. Trotzdem: Die Qual lohnt sich, denn sobald Sie das Beispiel durchexerziert haben, haben Sie garantiert verstanden, wofür Vektoren und Matrizen eigentlich wichtig sind. So wichtig, dass moderne Grafikchips darauf optimiert sind, Milliarden solcher Berechnungen pro Sekunde gleichzeitig durchzuführen.

Schreiben Sie zuerst die drei Gleichungen in eine Matrixmultiplikation um:

$2x + 4y - z = -2$

$-4x - 2y + 0{,}5z = 1$

$x + 0{,}5y = -1$

$$\begin{pmatrix} 2 & 4 & -1 \\ -4 & -2 & 0{,}5 \\ 1 & 0{,}5 & 0 \end{pmatrix} \cdot \begin{pmatrix} x \\ y \\ z \end{pmatrix} = \begin{pmatrix} -2 \\ 1 \\ -1 \end{pmatrix}$$

Noch kompakter ist die erweiterte Koeffizientenmatrix:

$$\left(\begin{array}{ccc|c} 2 & 4 & -1 & -2 \\ -4 & -2 & 0{,}5 & 1 \\ 1 & 0{,}5 & 0 & -1 \end{array}\right)$$

Die Lösung können Sie ablesen, wenn Sie diese Matrix so umformen, dass im linken Bereich auf der Diagonalen Einsen stehen und sonst überall Nullen. Das entspricht nämlich den drei Gleichungen $x = \ldots$, $y = \ldots$, $z = \ldots$ – genau das also, was Sie brauchen.

Erlaubte Umformungen entsprechen dem Additions- und Subtraktionsverfahren, die Sie aus der Lösung linearer Gleichungssysteme kennen. Außerdem dürfen Sie Gleichungen (also Zeilen) mit einem beliebigen Faktor multiplizieren. Multiplizieren Sie beispielsweise die dritte Zeile mit 4 und addieren Sie dann die zweite Zeile:

$$\left(\begin{array}{ccc|c} 2 & 4 & -1 & -2 \\ -4 & -2 & 0{,}5 & 1 \\ 0 & 0 & 0{,}5 & -3 \end{array}\right)$$

Multiplizieren Sie die dritte Zeile noch einmal mit 2, und Sie erhalten $z = -6$. Addieren Sie dann das Doppelte der ersten Zeile zur zweiten:

$$\left(\begin{array}{ccc|c} 2 & 4 & -1 & -2 \\ 0 & 6 & -1{,}5 & -3 \\ 0 & 0 & 1 & -6 \end{array}\right)$$

Um y zu erhalten, addieren Sie das 1,5-Fache der letzten Zeile zur zweiten, sodass die –1,5 verschwindet:

$$\left(\begin{array}{ccc|c} 2 & 4 & -1 & -2 \\ 0 & 6 & 0 & -12 \\ 0 & 0 & 1 & -6 \end{array}\right)$$

Teilen Sie Zeile II (die römischen Zahlen werden gern zur Nummerierung von Matrixzeilen verwendet) durch 6, und Sie erhalten $y = -2$.

Die weiteren Schritte bestehen darin, nacheinander die mittlere und die rechte Spalte in der ersten Zeile zu nullen. Wenn Sie die dritte Zeile zur ersten addieren, erhalten Sie:

$$\left(\begin{array}{ccc|c} 2 & 4 & 0 & -8 \\ 0 & 1 & 0 & -2 \\ 0 & 0 & 1 & -6 \end{array}\right)$$

Schließlich addieren Sie das Minus-Vierfache von Zeile II zu Zeile I und dividieren durch 2, um das Endergebnis zu erhalten:

$$\left(\begin{array}{ccc|c} 1 & 0 & 0 & 0 \\ 0 & 1 & 0 & -2 \\ 0 & 0 & 1 & -6 \end{array}\right)$$

Der Lösungsvektor steht jetzt nackt da: (0; –2; –6). Wenn Sie möchten, können Sie die Probe machen.

Mehrdimensionale Analysis

In der Elektrotechnik bekommen Sie es mit Funktionen zu tun, deren Eingangswerte Vektoren sind. Denken Sie beispielsweise an das Potenzial einer Punktladung im Vakuum, das ich Ihnen bereits vorgestellt habe. Dabei handelt es sich um eine skalare Funktion, die Ihnen für jeden Punkt $(x; y; z)$ im dreidimensionalen Raum einen reellen Wert liefert:

$$\Phi(x, y, z) = \frac{kQ}{\sqrt{x^2 + y^2 + z^2}}$$

Den Ortsvektor dieses Punkts können Sie als Vektor schreiben:

$$\begin{pmatrix} x \\ y \\ z \end{pmatrix} = \vec{r}$$

Natürlich fällt Ihnen sofort auf, dass im Nenner des Potenzials der Betrag dieses Vektors in Pythagoras-Form steht. Also können Sie das Potenzial viel kürzer formulieren:

$$\Phi(\vec{r}) = \frac{kQ}{|\vec{r}|}$$

Ich hatte Ihnen bereits die *partielle Ableitung* vorgestellt. So ergibt eine partielle Ableitung nach x die Steigung in diese Richtung. Wenn Sie die partiellen Ableitungen in alle drei Raumrichtungen bilden, ergibt sich daraus eine vektorielle Richtung der Steigung. Formal können Sie dazu wie folgt einen Operator bilden, der wie ein Vektor aussieht, eigentlich aber keiner ist:

$$\vec{\nabla} = \left(\frac{\partial}{\partial x}, \frac{\partial}{\partial y}, \frac{\partial}{\partial z}\right)$$

Das ist der *Nabla-Operator*, der den *Gradienten* (also die dreidimensionale Richtung der lokalen Änderung) einer skalaren Funktion im Raum bestimmt. In x-Richtung hatten wir den Gradienten ja bereits berechnet:

$$\frac{\partial \Phi}{\partial x} = -\frac{kQx}{\left(\sqrt{x^2 + y^2 + z^2}\right)^3}$$

Ersetzen Sie die Wurzel durch den Betrag des Ortsvektors:

$$\frac{\partial \Phi}{\partial x} = -\frac{kQ}{|\vec{r}|^3}x$$

Die partiellen Ableitungen in Richtung y und z sehen ganz ähnlich aus. Wenn Sie daraus einen Vektor machen, erhalten Sie:

$$\vec{\nabla}\Phi(\vec{r}) = -\frac{kQ\vec{r}}{|\vec{r}|^3}$$

Diese Formel wird Ihnen übrigens im nächsten Kapitel erneut begegnen – mit der richtigen Konstanten k handelt es sich ziemlich genau um das elektrische Feld einer Punktladung.

2.8 Trigonometrie und komplexe Zahlen

Dieses Kapitel hat Ihnen Sinus und Kosinus schon mehrmals aufgetischt. Es kann aber nicht schaden, Grundlagen und Gesetze aufzufrischen, bevor mit den komplexen Zahlen das berühmte i folgt, das in den Lehrplänen der Schulmathematik bestenfalls unter ferner liefen vorkommt.

Testen Sie sich selbst

Für die folgenden Aufgaben dürfen Sie einen Taschenrechner verwenden, um die genauen Funktionswerte der trigonometrischen Funktionen zu ermitteln. Als Referenz für die verwendeten Buchstaben dient ein rechtwinkliges Dreieck, gewissermaßen die Spielwiese der Trigonometrie (Abbildung 2.6).

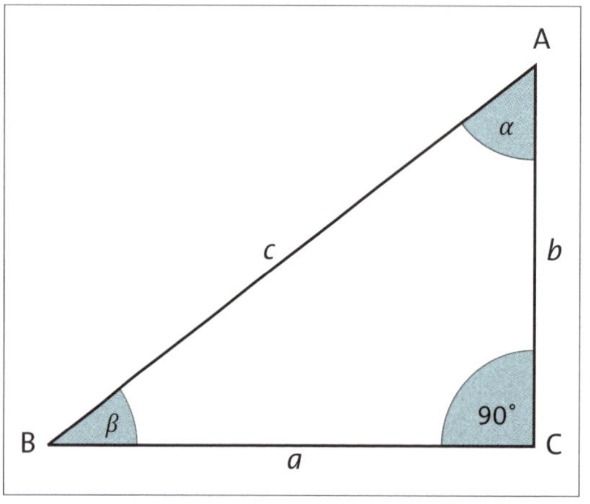

Abbildung 2.6 Das rechtwinklige Dreieck mit seinen Lieblingsbuchstaben

a) Gegeben sind für ein Dreieck die Seitenlängen $c = 4$ cm und der Winkel $\alpha = \pi/4$. Berechnen Sie a, b und β.

b) Welchen Winkel bildet eine Tangente am Graphen der Funktion $f(x) = \ln(x)$ beim Punkt $P(2, f(2))$ mit der x-Achse?

Lösungen

a) Aus dem Blickwinkel des gegebenen Winkels α ist die gegenüberliegende Seite die *Gegenkathete*. Jetzt wäre ein guter Zeitpunkt, um sich an den Merksatz zu erinnern: »Der Sinus ist Gegenkathete durch Hypotenuse, der Kosinus dasselbe mit der Ankathete.« Möglicherweise haben Sie sich den Satz etwas anders gemerkt, so oder so führt er zu der folgenden Formel:

$a = c \cdot \sin(\alpha)$

Tippen Sie die gegebenen Zahlen in Ihren Taschenrechner ein, achten Sie darauf, dass er auf Bogenmaß eingestellt ist, und Sie erhalten:

$a \approx 2{,}8$ cm

Wenn Sie zwei Seitenlängen eines rechtwinkligen Dreiecks kennen, können Sie den *Satz des Pythagoras* benutzen, um die dritte Seite auszurechnen. Übrigens: Den Zusammenhang zwischen den Quadraten der Seitenlängen kannten vor Pythagoras auch schon die Babylonier. Ehre, wem Ehre gebührt! Wenden Sie also ausnahmsweise den *Satz von Babylon* an (in lateinischen Buchstaben, babylonische habe ich nicht gefunden):

$a^2 + b^2 = c^2$

Umgestellt nach der fehlenden Seitenlänge b, erhalten Sie:

$b = \sqrt{c^2 - a^2} \approx 2{,}8$ cm

Achten Sie darauf, dass Sie die Seitenlänge a hier mit allen errechneten Nachkommastellen verwenden – nur dann stellen Sie fest, dass die Länge b mit der Länge a identisch ist. Wir haben also ein *gleichschenkliges Dreieck* vor uns. Klar, denn der Winkel von π / 4 entspricht in Grad natürlich 45°. Die Länge der Schenkel beträgt genau genommen:

$$a^2 + a^2 = c^2 \Rightarrow \sqrt{2a^2} = \sqrt{c^2} \Rightarrow a = \frac{4}{\sqrt{2}} = \frac{4\sqrt{2}}{\sqrt{2} \cdot \sqrt{2}} = 2\sqrt{2} \approx 2{,}82 \text{ cm}$$

Wenn Sie möchten, können Sie das Dreieck im Geometrierechner von GeoGebra visualisieren (Abbildung 2.7).

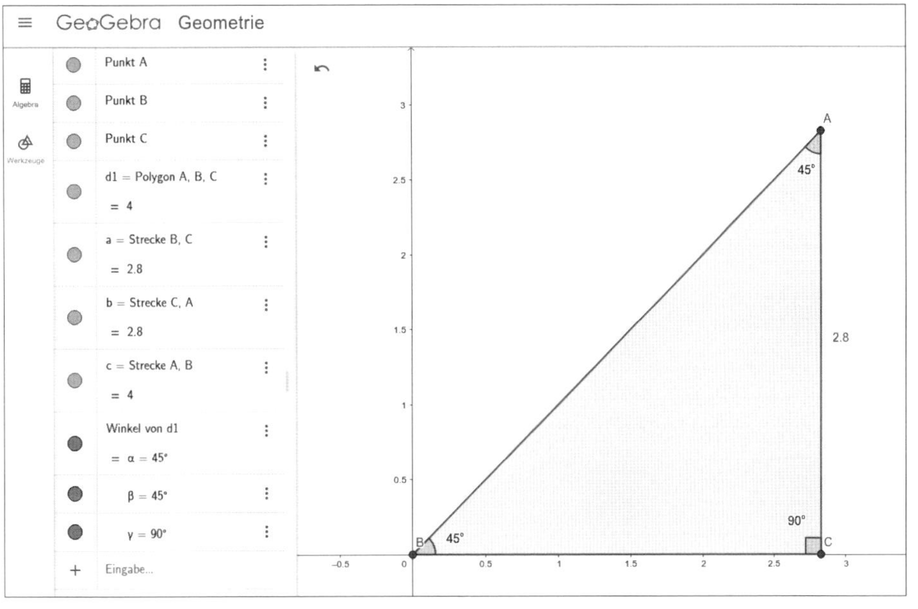

Abbildung 2.7 In GeoGebra können Sie leicht ein gleichschenkliges, rechtwinkliges Dreieck zeichnen.

b) Um den Winkel einer Tangente auszurechnen, benötigen Sie die Steigung der Funktion an der angegebenen Stelle. Dazu müssen Sie die Ableitung des natürlichen Logarithmus wissen:

$$f'(x) = \frac{1}{x}$$

Der Funktionswert an der Stelle 2 ist natürlich 0,5. Damit haben Sie die Steigung ermittelt. Aber wie finden Sie nun den Winkel heraus?

Eine Steigung von 0,5 ist gleichzeitig das Verhältnis von Gegenkathete und Ankathete. Das ist der *Tangens* des gesuchten Winkels β:

$0{,}5 = \tan \beta$

Benutzen Sie den Taschenrechner mit der Funktion arctan, atan bzw. $\tan^{-1}$, und Sie erhalten 26,6° bzw. 0,4636 im Bogenmaß.

Komplexe Zahlen und Euler-Gleichung

Mathematiker konnten sich einfach nicht damit abfinden, dass man keine Wurzeln aus negativen Zahlen ziehen kann. Aber wenn es keine Lösung gibt, kann man ja eine erfinden. René Descartes nannte diese Lösungen denn auch *imaginäre Zahlen* (also ausgedachte).

Leonard Euler nannte die Lösung der Gleichung $x^2 = -1$ dann i oder *imaginäre Einheit*. Es gilt also $i^2 = -1$, und auch darüber hinaus fand er erstaunlich elegante Formeln, die Leibniz als »wunderbare Zuflucht des menschlichen Geistes« feierte. In der Elektrotechnik wird die imaginäre Einheit meist im Zusammenhang mit Wechselstrom verwendet und wegen Verwechslungsgefahr mit dem Strom I mit j abgekürzt.

Allgemein bestehen *komplexe Zahlen* aus einem *Realteil* und einem *Imaginärteil*:

$c = a + b \cdot \mathrm{i}$

Reelle Zahlen sind also komplexe Zahlen mit Imaginärteil 0 – eine Untermenge. Für komplexe Zahlen gelten erfreulicherweise Assoziativ-, Kommutativ- und Distributivgesetz. Addieren und subtrahieren können Sie ganz intuitiv:

$c = a + b \cdot \mathrm{i}$

$z = x + y \cdot \mathrm{i}$

$c + z = a + b \cdot \mathrm{i} + x + y \cdot \mathrm{i} = (a + x) + (b + y) \cdot \mathrm{i}$

Dabei addieren sich jeweils Real- und Imaginärteil unabhängig voneinander. Kommt Ihnen das bekannt vor?

Ja, genau dasselbe passiert in der Vektorrechnung! Tatsächlich können Sie eine komplexe Zahl in eine Ebene einzeichnen, wobei die x-Achse der Realteil ist und die y-Achse der Imaginärteil. Darauf kommen wir in Kürze zurück.

Zunächst aber müssen wir dringend über die Multiplikation von komplexen Zahlen sprechen. Zum Beispiel:

$c = 2\mathrm{i}$

$z = 4\mathrm{i}$

Was ergibt $c \cdot z$? Schreiben Sie das jetzt bloß nicht mit negativen Wurzeln!

$c = \sqrt{-2}, z = \sqrt{-4};\ c \cdot z = \sqrt{-2} \cdot \sqrt{-4}$

Mit Wurzeln aus negativen Zahlen dürfen Sie nicht wie gewohnt rechnen. Schreiben Sie die Aufgabe so:

$c \cdot z = 2 \cdot \mathrm{i} \cdot 4 \cdot \mathrm{i} = 2 \cdot 4 \cdot \mathrm{i} \cdot \mathrm{i} = 8 \cdot \mathrm{i}^2 = 8 \cdot (-1) = -8$

Da Sie die Reihenfolge der Faktoren vertauschen dürfen, müssen Sie nur $\mathrm{i}^2 = -1$ einsetzen, um zum richtigen Ergebnis zu kommen.

Nun waren c und z rein imaginäre Zahlen ohne Realanteil. Im allgemeinen Fall ist das Produkt ein wenig komplizierter:

$c = a + b \cdot \mathrm{i}$

$z = x + y \cdot \mathrm{i}$

$c \cdot z = (ax - by) + (bx + ay) \cdot \mathrm{i}$

Die Division ist noch etwas komplizierter, da Sie den Nenner erweitern müssen, um ihn reell zu machen – denn an sich ist die Division durch eine komplexe Zahl nicht definiert. Der Trick dabei ist, dass das Produkt einer komplexen Zahl mit ihrer *konjugiert komplexen Zahl* (d. h. umgekehrtem, negativem Imaginärteil) immer reell ist. Also müssen Sie mit der konjugiert komplexen Zahl erweitern und erhalten für die Division zweier komplexer Zahlen:

$$\frac{c}{z} = \frac{a + b \cdot \mathrm{i}}{x + y \cdot \mathrm{i}}$$

$$\frac{(a + b \cdot \mathrm{i}) \cdot (x - y \cdot \mathrm{i})}{(x + y \cdot \mathrm{i}) \cdot (x - y \cdot \mathrm{i})} = \frac{ax - by\mathrm{i}^2 + bx\mathrm{i} - ay\mathrm{i}}{x^2 + y^2}$$

Wenn Sie das Ergebnis etwas umsortieren, erhalten Sie die Schreibweise mit Real- und Imaginärteil:

$$\frac{ax + by}{x^2 + y^2} + \frac{bx - ay}{x^2 + y^2}\mathrm{i}$$

Jetzt ist es an der Zeit, auf die geometrische Darstellung der komplexen Zahlen zurückzukommen. Die Ebene, in die Sie alle komplexen Zahlen einzeichnen können, heißt nach ihrem Erfinder *gaußsche Zahlenebene*. Eine Addition zweier komplexer Zahlen funktioniert hier genau wie jene zweier Vektoren, da sich Real- und Imaginärteil unabhängig voneinander addieren (Abbildung 2.8).

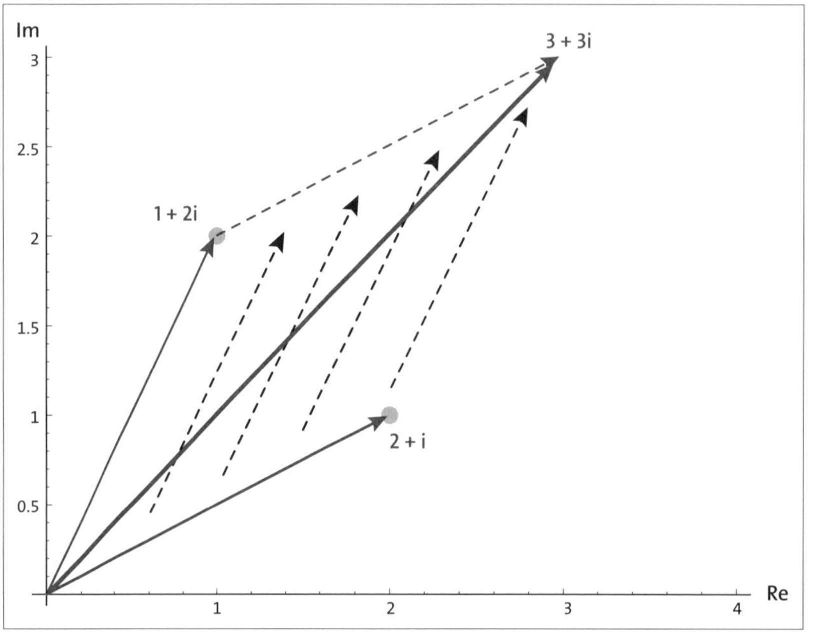

Abbildung 2.8 In der gaußschen Zahlenebene entspricht die Summe zweier komplexer Zahlen einer Vektoraddition. Dazu verschieben Sie den unteren Vektor an die Spitze des oberen. Als Ergebnis erhalten Sie den dick eingezeichneten Vektor.

Das ist aber nicht das coolste Kunststück, das Sie mit komplexen Zahlen veranstalten können. Drücken Sie doch einmal den Real- und Imaginärteil mit Sinus und Kosinus aus:

$z = r \cdot (\cos \alpha + \mathrm{i} \sin \alpha)$

Dabei ist r die Hypotenuse des Dreiecks, das die gedachte Linie zur komplexen Zahl in der Zahlenebene aufspannt. Es hat am Ursprung den Winkel α.

Die obige Schreibweise nennt man auch *Polarform* der komplexen Zahl. Sie wird in der Elektrotechnik gern eingesetzt, wenn es um Wechselstrom geht.

Damit sind wir fast bei einem der schönsten Gesetze der Mathematik angekommen. Lassen Sie uns dazu zunächst den Einheitskreis ($r = 1$) betrachten. Alle komplexen Zahlen mit einem Radius von 1 liegen auf diesem Kreis, und sie können allein anhand des Drehwinkels verortet werden:

$c = \cos \alpha + \mathrm{i} \sin \alpha$

Jetzt nehmen Sie eine zweite komplexe Zahl mit Radius 1, die woanders auf dem Einheitskreis liegt:

$z = \cos \beta + \mathrm{i} \sin \beta$

Multiplizieren Sie diese beiden Zahlen! Das Ergebnis sieht auf den ersten Blick etwas kompliziert aus:

$c \cdot z = (\cos\alpha \cdot \cos\beta - \sin\alpha \cdot \sin\beta) + \mathrm{i} \cdot (\cos\alpha \cdot \sin\beta + \sin\alpha \cdot \cos\beta)$

Spätestens nach einem Blick in eine Trigonometrie-Formelsammlung können Sie die Produkte auflösen und erhalten:

$c \cdot z = \cos(\alpha + \beta) + \mathrm{i} \cdot \sin(\alpha + \beta)$

Erstaunlich, oder? Das Ergebnis liegt ebenfalls auf dem Einheitskreis, und durch die Multiplikation hat sich der Winkel addiert!

Das heißt für die zwei komplexen Zahlen p auf dem Einheitskreis:

$p(\alpha) \cdot p(\beta) = p(\alpha+\beta)$

Das Produkt der Funktionswerte ist also identisch mit dem Wert, der zu der Summe der Ausgangswerte gehört. Der gleichen Gesetzmäßigkeit folgt die Exponentialfunktion (mit reellen Exponenten):

$e^a \cdot e^b = e^{(a + b)}$

Das brachte Leonhard Euler auf die Idee, die Exponentialfunktion auf komplexe Exponenten zu erweitern, und er definierte:

$p(\alpha) = e^{\mathrm{i}\alpha}$

Das führt mit der Polarformdarstellung zur *eulerschen Formel*:

$e^{\mathrm{i}\alpha} = \cos\alpha + \mathrm{i}\sin\alpha$

Für den Spezialfall $\alpha = \pi$ wird diese Formel zur berühmten eulerschen Identität:

$e^{\mathrm{i}\pi} = -1$

Anders ausgedrückt:

$e^{\mathrm{i}\pi} + 1 = 0$

Das ist eine der schönsten Gleichungen der ganzen Mathematik, weil sie mehrere elementare mathematische Konstanten in einen einfachen Zusammenhang bringt.

Ich bin sicher, diese Formeln werden Ihnen in Ihrem Studium des Öfteren begegnen. Die Tour durch die Mathematik-Grundlagen endet hier, aber bevor es im nächsten Kapitel mit einer ordentlichen Ladung Elektrotechnik losgeht, sollten Sie sich etwas erholen!

Aufgaben

2.9 Entspannungsübungen

Die folgenden Übungsaufgaben sind absichtlich in Textform gestellt und nicht unbedingt in der thematischen Reihenfolge des Kapitels. Es ist wichtig, dass Sie jede Sachaufgabe aufmerksam lesen, um den richtigen Lösungsansatz zu finden. Für die eigentliche Lösung dürfen Sie, mit Ausnahme von KI, auch digitale Hilfsmittel verwenden. Falls Ihnen im Laufe des zurückliegenden Kapitels aufgefallen ist, dass Ihnen etwas Rechenpraxis fehlt, sind Sie hingegen gut beraten, alle Rechenschritte selbst durchzuführen. Gerade für die Visualisierung eines Ergebnisses eignet sich GeoGebra prima – manuelles Bearbeiten und Begutachten in der App schließen einander nicht aus. Viel Spaß!

Aufgabe 1

Ihr Stromtarif setzt sich aus einem Grundpreis von 120 € im Jahr und einem Arbeitspreis von 28 ct/kWh zusammen. Stellen Sie eine Funktionsgleichung für den Jahresverbrauch auf und berechnen Sie die Gesamtkosten für einen Verbrauch von 3.600 kWh.

Aufgabe 2

Sie sollen die Spannung an einer Autobatterie messen. Ihr Multimeter zeigt 0,032 V (Volt) an und hat laut Aufschrift eine Messgenauigkeit von 5 %. Was genau schreiben Sie in Ihr Messprotokoll?

Aufgabe 3

Sie sind für die Steuerplatine eines neuartigen, flugfähigen Bestäubungsroboters zuständig. Dieser muss natürlich so leicht wie möglich sein, daher beträgt die Dicke der Platine nur 0,2 mm, und deren Material hat eine Dichte von 0,5 g/cm^2. Die Form der Platine passt genau in das kleine Gehäuse und entspricht der Fläche zwischen den Funktionen $f(x) = 1 - x^2$ und $g(x) = x^4 - 1$ (x in Zentimetern). Ihre Teamleiterin schneit herein und fragt: »Wie viel wiegt noch mal unsere Platine? Wenn die zu schwer ist, bestäubt unser Bot bloß den Fußboden ...«

Aufgabe 4

Sie sind verantwortlicher Ingenieur einer Firma, die selbstreplizierende Nanoroboter herstellt. Jeder Nanobot benötigt eine konstante Zeit, um einen weiteren zu produzieren. Sie starten Freitagnachmittag um 17:05 Uhr ein Experiment und notieren um 17:44 Uhr, dass aus einem Nanobot acht geworden sind. Dann haben Sie Feierabend und Wochenende. Montagmorgen kommen Sie wieder zur Firma und stellen fest, dass Sie vergessen haben, dem Experiment den Strom abzudrehen. Wie viele Nanobots finden Sie ungefähr vor? Hinweis: Stellen Sie eine Differenzialgleichung erster Ordnung auf.

2.10 Lösungen

Aufgabe 1

Die Angaben lassen auf eine lineare Funktion schließen, der Grundpreis entspricht einem Achsenabschnitt. Also lautet die Funktionsvorschrift:

$f(x) = 120 + 0{,}28 \cdot x$

Dabei ist x der Stromverbrauch in kWh, und das Ergebnis sind Euro. Setzen Sie 3600 ein, erhalten Sie einen Strompreis von $120 + 0{,}28 \cdot 3600$, also 1.128 €.

Aufgabe 2

Die angezeigte Spannung von 0,032 V rechnen Sie am besten direkt in Millivolt um, also 32 mV. Eine Messgenauigkeit von 5 % bedeutet in absoluten Zahlen $0{,}05 \cdot 32$ mV = 1,6 mV. Messfehler können Sie hier guten Gewissens auf eine signifikante Stelle runden, also 2 mV. Ins Protokoll schreiben Sie daher eine Spannung von 32 ± 2 mV – und den Vermerk, dass die Batterie offenbar komplett entladen ist und vermutlich ausgetauscht werden muss. Wenn nicht sogar die Lichtmaschine hinüber ist, aber dann wird's teuer.

Aufgabe 3

Da eine Fläche gesucht ist und Funktionen gegeben sind, handelt es sich hier um eine Integrationsaufgabe. Bestimmen Sie zunächst die Integrationsgrenzen, indem Sie die beiden Funktionen gleichsetzen.

$1 - x^2 = x^4 - 1$

Bringen Sie alles auf eine Seite:

$x^4 + x^2 - 2 = 0$

Hinter dieser Gleichung verbirgt sich eine binomische Formel. Setzen Sie mal $y = x^2$ ein:

$y^2 + y - 2 = 0$

Bilden Sie die quadratische Ergänzung:

$$y^2 + 2 \cdot \frac{1}{2} \cdot y + \left(\frac{1}{2}\right)^2 - \left(\frac{1}{2}\right)^2 - 2 = 0$$

Lösen Sie alles auf:

$$\left(y + \frac{1}{2}\right)^2 - \left(\frac{1}{2}\right)^2 - 2 = 0$$

$$\left(y + \frac{1}{2}\right)^2 = 2\frac{1}{4} = \frac{9}{4}$$

Ziehen Sie die Wurzel:

$$y + \frac{1}{2} = \pm\sqrt{\frac{9}{4}} = \pm\frac{3}{2}$$

Die beiden Lösungen sind:

$$y = \pm\frac{3}{2} - \frac{1}{2} = -2 \text{ oder } 1$$

Vergessen Sie nicht vor lauter Freude über die gelöste quadratische Gleichung, dass Sie eigentlich x suchen, nicht y. Gesucht sind also Lösungen für die Gleichungen:

$x^2 = -2$ bzw. $x^2 = 1$

Für die erste Gleichung gibt es keine reelle Lösung, für die zweite gleich zwei, nämlich 1 und –1. Beide Funktionen haben an diesen Stellen übrigens den Wert 0, was Sie an den Funktionstermen leicht erkennen.

Ebenfalls erkennen Sie an den Funktionstermen, dass Funktion f im fraglichen Bereich oberhalb der x-Achse verläuft: $f(0)$ ist nämlich +1. Hingegen ist $g(0) = -1$, diese Funktion verläuft also unterhalb der Achse.

Um die Gesamtfläche zwischen den Funktionen zu berechnen, integrieren Sie die Funktionen zwischen –1 und +1. Sie müssen die ermittelte Fläche für g dann mit negativem Vorzeichen zu jener für f addieren, weil die Integration für Flächen unter der Achse negative Zahlen generiert.

Für die gegebenen rationalen Funktionen lassen sich Stammfunktionen leicht finden:

$$\int_{-1}^{+1} (1 - x^2)\,\mathrm{d}x = x - \frac{1}{3}x^3\Big|_{-1}^{+1} = \frac{4}{3}$$

$$\int_{-1}^{+1} (x^4 - 1)\,\mathrm{d}x = \frac{1}{5}x^5 - x\Big|_{-1}^{+1} = -\frac{8}{5}$$

Zusammen ergeben die Werte ungefähr 2,93 cm^2. Multipliziert mit dem Gewicht pro Quadratzentimeter, erhalten Sie das gesuchte Bestäubungs-Bot-Platinen-Gesamtgewicht von $2{,}93 \cdot 0{,}5 = 1{,}465$ g. Numerisch bestimmen können Sie dies auch erneut mit GeoGebra (Abbildung 2.9).

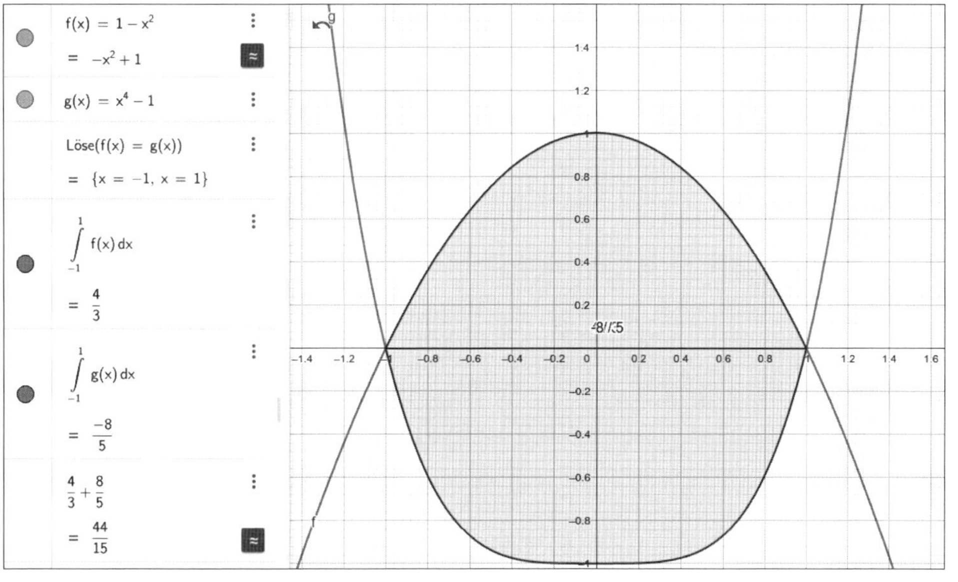

Abbildung 2.9 GeoGebra zeigt Ihnen die Platinenform.

Aufgabe 4

Die Nanobots vermehren sich, und pro Zeitspanne Δt kommen $\Delta N = N$ Exemplare hinzu, da jeder Nanobot in dieser Zeit genau einen weiteren produziert. In differenzieller Schreibweise:

$\mathrm{d}N = k \cdot N\,\mathrm{d}t$

Stellen Sie dies nach der zeitlichen Ableitung von N um:

$$\dot{N} = kN$$

Das ist eine Differenzialgleichung erster Ordnung. Sie kennen bereits einen Lösungsansatz: Es ist einmal mehr die Exponentialfunktion, die sich hier eignet, weil deren Ableitung nur einen Faktor produziert:

$$N = e^{kt}$$

$$\dot{N} = ke^{kt}$$

Um den Wachstumsfaktor k zu ermitteln, können Sie die gegebenen Werte einsetzen. Nach 0 Minuten haben Sie einen Nanobot:

$e^0 = 1$

Nach 39 Minuten haben Sie 8 Nanobots:

$e^{k \cdot 39 \text{ min}} = 8$

Nehmen Sie auf beiden Seiten den natürlichen Logarithmus:

$k \cdot 39 \text{ min} = \ln(8)$

$k \approx 0{,}0533 \text{ min}^{-1}$

Das ist die Wachstumsrate. Jetzt können Sie die Anzahl der Nanobots am Montagmorgen abschätzen. Von Freitagnachmittag 17:44 Uhr bis Montag um 9:00 Uhr sind 63 Stunden und 15 Minuten vergangen, das sind 3.795 Minuten. Die Anzahl der Nanobots beträgt also nach dem Wochenende:

$e^{0{,}0533 \cdot 3795} \approx 7 \cdot 10^{87}$

Das Universum enthält zum Glück nur schätzungsweise etwa 10^{80} Atome, ganz so schlimm wie in der Aufgabe kann es also gar nicht werden. Trotzdem: Wenn Sie ein Experiment zurücklassen, vergewissern Sie sich, dass alles abgeschaltet ist, was abgeschaltet sein sollte!

Kapitel 3

Voll geladen: Von Coulomb zum Kondensator

Elektrische Ladungen sind überall. Sie können sie spüren, wenn Sie im (un)passenden Moment eine Türklinke oder einen Aufzugknopf drücken und sich Ihre Nackenhaare aufrichten. Diese scheinbar magischen Kräfte sind schon seit der Antike bekannt. Willkommen im Reich der Elektronen!

3.1 Ladungen und Coulomb-Kraft

Wenn Sie einen Luftballon aufpusten und an Ihrer Kleidung reiben, bleibt er haften. Vielleicht hören Sie sogar ein Knistern. Sie können den Ballon auch an Ihrem nackten Arm reiben. Dann richten sich die Härchen auf, das können Sie genau spüren. Ebenfalls gut zu beobachten ist der Effekt bei Kindern mit nicht zu langen Haaren auf Rutschen aus Kunststoff. Falls Sie gerade weder Ballon noch Kinder griffbereit haben, hilft eine kleine Simulation im Internet: *https://phet.colorado.edu/en/simulations/balloons-and-static-electricity*.

Das einfache Experiment zeigt Ihnen, wie der Ballon nach etwas Reiben am Pullover scheinbar auf magische Weise dort verbleiben möchte (Abbildung 3.1).

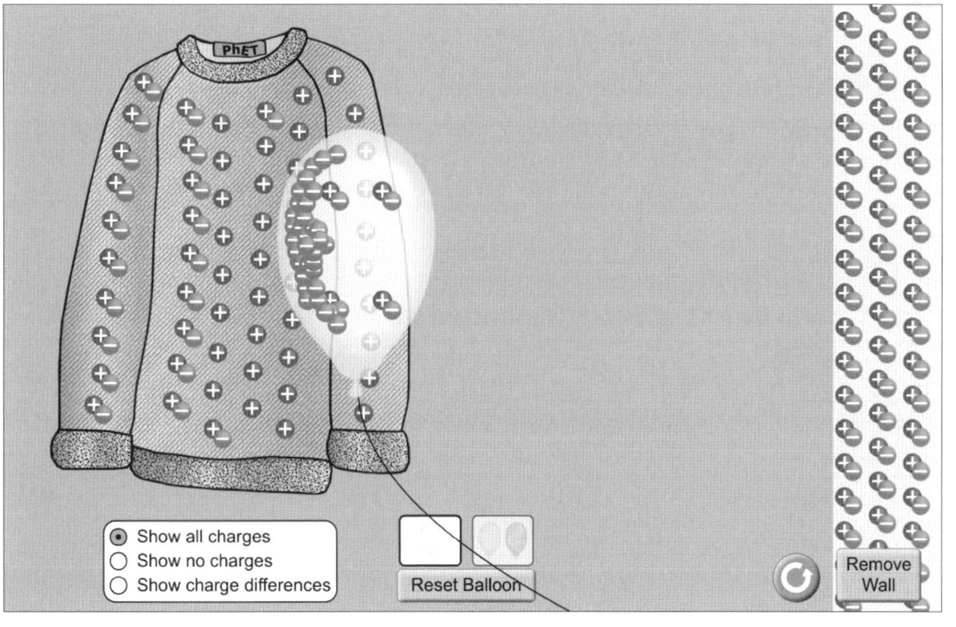

Abbildung 3.1 Der geladene Ballon fühlt sich zum Pullover hingezogen (Bildschirmausschnitt aus der PhET-Simulation).

Sie wissen es aus dem Physikunterricht: Hier spielen *Ladungen* und elektrostatische Anziehungskraft – die *Coulomb-Kraft* – eine Rolle. Aber welche Ladungen sind es genau, die einander hier anziehen?

Elektronen & Co.

Die wichtigsten Ladungsträger, die Sie kennen, sind *Elektronen*. Jedes Exemplar trägt genau die gleiche negative Ladung, die Elementarladung *e*. Den gleichen Betrag, nur positiv, weist die Ladung eines *Protons* auf. Protonen bilden zusammen mit ungeladenen Neutronen Kerne von Atomen, die von Elektronen umhüllt werden. Da Atome normalerweise über genau gleich viele Protonen und Elektronen verfügen, heben sich deren Ladungen von außen betrachtet auf – sie sind neutral. In der Welt um uns herum sind die meisten Gegenstände ganz und gar ungeladen und daher ebenfalls elektrisch neutral. Natürlich gibt es Ausnahmen: Wenn ich in einem bestimmten Supermarkt einkaufe und dort den Aufzugknopf drücke, bekomme ich jedes Mal einen gewischt. Klarer Fall: Ich bin dann elektrisch geladen! Aber wie kommt das?

Dass sich Bernstein und Katzenfell nach etwas Reiben merkwürdig verhalten, wusste schon *Thales von Milet* vor über 2.500 Jahren. Natürlich konnte er noch nicht ahnen, dass dabei Elektronen vom Fell auf den Bernstein übergehen und ihn negativ aufladen. Diese *Reibungselektrizität* ist dieselbe wie die zwischen Luftballon und Haaren.

Wie gern sich Elektronen von ihrem Atom trennen, hängt vom jeweiligen Stoff ab. Lassen Sie uns ein *Lithium*-Atom basteln, um das im ganz Kleinen zu betrachten. Da das Hantieren mit Elementarteilchen mehr Fingerfertigkeit erfordert, als Sie und ich uns vorstellen können, verwenden wir einmal mehr eine kleine Simulation bei *PhET*: *https://phet.colorado.edu/en/simulations/build-an-atom*.

Das Lithium-Atom verfügt über drei *Elektronen*, drei *Protonen* und vier *Neutronen*, was eine Massenzahl von 7 ergibt – die Elektronen wiegen fast nichts (Abbildung 3.2).

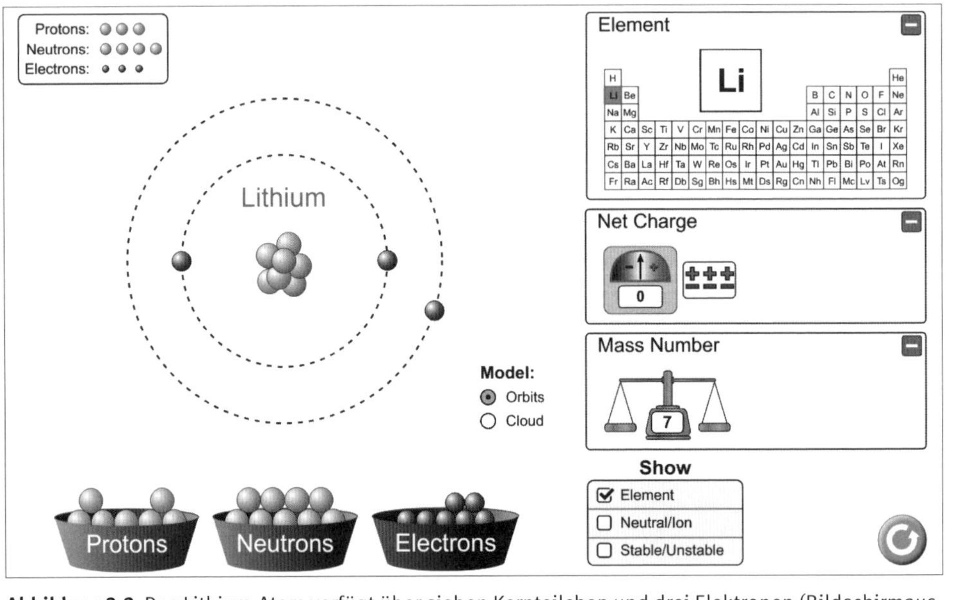

Abbildung 3.2 Das Lithium-Atom verfügt über sieben Kernteilchen und drei Elektronen (Bildschirmausschnitt aus der PhET-Simulation).

Die Simulationen von PhET

Das PhET-Projekt der Universität von Colorado in Boulder wird weltweit im Unterricht eingesetzt. Es eignet sich für eine oft spielerische, intuitive und niedrigschwellige Kontaktaufnahme mit Naturwissenschaften. Die Bilder von PhET hier im Buch sind Screenshots aus verschiedenen Anwendungen, die alle kostenlos und frei zugänglich sind. Die Simulationen laufen im Browser und wurden in HTML5 programmiert – sie sind sogar Open Source, d. h., Sie könnten sie auch auf Ihrem eigenen Rechner laufen lassen. Schauen Sie mal rein!

https://phet.colorado.edu/

Sourcecode: *https://github.com/phetsims*

Dass Lithium, ein *Alkalimetall*, in Akkus von Smartphones und Elektroautos verwendet wird, ist Ihnen sicherlich nicht neu. Das hängt nicht zuletzt damit zusammen, dass sich das äußere Elektron recht leicht entfernen lässt. Es verbleibt dann ein einfach positiv geladenes Li^+-*Ion*. Ladungen können übrigens weder spontan im Nichts verschwinden noch entstehen (abgesehen von der *Vakuumpolarisation*, die dürfen Sie aber in der Elektrotechnik getrost ignorieren). Es handelt sich also um eine *Erhaltungsgröße*.

Es gibt abgesehen von Elektron und Proton noch andere geladene Teilchen, zum Beispiel Positronen und Myonen. Diese spielen in der Elektrotechnik aber keine Rolle. Für viele Phänomene ist es wichtig, sich vor Augen zu halten, dass die Atomkerne (also positive Ladungen) normalerweise an Ort und Stelle bleiben, weil sie in einem Festkörpergitter arretiert sind und nur die Elektronen (die negativen Ladungen) sich verschieben lassen. Ein Gegenstand, der positiv geladen ist, leidet also gewissermaßen unter einem *Elektronenmangel*. Diesen Mangel versucht die Natur im Regelfall auszugleichen. Wenn das einmal nicht möglich ist, haben wir häufig geladene Gegenstände vor uns – und auf die wirkt im Gegensatz zu ungeladenen offensichtlich eine *Kraft*, die zumindest Haare aufrichten und Luftballons festhalten kann.

Die Coulomb-Kraft

Im 18. Jahrhundert untersuchte Charles Augustin de Coulomb die Kraft zwischen Ladungen. Er fand dabei heraus:

1. Die Kraft wirkt anziehend zwischen verschiedenen Ladungen.
2. Die Kraft wirkt abstoßend zwischen gleichen Ladungen.
3. Je größer die Ladungen, umso stärker die Kraft.
4. Die Kraft nimmt mit dem Quadrat des Abstands ab.

Dieser Zusammenhang lässt sich als Formel schreiben:

$$F = k_c \frac{q_1 q_2}{r^2}$$

Die resultierende Kraft F ist positiv (abstoßend), wenn die beiden Ladungen das gleiche Vorzeichen haben. Dabei sind q_1 und q_2 die beiden Ladungen, r deren Abstand voneinander und k_c die Coulomb-Konstante. Diese wird oft geschrieben als:

$$k_c = \frac{1}{4\pi\varepsilon_0}$$

Dabei ist ε_0 die *elektrische Feldkonstante*. Ihr genauer Wert ist:

$\varepsilon_0 = 8{,}8541878188(14) \cdot 10^{-12}$ As/Vm

Wohlgemerkt, das Coulomb-Gesetz gilt für statische, also relativ zueinander unbewegte Ladungen. Daher ist hier von elektro-*statischer* Anziehung die Rede. Was passiert, wenn sich Elektronen mit nennenswerter Geschwindigkeit fortbewegen, sehen wir später.

Ihr Luftballon hat durch das Reiben an Stoff oder Haaren Elektronen aufgenommen und ist daher negativ geladen. Ihr Pullover leidet dadurch unter Elektronenmangel und ist positiv geladen. Die Coulomb-Kraft führt dazu, dass der Ballon am Stoff haftet.

Charles Augustin de Coulomb (1736–1806)

Abbildung 3.3 Ein Porträt von Coulomb

Monsieur de Coulomb studierte in Paris und war für die Instandsetzung von militärischen Festungen zuständig, unter anderem auf der Karibikinsel Martinique. Er hatte nebenbei genug Zeit für Experimente, die ihm den großen Preis der Pariser Akademie der Wissenschaften einbrachten. An ebendieser Akademie führte er weitere Experimente durch, die letztlich zur Entdeckung des heute nach ihm benannten Gesetzes führten. Nach der Französischen Revolution widmete er sich seinen Experimenten lieber in seinem Landhaus, bis er unter Napoleon als eine Art Bildungsminister für die Gründung von Gymnasien im ganzen Land zuständig war.

Die Coulomb-Kraft hat dabei erstaunliche Ähnlichkeit mit einer anderen Kraft, die Sie sehr gut kennen: der *Gravitation*. Auch diese Anziehungskraft zwischen zwei Massen ist proportional zu deren Größe und umgekehrt proportional zum Quadrat des Abstands. Damit sind die Übereinstimmungen aber auch schon alle genannt: Weder gibt es negative Massen und damit abstoßende Schwerkraft, noch ist der Betrag relevant für die Elektrotechnik.

Leicht zu verwechseln ist die Coulomb-Kraft mit der Anziehungskraft zwischen zwei Magneten. Tatsächlich erkannte erst um 1600 William Gilbert, Hofarzt der englischen Königin Elisabeth I., dass magnetische und elektrische Anziehung nicht dasselbe sind. Auf Magnetfelder kommen wir später zu sprechen.

Bleiben wir zunächst bei Monsieur de Coulomb, denn nach ihm ist nicht nur das Gesetz der elektrostatischen Anziehungskraft benannt, sondern auch die Einheit der Ladung. So beträgt die Elementarladung $1{,}602 \cdot 10^{-19}$ C, wobei das C für Coulomb steht. Leider steht das C auch für die Kapazität, auf die wir in Kürze zu sprechen kommen. Einheit C und Kapazität C lassen sich nur unterscheiden, weil die Einheit nicht, wie die physikalische Größe, kursiv gedruckt wird. Daher ist es eine gute Idee, statt der Einheit Coulomb einfach Amperesekunden (As) zu verwenden. Das wirkt gleichzeitig als willkommene Gedächtnisstütze, weil der Begriff einen Zusammenhang zum elektrischen Strom herstellt, wie wir später noch sehen werden.

Lassen Sie uns noch über die Abstoßungskraft sprechen. Probieren Sie es selbst aus, indem Sie in der PhET-Simulation den Ballon negativ aufladen und dann zur Wand bewegen (Abbildung 3.4).

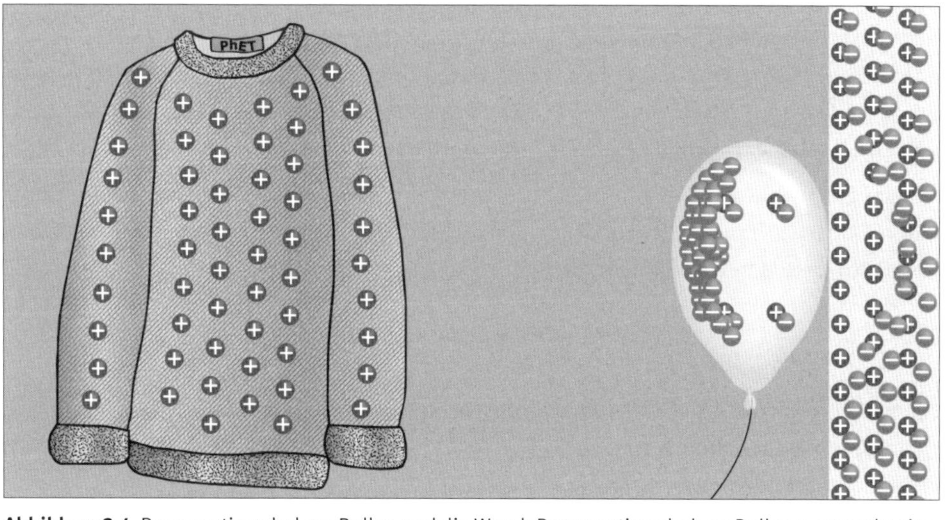

Abbildung 3.4 Der negativ geladene Ballon und die Wand: Der negativ geladene Ballon verursacht eine Verschiebung von Ladungen.

Sie sehen, dass die frei beweglichen Elektronen in der Wand zurückgedrängt werden, weil der Ballon negativ geladen ist. Natürlich passiert das nicht mit allen Elektronen aller Atome der Wand, sondern nur mit jenen, die frei beweglich und nah genug am Ballon sind. Auch wenn das bei einer hauptsächlich aus Beton oder Stein bestehenden Wand nicht viele sind: Es genügt, um den Ballon haften zu lassen, weil die Oberfläche der Wand nun leicht positiv geladen ist. Das hängt auch damit zusammen, dass die Coulomb-Kraft umso größer ist, je kleiner der Abstand ist (sogar zum Quadrat). An der Stelle, an der Ballon und Wand einander berühren, ist sie am größten.

Die Verschiebung der Wandelektronen durch die Coulomb-Kraft heißt *Influenz* oder *elektrostatische Induktion*. Auch bei nicht leitendem Material erfolgt eine solche Verschiebung, wenngleich nur innerhalb des Atoms: Dieser deutlich kleinere Effekt heißt *Polarisation* und wird in der Elektrotechnik beispielsweise bei Kondensatoren, Piezoelektrizität oder Quarzoszillatoren genutzt. Dazu aber später mehr.

Zunächst ist es wichtig, die elektrostatische Kraft auf etwas andere Weise zu betrachten – als ein *Feld*.

3.2 Potenzial und elektrostatisches Feld

Coulombs Experimente zeigten: Unterschiedliche Ladungen spüren am gleichen Ort in der Nähe einer anderen Ladung unterschiedliche Coulomb-Kräfte. Deshalb liegt es nahe, sich die Verhältnisse einmal unabhängig von der eigenen Ladung anzuschauen. Das Ergebnis ist letztlich eine Funktion, die einem Ortsvektor einen (ebenfalls vektoriellen) Wert zuordnet. Solche Funktionen nennt man auch *Felder*. In der Umgebung einer oder mehrerer Ladungen gibt es also ein *elektrisches Feld*. Die Kraftwirkung des Felds auf eine andere Ladung ergibt sich dann durch Multiplikation mit deren Stärke, also $F = E \cdot q$.

Um das elektrische Feld als Funktion eines Ortsvektors zu schreiben, müssen wir zu einem mathematischen Trick greifen: Wir müssen mit dem Vektor multiplizieren und direkt wieder durch dessen Betrag dividieren:

$$\vec{E}(\vec{r}) = \frac{Q}{4\pi\varepsilon_0} \frac{\vec{r}}{r^3}$$

Alternativ können Sie den Einheitsvektor in Richtung r verwenden, dann haben Sie nur ein Quadrat im Nenner stehen:

$$\vec{E}(\vec{r}) = \frac{Q}{4\pi\varepsilon_0} \frac{\overrightarrow{e_r}}{r^2}$$

Sie sehen, dass die Richtung des Ortsvektors die Richtung des elektrischen Felds hat, das von einer punktförmigen Ladung Q ausgeht. Praktisch an dieser Schreibweise ist, dass sich die Felder mehrerer Ladungen einfach überlagern, also addieren. Natürlich können Sie elektrische Felder nicht direkt sehen, deshalb hilft es ungemein, sie sich mit einer PhET-Simulation anzuschauen:

https://phet.colorado.edu/en/simulations/charges-and-fields

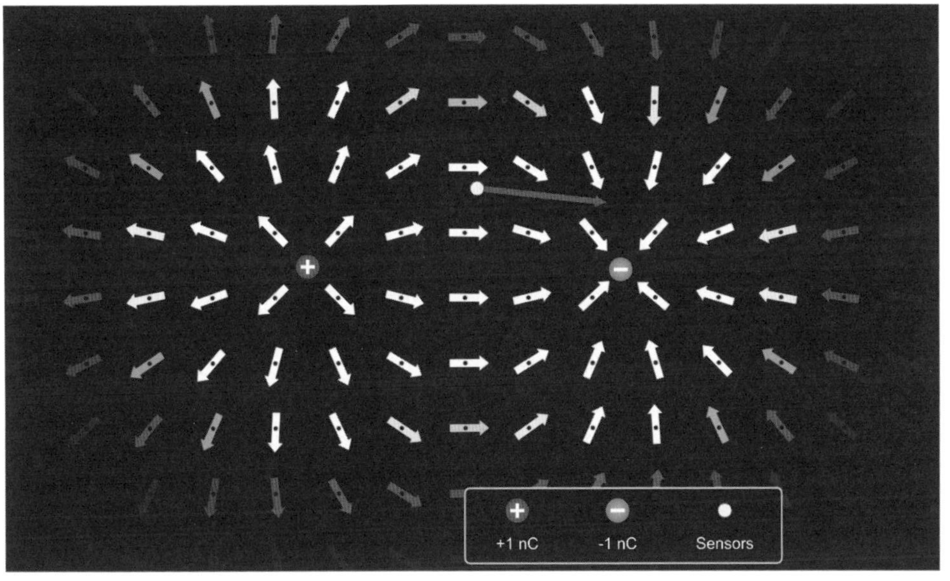

Abbildung 3.5 Zwei Ladungen erzeugen ein elektrisches Feld, das Sie mit einem Sensor messen können (Bildschirmausschnitt aus der Simulation).

Sie können in diesem einfachen Programm beliebige Ladungen platzieren. Die weißen Pfeile stellen die Richtung des elektrischen Felds an der jeweiligen Stelle dar, die Helligkeit dessen Stärke. Die Richtung des Felds zeigt immer von der positiven zur negativen Ladung oder ins Unendliche. Das ist genau die Richtung, in die sich eine einzelne positive Punktladung an dieser Stelle bewegen würde.

Der gelbe Sensor zeigt Feldstärke und -richtung an seiner aktuellen Position. In der Simulation ist er selbst ungeladen, was natürlich in der Realität nicht funktionieren würde – ohne Ladung würde keine Kraft auf den Sensor wirken, und er könnte seinen Job nicht erledigen.

Oft wird das elektrische Feld mit Feldlinien dargestellt. Diese ergeben sich, wenn Sie die passenden Feldvektoren mit eleganten Linien verbinden. Dabei stellt die Dichte der Linien die Feldstärke dar, was etwas weniger intuitiv ist als die Helligkeit der Pfeile in der ersten Darstellung (Abbildung 3.6).

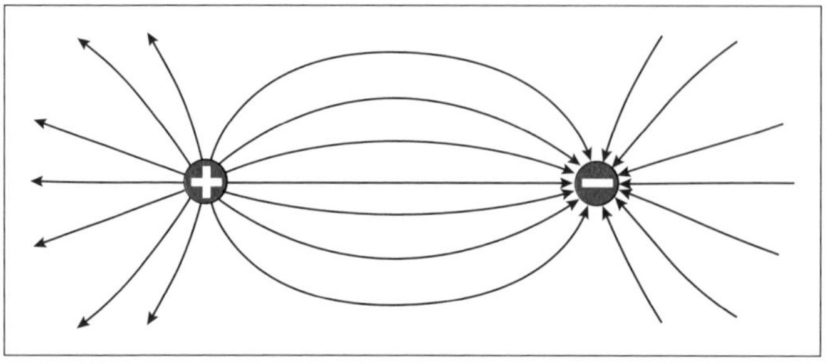

Abbildung 3.6 Das elektrische Feld zwischen zwei Punktladungen

Die Feldstärke sinkt mit dem Abstand zum Quadrat. Deshalb breiten sich die Feldlinien auf der zur anderen Ladung abgewandten Seite fast geradlinig aus.

Physikalisch bedeutet die Anwesenheit eines Felds, dass unterschiedliche Aufenthaltsorte einer Probeladung mit verschiedenen *potenziellen Energien* verbunden sind. Sie wissen aus der Physik, dass ein Körper immer den Zustand niedriger potenzieller Energie anstrebt: Deshalb fällt ein Butterbrot zu Boden, deshalb möchte sich der negativ geladene Ballon zur positiven Ladung bewegen (und dort bleiben). Die potenzielle Energie W_{pot} (aufgrund der Verwechslungsgefahr mit dem elektrischen Feld verwende ich nicht wie sonst üblich das Symbol E für die Energie) ist aus physikalischer Sicht die Fähigkeit eines Felds, einen Körper *Arbeit* verrichten zu lassen. Eine Erhöhung der potenziellen Energie um einen Betrag Delta W erfordert es hingegen, Arbeit zu verrichten. Arbeit ist wiederum das Integral über die Kraft entlang eines Wegs: Stellen Sie sich einfach vor, Sie müssten eine Ladung mit Muskelkraft in Richtung einer gleichen Ladung schieben – es fühlt sich so an, als würden Sie einen Kinderwagen einen Abhang hinaufschieben.

Die potenzielle Energie einer Ladung q (z. B. eine kleine Probeladung, daher ein kleines q) in der Nähe einer anderen Ladung Q kann physikalisch als Integral über die wirkende Kraft entlang eines Wegs dargestellt werden:

$$W_{\text{pot}}(\vec{r}) = -\int \vec{F}\,\mathrm{d}\vec{s} = -q \int \vec{E}\,\mathrm{d}\vec{s} = k_c \frac{Qq}{|\vec{r}|}$$

Die Integrationskonstante entspricht der potenziellen Energie des Felds im Unendlichen und darf als 0 betrachtet werden. Das Vorzeichen ist negativ, weil Sie *gegen* die Kraft $\vec{F}$ arbeiten müssen.

Nun ist die potenzielle Energie eine skalare Größe, keine vektorielle. Wie hängt also das elektrostatische Vektorfeld damit zusammen?

Tatsächlich lässt sich die Kraft als *Gradientenfeld* eines Potenzials Φ (Phi) ausdrücken:

$$\vec{F}(\vec{r}) = -q\,\vec{\nabla}\Phi(\vec{r})$$

Der Nabla-Operator misst in jede Richtung die räumliche Potenzialänderung, die letztlich der Coulomb-Kraft entspricht. Vorstellen können Sie sich das in etwa als Gefälle eines Tuchs, das von einem schweren Gegenstand ausgebeult wird (nur in drei Dimensionen). Da $\vec{F} = \vec{E}q$ ist, ergibt sich für das Feld:

$$\vec{E}(\vec{r}) = \frac{\vec{F}}{q} = -\vec{\nabla}\Phi(\vec{r})$$

Die Kunst des Weglassens

Übrigens lassen viele Dozenten gern die Vektorpfeile weg, um Tinte oder Kreide zu sparen. Vor allem beim Nabla-Operator: Dass der bzw. dessen Resultat immer ein Vektor ist, liegt in der Natur der Sache. Aber auch bei anderen Größen wird oft davon ausgegangen, dass Sie schon wissen, ob es sich um einen Vektor handelt oder nicht. Manche Bücher oder Arbeitsblätter zeigen fette, nicht kursive Buchstaben für Vektoren. Und mein erster Physikprofessor pflegte Vektoren zu unterstreichen. Auch in diesem Buch steht im Fließtext nicht über jedem Vektor ein Pfeil, sofern er eindeutig als solcher erkennbar ist. Wie auch immer: Erinnern Sie sich an den Satz über das Genie, das das Chaos beherrscht, und bleiben Sie entspannt!

Das E-Feld einer beliebigen Ladungsanordnung ergibt sich aus der Überlagerung der Felder der Einzelladungen. Oft ist eine räumliche Ladungsverteilung als *Ladungsdichte* ρ (rho), also Ladung pro Volumen, beschrieben. Die gesamte Ladung ist dann ein räumliches Integral über infinitesimale Mini-Ladungen dQ oder Mini-Volumina dV:

$$Q = \int \rho(\vec{r})\mathrm{d}V$$

Das elektrische Feld an einem beliebigen Ort r_0 im Vakuum lässt sich dann ebenfalls über ein Integral berechnen. Es summiert die Feldwirkung aller von diesem Ort aus gesehenen infinitesimalen Ladungen:

$$\vec{E}(\vec{r_0}) = k_c \int \rho(\vec{r}) \frac{\vec{r_0} - \vec{r}}{|\vec{r_0} - \vec{r}|^3} \mathrm{d}V$$

Streng genommen sind das drei Integrale, eines pro Raumdimension. Sie tun gut daran, sich über eventuell vorliegende Symmetrie Gedanken zu machen oder ein passendes Koordinatensystem zu wählen, damit Sie nicht alle drei ausrechnen müssen.

Falls sich die Ladung nur auf einer Fläche befindet, entfällt eine Dimension. Wir sprechen von einer *Flächenladungsdichte* σ (sigma). Noch einfacher ist die *Linienladungsdichte* λ (lambda).

Die zugehörigen Integrale sehen dann viel einfacher aus. Lassen Sie uns zunächst das E-Feld einer geladenen, unendlich ausgedehnten Fläche bestimmen. Rein geometrisch betrachtet, ist dabei nur der Abstand von der Fläche relevant. Natürlich handelt es sich um eine idealisierte Betrachtung, weil es unendliche Flächen nicht gibt – aber als Näherung für große, dünne Platten und kleine Abstände lassen wir es durchgehen. Das Integral über eine irgendwie geladene Fläche ist also:

$$Q = \int \sigma(\vec{r})\mathrm{d}A$$

Das Integral für das elektrische Feld lautet dann:

$$\vec{E}(\vec{r_0}) = k_c \int \sigma(\vec{r}) \frac{\vec{r_0} - \vec{r}}{|\vec{r_0} - \vec{r}|^3} \mathrm{d}A$$

Angenommen, alle Ladungsträger sind gleichmäßig auf einer Platte mit der Gesamtfläche A verteilt. Dann ist die Flächenladungsdichte konstant und entspricht der gesamten Ladung dividiert durch den Flächeninhalt, also: $\sigma = Q/A$. Über welcher Stelle $(x; y)$ wir uns mit unserem Sensor befinden, ist egal, also wählen wir einfach (0; 0). Die einzige interessante Frage ist die nach dem Abstand des Sensors von der Fläche, z. Da die Ladung aus Sicht des gewählten Punkts $(0; 0; z)$ rotationssymmetrisch um die z-Achse verteilt ist, wählen wir ein *Zylinderkoordinatensystem*.

Das infinitesimale Flächenelement in Zylinderkoordinaten ist $\mathrm{d}A = r\,\mathrm{d}r\,\mathrm{d}\varphi$. Der Abstand zwischen einem Flächenelement und dem Punkt $(0; 0; z)$ – also das, was im Nenner des Integrals zur dritten Potenz steht – ist nach dem *Satz von Pythagoras*:

$$|\vec{r_0} - \vec{r}| = \sqrt{r^2 + z^2}$$

Aufgrund der Symmetrie der Anordnung hat das E-Feld nur eine z-Komponente. Stellen Sie sich einfach vor, dass vom gewählten Messpunkt über der Fläche aus gesehen die Aussicht in die eine Richtung (zum Beispiel $+x$) dieselbe ist wie in die rückwärtige Richtung ($-x$). Die so »gesehenen« infinitesimalen und gleichen Ladungen vorne und hinten heben sich auf.

Schauen Sie sich jetzt also nur das Integral für die z-Komponente an:

$$E_z = k_c \iint \frac{\sigma}{(r^2 + z^2)^{3/2}} z\, r\, \mathrm{d}r\, \mathrm{d}\varphi$$

Das Integral über den gar nicht im Term vorkommenden Winkel φ mit den Grenzen von 0 bis 2π ist trivial und erzeugt einen Faktor 2π. Es bleibt noch, in Richtung r zu integrieren, und zwar von 0 bis ins Unendliche. Konstante Faktoren habe ich schon einmal vor das Integral geschoben:

$$E_z = 2\pi k_c \sigma \, z \int\limits_0^\infty \frac{r \, dr}{(r^2 + z^2)^{3/2}}$$

Hier ist die Substitutionsregel anzuwenden mit:

$u = r^2 + z^2; du = 2r \, dr$

Das Integral über u lautet dann (beachten Sie die geänderte untere Grenze und die 2 im Nenner, die beide durch die Substitution zustande kommen):

$$E_z = 2\pi k_c \sigma \, z \int\limits_{z^2}^\infty \frac{du}{2u^{3/2}}$$

Die 2 kürzt sich weg, und eine Stammfunktion von $u^{-3/2}$ ist $-2u^{-1/2}$. Sie können das Integral jetzt ausrechnen:

$$\left[-2u^{-1/2}\right]_{z^2}^\infty = -2\left(0 - \frac{1}{z}\right) = \frac{2}{z}$$

Nun ist ein guter Zeitpunkt gekommen, sich an die genaue Bedeutung der Coulomb-Konstanten zu erinnern:

$$k_c = \frac{1}{4\pi\varepsilon_0}$$

Wenn Sie diese einsetzen, kürzt sich einiges weg, und Sie erhalten:

$$E_z = \frac{\sigma}{2\varepsilon_0}$$

Wie Sie sehen, ist das eine von z völlig unabhängige Größe. Das elektrische Feld einer ausgedehnten Fläche ist also überall gleich stark oder *homogen*. Wenn Sie sich die Feldlinien vorstellen, verlaufen diese alle parallel und senkrecht zur Fläche (Abbildung 3.7). Die Dichte der Linien ist überall gleich groß, das E-Feld hat überall den gleichen Wert und die gleiche Richtung, nämlich senkrecht zur Fläche. Sie sehen: Manchmal ist die Belohnung für eine etwas komplizierte Berechnung ein bemerkenswert einfaches Ergebnis.

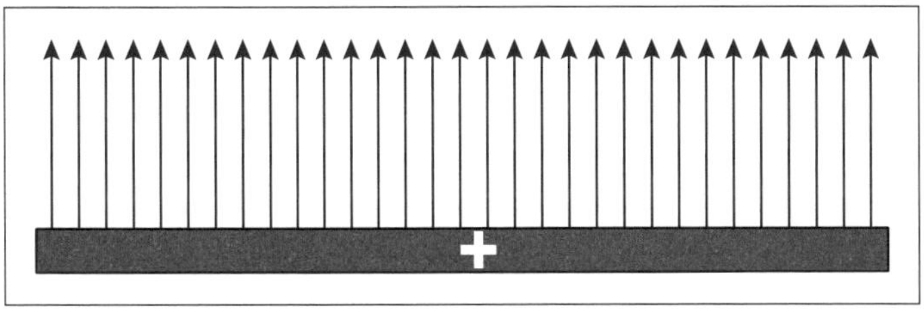

Abbildung 3.7 Das elektrische Feld einer geladenen Fläche ist überall gleich stark.

Als Näherung gilt dies außer an den Kanten auch für eine endliche Fläche A mit einer gleichmäßig verteilten Gesamtladung Q und $\sigma = Q/A$. Dann ist:

$$E = \frac{Q}{2\varepsilon_0 A}$$

3.3 Plattenkondensator und Kapazität

Wenn Sie der geladenen Fläche aus dem letzten Abschnitt eine zweite mit umgekehrter Ladung in einem geringen Abstand hinzufügen, verdoppelt sich die Feldstärke:

$$E = \frac{Q}{\varepsilon_0 A}$$

Das ist ohne erneute Berechnung eines Integrals verständlich, weil sich das elektrische Feld mehrerer Ladungen aufsummiert. Die eine Ladung ist zwar negativ, die andere positiv, aber aus Sicht eines Punkts irgendwo dazwischen liegt sie in Gegenrichtung. Die Feldstärke ist unabhängig vom Abstand der Flächen (Abbildung 3.8).

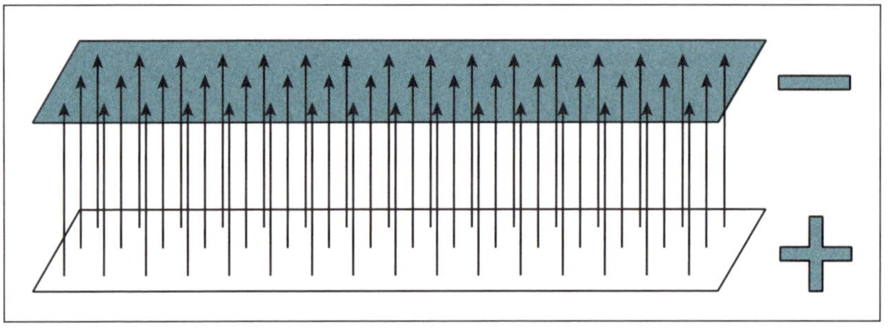

Abbildung 3.8 Das E-Feld zwischen zwei entgegengesetzt geladenen Platten ist homogen und unabhängig vom Abstand.

Während sich die beiden entgegengesetzt ausgerichteten E-Felder zwischen den Platten verdoppeln, heben sie sich außerhalb gegeneinander auf, dort ist $E = 0$.

Betrachten wir nun die potenzielle Energie im Feld und führen wir einen wichtigen neuen Begriff ein: Die *Potenzialdifferenz* ist der Quotient aus der Änderung der potenziellen Energie W_{pot} und der Probeladung, also:

$$\Delta\Phi = \frac{\Delta W_{\text{pot}}}{q}$$

Zwischen zwei Punkten betrachtet, ist das die elektrische *Spannung U*. Werfen Sie nun einmal einen genaueren Blick auf die Zusammenhänge zwischen den beteiligten Größen. Die potenzielle Energie ist das Integral über das elektrische Feld entlang eines Wegs zwischen den Ladungen:

$$W_{\text{pot}} = q \int \vec{E} \cdot \overrightarrow{\mathrm{d}s}$$

Damit lässt sich die Spannung so schreiben, dass die Probeladung aus dem Spiel ist. Da das Feld in unserem Beispiel homogen ist und immer die gleiche Richtung wie das Wegstück hat (senkrecht zu den Plattenoberflächen), ist das Integral simpel:

$$U = \frac{W_{\text{pot}}}{q} = \int \vec{E} \cdot \overrightarrow{\mathrm{d}s} = E \cdot d$$

Dabei ist d der Abstand der Platten. Lassen Sie uns jetzt auf den Zusammenhang zwischen Feld E und Kondensatorladung Q zurückgreifen:

$$E = \frac{Q}{\varepsilon_0 A}$$

Wenn Sie damit das E in der Formel für die Spannung ersetzen, erhalten Sie:

$$U = \frac{d}{\varepsilon_0 A} Q$$

Ich habe den Bruch absichtlich neben die Ladung Q geschrieben, denn er enthält nur konstante Werte. Dieser konstante Proportionalitätsfaktor zwischen Ladung und Spannung ist nichts anderes als der Kehrwert der *Kapazität C*:

$$C = \frac{Q}{U} = \frac{A\varepsilon_0}{d}$$

Die beiden Platten bilden einen *Kondensator*, also eine Anordnung, die Ladung speichern kann, indem eine Spannung angelegt wird. Die Menge der pro angelegte Spannung gespeicherten Ladung ist die Kapazität, die offenbar umso größer ist, je größer die Flächen werden und je kleiner deren Abstand ist.

Bei dieser Gelegenheit muss ich erwähnen, dass die Feldkonstante ε_0 nur im Vakuum gilt. Hingegen befindet sich zwischen den Flächen eines handelsüblichen Kondensators kein Vakuum, sondern ein isolierender Stoff, das *Dielektrikum*. Dieser hat eine materialspezifische Dielektrizitätskonstante, die sich von jener im Vakuum unterscheidet. Das liegt daran, dass sich der Stoff unter Einfluss des Felds polarisiert und daher unter dem Strich zusätzliche Ladung speichert. Man führt dazu eine zusätzliche Konstante ε_r als stoffabhängige *Permittivitätszahl* oder *Dielektrizität* ein, die größer als 1 ist und keine Einheit hat:

$$C = \varepsilon_0 \varepsilon_r \frac{A}{d}$$

Das Produkt von ε_0 und ε_r nennt sich dann *Permittivität.*

Die Permittivitätszahlen einiger Stoffe habe ich Ihnen in Tabelle 3.1 aufgelistet.

Stoff	Permittivitätszahl
Vakuum	1
Luft	1,0006 (also näherungsweise 1)
Glas	6 bis 8
Tantalpentoxid	27
Wasser	80

Tabelle 3.1 Sie sollten die Permittivitätszahlen einiger Stoffe kennen.

In der Praxis lassen sich Kondensatoren mit Vakuum zwischen den Platten schwierig herstellen. Stattdessen nimmt man einen Isolator mit hoher Permittivitätszahl und vergrößert die Flächen, indem man sie aufwickelt (Folienkondensatoren). Lassen Sie uns dazu ein Beispiel betrachten.

Beispielaufgabe: Kapazität eines Tantal-Plattenkondensators

Viele in der Elektronik verwendete Kondensatoren enthalten Tantalpentoxid (Ta_2O_5) als Dielektrikum. Wir haben nun die Ehre, die Kapazität eines Exemplars zu berechnen, das eine Fläche von genau 1 cm^2 und eine Schichtdicke des Dielektrikums (gleich Abstand der Platten) von genau 10 nm hat.

Lösung

Rein zufällig steht die stoffabhängige Permittivitätszahl von Tantalpentoxid oben in der Tabelle: $\varepsilon_r = 27$.

Gegeben sind außerdem die Fläche $A = 1 \cdot 10^{-4}\ m^2$ und der Abstand $d = 10 \cdot 10^{-9}$ m. Die elektrische Feldkonstante ist $\varepsilon_0 = 8{,}854 \cdot 10^{-12}$ As/Vm.

Wenn Sie alles in die Formel für die Kapazität einsetzen, erhalten Sie:

$C \approx 2{,}39\ \mu As/V$

Daraus lässt sich ableiten: Unser berechneter Kondensator hat eine Kapazität von 2,39 µF (Mikrofarad). Dabei ist *Farad* die SI-Einheit für die Kapazität. Sie entspricht 1 F = 1 As/V, also dem Quotienten genau jener Einheiten, die für Ladung (Amperesekunden) und Spannung (Volt) verwendet werden.

Kondensatoren in der Elektrotechnik

Kondensatoren werden in vielen elektronischen Schaltungen benötigt. Je nach benötigter Kapazität kommen unterschiedliche Bauformen zum Einsatz (Abbildung 3.9).

Abbildung 3.9 Kondensatoren in verschiedenen Bauformen

Bei einigen Varianten (hauptsächlich Tantal- und Elektrolytkondensatoren) ist es wichtig, welcher Anschluss mit dem Minuspol verbunden gehört, diese sind entsprechend markiert (im Bild das Exemplar links).

Dementsprechend unterscheiden sich die verwendeten Schaltzeichen für Kondensatoren (Abbildung 3.10).

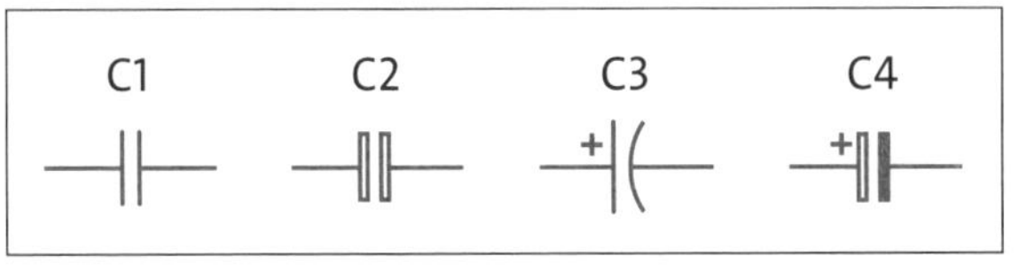

Abbildung 3.10 Kondensatoren als Schaltzeichen

Verwechseln Sie das Schaltzeichen für den Kondensator nicht mit jenem für eine Batterie, bei dem die eine (negative) »Platte« immer kleiner gezeichnet wird als die andere. Grundsätzlich gibt es zwar zwischen Kondensatoren, Batterien und Akkus gewisse Gemeinsamkeiten, der Einsatzzweck ist jedoch sehr unterschiedlich. Batterien und Akkus dienen als Spannungsversorger für Schaltungen, Kondensatoren können kurzfristige Energiespeicher darstellen (z. B. Pufferkondensatoren zur Überbrückung sehr kurzer Spannungsunterbrechungen) und sind darüber hinaus wichtig für Schwingkreise oder als Wechselstromwiderstand. Weiter hinten im Buch werden Ihnen noch einige Kondensatoren begegnen.

Wenn Sie an einen (ungeladenen) Kondensator eine Spannung U anlegen, wird er sich aufladen, bis das der Kapazität entsprechende Maximum erreicht ist. Wie Sie an dem Zusammenhang $C = Q/U$ oder $Q = C \cdot U$ sehen, ist die maximale gespeicherte Ladung proportional zur Spannung. Freilich können Sie diese nicht einfach beliebig erhöhen, wenn Sie die Ladung steigern wollen – irgendwann erreichen Sie die *Durchschlagspannung*, bei der die Ladungsträger aufgrund der hohen Feldstärke von der einen Platte auf die andere überspringen. Dabei kann der Kondensator beschädigt werden. Die *Durchschlagfestigkeit* eines Dielektrikums wird in Volt pro Mikrometer Schichtdicke angegeben und liegt für Tantalpentoxid bei 625 V/µm. Falls Sie sich unter einem Durchschlag nichts vorstellen können: Wenn es bei *Star Trek* in einer Konsole laut kracht und bunt blitzt und der Bordingenieur ein sehr ernstes Gesicht macht, dann passiert all das möglicherweise wegen durchgeknallter Kondensatoren.

Aus diesem Grund ist auf jedem Gehäuse eines Kondensators (bei sehr kleinen Exemplaren in der Herstellerspezifikation) eine *Nennspannung* angegeben, die nicht überschritten werden sollte. Welche Variante eines Kondensators Sie wählen müssen, hängt also nicht nur von der gewünschten Kapazität, sondern auch von den Spannungen ab, die in Ihrer Schaltung vorkommen. Natürlich ergeben sich daraus direkt andere Parameter wie Größe und Kosten – Kondensatoren für 3,3-V-Schaltungen sind natürlich etwas kleiner und billiger als solche für Hochspannungssysteme. Können Sie die Nennspannungen der Exemplare in Abbildung 3.9 ablesen?

Elektrische Energie

Wenn Sie einen Kondensator mit einer bestimmten Spannung U aufladen, müssen Sie eine Arbeit verrichten. Die Arbeit, um eine infinitesimale Ladung dQ gegen eine momentane Spannung U zu transportieren, beträgt:

$$\mathrm{d}W = U\,\mathrm{d}Q$$

Wenn Sie $U = Q/C$ einsetzen, können Sie integrieren:

$$W = \int_0^{CU} \frac{Q}{C}\mathrm{d}Q = \frac{1}{C}\left[\frac{Q^2}{2}\right]_0^{CU} = \frac{CU^2}{2}$$

Sie sehen daran, dass die in einem Kondensator gespeicherte elektrische Energie proportional zur Kapazität ist, aber von der Spannung zum Quadrat abhängt. Vielleicht erinnert Sie das an die kinetische Energie in der Mechanik: $E_{\mathrm{kin}} = mv^2/2$. Beides hat zwar nicht viel miteinander zu tun, erleichtert es aber, sich die Gesetze zu merken.

Was genau passiert, wenn Elektronen von einer Batterie in einen Kondensator strömen, schauen wir uns im nächsten Kapitel an.

3.4 Entspannungsübungen

Aufgabe 1

Ein Plattenkondensator besteht aus zwei quadratischen Platten mit 10 cm Seitenlänge, die einen Abstand von 1 cm aufweisen. Dazwischen befindet sich Luft. Der Kondensator wird an einer komischerweise nicht handelsüblichen Batterie mit $U = 10$ V aufgeladen und anschließend mit einem Schalter von der Batterie getrennt (Abbildung 3.11).

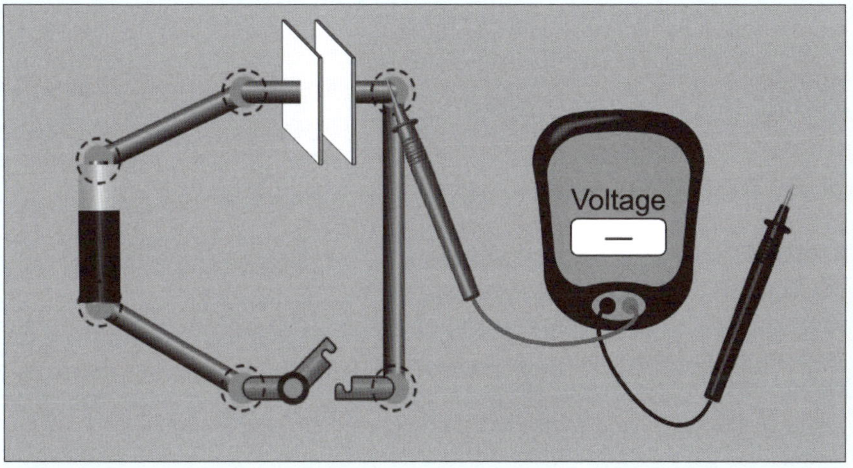

Abbildung 3.11 Batterie, Kondensator, Schalter und Voltmeter, zusammengesetzt mit PhET (https://phet.colorado.edu/en/simulations/circuit-construction-kit-ac-virtual-lab)

Berechnen Sie die Ladung Q auf den Kondensatorplatten. Anschließend verdoppeln Sie den Abstand der Platten, ohne den Kondensator dabei zu entladen. Welche Spannung messen Sie jetzt am Kondensator?

Aufgabe 2

Bestimmen Sie das elektrische Feld eines geraden, dünnen Fadens mit einer Länge l und einer Gesamtladung Q. Tun Sie dabei so, als wäre der Faden unendlich lang, d. h., verwenden Sie einen Sensor, der sich im Vergleich zur Fadenlänge sehr nah am Faden befindet.

Aufgabe 3

Stellen Sie eine Formel auf für die Kapazität eines Kondensators, der aus zwei konzentrischen Kugelschalen besteht, die durch ein Dielektrikum voneinander getrennt sind (Abbildung 3.12).

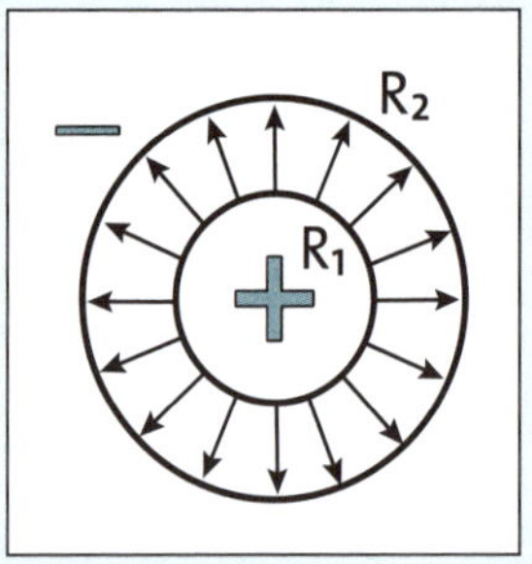

Abbildung 3.12 Der Kugelkondensator ist innen positiv und außen negativ geladen, dazwischen befindet sich ein Dielektrikum.

3.5 Lösungen

Aufgabe 1

Die Kapazität des Kondensators beträgt:

$$C = \varepsilon_0 \varepsilon_r \frac{A}{d}$$

Da die Dielektrizitätskonstante der Laborluft ungefähr 1 ist, dürfen Sie sie im Weiteren weglassen.

Die Fläche A ist $(10\ \text{cm})^2$, also $(10^{-1}\ \text{m})^2$ bzw. $10^{-2}\ \text{m}^2$. Der Abstand ist in Meter umgerechnet $d = 0{,}01\ \text{m} = 10^{-2}\ \text{m}$. Rein zufällig kürzen sich die Zahlenwerte im Bruch A/d weg. Das ergibt letztlich eine Kapazität von $C = 8{,}85 \cdot 10^{-12}$ As/V bzw. 8,85 pF.

Die Ladung ist das Produkt aus Kapazität und angelegter Spannung, also $Q = C \cdot U = 8{,}85 \cdot 10^{-11}$ As.

Wenn Sie den Abstand der Platten verdoppeln, bleibt die Ladung gleich, denn sie hat keine Möglichkeit, kurzfristig zu verreisen. Die Kapazität hingegen halbiert sich, weil der Abstand d im Nenner steht. Wegen der Gleichung $U = Q/C$ bleibt der Spannung nichts anderes übrig, als sich auf 20 V zu verdoppeln.

Aufgabe 2

Eine linienförmige, gleichmäßige Ladungsverteilung auf einem dünnen Faden der Länge l hat eine Ladungsverteilung $\lambda = Q/l$, wobei Q die gesamte Ladung ist.

Das elektrische Feld wird von infinitesimalen Ladungen dQ verursacht, die alle auf einer Linie liegen. Aus Sicht eines Sensors im Abstand r (egal ob oben, unten, links oder rechts) summiert sich an seinem Aufenthaltsort das elektrische Feld der einzelnen Ladungen. Als Integral geschrieben:

$$\vec{E} = \frac{1}{4\pi\varepsilon_0} \frac{\int \lambda(\vec{r})\vec{r}\, \mathrm{d}l}{r^3}$$

Wir wählen einmal mehr Zylinderkoordinaten, wobei die Ladungsverteilung sich entlang der z-Achse befindet. Bei einem unendlich langen Faden wie unserem sieht unser Sensor in z-Richtung gleich viele positive wie negative Ladungen. Es bleibt also nur, die radiale Komponente des E-Felds zu betrachten.

Es ergibt sich ein Integral, das jenem aus Abschnitt 3.2, »Potenzial und elektrostatisches Feld«, sehr ähnelt. Wir dürfen so tun, als wäre der Faden unendlich lang:

$$E_r = \frac{1}{4\pi\varepsilon_0} \int_{-\infty}^{\infty} \frac{\lambda}{(r^2 + z^2)^{3/2}} r\, \mathrm{d}z$$

Das Endergebnis ist dann für $\lambda = Q/l$:

$$E_r = \frac{\mathrm{Q}}{2\pi\varepsilon_0 l r}$$

Da alle Werte bis auf r konstant sind, nimmt die Feldstärke reziprok mit dem Abstand vom Draht ab.

Aufgabe 3

Das elektrische Feld verläuft radial zwischen den Kugelschalen, da es aus Sicht einer Probeladung keinen Unterschied gibt zu einer Anordnung mit einer Punktladung im Zentrum. Die Feldstärke ist also zwischen dem inneren Radius R_1 und dem äußeren Radius R_2:

$$E = \frac{1}{4\pi\varepsilon_0\varepsilon_r} \frac{Q}{r^2}$$

Integrieren Sie über das elektrische Feld von R_1 und R_2, und Sie erhalten die Potenzialdifferenz und damit die Spannung des geladenen Kondensators:

$$U = -\int_{R_1}^{R_2} E\, \mathrm{d}r = -\int_{R_1}^{R_2} \frac{1}{4\pi\varepsilon_0\varepsilon_r} \frac{Q}{r^2}\, \mathrm{d}r$$

Letztlich müssen Sie nur eine Stammfunktion für $-1/r^2$ finden, also $1/r$. Setzen Sie die Grenzen ein, und Sie erhalten:

$$U = \frac{Q}{4\pi\varepsilon_0\varepsilon_r}\left(\frac{1}{R_2} - \frac{1}{R_1}\right)$$

Die Kapazität ist $C = Q/U$. Stellen Sie die Gleichung etwas um, und Sie erhalten das Resultat:

$$C = \frac{Q}{U} = \frac{4\pi\varepsilon_0\varepsilon_r R_1 R_2}{R_2 - R_1}$$

Kapitel 4

Das Kribbeln beginnt: Von Spannung und Strom

Ohne Strom funktioniert kaum etwas, das wichtig im Leben ist: Mikrowelle, Smartphone, E-Gitarre. Auch Ihr Körper arbeitet mit elektrischem Strom, den Sie sogar spüren können, wenn ein paar Elektronen von Ihren Fingerspitzen auf einen Türgriff übergehen …

Das letzte Kapitel hat Ihnen vermittelt, dass Ladungen Kräfte aufeinander ausüben. Sobald eine solche Kraft zu einer Bewegung führt, fließt ein Strom, der seinerseits viele Dinge bewirken kann. Dieses Kapitel verschafft Ihnen einen ersten Überblick.

4.1 Spannung verursacht Strom

Strom fließt durch leitfähiges Material, wenn die Ladungsträger eine Potenzialdifferenz (also eine Spannung) spüren und dieser in Richtung des elektrischen Felds folgen. *Spannung ist die Ursache für den Strom*. An einer Batterie sammeln sich am Minuspol freie Elektronen. Sobald Sie Ihnen eine Möglichkeit bieten, sich entsprechend dem elektrischen Feld zu bewegen, wandern sie zum Pluspol – es fließt ein *Strom*. Das passiert zum Beispiel, wenn Sie einen Verbraucher verdrahten und einen Schalter schließen (Abbildung 4.1). Von minus nach plus: Das ist die *physikalische Stromrichtung*.

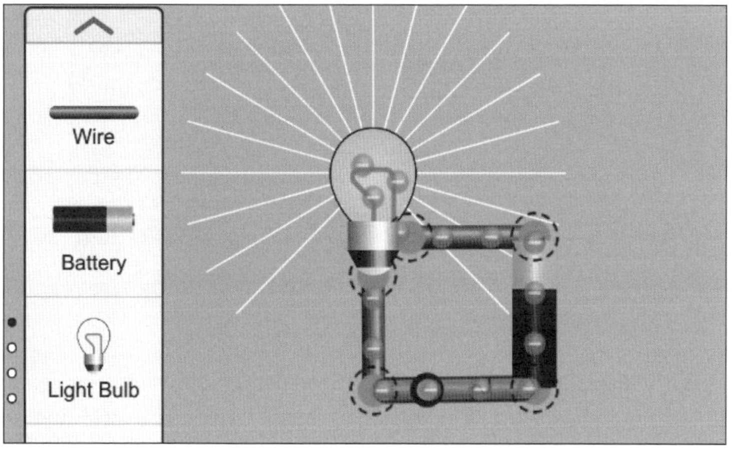

Abbildung 4.1 Elektronen verlassen die Batterie, um die Lampe zu erleuchten – beim PhET-Experiment sogar hübsch animiert (https://phet.colorado.edu).

Ein einfaches Analogon ist ein Wasserfall: Oben (plus) ist die potenzielle Energie (bzw. das elektrostatische Potenzial) höher als unten, daher fällt das Wasser nach unten. Hingegen ist die *technische Stromrichtung* umgekehrt: Der Strom (nicht die Elektronen) fließt vom Pluspol zum Minuspol. Diesen kleinen Unterschied gilt es in einigen Fällen unbedingt zu berücksichtigen. Wenn Sie den Schalter öffnen, fließt jedenfalls kein Strom mehr, weil die Luft ein vergleichsweise mieser Leiter ist.

Auch wenn die Batterie leer ist, fließt kein Strom mehr, allerdings verringert sich schon deutlich vorher die Spannung. Auf diese Weise können Geräte den Ladezustand der Batterie ermitteln. Besonders schnell leert sich eine Batterie, wenn Sie Plus- und Minuspol direkt miteinander verbinden. Einen solchen *Kurzschluss* sollten Sie immer vermeiden, da dabei unbeabsichtigt hohe Ströme fließen.

Spannungen und Ströme können Sie messen, beispielsweise um herauszufinden, ob eine Batterie noch frisch ist. Wohlgemerkt – ich empfehle Ihnen nicht die Methode mit der Zunge an einer 9-Volt-Batterie: Wenn es kribbelt, ist noch was drin. Für solche Messungen ist ein *Multimeter* vorzuziehen. Falls Sie noch keins besitzen, empfehle ich Ihnen die Anschaffung – es eignet sich beim Basteln und im Haushalt für alle möglichen Zwecke (Abbildung 4.2).

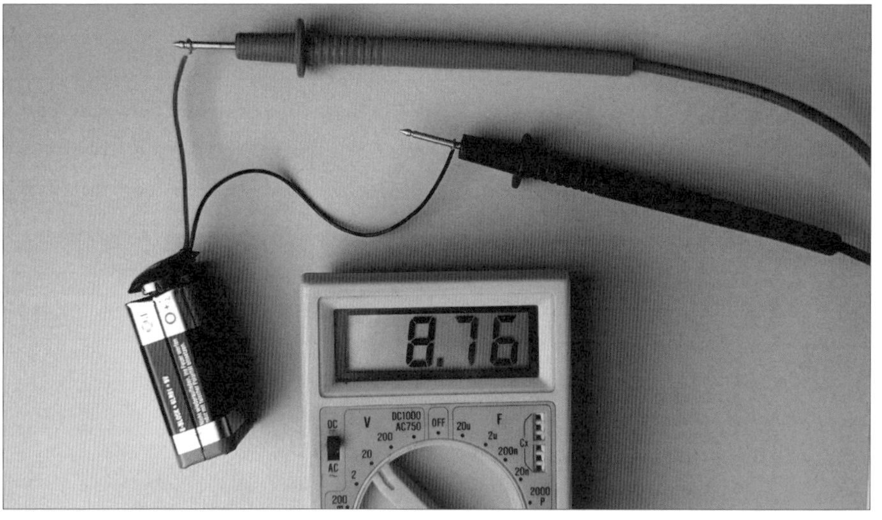

Abbildung 4.2 Laut Multimeter ist die 9-Volt-Batterie nicht mehr ganz frisch, Messungenauigkeit hin oder her.

Die verwendeten Kabelfarben sind übrigens keine Frage der Ästhetik oder des persönlichen Geschmacks, sondern standardisiert: Der Plusanschluss ist rot und der Minusanschluss schwarz.

An dieser Stelle wird es Zeit, Ihnen die Bedeutung von elektrischen *Schaltplänen* nahezubringen, damit wir nicht dauernd Fotos abdrucken müssen. Schaltpläne verwenden standardisierte Symbole, die alle Elektrotechniker der Welt verstehen, ganz ähnlich wie Noten in der Musik – nur dass es unterschiedliche Standards gibt. Zu der obigen Schaltung gehört beispielsweise ein sehr einfacher Schaltplan (Abbildung 4.3).

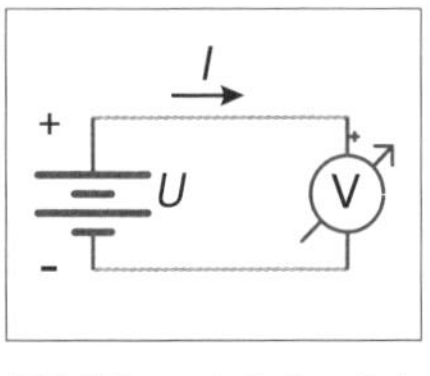

Abbildung 4.3 Der Schaltplan zeigt leicht verständliche Symbole für Batterie und Voltmeter.

Die Beschriftung zeigt die Spannung *U* und den Strom *I* in der üblichen Notation. Mit den gleichen Buchstaben tauchen diese physikalischen Größen in verschiedenen Formeln auf. Freilich fließt nur ein sehr kleiner Strom durch das Messgerät, wenn es auf Spannungsmessung eingestellt ist. Auf dieses Thema kommen wir in Kürze ausführlich zurück.

Schaltplansoftware

Natürlich müssen Sie Schaltpläne nicht mit Papier und Bleistift oder gar mit Paint zeichnen. Es gibt eine ganze Reihe von Anwendungen, die professionelle Features mitbringen – und auch noch kostenlos sind:

- *KiCad* ist eine unter freier GPL-Lizenz veröffentlichte Software für Windows, Mac und Linux, mit der Sie Schaltpläne aus Bauteilen einer umfangreichen Bibliothek zusammenbauen können. Außerdem können Sie auch gleich eine passende Platine layouten (PCB). (*https://www.kicad.org/*)
- *EasyEDA* bietet einen ähnlichen Funktionsumfang wie KiCad, läuft aber auch im Browser. Neben der kostenlosen Version gibt es eine Premium-Version im Abo. (*https://easyeda.com/*)
- *LibrePCB* ist eine weitere Open-Source-Software mit ähnlichem Funktionsumfang, die Libraries mit verschiedenen Bauteilen importieren kann. Die meisten Schaltpläne in diesem Buch sind mit dieser Software entstanden. (*https://librepcb.org/*)
- *Canva*, *Draw.io* und *Gnome Dia* sind kostenlose Grafikanwendungen, mit denen Sie alle möglichen Arten von Diagrammen zeichnen und exportieren können – Schaltpläne sind nur eine der vielen Möglichkeiten. Für professionelle Anwendungsfälle in der Elektrotechnik eignen sich diese Programme weniger.

Reihen- und Parallelschaltung

Sicher wissen Sie genau, was passiert, wenn Sie Batterien hintereinanderschalten: Die Spannung der einzelnen Batterien addiert sich. Das ist vor allem dann wichtig, wenn Schaltungen höhere Spannungen erfordern als jene, die eine einzige Batterie bereitstellt. Das Analogon ist ein mehrstufiger Wasserfall, auch dort addieren sich (näherungsweise) die potenziellen Energien jeder Stufe, die das Wasser hinunterstürzt (Abbildung 4.4).

Die Hintereinander- oder *Reihenschaltung* entspricht einer logischen Und-Verknüpfung. Wenn Sie zwei oder mehr Schalter hintereinander installieren, müssen *alle* Schalter aktiviert werden, damit ein Strom fließt. Eine *Parallelschaltung* hingegen entspricht einem Oder: Es genügt *ein* geschlossener Schalter, und die Verbindung ist hergestellt. Auf solchen logischen Verknüpfungen basieren letztlich alle Schaltkreise der Digitalelektronik, wobei statt mechanischer Schalter Transistoren zum Einsatz kommen. Diese spannenden Bauteile müssen allerdings bis zu einem späteren Kapitel warten.

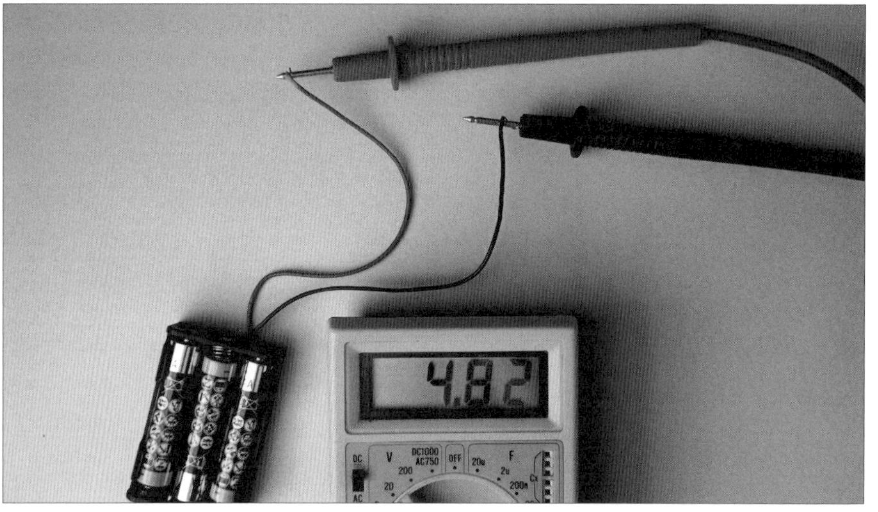

Abbildung 4.4 Drei 1,5-Volt-Batterien erzeugen hintereinandergeschaltet eine Spannung von ungefähr 4,5 V. Beachten Sie unbedingt alle aufgedruckten Verbotszeichen, falls Sie sie verstehen.

4.2 Widerstand und ohmsches Gesetz

Jedes Material setzt dem elektrischen Strom einen gewissen *Widerstand* entgegen. Das können Sie sich vorstellen wie Reibungsverluste bei einer Bewegung. Wenn Sie versuchen, einen Kinderwagen über einen Sandstrand zu schieben, ist die Reibung besonders hoch. Hingegen ist die Reibung eines Zuges auf Eisenbahnschienen sehr gering. Reibung oder Widerstand bedeutet gleichzeitig einen Verlust an Energie, die beispielsweise als Abwärme verloren geht. In den meisten Anwendungsfällen soll der Strom besonders wenig Widerstand erfahren, was zufälligerweise genau das ist, was er möchte: *Der Strom geht den Weg des geringsten Widerstands*. Deshalb fließt Strom lieber durch Kupferdraht und nicht direkt daneben durch die Luft.

Elektrisch leitfähige Materialien wie zum Beispiel ein Kupferdraht haben ebenfalls einen Widerstand, den Sie allerdings in vielen Schaltungen vernachlässigen können, jedenfalls im Vergleich zum Widerstand der Luft oder irgendwelcher Isolatoren drumherum. Wenn Sie an einen Leiter mit einem Widerstand R eine Spannung U anlegen, fließt ein Strom I. Das ist das *ohmsche Gesetz*: Je größer der Widerstand, umso kleiner der Strom.

$$I = \frac{U}{R}$$

Jeder Leiter besitzt einen Widerstand, der von Parametern wie Länge, Durchmesser, Temperatur und physikalischer Beschaffenheit abhängen kann. In der Elektrotechnik benötigen Sie meistens sehr genaue Widerstandswerte, die Sie in Form von billigen, meist länglich geformten Bauteilen in einer Schaltung verwenden (Abbildung 4.5).

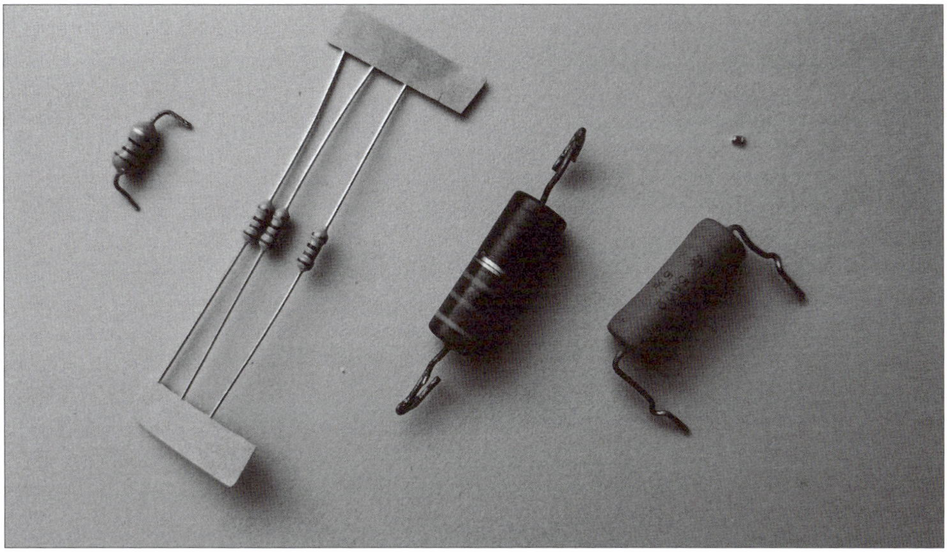

Abbildung 4.5 Je dicker ein Widerstand, umso mehr Verlustleistung hält er aus. Rechts oben sehen Sie kein Staubkorn, sondern einen SMD-Widerstand für eine besonders platzsparende Bauweise. Die dickeren Exemplare stammen aus einem alten Röhrenfernseher.

Gemessen wird die Größe des Widerstands in Ohm ($1\,\Omega = 1\,V/A$), genau wie das zugehörige von ihm entdeckte Gesetz benannt nach dem deutschen Physiker Georg Simon Ohm (1789–1854). Der *spezifische Widerstand* hängt vom verwendeten Material ab. Da es sich dabei um eine Materialkonstante handelt, lässt sich der spezifische Widerstand für verschiedene Stoffe angeben. Die üblicherweise verwendete Einheit für diese Angabe ist $\Omega mm^2/m$ (siehe Tabelle 4.1).

Material	Spezifischer Widerstand in $\Omega mm^2/m$ (ca.)
Bernstein	10^{22}
Gummi	10^{19}
Muskelgewebe	10^{6}

Tabelle 4.1 Der spezifische Widerstand verschiedener Materialien unterscheidet sich um viele Größenordnungen.

Material	Spezifischer Widerstand in $\Omega mm^2/m$ (ca.)
Salzwasser	10^5
Gold	0,022
Kupfer	0,017
Silber	0,015

Tabelle 4.1 Der spezifische Widerstand verschiedener Materialien unterscheidet sich um viele Größenordnungen. (Forts.)

Bevor Sie jetzt alle Kabel in Ihren Wänden austauschen und durch Silberdraht ersetzen: Es wird Ihre Stromrechnung leider nicht nennenswert senken.

Farbcodierung von Widerständen

Klassische Drahtwiderstände sind durch fünf Farbringe gekennzeichnet. Vier Ringe stehen für den eigentlichen Widerstandswert (die ersten drei Ziffern und die Anzahl der Nullen), der letzte steht für die Toleranz. Meist finden Sie dort einen goldenen Ring, der für 5 % Toleranz steht. Da Gold bei den anderen vier Ringen nicht vorkommt, ist damit auch eindeutig geklärt, dass dieser Ring der letzte ist. Die vier anderen Ringe beispielsweise in Gelb-Lila-Schwarz-Orange bedeuten 4, 7, 0 und 3 Nullen, also 470.000 Ω bzw. 470 kΩ. Die folgende Tabelle zeigt die numerische Bedeutung der Farben.

Schwarz	0	**Grün**	5
Braun	1	**Blau**	6
Rot	2	**Lila**	7
Orange	3	**Grau**	8
Gelb	4	**Weiß**	9

Alternativ können Sie ein Multimeter nutzen, um die genaue Größe eines Widerstands zu messen. Die meisten Geräte besitzen dafür einen eigenen Modus.

Wenn Sie zwei der drei Größen im ohmschen Gesetz kennen, können Sie die dritte ausrechnen. Im einfachsten Beispiel befindet sich in einem Stromkreis genau ein Widerstand

(Abbildung 4.6). Wenn Sie an eine 9-Volt-Batterie einen Widerstand mit 1 kΩ anschließen, fließt ein Strom von 9 · 0,001 V/Ω = 9 mA.

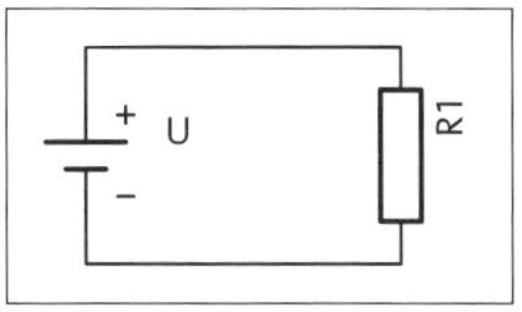

Abbildung 4.6 Im einfachen Stromkreis sind Spannung und Strom zueinander proportional.

Normalerweise ist die Spannung einer Quelle konstant. Bei Batterien oder Akkus müssen Sie freilich davon ausgehen, dass die Spannung abhängig vom Ladezustand etwas absinkt. Auch wenn Sie eine Spannungsquelle zu stark belasten, wird das passieren. Für eine höhere Genauigkeit sollten Sie ein geregeltes Netzgerät verwenden. Details zur Spannungsstabilität beispielsweise eines Labornetzteils finden Sie in dessen Spezifikation.

Stromdichte

Die Luft oder Ihr Körper hat einen vergleichsweise großen Widerstand, ein Kupferdraht oder ein geschlossener Schalter einen kleinen. Trotzdem: Wenn Strom durch einen Draht fließt, erwärmt er diesen, und zwar abhängig von der *Stromdichte* J:

$$J = \frac{I}{A}$$

Dabei ist I der Strom, der senkrecht durch eine Querschnittsfläche A fließt. Falls die fragliche Fläche nicht senkrecht zum Strom steht, können Sie umgekehrt ein Skalarprodukt für den Strom formulieren:

$$I = \vec{J} \cdot \vec{A}$$

Hier ist auch die Fläche vektoriell notiert, wobei deren Richtung definitionsgemäß eine Senkrechte der Fläche ist.

Falls die Stromdichte nicht gleichmäßig über den Leiterquerschnitt verteilt ist, benötigen Sie ein Integral über infinitesimale Flächenstücke $\overrightarrow{\mathrm{d}A}$:

$$I = \int \vec{J} \cdot \overrightarrow{\mathrm{d}A}$$

Je höher der Strom und je dünner der Querschnitt eines Leiters, umso höher ist die Stromdichte und desto stärker die Erwärmung. Denn der Widerstand setzt Spannungsabfall und Stromfluss in Leistung um, letztlich also in Wärme (wie Sie das berechnen können, dazu in Kürze mehr). Stellen Sie sich einfach vor, dass sich eine große Menge an Personen durch einen engen Gang zwängt – irgendwann wird es warm. Besonders gut sichtbar ist das bei Glühbirnen, die nach genau diesem Prinzip funktionieren – die Leiterfäden darin sind für die durchfließende Strommenge eigentlich zu dünn und fangen deshalb an zu glühen. Das gleiche Funktionsprinzip kennen Sie von anderen Alltagsgeräten: Toaster und Föhn. Wir kommen in Kürze auf dieses Thema zurück.

Übersteigt die Stromdichte die *Schmelzstromdichte*, verflüssigt sich das Material, bei Kupfer beispielsweise bei etwa 3 kA/mm^2. Das ist normalerweise ganz und gar nicht das, was Sie möchten – außer in *Sicherungen*, die bei zu hohem Strom, speziell bei Kurzschlüssen, eine ganze Schaltung sicherheitshalber außer Betrieb setzen, indem sie durchschmelzen.

Variable Widerstände

Normalerweise möchten Sie, dass Widerstände einen konstanten Wert haben. Es gibt aber Fälle, in denen ein veränderlicher Widerstand von großem Interesse ist. Denken Sie zum Beispiel an den Lautstärkeregler an Ihrem Audioverstärker: Dahinter verbirgt sich ein *Potenziometer*, also ein einstellbarer Widerstand, sofern es sich nicht um ein rein digitales Gerät handelt, das die Lautstärke nur in diskreten Schritten verstellen kann und zwischen »noch zu leise« und »schon zu laut« leider meistens keine ideale Option anbietet.

Andere variable Widerstände besitzen Abhängigkeiten von Temperatur oder Beleuchtung, die sehr nützlich sein können (Abbildung 4.7).

Abbildung 4.7 Die obere Reihe zeigt zwei verschiedene ältere Potenziometer (Potis), darunter sehen Sie einen temperaturabhängigen Widerstand sowie einen lichtempfindlichen auf einer praktischen Anschlussplatine.

Lichtempfindliche Widerstände (*Fotowiderstand*, LDR, *Light Dependent Resistor*) können verwendet werden, um bei Dunkelheit eine Lampe anzuschalten. Auch Ihr Smartphone besitzt aller Wahrscheinlichkeit nach einen Helligkeitssensor. Temperaturabhängige Widerstände (*Thermistoren*) können für Thermostate nützlich sein oder schlicht messen, ob es draußen warm genug ist, um die Jacke am Haken zu lassen. Bei den meisten Leitern steigt der Widerstand mit der Temperatur an (*Kaltleiter*), zum Beispiel bei Platin um 0,4 % pro °C. Manche Kaltleiter lassen sich einsetzen, um bei Erwärmung eines Geräts automatisch den Strom zu verringern und damit die Belastung. Dazu werden die Kaltleiter in unmittelbarer Nähe des fraglichen Geräts montiert und als Sensor benutzt.

Heißleiter (*NTC*) haben hingegen die Angewohnheit, ihren Widerstand bei höherer Temperatur zu verringern. Sie können beispielsweise dazu verwendet werden, den Strombedarf beim Anlaufen eines noch kalten Systems zu begrenzen. Da anders als bei Kaltleitern der Temperaturzusammenhang bei Heißleitern nicht linear ist, erfordert ihr Einsatz etwas mehr Aufwand. Variable Widerstände haben natürlich eigene Schaltsymbole, die Sie kennen sollten (Abbildung 4.8).

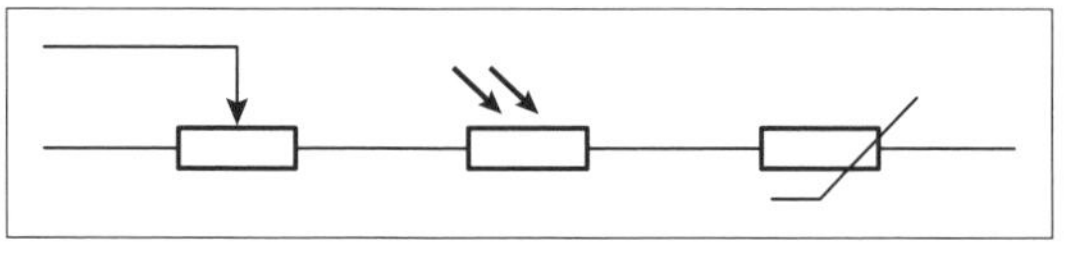

Abbildung 4.8 Schaltsymbole variabler Widerstände, von links nach rechts Poti, Fotowiderstand, Thermistor

4.3 Kirchhoffsche Regeln und Spannungsteiler

Die meisten Schaltungen enthalten mehr als einen Widerstand. Damit sind nicht nur die gleichnamigen Bauteile gemeint, auch andere Schaltelemente können einen Widerstand aufweisen, beispielsweise eine Spule oder eine Glühlampe. Um Spannungen und Ströme in einer Anordnung von Widerständen zu berechnen, können Sie die *kirchhoffschen Regeln* anwenden. Diese besagen:

- *Knotenregel*: In jedem Leitungsknoten ist die Summe aller hineinfließenden Ströme gleich jener der abfließenden Ströme. Als Formel ausgedrückt:

  $$\sum I_{\text{hinein}} = \sum I_{\text{ab}}$$

- *Maschenregel*: Die Summe aller hintereinander messbaren Teilspannungen in einer Masche (also einer ringförmigen Leitung an einer Spannungsquelle) ist gleich der Versorgungsspannung. Als Formel:

  $$U_0 = \sum U_i$$

Die erste Regel ist nicht nur leicht einzusehen, wenn Sie sich statt Strom einen Wasserkreislauf mit Abzweigungen oder eine Straßenkreuzung voller Autos vorstellen. Sie können außerdem die Formel mit der Zeit t multiplizieren, sodass mit $I \cdot t = Q$ eine Gleichung über die Ladungserhaltung entsteht.

Die Maschenregel entspricht nach Multiplikation mit Q einer Gleichung über die Energieerhaltung. Die Spannungsquelle U_0 kann eine Gesamtarbeit $W = U_0 \cdot Q$ leisten, was bei hintereinandergeschalteten Elementen deren Gesamtenergieverbrauch ergibt.

Beispiel: Parallelschaltung von Widerständen

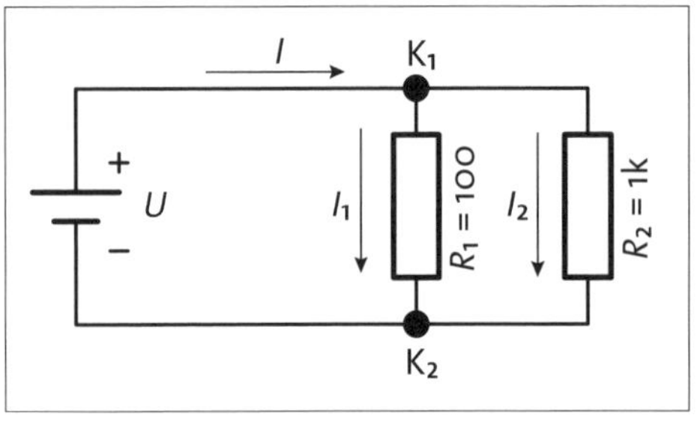

Abbildung 4.9 Beispiel einer Parallelschaltung

Gesucht wird der Gesamtwiderstand der Parallelschaltung von zwei Widerständen (Abbildung 4.9) mit den Werten 100 Ω bzw. 1 kΩ (in Schaltplänen lässt man gern das Ω weg, da das Symbol bereits verrät, um was für ein Bauteil es sich handelt). Betrachten Sie in dieser Schaltung den Knotenpunkt K_1. Dort fließt der Gesamtstrom I hinein, und zwei Ströme I_1 und I_2 fließen über die jeweils zuständigen Widerstände ab. Aufgrund der Knotenregel ist $I = I_1 + I_2$. Die Spannung zwischen K_1 und K_2 ist U, weil es keine Hintereinanderschaltung gibt. Also können Sie für I_1 und I_2 jeweils das ohmsche Gesetz hinschreiben:

$$R_1 = \frac{U}{I_1}; R_2 = \frac{U}{I_2}$$

Stellen Sie beide Gleichungen nach dem Strom um:

$$I_1 = \frac{U}{R_1}; I_2 = \frac{U}{R_2}$$

Sie wissen, dass die Summe gleich I ist:

$$I = \frac{U}{R_1} + \frac{U}{R_2}$$

Teilen Sie durch U, und auf der linken Seite steht das Reziproke des Gesamtwiderstands:

$$\frac{1}{R} = \frac{1}{R_1} + \frac{1}{R_2}$$

Der rechnerische Wert für R beträgt im Beispiel:

$$R = \frac{1}{\frac{1}{100} + \frac{1}{1000}} \approx 91\,\Omega$$

Gewissermaßen verringert sich der Widerstand R_1 durch die Parallelschaltung eines kleineren Widerstands etwas. Durch geschickte Schaltungen dieser Art können beliebige Widerstandswerte konstruiert werden, auch wenn nur bestimmte, diskrete Werte im Handel verfügbar sind.

Beispiel: Spannungsteiler

Ein Beispiel für die Hintereinanderschaltung von Widerständen ist der *Spannungsteiler*. Sie greifen eine Spannung U_2 am zweiten Widerstand ab (Abbildung 4.10).

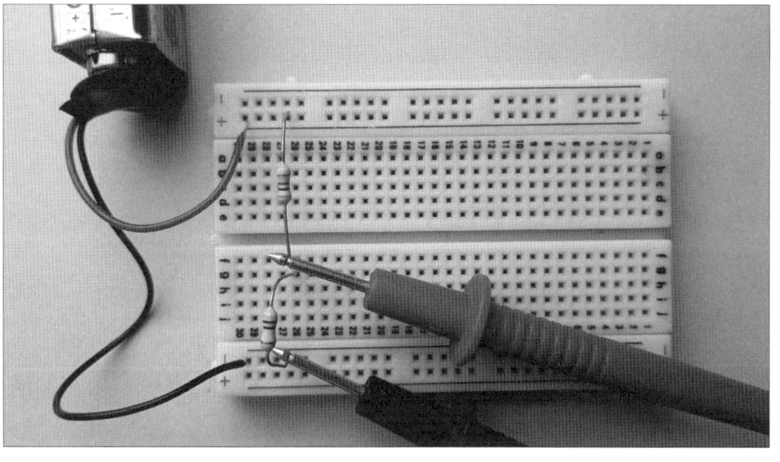

Abbildung 4.10 Der Spannungsteiler ist auf einer Steckplatine aufgebaut. Darin verlaufen je zwei Leitungen für die Versorgungsspannung oben und unten quer, während alle anderen Kontakte (a–e bzw. f–j) in der Vertikalen elektrisch verbunden sind.

Angeschlossen ist eine 9-Volt-Blockbatterie. Die Werte der Widerstände sind R_1 = 4,7 kΩ und R_2 = 470 Ω. Da die Gesamtspannung U die Summe der beiden an den Widerständen feststellbaren Spannungen U_1 und U_2 ist und der Strom überall gleich ist (es gibt keine Knoten mit mehr als zwei Anschlüssen), können Sie schreiben:

$$R_1 = \frac{U_1}{I}; R_2 = \frac{U_2}{I}$$

Stellen Sie um nach der Spannung:

$$U_1 = IR_1; U_2 = IR_2$$

Dividieren Sie die zweite Gleichung durch die erste, damit sich der Strom wegkürzt. Sie erhalten:

$$\frac{U_2}{U_1} = \frac{R_2}{R_1}$$

Das Verhältnis der Spannungen an den Widerständen ist also dasselbe wie das der Widerstandswerte. Ersetzen Sie noch $U_1 = U - U_2$, und Sie erhalten:

$$\frac{U_2}{U - U_2} = \frac{R_2}{R_1}$$

Sie können diese Gleichung nach der gesuchten Spannung U_2 umstellen. Die einzelnen Schritte erspare ich Ihnen. Das Resultat entspricht einer Verhältnisgleichung:

$$U_2 = U \frac{R_2}{R_1 + R_2}$$

Rechnerisch ergibt sich für die verwendeten Widerstände an einer 9-Volt-Spannungsversorgung $U_2 \approx 0{,}82$ V, und ziemlich genau diesen Wert zeigt auch das Messgerät an. Übrigens ist der Gesamtwiderstand von knapp über 5 kΩ groß genug, damit sich die Batterie nicht allzu schnell entlädt. Trotzdem ist es natürlich ratsam, sie nach erfolgter Messung zu entfernen.

Wohlgemerkt, diese simple Schaltung eignet sich nicht dazu, aus einer hohen Versorgungsspannung eine niedrige zu machen und dann einen Verbraucher daran zu betreiben. Denn sobald zu diesem ein Strom fließt, haben Sie sofort einen Knoten zwischen den beiden Widerständen im Spiel und die Rechnung sozusagen ohne Herrn Kirchhoff gemacht. Um eine zu hohe Eingangsspannung in eine niedrigere zu ändern, brauchen Sie kompliziertere Schaltungen oder entsprechende fertige Bauteile, genannt *Spannungsregler*.

Der Aufbau mit dem Spannungsabgriff zwischen zwei Widerständen entspricht übrigens genau einem *Potenziometer*. In Fällen, in denen die Spannung U_2 stufenlos einstellbar sein muss, kommen diese Bauteile oft zum Einsatz, beispielsweise als Lautstärkeregler an Audioverstärkern. Die eingestellte Spannung hat dann zur Eingangsspannung ein Verhältnis entsprechend der Stellung des Potenziometerabgriffs.

4.4 Halbleiter

In der Elektrotechnik ist es von großer Bedeutung, mit kleinen Strömen größere beeinflussen zu können. Das hängt damit zusammen, dass logische Schaltungen mit niedrigen Stromstärken kompakter und kostengünstiger gebaut werden können, weil die beteiligten Leitungen kleiner ausfallen können. Sie erinnern sich: Je höher die Stromdichte, desto höher ist die Erwärmung und damit die Verlustleistung.

Noch vor 75 Jahren waren Relais oder Röhren für solche Einsatzzwecke erforderlich. Relais bestehen aus elektromagnetischen Spulen, die bei Anlegen einer Spannung einen Schalter auslösen, der deutlich größere Ströme bewältigen kann als die vorgeschaltete Elektronik. Der erste Digitalrechner der Welt, der *Z3* von Konrad Zuse (erbaut 1938–1941), benötigte 2.000 Relais. Auch heute noch werden Relais in manchen Fällen bevorzugt, aber nicht für digitale Speicher. Beispielsweise hören Sie in Ihrem Treppenhaus möglicherweise ein Klicken aus dem Schaltschrank, wenn Sie einen Lichtschalter betätigen – auch das kommt von einem Relais (Abbildung 4.11).

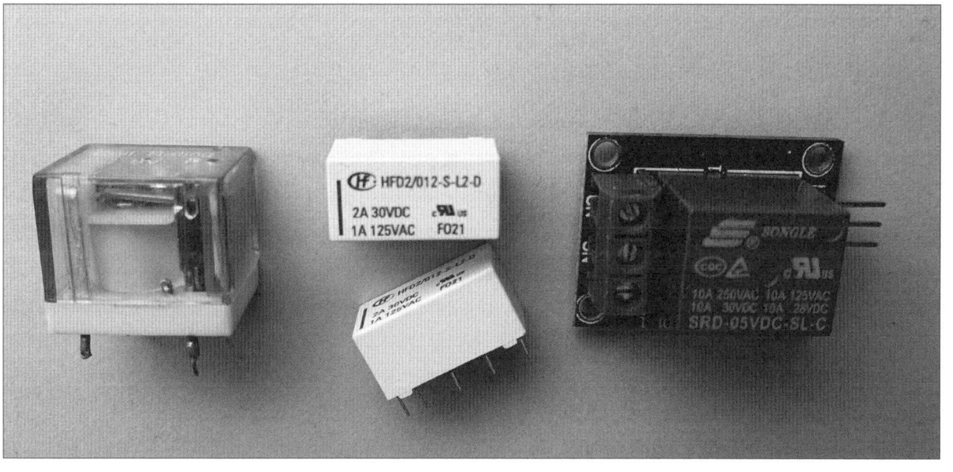

Abbildung 4.11 Diese Relais in verschiedenen Bauformen sind für unterschiedliche Schaltleistungen geeignet. Das 250-Volt-Exemplar rechts besitzt praktische Anschlüsse für Verbraucher und Schalteingänge und wird gern von Mikrocontrollern angesteuert.

Im vergangenen Jahrhundert wurde bei Experimenten mit bestimmten Stoffen entdeckt, dass sich deren Leitfähigkeit beeinflussen lässt. Während in Metallen viele freie Elektronen vorhanden sind, die eine hohe Leitfähigkeit bedeuten, fehlen diese bei Isolatoren. Bei *Halbleitern* hingegen sind einige wenige freie Ladungsträger vorhanden. Dieser Effekt ist temperaturabhängig: Je mehr Wärme, desto mehr Elektronen befinden sich im *Leitungsband* – also jenem energetisch angeregten Zustand, der es ihnen erlaubt, das heimische Atom zu verlassen, wenn eine Spannung angelegt wird (Abbildung 4.12). Die restlichen Elektronen verbleiben im *Valenzband* und haben mit Stromleitung nichts am Hut. Beispiele für Halbleiter sind Silizium und Germanium. Die weitaus meisten Halbleiter bestehen aus Ersterem.

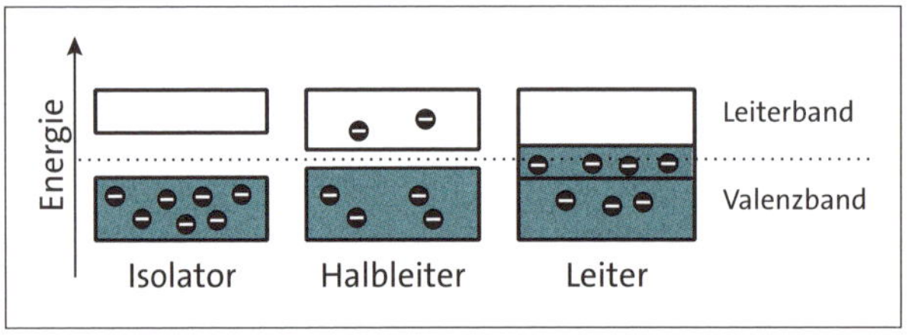

Abbildung 4.12 Die Menge der freien Elektronen im Leiterband hängt vom Material ab (und außerdem von der Temperatur).

Wenn ein Elektron sein Valenzband verlässt, hinterlässt es ein *Defektelektron* (umgangssprachlich ein »Loch«). In der Kristallstruktur des Halbleiterfestkörpers kann dann ein Elektron von einem Nachbaratom in den Defekt springen und hinterlässt seinerseits eines. Da das Loch gewissermaßen eine positive Ladung darstellt, können auf diese Weise virtuelle Löcher in eine Richtung wandern und Elektronen in die Gegenrichtung, wenn sie die Kraftwirkung eines elektrischen Felds erfahren.

Der Trick besteht nun darin, den Halbleiter gezielt zu verunreinigen, um entweder zusätzliche Elektronen oder Defektelektronen zu erzeugen. Bei dieser *Dotierung* genügt ungefähr ein Fremdatom pro 10^7 Halbleiteratome, um einen hinreichenden Effekt zu erzeugen. Erhält ein Halbleiter dadurch zusätzliche Elektronen im Leitungsband, nennt man ihn *n-dotiert*, ansonsten *p-dotiert*. Dramatisches passiert beim Zusammenfügen von p- und n-dotiertem Halbleiter an der Grenze: Die überschüssigen Elektronen der n-Seite rekombinieren mit den Löchern der p-Seite. Es entsteht eine Verarmungszone, in der keine beweglichen Ladungsträger zur Verfügung stehen (Abbildung 4.13).

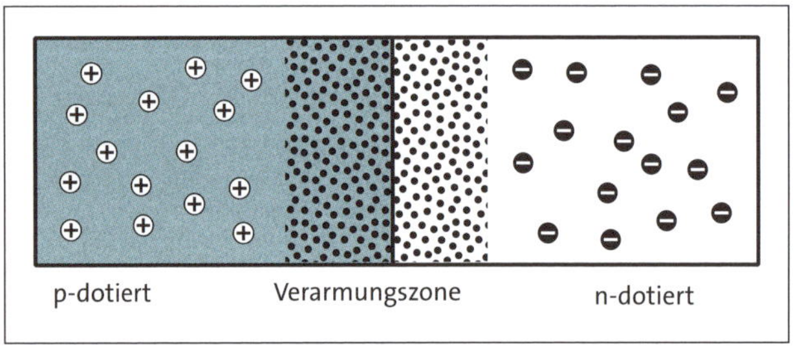

Abbildung 4.13 An der Grenze zwischen n- und p-Schicht entsteht eine Zone mit sehr wenigen freien Ladungsträgern.

Richtig spannend wird dieser Aufbau, wenn eine externe Spannungsquelle hinzukommt. Was dann passiert, hängt nämlich von deren Polarität ab: Wenn Sie den Pluspol der Spannungsquelle an die n-dotierte Seite anlegen, wandern die Elektronen dorthin und die positiven Defektstellen in die Gegenrichtung. Das vergrößert die Verarmungszone. Im umgekehrten Fall gelangen Ladungsträger in diese Zone hinein und können sie überwinden – es fließt ein Strom (Abbildung 4.14).

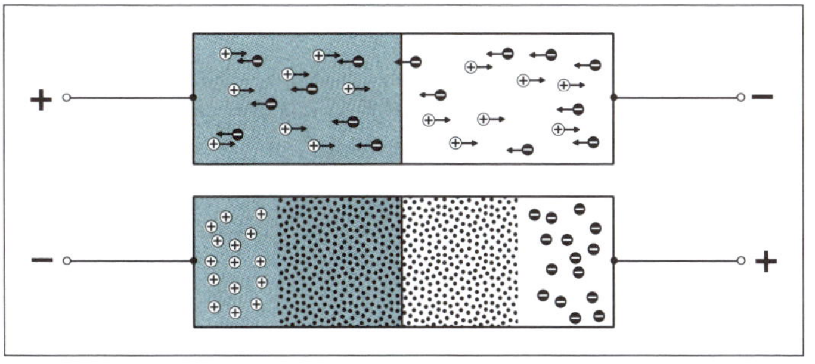

Abbildung 4.14 Das Verhalten des p-n-Übergangs hängt entscheidend von der Polarität ab.

Sie ahnen es schon: Was Sie hier sehen, ist eine *Diode*. Dieses elektronische Halbleiterbauelement lässt Strom nur in eine Richtung durch. Allerdings hat jeder coole Effekt seine Grenzen: Erstens braucht es eine minimale Spannung, um die Verarmungszone zu überwinden. Und zweitens führt eine zu hohe Spannung (*Durchbruchspannung*) in Sperrrichtung doch wieder zur Stromleitung und wegen der damit meist verbundenen hohen Stromstärke und Erwärmung auch zur Zerstörung. Dioden sind wie Widerstände preiswert herstellbare Bauelemente (Abbildung 4.15) und werden in vielen elektronischen Schaltungen genutzt, unter anderem als Schutz vor falsch gepolter Spannungsversorgung.

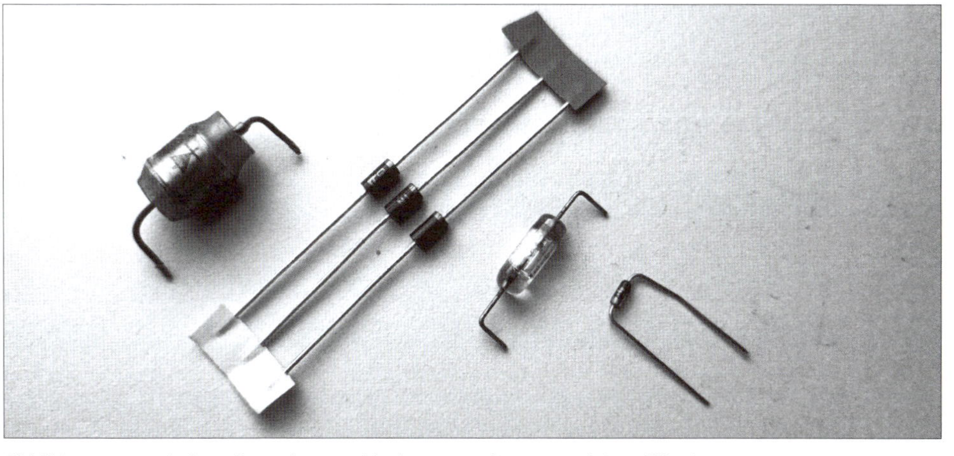

Abbildung 4.15 Dioden gibt es in verschiedenen Bauformen und Spezifikationen.

Alle Dioden besitzen an einer Seite einen Ring als Markierung. Diese *Kathode* ist der Minuspol in Durchlassrichtung. Das wird auch am Schaltzeichen deutlich (Abbildung 4.16).

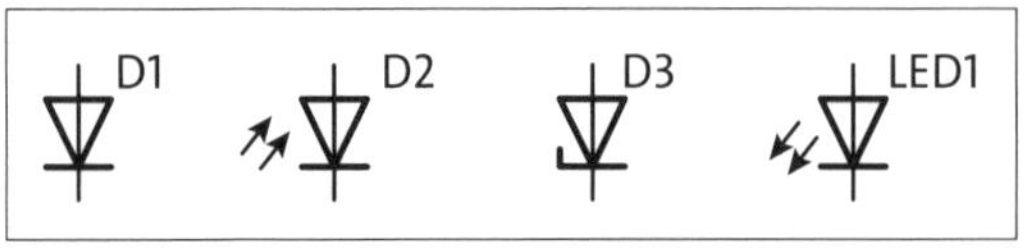

Abbildung 4.16 Diodenschaltzeichen: D2 ist lichtempfindlich, D3 eine Z-Diode mit sehr hoher Dotierung, hinzu gesellt sich eine LED.

Bestehen Dioden aus bestimmten Halbleitern bzw. Dotierungen, leuchten sie in Durchlassrichtung. Die Rede ist natürlich von *Leuchtdioden* (*LEDs*). Beachten Sie unbedingt, dass Leuchtdioden (in Durchlassrichtung) im Gegensatz zu Glühlampen keinen oder nur einen sehr kleinen Innenwiderstand haben. Bei üblichen Spannungen wie 5, 9 oder gar 230 V durchfließt sie daher ein zu hoher Strom und brutzelt sie umgehend. Leuchtdioden müssen daher immer mit einem in Reihe geschalteten *Vorwiderstand* versehen werden. Je nach Spannung, Leuchtdiode und gewünschter Helligkeit benötigen Sie Widerstände mit Werten im Bereich um oder unter 1.000 Ω. Am besten prüfen Sie die Spezifikation der zu verwendenden Leuchtdiode, in der üblicherweise ein maximal zulässiger Strom angegeben ist, und subtrahieren zur Sicherheit einen gewissen Anteil. Über das ohmsche Gesetz können Sie dann bei bekannter Versorgungsspannung den passenden Vorwiderstand errechnen.

Beispiel Diodenschaltung: Brückengleichrichter

Da eine Diode nur in eine Richtung Strom passieren lässt, liegt die Idee nahe, ein Exemplar an eine Wechselspannungsquelle (AC, z. B. Steckdose) anzuschließen, um einen Verbraucher zu betreiben, der Gleichspannung benötigt (DC, z. B. Motor). Mit nur einer Diode bekommen Sie allerdings Versorgungslücken immer dann, wenn die Wechselspannung gerade falsch herum gepolt ist. Das ist meist nicht erwünscht. In dem Moment liegt aber am anderen Pol die richtige Spannung an. Das macht sich der *Brückengleichrichter* zunutze (Abbildung 4.17).

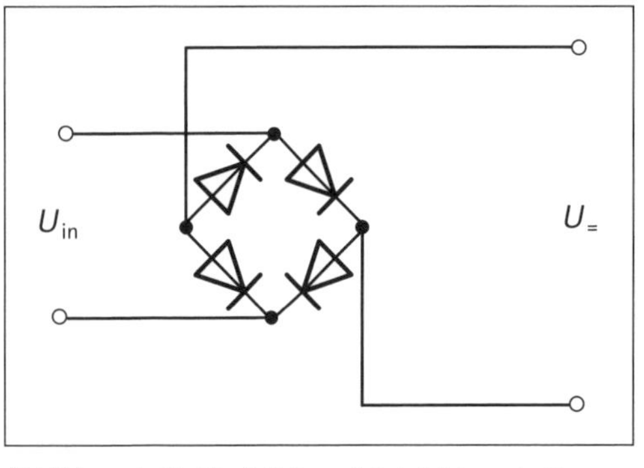

Abbildung 4.17 Die Brückengleichrichterschaltung macht aus AC DC.

Sie sehen an der Schaltung, dass jeweils zwei Dioden Strom durchlassen, während die anderen beiden sperren. Das Resultat ist eine Spannung am Ausgang, die zwar immer noch sinusförmige Wechselstrompulse aufweist, aber immer richtig herum gepolt ist. Ein hinreichend dimensionierter *Glättungskondensator*, der parallel zum Ausgang geschaltet wird, kann für eine konstante Ausgangsspannung sorgen.

Brückengleichrichter werden häufig benötigt und sind der Einfachheit halber auch als integrierte Schaltung verfügbar, die alle vier Dioden in einem Gehäuse vereinigt. Beachten Sie die jeweilige Spezifikation: Gleichrichter, die direkt an der Netzspannung von 230 V betrieben werden sollen, müssen dafür auch zugelassen sein.

Transistoren

Was ist auf der Welt eigentlich häufiger anzutreffen: Leuchtdioden oder Transistoren?

Keine Sorge, die Antwort ist nicht kompliziert: *Transistoren* sind häufiger. Denn Milliarden davon stecken in jedem Computer, inklusive Smartphones, insbesondere in den Speicherchips. Zum Glück lassen sich Halbleiterbauelemente unglaublich billig in großer Masse und auch in extrem kleiner Größe produzieren. Höchste Zeit, sich über die Funktionsweise von Transistoren zu unterhalten!

Im Gegensatz zu Dioden verfügen Transistoren über drei dotierte Halbleiterschichten, wobei die mittlere sehr dünn ausgeführt wird. Somit ergeben sich zwei verschiedene Bauformen, nämlich NPN und PNP. Beide funktionieren genau gleich, nur mit unterschiedlicher Polung. Die drei Anschlüsse heißen *Basis*, *Emitter* und *Kollektor* (Abbildung 4.18).

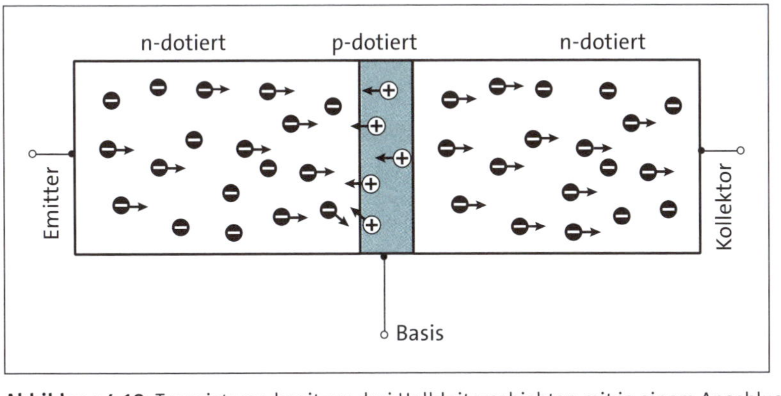

Abbildung 4.18 Transistoren besitzen drei Halbleiterschichten mit je einem Anschluss, hier ein NPN-Exemplar.

Solange an der Basis keine Spannung liegt, ähnelt der Transistor letztlich zwei entgegengesetzt geschalteten Dioden und sperrt sich gegen jegliche Stromflüsse (bis zur *Durchbruch-*

spannung). Sobald aber ein kleiner Strom zwischen Emitter und Basis fließt, setzt der Transistoreffekt ein und schaltet einen großen Strom zwischen Emitter und Kollektor frei. Auf diese Weise dient ein Transistor als elektronischer Schalter, bei dem der Steuerstrom sehr viel kleiner sein kann als der Schaltstrom. Ein einfaches Beispiel ist eine *Berührungsschaltung*: Wenn Sie mit Ihrem Finger (der einen hohen Widerstand hat, aber kein Isolator ist) einen Strom zum sonst isolierten Basisanschluss leiten, bringen Sie eine über Kollektor und Emitter angeschlossene Lampe zum Leuchten oder einen Summer zum Krachmachen (Abbildung 4.19).

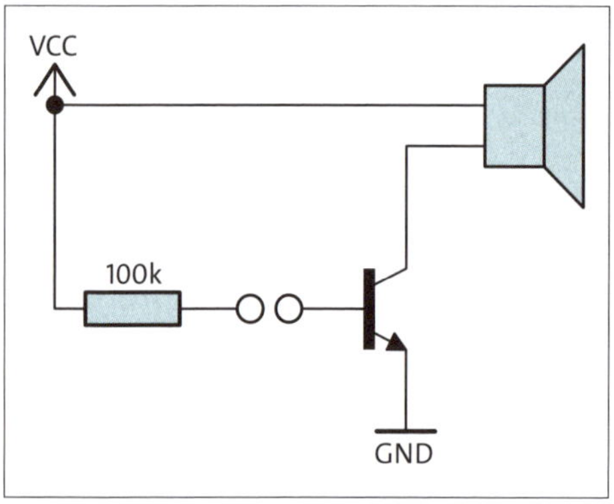

Abbildung 4.19 Sobald Sie mit einem Finger den Kontakt an der Basis des Transistors schließen, aktiviert ein kleiner Strom über Basis und Emitter den NPN-Übergang und damit den Summer. Der Vorwiderstand begrenzt den Strom zur Sicherheit, um den Transistor nicht zu zerstören. Früher zeichnete man übrigens Kreise um Transistorsymbole, heute aber nicht mehr.

Die einfache Schaltung hat allerdings einen Nachteil: Der Kollektor-Emitter-Strom hängt von der genauen Größe des Basisstroms ab. Das bedeutet, dass der Summer unterschiedlich laut klingt, je nachdem, wie groß Ihr Hautwiderstand gerade ist. Üblicherweise verwendet man daher zwei Transistoren kaskadiert. Das ist die sogenannte *Darlington-Schaltung*. Das erhöht den Verstärkungseffekt so weit, dass auch bei kleinen Berührungen der maximale Basis-Emitter-Strom fließt.

Auf diese Weise als Schalter eingesetzt, ähnelt der Transistor zusammen mit dem in Reihe geschalteten Verbraucher einem Spannungsteiler. Im sperrenden Zustand entspricht der Transistor einem Widerstand mit sehr hohem Wert. Dann fällt fast die gesamte Spannung am Transistor zwischen Kollektor und Emitter ab, für den Verbraucher bleibt nichts mehr übrig. Sobald der Transistor leitet, hat er einen sehr kleinen Innenwiderstand, und die Spannung zwischen Kollektor und Emitter ist ebenfalls sehr klein, sodass fast die gesamte Spannung für den Verbraucher übrig bleibt, der daraufhin den Betrieb aufnimmt.

Beispiel Transistorschaltung: ein einziges Bit

Computer und Smartphones sind ohne Speicher ziemlich nutzlos. Diese Speicher arbeiten ebenfalls mit Transistoren. Ich zeige Ihnen hier eine Schaltung, die genau ein Bit, also einen Ja/Nein-Zustand speichern kann, bis dieser durch eine Eingabe geändert wird. Werfen Sie einen Blick auf die Schaltung (Abbildung 4.20), die auf den schönen Namen *Flipflop* oder *bistabile Kippstufe* hört.

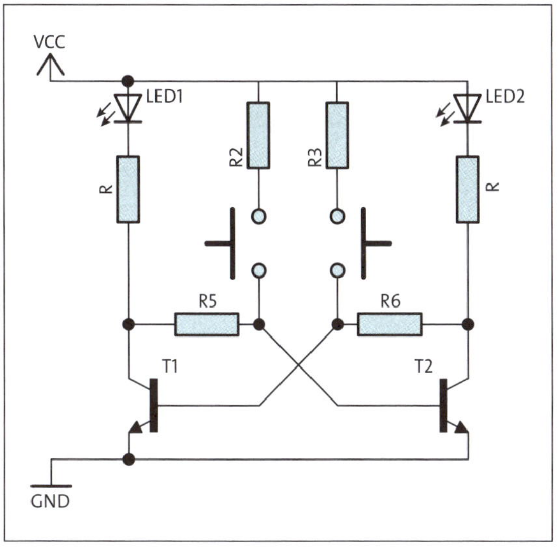

Abbildung 4.20 Der Flipflop-Schaltplan benötigt zwei Transistoren. Die Abkürzung VCC steht für Voltage at the Common Collector (gemeint ist damit üblicherweise die Versorgungsspannung), GND für Ground (Masse).

Sie sehen in der Schaltung je zwei Leuchtdioden, Transistoren und Taster sowie drei Paar Widerstände. Die Schaltung ist symmetrisch aufgebaut, was bei zwei möglichen Zuständen naheliegend ist. Übrigens habe ich in dieser Schaltung die Standardschreibweisen für die Spannungsversorgung (VCC, V steht für *Voltage*), also den Pluspol, und die gemeinsame *Masse* (GND, Minuspol) verwendet. Nicht eingezeichnet ist die Batterie oder eine andere Spannungsquelle, die diese Versorgungsspannung bereitstellt, da es unerheblich ist, worum es sich genau handelt. Wegen der besseren Lesbarkeit werden Ziffern in Schaltplänen übrigens üblicherweise nicht tiefgestellt. Als Bauteilbezeichnungen schreibe ich daher R1 oder T2, als physikalische Größe für einen Widerstand aber weiterhin R_1.

Die Leuchtdioden stellen den Zustand dar: Leuchtet die eine, hat das Flipflop den Zustand A, leuchtet die andere, Zustand B. Die beiden Widerstände R sind kleine *Vorwiderstände*, die ein Durchbrennen der LEDs verhindern.

Stellen Sie sich vor, Sie schließen den linken Taster. Dann wird die Basis von T2 über den Widerstand R2 mit der Spannungsversorgung verbunden. Da sich der Strom immer den Weg des geringsten Widerstands sucht, wird er über LED2 und R und T2 fließen, aber nicht über R6 zur Basis von T1. Deshalb sperrt T1. Der Clou der Schaltung ist, dass jetzt Strom über LED1 und R5 zur Basis von T2 fließt, sodass Sie die Taste loslassen können, ohne dass sich etwas am Zustand ändert. R5 hat einen hohen Wert, sodass genug Strom fließt, um den Transistor zu schalten, aber nicht genug, um LED1 zum Leuchten zu bringen.

Sobald Sie die rechte Taste drücken, fließt Strom über R3 und schaltet Transistor 1 durch. Jetzt tritt der umgekehrte Zustand ein, T2 sperrt, und LED1 leuchtet auf.

Es genügen also ein paar Widerstände und zwei Transistoren, um ein ganzes Bit zu speichern! Die coolste und mit Abstand wichtigste Anwendung für Transistoren ist aber eine andere: als Verstärker für elektrische Gitarren.

Beispiel Transistorschaltung: einfacher Audioverstärker

Eine elektrische Gitarre enthält Stromabnehmer, die aus den Schwingungen der Saiten entsprechende Spannungssignale machen. Die Details sind für die grundsätzliche Betrachtung nicht wichtig – entscheidend ist: Die Spannung, die die E-Gitarre von sich gibt, ist sehr klein. So klein, dass Sie nicht einfach einen Lautsprecher anschließen können. Klarer Fall: Sie benötigen einen *Verstärker.*

Ich hatte Ihnen bereits verraten, dass die Leitfähigkeit des Transistors vom Basisstrom abhängt. Mit passend gewählten Widerständen ergibt sich daraus eine lineare *Verstärkung* eines Eingangssignals. Die einfachste dem entsprechende Schaltung besteht aus nur einem NPN-Transistor und einigen Widerständen (Abbildung 4.21). Außerdem sind zwei Kondensatoren erforderlich, um das Audiosignal ein- und auszukoppeln, weil es sich dabei um Wechselspannungen handelt. Mehr dazu erfahren Sie in Kapitel 9 über Hoch- und Wechselspannung in diesem Buch.

Die Schaltung versetzt den Transistor über den 2k7-Widerstand (2.700 Ω) grundsätzlich in den leitenden Arbeitszustand. Die beiden Widerstände an Kollektor und Emitter bilden gemeinsam mit dem Transistor einen Spannungsteiler, von dessen mittlerem Anschluss das verstärkte Ausgangssignal abgezapft werden kann. Ohne Eingangssignal ist die Ausgangsspannung konstant, was noch keinen Ton zu Gehör bringt. Sobald Sie die E-Gitarre zupfen, taucht über den Eingangskondensator und den Zwischenwiderstand eine zusätzliche sehr kleine Spannung an der Basis des Transistors auf. Dessen Innenwiderstand ändert sich, und der Spannungsteiler am Ausgang gibt eine entsprechend höhere Spannung auf den Kondensator. Das lässt sich alles im Detail berechnen, führt aber in diesem Buch zu weit.

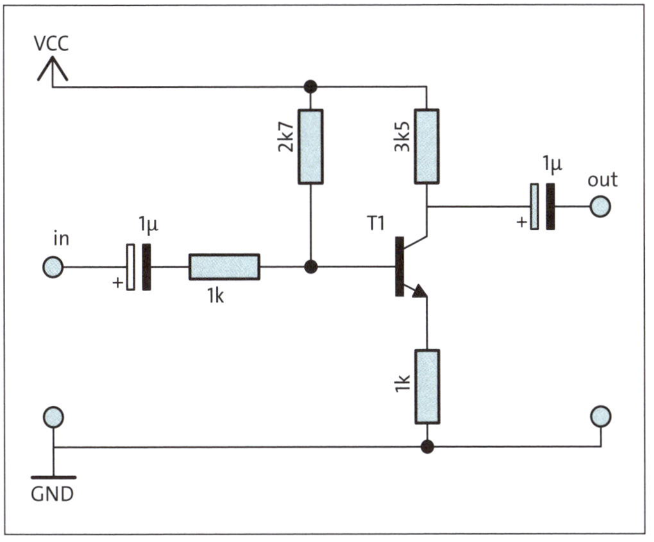

Abbildung 4.21 Die eingezeichneten Werte in dieser Verstärkerschaltung sind nur Beispiele – für superbe Klangqualität kann ich nicht garantieren.

Mit anderen Widerstandswerten können Sie den Transistor außerhalb des linearen Bereichs betreiben und übersteuern – und schon haben Sie eine Metal-Gitarre. Viel Spaß beim Ausprobieren! Aber nach Ihrer Karriere als Rockgitarrist machen Sie bitte umgehend mit dem nächsten Abschnitt weiter.

4.5 Optoelektronik

Strom ist unsichtbar, was interaktive Anwendungen elektronischer Schaltungen etwas erschwert. Nicht nur deswegen sind Bauelemente wichtig, die auf Licht reagieren (*Detektoren*) oder welches abgeben (*Aktoren*). Für Letzteres sind *Laser*- oder *Leuchtdioden* (*LEDs*) zuständig. Die sind allgegenwärtig: als Hintergrundbeleuchtung von LCD-Panels, zum Betrieb von Glasfaserkabeln oder in einer TV-Fernbedienung. LEDs gibt es in unterschiedlichen Bauformen, und sie können verschiedene Farben erzeugen (Abbildung 4.22).

Die Farbe des von einer LED abgestrahlten Lichts hängt von den verwendeten Halbleitern und Dotierungen ab. Die ältesten LEDs leuchten rot. Seit 1968 werden diese produziert, und zwar auf Basis von Galliumarsenidphosphid. Sicher haben Sie Taschenrechner und Armbanduhren mit roten Ziffern schon mal in einem alten Film gesehen. Auch Betriebsleuchten von Fernsehern waren damals rot statt wie heutzutage grün. Verwirrend, oder?

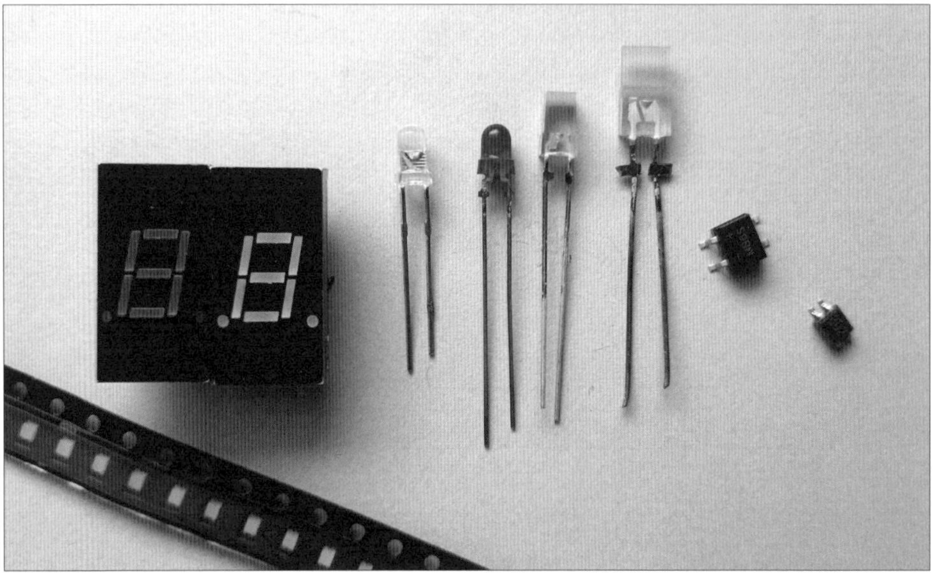

Abbildung 4.22 Leuchtdioden präsentieren sich in unterschiedlichsten Bauformen: unten Mikro-LEDs für die direkte Montage auf einer Platine (SMD), oben in Siebensegmentanzeigen und verschiedenfarbigen Gehäusen – die Kathode ist jeweils der kürzere Draht – ganz rechts zwei SMD-Optokoppler.

Die Lichtausbeute von LEDs wurde immer weiter verbessert. Mit anderen Materialien wurden zuerst grüne und gelbe und mit etwas Verspätung auch blaue LEDs entwickelt. Letztere sind erst seit den 1990er-Jahren in großen Stückzahlen und zu niedrigen Preisen verfügbar. Die blaue LED wurde sehnsüchtig erwartet. Dafür erhielten drei japanische Forscher 2014 sogar den Nobelpreis. Letztlich sind damit weiße LEDs möglich geworden, die dank hoher Lichtausbeute heutzutage fast alle Bereiche unseres Lebens erhellen – und zwar mit deutlich geringerem Energieverbrauch als Glühbirnen oder Halogenlampen. Allerdings verfügen LEDs nicht über die gleiche Trägheit wie Glühlampen: Betreibt man eine LED an Wechselstrom (also mit hinreichend großem Widerstand und Gleichrichter direkt an der Steckdose), flackert sie mit einer Frequenz von 100 Hz. Ein Glättungskondensator oder eine Treiberschaltung ist erforderlich, um das zu unterbinden.

Im weiteren Sinne gehören auch Displays zur Optoelektronik. Zwar gibt es mittlerweile Displays, in denen jeder Lichtpunkt eine LED ist, viele funktionieren aber mit einer konstanten Hintergrundbeleuchtung und schnell ein- und ausschaltbaren Masken. Das Prinzip kennen Sie von *LCD*-Anzeigen, die schon in meiner Schulzeit in Taschenrechnern, Tamagotchis und Armbanduhren üblich waren, aber teils ohne Hintergrundbeleuchtung – im Dunkeln ließen sie sich nicht ablesen. Verbesserungen in den Herstellungsprozessen und bei den Materialien ermöglichen heute höhere Auflösungen und eine kaum noch wahrnehmbare Trägheit (Abbildung 4.23).

Abbildung 4.23 Displays weisen so viele Einzelpunkte auf, dass sie eigene Controller besitzen (auf der Rückseite), die über ein serielles Protokoll angesteuert werden möchten.

Für die Ansteuerung von so vielen einzelnen Elementen gibt es eigene Prozessoren (*Controller*), die über eine Schnittstelle einfache Befehle verstehen. Selbst für die *Siebensegmentanzeigen* aus Abbildung 4.22 gibt es integrierte Schaltungen, die eine binäre Zahl über meist vier Eingangsleitungen als Eingabe akzeptieren und daraufhin die richtigen Segmente zum Leuchten bringen. Jede Leitung entspricht dabei einem Bit. Vier Bits können Zahlen von 0 bis 15 darstellen. Nur die Ziffern von 0 bis 9 sind hier relevant, die restlichen Bits sind verschwendet. Diese Darstellung nennt man auch *BCD* (*Binary Coded Decimal*). Effizienter, aber weniger nutzerfreundlich sind *Hexadezimalzahlen*. Die Ziffern für die restlichen 4-Bit-Zahlen von 10 bis 15 sind dann die Buchstaben A bis F. Tatsächlich erzeugen die meisten Treiberchips für Siebensegmentanzeigen auch diese Buchstaben, wenn man binäre Eingabesignale größer als die Zahl 9 anlegt.

Detektoren

Hinreichend starker Lichteinfall versorgt einen geeigneten p-n-Übergang mit zusätzlichen Elektron-Loch-Paaren, weil er Valenzelektronen in einen höheren Energiezustand bringt. Deshalb ist der Strom durch eine *Fotodiode* (in Durchlassrichtung), an die eine Spannung angelegt wird, abhängig von der Helligkeit der Umgebung. Während Fotodioden sehr empfindlich sind und schon kleinste Lichtmengen detektieren können, eignen sich *Fototransistoren* durch den Verstärkungseffekt besser, um einen Schaltvorgang auszulösen. Anwendungsbeispiele für beide Bauelemente sind natürlich die Datenübertragung über Licht

(z. B. Glasfaserinternet, aber auch optische Audiokabel), Bewegungsmelder, Infrarotempfänger für Fernbedienungen oder Lichtschranken. Als Beispiel für eine Schaltung zeige ich Ihnen eine Lichtschranke (Abbildung 4.24).

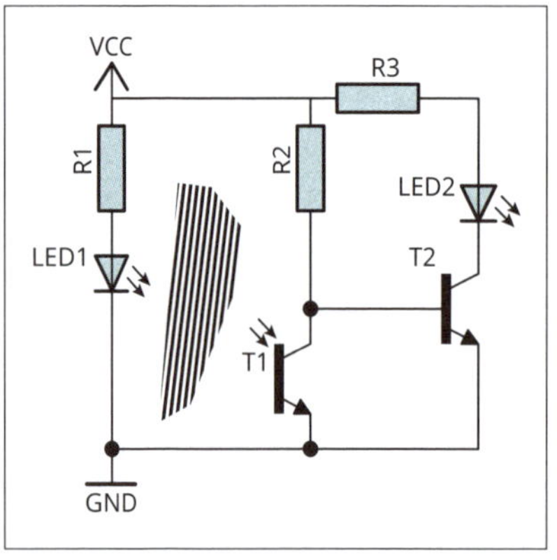

Abbildung 4.24 Die Lichtschranke reagiert auf das Entfernen eines Hindernisses.

LED1 wird über Vorwiderstand R1 zum Leuchten gebracht. Zwischen der LED und dem Fototransistor T1 kann sich ein Hindernis befinden, das schraffiert eingezeichnet ist. LED2 (betrieben über Vorwiderstand R3) leuchtet lediglich dann, wenn Transistor T2 durchschaltet. Das passiert nur, wenn T1 sperrt, also kein Licht auf ihn fällt. Durch die Größe des Widerstands R2 lässt sich die Empfindlichkeit der Schaltung einstellen.

Eine Variante der Lichtschranke ist der *Optokoppler*. Dabei handelt es sich um eine Leuchtdiode und einen Fototransistor in einem gemeinsamen Gehäuse (Abbildung 4.25).

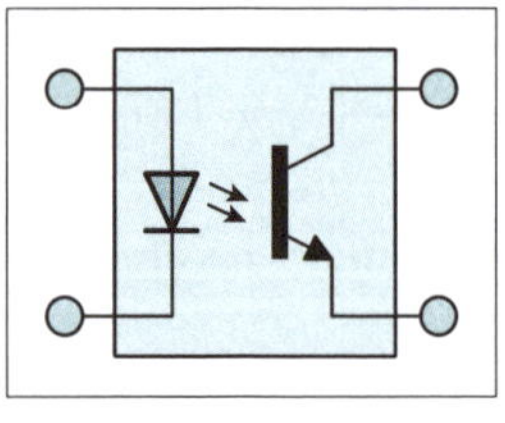

Abbildung 4.25 Optokoppler trennen elektrisch und verbinden Signale.

Der Witz an der Sache ist, dass innerhalb des Optokopplers eine rein optische Signalübertragung erfolgt. Sende- und Empfangsseite sind elektrisch nicht miteinander verbunden. Man spricht auch von einer *galvanischen Trennung*. So können Signale zwischen verschiedenen Stromkreisen übertragen werden, ohne dass zwischen diesen ein Strom fließt. Glasfaserkabel sind also letztlich nichts anderes als stark in die Länge gezogene Optokoppler.

Solarzellen

Eine besonders wichtige optoelektronische Komponente, die prinzipiell einer Fotodiode ähnelt, ist die *Solarzelle* (Abbildung 4.26).

Abbildung 4.26 Solarmodule bestehen aus in Reihe geschalteten Solarzellen.

Der *photovoltaische Effekt* produziert bei Lichteinstrahlung einen *Fotostrom*, weil Elektronen von der p-Schicht in die n-Schicht übergehen. Das erzeugt einen Strom entgegen der Durchlassrichtung. Als große Flächen wandeln Solarzellen Lichtenergie komfortabel in elektrische Energie um. Mehrere in Reihe geschaltete Solarzellen können ohne Weiteres genug Energie bereitstellen, um eine kleine Schaltung oder sogar einen Motor zu betreiben. Hinreichend große Solarmodule können einen ganzen Haushalt versorgen. Sie kennen sicher *Balkonkraftwerke*, die über einen *Wechselrichter* Strom ins Hausnetz einspeisen. Das ist nicht nur saubere Energie, sondern spart durch die dezentrale Versorgung auch Leitungskapazitäten ein. Mehr zu diesem Thema erfahren Sie in Abschnitt 10.2, »Drehstrommotoren«, in diesem Buch und natürlich in Ihrem Studium.

4.6 Messgeräte

Weiter oben hatte ich Ihnen bereits ein *Multimeter* gezeigt. Solche Geräte sind handlich und erlauben innerhalb ihrer jeweiligen Messgenauigkeit spezifische Aussagen über das Geschehen in einer elektronischen Schaltung.

Allerdings können *Messgeräte* ohne Weiteres nur eine Spannung zwischen zwei Punkten messen. Um einen Strom zu messen, müssten Sie eine Verbindung in Ihrer Schaltung auftrennen, um das Gerät dazwischenzuschalten (Abbildung 4.27). Das ist bei einer zusammengelöteten Schaltung so gut wie unmöglich.

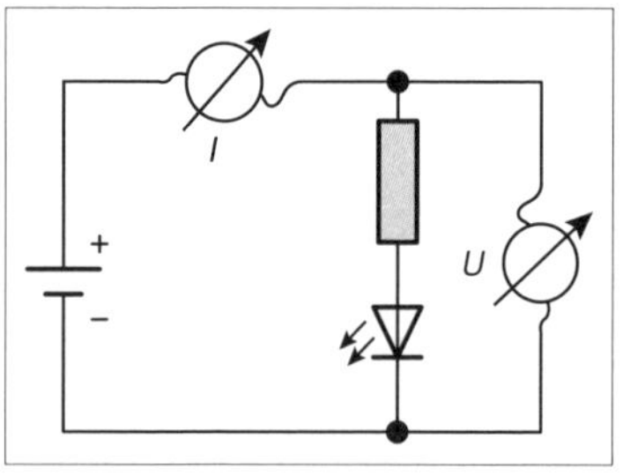

Abbildung 4.27 Das Messinstrument links misst einen Strom, das rechts eine Spannung. Statt der altmodischen Zeiger stehen manchmal auch nur die Einheiten (V bzw. A) in den Kreisen.

Die Naturgesetze sind aber auch gemein: Um den Zeiger eines Instruments zu bewegen, muss ja zwingend ein Strom fließen. Dieser Strom lenkt über einen Elektromagneten die Nadel des Zeigers aus. Was für analoge Instrumente gilt, gilt auch für digitale: Ohne Strom passiert in einer Schaltung eben rein gar nichts. Dieser Strom muss andererseits möglichst niedrig sein, um nicht die Funktion der Schaltung selbst zu beeinflussen. Deshalb müssen Messgeräte bei einer Spannungsmessung einen extrem hohen Innenwiderstand aufweisen (einige MΩ) und bei einer Strommessung einen extrem niedrigen.

Leistungsmessung

Selbst wenn Sie kein Multimeter besitzen: In Ihrem Haus existiert mindestens ein Messgerät, nämlich im Keller – der *Stromzähler* (Abbildung 4.28).

Der Zähler zählt bzw. misst allerdings überhaupt nicht den Strom, sondern den *Verbrauch an elektrischer Energie*. Genau dafür bezahlen Sie auch über Ihre Stromrechnung. Der Verbrauch wird in kWh gemessen und abgerechnet. Dabei ist der Verbrauch das Produkt aus Leistung (in Kilowatt) und Zeit (in Stunden). Die Leistung wiederum berechnet sich aus Spannung und Strom:

$P = U \cdot I$

Wenn Sie bei einer Netzspannung von 230 V beispielsweise ein Elektroauto mit einem Ladestrom von 4 A drei Stunden lang laden, ergibt sich als Leistung:

$P = 230 \cdot 4\ \text{W} = 920\ \text{W} = 0{,}92\ \text{kW}$

Die verbrauchte elektrische Energie ist:

$W = P \cdot t = 0{,}92 \cdot 3\ \text{kWh} = 2{,}76\ \text{kWh}$

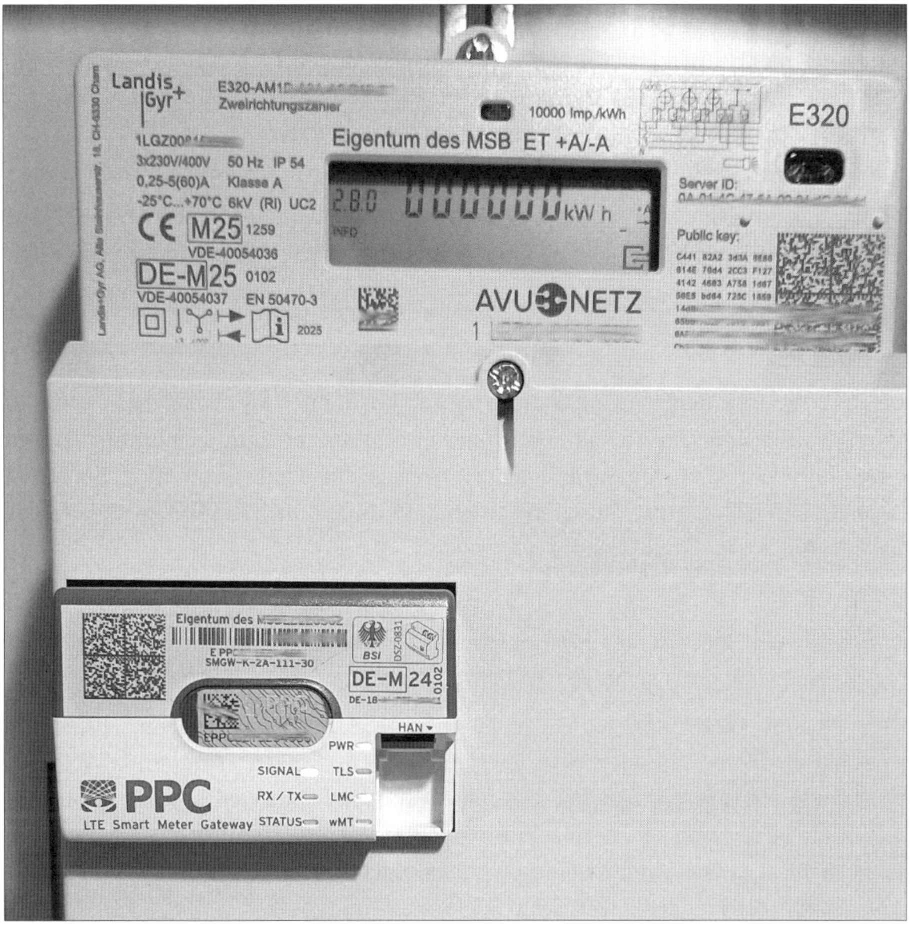

Abbildung 4.28 Dieser Stromzähler verfügt links unten über ein Mobilfunkmodul zur Datenübertragung. Diese funktioniert dank externer Antenne sogar im tiefsten Keller. Smart, oder?

Verwechseln Sie nicht die Buchstaben *W* für die elektrische Energie (engl. *Work*) und den Buchstaben W für die Einheit Watt! Die Leistung ist nach *James Watt* (1736–1819) benannt, einem schottischen Erfinder, der unter anderem für entscheidende Verbesserungen an Dampfmaschinen bekannt wurde.

Jetzt können Sie auch ausrechnen, welche *Verlustleistung* an einem Widerstand in Wärme umgewandelt, also verschwendet wird. Setzen Sie das ohmsche Gesetz ein, um die Spannung zu eliminieren, und Sie erhalten:

$P = U \cdot I = R \cdot I^2$

Die Verlustleistung hängt also wie Sie sehen vom Quadrat des Stroms ab, der durch den Widerstand fließt.

Wechselstromleistung

Ganz genau stimmt die obige Rechnung nur für Gleichspannung bzw. -strom, weil bei Wechselspannung U und I nicht die ganze Zeit konstant sind. Stattdessen gilt es in dem Fall *Scheinleistung*, *Blindleistung* und *Wirkleistung* zu berücksichtigen.

Nur die Wirkleistung kann wirklich genutzt werden, etwa zur Umwandlung in mechanische Leistung (z. B. durch einen Motor). Schwanken Strom und/oder Spannung periodisch, wie es bei einem 230-Volt-Netzanschluss üblich ist, müssen Sie ein Integral berechnen:

$$P = \frac{1}{T}\int_{t_0}^{t_0+T} u \cdot i \,\mathrm{d}t$$

Dabei ist T die Periodenlänge, über die integriert wird. Bei sinusförmigem Verlauf des Stroms (also einem Idealfall) hängt es von den angeschlossenen Verbrauchern ab, wie weit der sinusförmige Verlauf von Spannung und Strom gegeneinander phasenverschoben ist (die genaue Herleitung lernen Sie demnächst in Ihrem Studium). Diese *Phasenverschiebung* φ taucht als Faktor in der Lösung des Integrals auf:

$$P = U \cdot I \cdot \cos \varphi$$

Der Stromzähler in Ihrem Keller misst gleichzeitig Strom und Spannung, mittelt dabei über eine Zeitspanne und misst somit die *Wirkleistung*.

In diese Messung geht natürlich das Vorzeichen des elektrischen Stroms ein. Falls Sie ein eigenes Solarkraftwerk betreiben, das über einen Wechselrichter Strom in Ihr Netz einspeist, könnte es passieren, dass Ihr Stromzähler rückwärts läuft, weil Sie mehr Strom produzieren, als Sie verbrauchen. Bei modernen, smarten Zählern wie jenem auf meinem Foto passiert das nicht. Je nach Vereinbarung mit Ihrem Stromanbieter bekommen Sie eine Stromeinspeisung vergütet, oder sie wird schlicht blockiert.

Moderne, smarte Zähler erlauben Ihnen sogar, den momentanen Verbrauch per App oder Browser abzulesen. Dazu werden Daten übers Internet an einen Server übermittelt, der sie aufbereitet und für Sie zugänglich macht. Inzwischen gibt es auch für Privathaushalte Tarife, bei denen der Preis vom über den Tag schwankenden Spotmarkt-Strompreis abhängt: Betreiben Sie Großverbraucher wie elektrische Heizung, E-Auto, Waschmaschine, Toaster und Föhn nur nachts, sparen Sie mit so einem Tarif eine Menge Geld, weil der Abgabepreis dann niedriger liegt.

Übrigens kann es sich auch ohne smarten Zähler lohnen, mit einem als Zwischenstecker ausgeführten Leistungsmessgerät den Verbrauch bestimmter Geräte einmal zu messen. Möglicherweise haben Sie einen alten Kühlschrank oder entlarven auf diese Weise ein veraltetes Netzteil irgendeines Haushaltsgeräts, das permanent Strom verschwendet – und Sie wissen ja: Die billigste Energie ist die, die gar nicht erst verbraucht wird!

Aufgaben

4.7 Entspannungsübungen

Aufgabe 1

Sie schließen eine gelbe LED über einen Vorwiderstand (R = 330 Ω) an eine Blockbatterie an. An der angeschlossenen, nicht mehr ganz frischen Batterie messen Sie eine Spannung von U_0 = 8,5 V und am Widerstand U_R = 6,41 V (Abbildung 4.29).

Abbildung 4.29 Das Multimeter zeigt die Spannung am Vorwiderstand.

Berechnen Sie den Strom I_{LED}, der durch die Leuchtdiode fließt, sowie deren Innenwiderstand in Durchlassrichtung R_{LED}.

Aufgabe 2

In der Villa eines bekannten Milliardärs wird ausschließlich Silberdraht mit einem Durchmesser von 1 mm verwendet, um in jedem Zimmer 5-Volt-USB-Buchsen zu versorgen. Berechnen Sie anhand des spezifischen Widerstands von Silber (siehe Tabelle 4.1) den Widerstand bei einer Drahtlänge von 11 m zwischen Spannungsversorgung und USB-Buchse beim 9.000-Euro-Sofa. Wie hoch ist die Verlustleistung, wenn Sie ein Tablet einstöpseln, das einen Ladestrom von 0,5 A aus der Leitung zieht? Um wie viel erhöht sich die jährliche Stromrechnung, wenn das Tablet permanent eingestöpselt ist und Strom verbraucht? Setzen Sie für die Kosten einen Preis von 35 ct/kWh an.

Aufgabe 3

Schauen Sie sich den folgenden Schaltplan an (Abbildung 4.30). Auf welchen Widerstandswert müssen Sie das Potenziometer R2 stellen, damit über das Amperemeter kein Strom fließt?

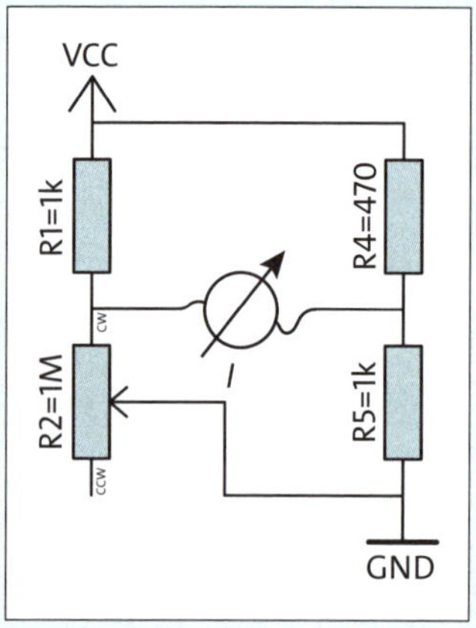

Abbildung 4.30 Drehen Sie das Poti in die richtige Position!

Aufgabe 4

Werfen Sie einen Blick auf diesen etwas sonderbaren Schaltplan (Abbildung 4.31). Welche Schalter müssen Sie (mindestens) schließen, damit die Lampe leuchtet? Welche Schalter dürfen Sie keinesfalls schließen?

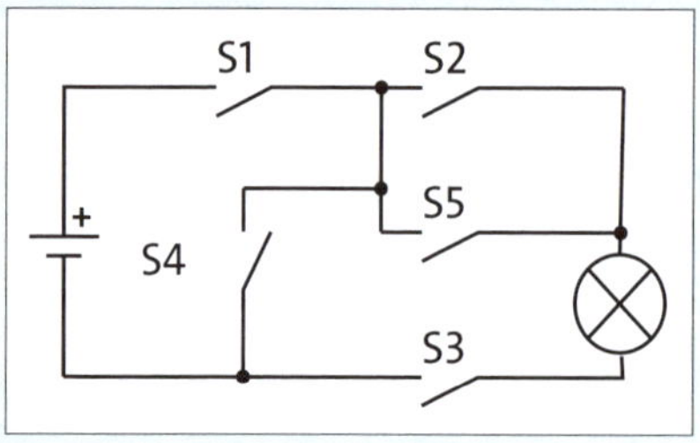

Abbildung 4.31 Dieser Schaltplan ist gleichzeitig ein Schalterplan.

Aufgabe 5

In den Trümmern eines außerirdischen Raumschiffs finden Sie ein leeres Steckerpaar, die Aufschrift R_x = 1k und einen Schaltplan (Abbildung 4.32). Sie sind sich ganz sicher, dass es genügt, einen einzigen Widerstand mit einem ganz bestimmten Wert einzusetzen, um das Vehikel wieder in Bewegung zu setzen. Welchen?

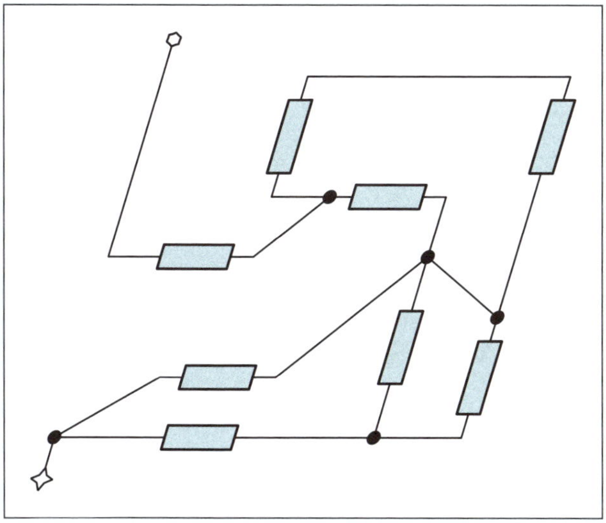

Abbildung 4.32 Außerirdische bevorzugen anscheinend schräge Schaltpläne ...

4.8 Lösungen

Aufgabe 1

Da es sich um eine Hintereinanderschaltung handelt, fließt überall der gleiche Strom. So genügt es, die am Widerstand abfallende Spannung und dessen Nennwert ins umgestellte ohmsche Gesetz zu füttern:

$$I = \frac{U}{R} = \frac{6{,}41\ \mathrm{V}}{330\ \Omega} \approx 0{,}019\ \mathrm{A} = 19\ \mathrm{mA}$$

Der über den Widerstand fließende Strom ist derselbe wie über die LED. Damit können Sie den Innenwiderstand der LED berechnen, indem Sie die an ihr abfallende Spannung ULED ermitteln:

ULED = U0 – UR = 8,5 V – 6,41 V = 2,09 V

$$R_{\mathrm{LED}} = \frac{U_{\mathrm{LED}}}{I} = \frac{2{,}09\ \mathrm{V}}{0{,}019\ \mathrm{A}} \approx 110\ \Omega$$

Der Innenwiderstand dieser (schon etwas älteren) LED ist also ziemlich genau ein Drittel des Vorschaltwiderstands.

Aufgabe 2

Berechnen Sie zunächst den Gesamtwiderstand des 11 m langen Drahtstücks. Bei einem Durchschnitt von 1 mm (also einem Radius von 0,5 mm) ist die Querschnittsfläche:

$F = \pi r^2 = \pi \cdot 0{,}5^2 \text{ mm}^2 \approx 0{,}79 \text{ mm}^2$

Der Gesamtwiderstand errechnet sich aus dem spezifischen Widerstand dividiert durch diese Fläche und multipliziert mit der Länge. Beachten Sie die verwendeten Einheiten bzw. Vorsilben:

$R = \rho \cdot l \,/\, F = 0{,}015 \ \Omega\text{mm}^2/\text{m} \cdot 11 \text{ m} \,/\, 0{,}78 \text{ mm}^2 \approx 0{,}21 \ \Omega$

Die Verlustleistung ist bei einem Strom von 0,5 A:

$P = R \cdot I^2 = 0{,}21 \cdot 0{,}5^2 \text{ W} \approx 0{,}05 \text{ W} = 50 \text{ mW}$

Bei 24·365 h im Jahr beträgt der Energieverbrauch:

$W = P \cdot T = 0{,}05 \cdot 24 \cdot 365 \text{ Wh} = 438 \text{ Wh} \approx 0{,}44 \text{ kWh}$

Die Kosten sind:

0,46 kWh · 35 ct/kWh = 15,4 ct

Das klingt alles wenig, aber wenn Sie sich mal kurz vorstellen, wie viele Menschen nicht allzu genau darauf achten, was alles an der Steckdose saugt, sieht die Sache ganz anders aus. Kleinvieh macht eben auch Mist.

Aufgabe 3

Da in der gewünschten Situation kein Strom über die mittlere Verbindung fließen soll, fällt dort dann auch keine Spannung ab. Das bedeutet, dass Sie den Aufbau wie zwei unabhängige Spannungsteiler betrachten können. Der Innenwiderstand des Messgeräts ist irrelevant. In dem Fall entsprechen die Spannungen den Verhältnissen der Widerstandswerte. Es gilt also:

$$\frac{R_4}{R_5} = \frac{U_4}{U_5} = \frac{U_1}{U_2} = \frac{R_1}{R_2}$$

Der gesuchte und am Potenziometer einzustellende Wert R_2 ist also:

$$R_2 = \frac{R_1}{R_4} \cdot R_5 = \frac{1000}{470} \cdot 1000 \ \Omega \approx 2{,}13 \text{ k}\Omega$$

Aufgabe 4

Die Schaltung kombiniert Reihen- und Parallelschaltung. Zwingend schließen müssen Sie Schalter S1 und S3 sowie mindestens einen der beiden Schalter S2 und S5. Keinesfalls schließen dürfen Sie S4, sobald S1 geschlossen ist, weil er einen Kurzschluss verursachen würde. Dabei würde die Lampe nicht leuchten, weil der Strom lieber über den Schalter fließt als durch die Lampe.

Aufgabe 5

Wenn Sie den außerirdischen Schaltplan genauer anschauen, können Sie ihn etwas ordentlicher zeichnen, sodass offensichtlich wird, welche Widerstände parallel geschaltet sind und welche in Reihe (Abbildung 4.33).

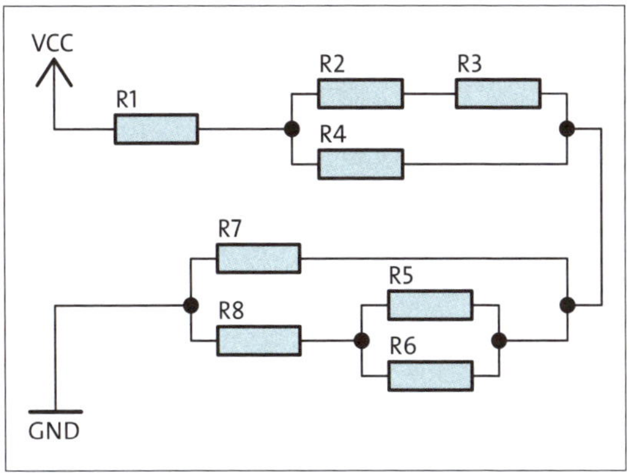

Abbildung 4.33 Raumschiff-Schaltung, übersetzt.

Analysieren Sie Widerstandsnetzwerke stets von außen nach innen und betrachten Sie die Knoten. In diesem Fall haben Sie oben eine Reihenschaltung, eine Parallelschaltung und noch eine Hintereinanderschaltung:

$$R_{\text{oben}} = R_1 + \cfrac{1}{\cfrac{1}{R_2 + R_3} + \cfrac{1}{R_4}}$$

Die untere Hälfte ist eine Parallelschaltung von R7 mit einer Hintereinander- und einer weiteren Parallelschaltung:

$$R_{\text{unten}} = \cfrac{1}{\cfrac{1}{R_7} + \cfrac{1}{R_8 + \cfrac{1}{\cfrac{1}{R_5} + \cfrac{1}{R_6}}}}$$

Der Gesamtwiderstand ist dann die Summe von R_{oben} und R_{unten}, da beide hintereinandergeschaltet sind. Wenn Sie als Zahlenwerte für alle Widerstände 1.000 Ω (1k) in die grässliche Monsterformel einsetzen, erhalten Sie:

$R_{\text{ges}} \approx 1666{,}7\ \Omega + 600\ \Omega = 2266{,}7\ \Omega$

Guten Flug!

Kapitel 5

Echt anziehend: Magnetfeld und Lorentzkraft

Sobald sich Elektronen bewegen, entsteht ein Magnetfeld. Das hat nicht nur spannende physikalische Auswirkungen auf Kompassnadeln, sondern auch eine erhebliche Bedeutung für die Elektrotechnik. Sogar Jean-Michel Jarre hat 1981 ein Album danach benannt. Legen Sie die Scheibe auf, während Sie dieses Kapitel lesen, und Sie werden jede einzelne Feldlinie spüren!

Dieses Kapitel enthüllt *magnetische Felder*, die beispielsweise durch bewegte Ladungen erzeugt werden und mit ihnen wechselwirken. Sie ähneln elektrischen Feldern, unterscheiden sich aber doch grundlegend von diesen. Mit ein bisschen Vektorrechnung ergeben sich wichtige Zusammenhänge, die sich zig Bauteile und Schaltungen in der Elektrotechnik zunutze machen.

5.1 Physikalische Grundlagen

Bestimmt haben Sie irgendwann in Ihrer Kindheit mithilfe eines Kompasses den Weg aus einem dunklen, gefährlichen Wald gesucht (und gefunden, sonst säßen Sie jetzt nicht vor diesem Buch). Sie wissen, dass unser Planet ein Magnetfeld besitzt, auf das eine beweglich gelagerte Nadel reagiert, indem sie sich entlang einer gedachten *Feldlinie* ausrichtet. Feldlinien verlaufen (außerhalb eines Magneten) vom Nord- zum Südpol (innerhalb umgekehrt!). Da sich gegensätzliche Pole anziehen, zeigt der Südpol der Kompassnadel entlang einer Feldlinie nach Norden (Abbildung 5.1).

Abbildung 5.1 Die magnetische Kompassnadel zeigt mit der roten Spitze (ihrem Südpol) entlang der eingezeichneten Feldlinien zum Nordpol des Stabmagneten.

Zu den ferromagnetischen Stoffen, mit denen das (bei Zimmertemperatur) funktioniert, gehören übrigens Eisen, Kobalt und Nickel.

Strom erzeugt ein Magnetfeld

Im Jahr 1820 entdeckte der dänische Physiker *Hans Christian Oersted*, dass elektrischer Strom ebenfalls eine magnetische Wirkung hat. Weitreichende Schlussfolgerungen zog später der französische Physiker und Mathematiker *André-Marie Ampère*, als er die Experimente von Oersted wiederholte. Er stellte fest, dass eine Magnetnadel sich genau senkrecht zum stromdurchflossenen Leiter ausrichtet, wenn das Erdmagnetfeld keine Rolle spielt. Außerdem fand er heraus, dass sich zwei Leiter anziehen, wenn Strom beide in entgegengesetzter Richtung durchläuft, und dass diese Kraft proportional zum reziproken Abstand und zur Stromstärke ist. Bei gleicher Richtung kommt es zu einer Abstoßung. Eine sehr wichtige Entdeckung – dass die SI-Einheit für den elektrischen Strom nach Ampère benannt wurde, ist da nur konsequent.

Abbildung 5.2 André-Marie Ampère (Bild: gemeinfrei)

Die magnetischen Feldlinien um einen stromdurchflossenen Leiter erweisen sich bei genauer Betrachtung als konzentrische Kreise. Als Merkhilfe dient die berühmte *Rechte-Hand-Regel*: Bei der Daumen-hoch-Geste zeigt der Daumen die technische Stromrichtung an und die restlichen Finger die Richtung der kreisförmigen Feldlinien (Abbildung 5.3).

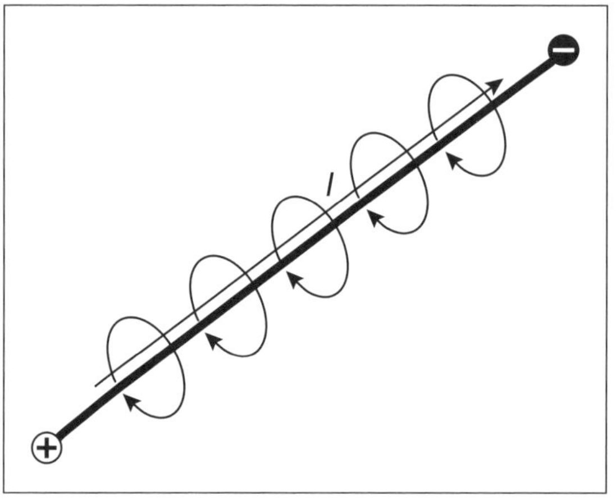

Abbildung 5.3 Die kreisförmigen Feldlinien verlaufen im Uhrzeigersinn um den Leiter. In dieser Skizze liegen die Pfeilspitzen »unter« dem Leiter. Halten Sie zum Vergleich Ihre rechte Hand in der »Anhalter-Geste« nach rechts zeigend vor sich!

Die *magnetische Feldstärke H* – genau wie die elektrische eine vektorielle Größe – steht in folgender Beziehung zum Strom:

$$\oint_S \vec{H} \cdot \overrightarrow{\mathrm{d}s} = I$$

Dies ist der *Durchflutungssatz*, auch bekannt als *ampèresches Gesetz*. Dabei ist über die infinitesimalen Längenstückchen einer Kurve *S* zu integrieren, und zwar jeweils das Skalarprodukt. Beachten Sie, dass das Integral ein *geschlossenes Kurvenintegral* ist, bei einem Kreis zum Beispiel von 0 bis 2π.

Oft wird Ihnen statt der magnetischen Feldstärke die *magnetische Flussdichte B* über den Weg laufen. Die beiden unterscheiden sich nur durch den konstanten Faktor μ, die *magnetische Permeabilität*:

$$\vec{B} = \mu \cdot \vec{H}$$

Die Begriffe werden manchmal ungenau verwendet. Wenn nur die Rede von einem »Magnetfeld« ist, müssen Sie in Formeln immer darauf achten, ob nun *B* oder *H* gemeint ist.

Die magnetische Permeabilität ist stoffspezifisch. Sie gibt an, wie gut sich ein Material in einem äußeren Magnetfeld magnetisieren lässt. Auch das Vakuum hat eine magnetische Permeabilität, die sich messen lässt. Bis 2019 war sie fest definiert und hatte den Wert $4\pi \cdot 10^{-7}\mathrm{N/A^2}$ (Newton pro Ampere zum Quadrat), jetzt weicht sie in der 10. Nachkommastelle davon ab, weil sie etwas anders festgelegt ist – eine nur höchst selten relevante Änderung.

Für Stoffe, die etwas mehr Materie zu bieten haben als das Vakuum, ist eine dimensionslose *Permeabilitätszahl* μ_r charakteristisch und wird nötigenfalls in Berechnungen berücksichtigt. Beachten Sie, dass es sowohl Stoffe mit Permeabilität unter 1 gibt als auch solche über 1. Um eine geeignete Verwendung zu erleichtern, ist eine Einteilung z. B. in *diamagnetische* (μ_r<1), *paramagnetische* (μ_r>1) und *ferromagnetische* Stoffe (μ_r erheblich größer als 1) üblich. Letztere lassen sich besonders gut magnetisieren. Schauen Sie sich die Tabelle 5.1 mit einigen Beispielen an.

Stoff	μ_r	**Einteilung**
Bismut	$1 - 1{,}7 \cdot 10^{-4}$	diamagnetisch
Wasser	$1 - 9{,}1 \cdot 10^{-6}$	diamagnetisch
Kupfer	$1 - 6{,}4 \cdot 10^{-6}$	diamagnetisch
Wasserstoff	$1 - 2{,}1 \cdot 10^{-9}$	diamagnetisch

Tabelle 5.1 Magnetische Eigenschaften ausgewählter Materialien

Stoff	μ_r	Einteilung
Luft	$1 + 4 \cdot 10^{-7}$	paramagnetisch
Aluminium	$1 + 2{,}2 \cdot 10^{-5}$	paramagnetisch
Platin	$1 + 2{,}6 \cdot 10^{-4}$	paramagnetisch
Austenitischer Stahl	≈ 1	paramagnetisch
Kobalt	80 bis 200	ferromagnetisch
Eisen	300 bis 10.000	ferromagnetisch
Mu-Metall (NiFe)	50.000 bis 140.000	ferromagnetisch

Tabelle 5.1 Magnetische Eigenschaften ausgewählter Materialien (Forts.)

Die praktische Bedeutung dieser großen Unterschiede ist natürlich erheblich. Ferromagnetische Materialien richten ihre eigenen magnetischen Momente fast völlig parallel zum äußeren Magnetfeld aus und kommen deshalb in der Elektrotechnik verbreitet zum Einsatz, beispielsweise in Spulenkernen, Transformatoren oder Motoren.

Ferromagnetische Metalle sind magnetisch, spüren also im Magnetfeld eine Anziehungskraft. Diese Kraft ist es, die *Elektromagnete*, Schaltkontakte in *Relais* (Abbildung 5.4) oder Membranen von *Lautsprechern* (Abbildung 5.5) in Bewegung versetzt.

Abbildung 5.4 Ein Reed-Relais (oben rechts, befestigt an einer gebrauchsfertigen Sensorplatine) besteht aus zwei losen ferromagnetischen Blättern in einem Glaszylinder, die im Magnetfeld eine elektrische Verbindung herstellen.

Abbildung 5.5 Lautsprecher enthalten eine Magnetspule, die eine dünne Membran zum Schwingen bringt und so Schallwellen erzeugt.

Eine weitere wichtige Anwendung sind *Ankerspulen*, die einfache *Gleichstrommotoren* antreiben. In diesen befinden sich die Ankerwicklungen radial an der drehbaren Achse. Abhängig vom Drehwinkel versorgen Schleifkontakte (meist mit Kohlebürsten und Kollektor) immer eine andere der Spulen, die sich passend zum Feld eines fest angebrachten Permanentmagneten ausrichten – insgesamt führt dies zu einer Drehung (Abbildung 5.6).

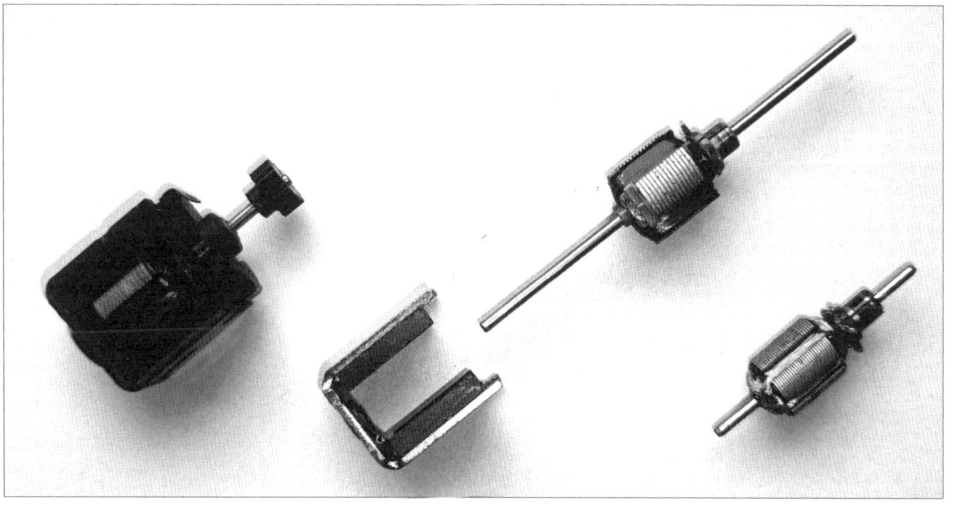

Abbildung 5.6 Bürstenkollektormotoren, hier von Modelleisenbahnlokomotiven, enthalten meist drei- oder fünfpolige Anker und zwei seitliche Permanentmagneten. Schleifende Kohlebürsten versorgen über die Kollektortrommel die Spulen wechselweise mit Spannung – und bremsen dieses etwas ineffiziente System.

Ausführliche Erläuterungen zu Spulen finden Sie weiter unten, zum Thema Motoren erwartet Sie später noch ein ganzes Kapitel (Kapitel 10, »In Bewegung: Motoren und Generatoren«). Es gibt aber noch eine weitere Kraft, die mit Magnetfeldern zu tun hat und noch ganz andere Auswirkungen hat.

5.2 Lorentzkraft

Der niederländische Physiker *Hendrik Antoon Lorentz* forschte Ende des 19. Jahrhunderts an bewegten Punktladungen in elektromagnetischen Feldern. Deshalb ist die *Lorentzkraft* nach ihm benannt. Allerdings ist dieser Begriff leider nicht ganz eindeutig. Meist ist mit der Lorentzkraft nur jene Kraft gemeint, die in einem magnetischen Feld auf eine bewegte Ladung wirkt. Tatsächlich gehört auch die Coloumbkraft, also jene, die ein elektrisches Feld bewirkt, zur *Lorentzkraft im weiteren Sinne*. Zur besseren Unterscheidung verwende ich den tiefgestellten Buchstaben B für die magnetische bzw. E für die elektrische Komponente.

Abbildung 5.7 Hendrik Antoon Lorentz (Bild: gemeinfrei)

Die Lorentzkraft im engeren Sinne beschreibt die Kraft, die auf Ladung q wirkt, die sich mit einer Geschwindigkeit v senkrecht zu einem Magnetfeld B bewegt:

$$F_B = q \cdot v \cdot B$$

Wenn Sie beispielsweise einen Elektronenstrahl auf ein Magnetfeld schießen, werden die Ladungen abgelenkt, und zwar senkrecht zu Flugrichtung und Feldlinien. Mit einem solchen Versuchsaufbau, dem *Fadenstrahlrohr*, lässt sich diese Ablenkung sichtbar machen und ermöglicht es, experimentell das Verhältnis zwischen *Elementarladung* und *Elektronenmasse* zu bestimmen (Abbildung 5.8).

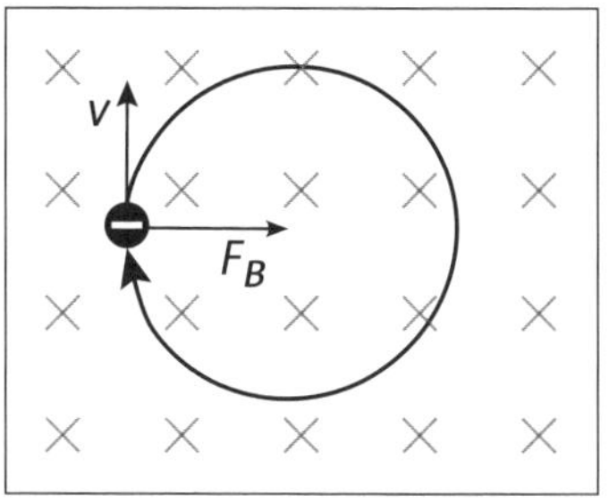

Abbildung 5.8 Im Fadenstrahlrohr gerät ein Elektron mit der Geschwindigkeit v auf eine Kreisbahn, weil das Magnetfeld senkrecht zur Bewegungsrichtung die Lorentzkraft verursacht (die Kreuze stellen die »Rückseiten« der Vektorpfeile des Magnetfelds dar).

Sicher fragen Sie sich, was passiert, wenn die Bewegungsrichtung nicht genau senkrecht zum Magnetfeld verläuft. In diesem Fall benötigen Sie die vektorielle Schreibweise der Lorentzkraft:

$$\overrightarrow{F_B} = q\vec{v} \times \vec{B}$$

Hier kommt ein *Kreuzprodukt* vor. Es hört auch auf den Namen *äußeres* oder *Vektorprodukt* – das ist seinem Resultat zu verdanken, das im Gegensatz zu jenem eines *Skalarprodukts* zweier Vektoren wiederum selbst ein Vektor ist. Das Kreuzprodukt zweier Vektoren steht senkrecht auf der Ebene, die die beiden Vektoren aufspannen. Sein Betrag ist der Flächeninhalt des entstehenden Parallelogramms.

Gemeinsam bilden die beiden Vektoren und ihr Kreuzprodukt ein *Rechtssystem*. In der Ebene kennen Sie das vom mathematisch positiven Drehsinn: Die x-Achse eines rechtwinkligen Koordinatensystems landet durch eine Drehung entgegen dem Uhrzeigersinn auf der y-Achse. In drei Dimensionen steht die z-Achse senkrecht auf der xy-Ebene. Bildhaft sehen Sie das jederzeit vor sich, wenn Sie den Daumen (x) und zwei weitere Finger (y und z) der rechten Hand abspreizen – daher kommt auch der Name *Rechtssystem* (Abbildung 5.9).

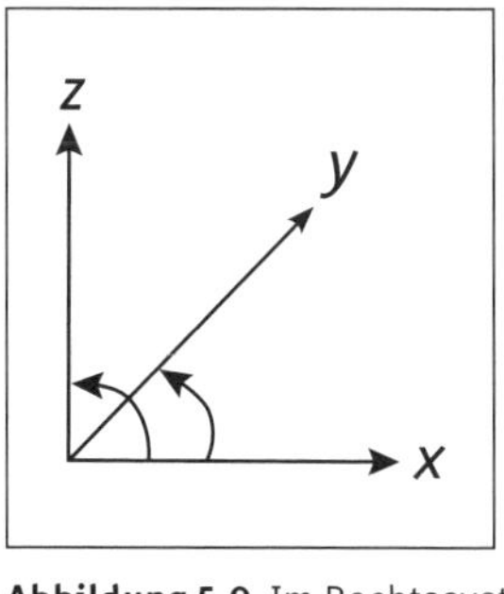

Abbildung 5.9 Im Rechtssystem zeigt x nach rechts, y nach hinten und z nach oben, genau wie die ersten drei Finger Ihrer rechten Hand, wenn der Mittelfinger nach oben zeigt (bitte nicht in der Öffentlichkeit ausprobieren!).

Mathematisch ausgedrückt, ergibt das Kreuzprodukt der Einheitsvektoren in Richtung x und y jenen in Richtung z:

$$\vec{e_x} \times \vec{e_y} = \vec{e_z}$$

Oder in Zahlen ausgedrückt:

$$\begin{pmatrix} 1 \\ 0 \\ 0 \end{pmatrix} \times \begin{pmatrix} 0 \\ 1 \\ 0 \end{pmatrix} = \begin{pmatrix} 0 \\ 0 \\ 1 \end{pmatrix}$$

Für die Kraft, die ein Magnetfeld auf eine bewegte Ladung bewirkt, hat das dramatische Auswirkungen: Sind Magnetfeld und Geschwindigkeit parallel (oder antiparallel), ist die Kraft 0. Nähern sich diese beiden Richtungen dem rechten Winkel an, steigt der Betrag der Kraft, bis sie schließlich das Maximum erreicht und dabei senkrecht zu Magnetfeld und Geschwindigkeit verläuft. Beim Versuch mit dem Fadenstrahlrohr führt das beispielsweise zu einer hübschen, spiralförmigen Flugbahn des Elektrons, wenn es nicht genau senkrecht ins Magnetfeld eintritt.

Da die Kraftwirkung senkrecht zur Geschwindigkeit erfolgt, ändert sich nur deren vektorielle Richtung, nicht aber ihr Betrag. Das Magnetfeld bremst Ladungen also nicht, und sie verlieren dabei keine Bewegungsenergie, da diese nicht von der Richtung abhängt, sondern nur vom Betrag:

$$E_{\text{kin}} = \frac{1}{2} m\vec{v}^2 = \frac{1}{2} m|\vec{v}|^2 = \frac{1}{2} mv^2$$

Das Magnetfeld verrichtet also im Gegensatz zum elektrischen Feld keine Arbeit an dem bewegten Ladungsträger. Trotzdem lässt sich sichtbar machen, was die Lorentzkraft bewirkt. Wenn Sie beispielsweise einen Draht durch ein hinreichend starkes Magnetfeld führen, können Sie eine Auslenkung beobachten, sobald Sie Strom durch den Draht schicken (Abbildung 5.10).

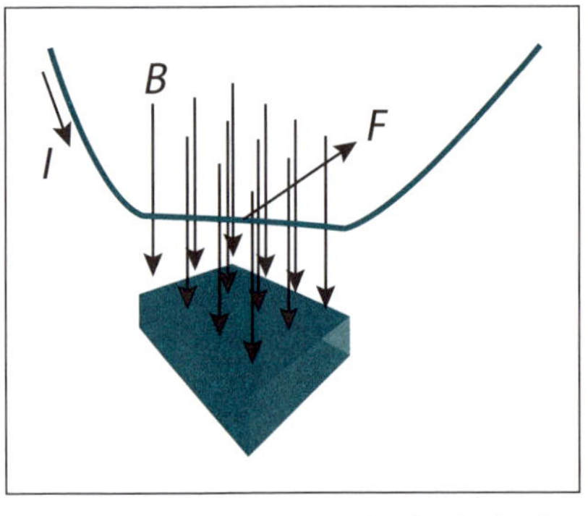

Abbildung 5.10 Die Lorentzkraft *F* lenkt die Leiterschaukel entsprechend der Rechte-Hand-Regel seitlich aus (und minimal aufwärts), bis die Gewichtskraft dagegenhält.

Während einer Zeit t bewegen sich bei einer Stromstärke I Elektronen mit der Gesamtladung $q = I \cdot t$ durch den Leiter der Länge L. Wenn Sie dessen Verlauf im Raum vektoriell ausdrücken, können Sie für die Geschwindigkeit der Elektronen schreiben:

$$\vec{v} = \frac{\vec{L}}{t}$$

Also ist:

$$q\vec{v} = I\vec{L}$$

Das Magnetfeld ruft eine Lorentzkraft hervor:

$$\overrightarrow{F_B} = q\vec{v} \times \vec{B} = I(\vec{L} \times \vec{B})$$

Wenn Sie den Leiter in einem Winkel α durchs Magnetfeld verlegen, können Sie betragsmäßig rechnen, wobei der Sinus ins Spiel kommt:

$$F_B = I \cdot L \cdot B \cdot \sin(\alpha)$$

Sie sehen, dass die auslenkende Kraft proportional zu Strom, Länge des Leiterstücks und der Stärke des Magnetfelds ist und vom Sinus des Eintrittswinkels abhängt. Bei einem Winkel von 90° ist der Sinus genau 1 und verflüchtigt sich.

Beispiel: In der Schwebe

Die meisten Züge fahren immer noch auf Schienen, denn Magnetschwebebahnen haben sich bisher nicht durchgesetzt. Rechnen Sie doch einmal aus, wie groß die Lorentzkraft sein muss, um ein Gefährt mit der Gewichtskraft von $F_G = 1.000\ \text{kg} \cdot 9{,}81\ \text{ms}^{-2}$ in der Schwebe zu halten!

Mit einigermaßen vertretbarem technischen Aufwand lassen sich Magnetfelder mit 1 bis 2 T (Tesla) Stärke herstellen. Setzen Sie die Zahlen in die Formel für die Lorentzkraft ein:

$$9.810\ \text{kg ms}^{-2} = I \cdot L \cdot 2\ \text{T}$$

Da es sich um SI-Einheiten handelt, können Sie nach Strom mal Leiterlänge umstellen und erhalten einen ungefähren Wert in Ampere mal Meter:

$$I \cdot L \approx 4.900\ \text{Am}$$

Bei einer Stromstärke von 4,9 A bräuchten Sie also eine Leiterlänge von 1.000 m.

Sicher wird keine Magnetschwebebahn genau auf diese Weise verwirklicht, aber Sie bekommen eine Vorstellung von den technischen Herausforderungen.

Es gibt eine ganze Menge wichtiger praktischer Einsatzzwecke für die Lorentzkraft:

- *Magnetresonanztomografie* (MRT): Zur medizinischen Untersuchung wird ein Körper einem starken Magnetfeld ausgesetzt und die erzeugte Bewegung von Ladungsträgern erfasst.
- *Massenspektrometrie*: Ähnlich wie im Fadenstrahlrohr wird eine zerkleinerte, unbekannte Substanz ionisiert, durch ein Magnetfeld geschossen, und anhand des Ablenkwinkels lässt sich die Zusammensetzung bestimmen.
- *Teilchenbeschleuniger*: Monumentale Experimente wie der *Large Hadron Collider* bei Genf beschleunigen geladene Teilchen auf Kreisbahnen auf extrem hohe Geschwindigkeiten, um sie dann aufeinander zu schießen.
- *Fusionsreaktor*: Um ein hochenergetisches Plasma an Ort und Stelle zu halten, das irgendwann einmal durch Kernfusion Energie gewinnen soll, sind starke Lorentzkräfte erforderlich.
- Das *Magnetfeld der Erde* lenkt kosmische Teilchen in den Weltraum, sodass sie hier keinen Schaden anrichten können.
- Diese *kosmischen Teilchen* hinterlassen in empfindlichen Fotobeschichtungen charakteristische Spiralbahnen, wenn sie einem orthogonal verlaufenden Magnetfeld ausgesetzt sind. Damit untersuchen Forscher den Sonnenwind (hochenergetische Teilchen von der Sonne), aber auch in *Nebelkammern* Reaktionen zwischen geladenen Teilchen.

Beispiel: Kathodenstrahlröhre

Übrigens kam eine praktische Anwendung der Lorentzkraft früher in jedem Haushalt vor: in *Röhrenfernsehern*. Darin befindet sich am hinteren Ende eine Kathode, die elektrisch beheizt wird, damit Elektronen austreten (Abbildung 5.11).

Übrigens: Bis die Heizung wirksam ist, dauert es nach dem Einschalten etwas, deshalb entstand bei früheren Fernsehern das Bild erst nach und nach. Eine hohe Spannung an der Frontseite beschleunigt die Elektronen mit der *Coulombkraft*. Dabei wird die elektrische Energie des Felds in Bewegungsenergie umgewandelt:

$$W_{\text{elektrisch}} = W_{\text{kinetisch}}$$

Setzen Sie einmal die bekannten Formeln und die Konstanten für ein Elektron ein! Sie erhalten:

$$U \cdot q_e = \frac{1}{2} m_e \cdot v^2$$

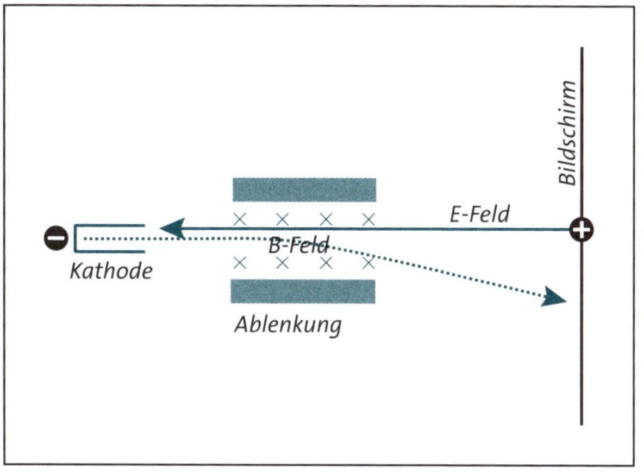

Abbildung 5.11 Die Kathodenstrahlröhre lenkt ihren Elektronenstrahl auf die gewünschte Stelle der fluoreszierenden Mattscheibe (vereinfachte Darstellung).

Stellen Sie die Gleichung nach der Geschwindigkeit um:

$$v = \sqrt{\frac{2q_e U}{m_e}}$$

Leider erzwingt das Wurzelzeichen überproportional hohe Spannungen, um Geschwindigkeiten zu erzielen, die den Bildschirm zur Fluoreszenz anregen können, damit Zuschauer auf dem Sofa überhaupt etwas sehen. Zu diesem Thema finden Sie weiter unten eine Entspannungsübung.

Magnetfelder lenken die Elektronen mit der Lorentzkraft horizontal und vertikal ab. Grundsätzlich wäre auch eine Querablenkung mit der Coloumbkraft möglich, aber dafür wären sehr hohe Spannungen oder eine deutlich längere Röhre erforderlich, und deshalb sind Magnetfelder an dieser Stelle praktikabler. Zeitliche Modulation der Feldstärken führt den Elektronenstrahl wie beim Beschreiben einer Seite Papier über den Bildschirm, wobei die Strahlstärke die Helligkeit des getroffenen Bildpunkts bestimmt. Das horizontale Feld erhöht seine Stärke für jede Bildschirmzeile kontinuierlich vom Minimum zum Maximum und fällt dann zurück, während sich das Magnetfeld für die vertikale Ablenkung um einen Schritt erhöht, um auf die nächste Zeile zu zielen. Genau genommen, wurde auf diese Weise nur jede zweite Zeile erzeugt, und beim nächsten Durchlauf wurden die Lücken gefüllt (50 Halbbilder pro Sekunde, 25 ganze). Übrigens: Die Zeit, die der Fernseher benötigt, um den Strahl wieder nach oben zu lenken (*Austastlücke*), benutzten seinerzeit Heimcomputer, um störungsfreie Animationen zu berechnen. Fernsehsender nutzen seit Mitte der 1970er-Jahre diese Lücke, um Videotextdaten zu übertragen.

5.3 Maxwell-Gleichungen

Vorweg: Dieses Kapitel greift etwas vor auf Ihr Studium. Die *Maxwell-Gleichungen* sind wichtige Grundlagen der Elektrodynamik, aber kein Schulstoff. Sie können diesen Abschnitt lesen, wenn Sie neugierig sind, oder überspringen, wenn Sie die Erläuterungen lieber Ihren Dozentinnen und Dozenten überlassen möchten.

Die Gleichungen gehen auf *James Clerk Maxwell* (1831–1879) zurück, der als schottischer Physiker sein Leben der Erforschung der Elektrizität widmete.

Abbildung 5.12 James Clerk Maxwell (Bild: gemeinfrei)

Wichtig zum Verständnis der *Maxwell-Gleichungen* ist, dass Sie den *Nabla-Operator* kennen, denn die Gleichungen sind in differenzieller Form formuliert. Zur Erinnerung: Der Nabla-Operator differenziert eine ortsabhängige Vektorgröße nach den drei Raumkoordinaten und ergibt einen Vektor, den man sich geometrisch als Richtung der stärksten Steigung vorstellen kann:

$$\nabla = \left(\frac{\partial}{\partial x}, \frac{\partial}{\partial y}, \frac{\partial}{\partial z}\right)$$

Den Vektorpfeil über dem Nabla-Zeichen lässt man übrigens meist weg.

Bereit für die erste Maxwell-Gleichung?

$$\nabla \cdot \vec{E} = \frac{\rho}{\varepsilon_0}$$

Diese Gleichung entspricht dem *gaußschen Gesetz* und beschreibt das elektrische Feld einer Ladungsverteilung ρ.

Statt mit dem Nabla-Operator schreibt man die Formal auch manchmal mit der *Divergenz*:

$$\mathrm{div}\vec{E} = \frac{\rho}{\varepsilon_0}$$

Die vierte Maxwell-Gleichung entspricht dem *ampèreschen Gesetz*, allerdings mit einer Erweiterung um den sogenannten Verschiebungsstrom, und heißt auch *erweitertes Durchflutungsgesetz*:

$$\nabla \times \vec{B} = \mu_0 \left(\vec{j} + \varepsilon_0 \frac{\partial \vec{E}}{\partial t} \right)$$

Hier finden Sie neben der Stromdichte (Strom pro Fläche) die bekannten Naturkonstanten sowie das elektrische und das magnetische Feld. Letzteres steht auf der linken Seite mit einem Kreuzprodukt von Nabla. Demzufolge ist auch das Resultat ein Vektorfeld. Elektrische Ströme (ausgedrückt durch die Stromdichte und den zweiten Term, den Verschiebungsstrom) erzeugen ein magnetisches Wirbelfeld.

Zusammen mit der Impulserhaltung lässt sich aus diesen beiden Maxwell-Gleichungen die Lorentzkraft herleiten, aber das überlasse ich nun wirklich einer Elektrodynamikvorlesung. Bis dahin bleibt Ihnen noch genug Gelegenheit für ein paar ...

Aufgaben

5.4 Entspannungsübungen

Aufgabe 1

Sie haben auf einem Flohmarkt einen alten Schwarz-Weiß-Fernseher erstanden. Als Sie das Gehäuse entfernt haben und die Kiste einschalten (bitte nicht nachmachen!), ermitteln Sie mit einem geeigneten Messgerät (bitte nicht nachmachen!) zwischen Kathode und Bildschirm-Anode eine Spannung von $U = 30$ kV. Berechnen Sie die ungefähre Geschwindigkeit der Elektronen beim Auftreffen auf den Schirm.

Aufgabe 2

In einem homogenen Magnetfeld hängt an einem langen, sehr dünnen Faden ein 18 cm langer, dicker Kupferdraht, der ein Gewicht von 3 g auf die Waage bringt. Als Sie 2,5 A Strom durch den Draht schicken, wird das Pendel um einen Winkel von 5,2° zur Seite ausgelenkt, bis sich Lorentzkraft und Gewichtskraft genau aufheben (Abbildung 5.13). Wie stark ist das Magnetfeld?

Hinweise: Das Magnetfeld verläuft vertikal und wirkt nicht auf die Aufhängung. Im Kräftegleichgewicht gilt $F_L = F_G \tan \alpha$.

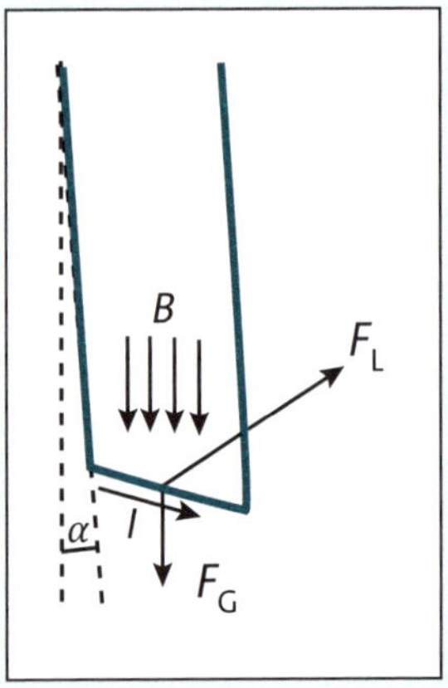

Abbildung 5.13 Die Leiterschaukel wird ausgelenkt, bis sich die kleine vertikale Komponente der Lorentzkraft und die Gewichtskraft im Gleichgewicht befinden.

Aufgabe 3

Laut einer kürzlich geleakten technischen Dokumentation des Imperiums verschießen Sturmtruppen-Blaster Plasmaladungen nachweislich mit einer Austrittsgeschwindigkeit von 60 m/s.

a) Berechnen Sie die Spannung U, die im Blaster erzeugt werden muss, um diese Geschwindigkeit zu erreichen.

b) Welche elektrische Energie verbraucht ein Schuss, wenn die Plasmaladung aus ungefähr 10^{27} Elektronen besteht? Hinweis: 1 Volt · Coulomb = 1 Joule = 1 Watt · Sekunde

5.5 Lösungen

Aufgabe 1

Ausgehend vom Gleichsetzen der elektrischen und der kinetischen Energie kennen Sie bereits diese Gleichung:

$$U \cdot q_{\mathrm{e}} = \frac{1}{2} m_{\mathrm{e}} \cdot v^2$$

Stellen Sie nach der Geschwindigkeit um:

$$v = \sqrt{\frac{2q_e U}{m_e}}$$

Setzen Sie die Werte ein:

$q_{\mathrm{e}} = 1{,}6 \cdot 10^{-19}$ C

$m_{\mathrm{e}} = 9{,}1 \cdot 10^{-31}$ kg

$U = 30$ kV $= 3 \cdot 10^4$ V

Es ergibt sich eine Geschwindigkeit von

$$v = \sqrt{\frac{2 \cdot 1{,}6 \cdot 3 \cdot 10^{-15}}{9{,}1 \cdot 10^{-31}}} \frac{\mathrm{m}}{\mathrm{s}} = \sqrt{\frac{9{,}6}{9{,}1} 10^{16}} \frac{\mathrm{m}}{\mathrm{s}} \approx 1 \cdot 10^8 \frac{\mathrm{m}}{\mathrm{s}}$$

Das ist übrigens immerhin etwa ein Drittel der Lichtgeschwindigkeit! Streng genommen müssten wir daher einen relativistischen Ansatz wählen, der einen Faktor hinzufügt, der gewissermaßen das Erreichen der Lichtgeschwindigkeit verbietet, weil die kinetische Energie dann unendlich wäre:

$$E_{\text{kin}} = \frac{1}{2}mv^2 \cdot \frac{1}{\sqrt{1-\frac{v^2}{c^2}}}$$

Wenn Sie möchten, können Sie das zum Vergleich ausrechnen – das Ergebnis liegt etwa 6 % über dem nicht relativistischen.

Aufgabe 2

Ich hatte Ihnen ja bereits verraten, dass im Fall der Auslenkung die Lorentzkraft und ein Winkelanteil der Gewichtskraft ein Gleichgewicht bilden: $F_L = F_G \tan \alpha$.

Setzen Sie Lorentz- und Gewichtskraft ein. Wir können davon ausgehen, dass der Strom senkrecht zum Magnetfeld B verläuft:

$I \cdot L \cdot B = m \cdot g \tan \alpha$

Stellen Sie die Gleichung nach dem gesuchten Magnetfeld um:

$$B = \frac{m \cdot g}{I \cdot L} \cdot \tan\alpha$$

Setzen Sie die Werte ein:

$$B = \frac{3 \cdot 10^{-3}\text{kg} \cdot 9{,}81\,\text{m/s}^2}{2{,}5\text{A} \cdot 0{,}18\text{m}} \cdot \tan 5{,}2° \approx 6 \cdot 10^{-3}\ \text{T}$$

Das Magnetfeld hat also eine Stärke von etwa 0,006 T (Tesla).

Aufgabe 3

Bei dieser Aufgabe müssen Sie erneut die elektrische und die kinetische Energie für ein Elektron gleichsetzen:

$$U \cdot q_e = \frac{1}{2}m_e \cdot v^2$$

Ein Elektron genügt übrigens, denn egal wie viele in der Plasmaladung enthalten sind: Gesamtmasse und -ladung erhöhen sich um den gleichen Faktor, die Anzahl der Elektronen würde sich wegkürzen. Stellen Sie nach der Spannung um:

$$U = \frac{m_e v^2}{2q_e}$$

Wenn Sie die Werte einsetzen, erhalten Sie:

$U \approx 40\ \text{nV}$

Ganz schön wenig, oder?

Nun haben wir hier 10^{27} Elektronen zu beschleunigen. Diese müssen von irgendwo kommen, also nehmen wir an, in der Waffe wird Wasserstoffgas vollständig ionisiert, die abgetrennten Elektronen werden vollständig verschossen und die Protonen irgendwie ausgeworfen. 10^{27} Atome sind etwa 1.667 Mol (die *Avogadro-Konstante*, also die Anzahl Atome pro Mol, beträgt $6 \cdot 10^{23}$), was einer Masse von etwa 167 g Wasserstoff entspricht (die in Form der verbleibenden Protonen zurückbleiben).

Die benötigte elektrische Energie ist insgesamt $W = Q{\cdot}U = 10^{27} \cdot q_e \cdot 40$ nV. Wenn Sie $q_e = 1{,}6 \cdot 10^{19}$ C einsetzen, erhalten Sie:

$W \approx 6{,}4$ Joule

Ganz schön wenig, oder? Das Problem des fiktiven Blasters ist also nicht etwa, dass er zu viel Energie verbraucht oder zu hohe Spannungen erfordert, sondern dass das Plasma sich außerhalb der Mündung ziemlich schnell zerstreuen würde (die Elektronen stoßen sich ja aufgrund gleicher Ladungen voneinander ab und werden zudem an Luftmolekülen gestreut). Falls das Plasma doch beim Opfer ankommt, wäre das aber durchaus spürbar. Zum Vergleich: Wenn Sie einen elektrischen Schlag an einer Türklinke bekommen, ist das eine elektrische Energie von einigen Millijoule. Falls Sie das Pech haben, von einem Blitz erschlagen zu werden, bekommen Sie an die 10^8 J ab. Der Blaster liegt also irgendwo dazwischen.

Übrigens: Die Austrittsgeschwindigkeit von 60 m/s in der Aufgabenstellung wurde ordnungsgemäß auf Basis der sichtbaren Bewegungen von Blaster-Entladungen sowie akribisch geschätzter Entfernungen ermittelt und ist nicht etwa frei erfunden!

Kapitel 6

Aufgerollt: Spule und Induktion

Mehrmals habe ich Ihnen schon aufgewickelte Leiter untergejubelt, zum Beispiel Ankerwicklungen von einfachen Motoren oder solche in Elektromagneten. Es wird Zeit, sich solche Konstruktionen auch in Formelsprache genauer anzusehen – denn es treten dabei spannende Effekte auf.

6.1 Induktion und lenzsche Regel

Wenn man einen isolierten Leiter wie z. B. *Kupferlackdraht* aufwickelt und Strom hindurchjagt, verstärkt sich das Magnetfeld proportional zur Anzahl der Windungen. Den so entstandenen *Elektromagneten* kann man für alle möglichen Dinge benutzen, zum Beispiel für Türöffner, Flurlichtrelais oder Modellbahnweichen ... oder um einen Kompass zu verdrehen.

Zunächst aber verdrehen wir etwas anderes: Ursache und Wirkung. Laut ampèreschem Gesetz erzeugt Strom ein Magnetfeld. Kann ein Magnetfeld auch Strom erzeugen?

Es war der englische Forscher *Michael Faraday* (1791–1867), der die *elektromagnetische Induktion* entdeckte. Er stellte fest, dass eine Änderung der *magnetischen Flussdichte* ein *elektrisches Feld* erzeugt. Ehre, wem Ehre gebührt: Auch *Joseph Henry* und der bereits erwähnte *Hans Christian Oersted* fanden das zugehörige Induktionsgesetz fast zeitgleich im Jahr 1831, aber Faraday publizierte es als Erster.

Abbildung 6.1 Michael Faraday (Foto: gemeinfrei)

Einer der faradayschen Versuche bestand darin, einen Magneten in eine Spule hinein (und wieder hinaus) zu bewegen. Es stellte sich heraus, dass in dem Fall ein Strom fließt – aber nur während der Bewegung. Dieses Experiment können Sie sehr leicht ausprobieren, Sie brauchen nur eine Spule, einen Magneten und ein Messgerät (Abbildung 6.2).

Faraday erkannte: Eine Änderung des Magnetfelds (bzw. der magnetischen Flussdichte) induziert eine Spannung, die umso höher ist, je schneller der Magnet bewegt wird. Das Vorzeichen der Spannung wechselt zudem mit der Bewegungsrichtung des Magneten. Statt den Magneten zu bewegen, können Sie dasselbe natürlich mit der Spule tun und den Magneten fest installieren.

Abbildung 6.2 Ein bewegter Magnet in einer Spule induziert eine messbare Spannung. Spule und Magnet stammen aus einem Elektro-Experimentierkasten.

Beispiel: Rotierende Leiterschleife

Wenn eine rechteckige Leiterschleife in einem homogenen Magnetfeld mit konstanter Winkelgeschwindigkeit rotiert, wirkt aus Sicht der Schleife ein sich zeitlich änderndes Magnetfeld (Abbildung 6.3).

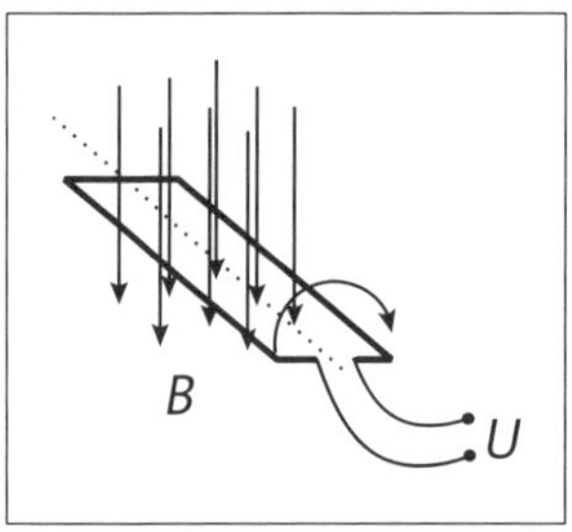

Abbildung 6.3 Konstantes Magnetfeld, rotierende Leiterschleife: Auch hier geschieht Induktion.

Dabei wird eine Spannung induziert, die sich aus dem *Induktionsgesetz* ergibt, das wie folgt aussieht:

$$U = -\dot{\Phi}_B$$

Dabei ist Φ_B der *magnetische Fluss* durch die Leiterschleife, der Punkt darüber meint die zeitliche Ableitung. Das negative Vorzeichen zeigt, dass die induzierte Spannung ihrer Ursache entgegenwirkt. Das ist die *lenzsche Regel*, über die in Kürze noch zu reden sein wird.

Der magnetische Fluss durch die Leiterschleife ist definiert als das Integral über das Skalarprodukt zwischen magnetischer Flussdichte B und der umschlossenen Fläche A:

$$\Phi_B = \int_A \vec{B} \cdot \overrightarrow{\mathrm{d}A}$$

Falls das Magnetfeld homogen ist, müssen Sie für das Skalarprodukt nur den Drehwinkel α der Schleife beachten:

$$\Phi_B = B \cdot A \cdot \cos(\alpha)$$

Wenn Sie dies nach der Zeit ableiten und nur α einer zeitlichen Änderung unterliegt, weil die Schleife rotiert, ist $\alpha(t)= \omega t$, wobei ω die Winkelgeschwindigkeit ist. Setzen Sie das ein und bilden die zeitliche Ableitung des Kosinus mit der Kettenregel, erhalten Sie:

$$U = B \cdot A \cdot \omega \cdot \sin \omega \cdot t$$

Dabei heben sich das Minuszeichen der Ableitung des Kosinus und das aus dem Induktionsgesetz auf.

Die induzierte Spannung ist also eine handelsübliche Wechselspannung. Ersetzen Sie die einzelne Leiterschleife durch eine Spule mit N Windungen, und Sie haben einen nützlichen *Wechselstromgenerator* gebaut, der aus einer Rotationsbewegung elektrische Energie erzeugt. Nichts anderes passiert in Windrädern, Fahrraddynamos oder der Lichtmaschine eines Pkw mit Verbrennungsmotor. Die entstehende Spannung ist dabei proportional zur Anzahl der Windungen. Natürlich können Sie den Draht nicht beliebig oft aufwickeln, weil irgendwann der Innenwiderstand des Leiters den Strom behindert.

Lenzsche Regel

Der von einem Generator erzeugte Strom erzeugt seinerseits ein Magnetfeld, schließlich fließt hier Strom durch einen Leiter. *Heinrich Friedrich Emil Lenz* (1804–1865), russischer Physiker, stellte fest, dass der Strom, der aufgrund der induzierten Spannung fließt, nach dem ampèreschen Gesetz ein Magnetfeld erzeugt, das dem der Änderung des magnetischen Flusses *entgegenwirkt*.

Das verwundert wenig, denn umgekehrt käme es ja zu einer unendlichen Verstärkung. Für die lenzsche Regel gibt es im Zusammenhang mit der Induktion zahlreiche wichtige Anwendungen.

Abbildung 6.4 Heinrich Friedrich Emil Lenz (Bild: gemeinfrei)

6.2 Induzierte Wirbelströme

Statt mit mechanischer Bewegung können Sie einfach das ganze Magnetfeld zeitlich modulieren. Versorgen Sie dazu einen Elektromagneten mit Wechselspannung! Diese ändert sich zeitlich mit einem Sinusverlauf, folglich ändert sich das erzeugte Magnetfeld mit der Zeit und induziert eine Spannung.

In einem leitfähigen Material, das sich in der Nähe oder im Inneren des Elektromagneten befindet, werden dabei *Wirbelströme* induziert. Bei starken Strömen und schneller Änderung des Magnetfelds (mit Frequenzen im Bereich von 25 bis 50 kHz) kann sich das Material wegen starker induzierter Ströme deutlich erhitzen. Voilà: Fertig ist der *Induktionsherd* (Abbildung 6.5).

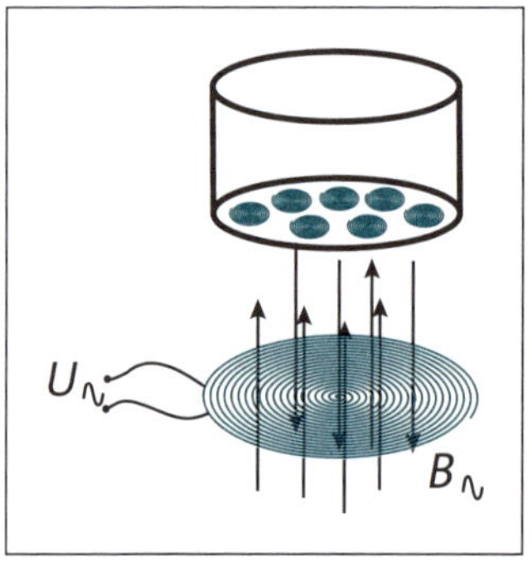

Abbildung 6.5 Das hochfrequente Magnetfeld des Induktionsherds erzeugt Wirbelströme im Kochgeschirr.

Die erzeugte Wärme entspricht näherungsweise der Verlustleistung, die der elektrische Widerstand des Materials den Wirbelströmen entgegensetzt. Natürlich funktioniert das nicht zu 100 %: Ein Teil der elektrischen Leistung wird anderweitig verloren gehen. Allerdings liegt der Wirkungsgrad w eines handelsüblichen Induktionsherds durchaus zwischen 80 und 90 %. Damit können Sie einige Berechnungen anstellen.

Die erzeugte Wärmeenergie (in Joule) in der Zeitspanne t beträgt $Q = w \cdot P \cdot t$, wobei P die elektrische Leistung ist, die sich wiederum aus Versorgungsspannung und Strom durch die verwendeten Magnetspulen ergibt:

$$Q = w \cdot U \cdot I \cdot t$$

Die Wärmeenergie führt zu einer Erwärmung ΔT, die Sie über die spezifische Wärmekapazität c ausrechnen können:

$$\Delta T = \frac{Q}{m \cdot c}$$

Hier kommt die Masse m des erwärmten Materials hinzu, denn je mehr Material Sie erhitzen müssen, umso mehr Energie ist erforderlich. In dieser Formel können Sie das Q ersetzen und erhalten:

$$\Delta T = \frac{w \cdot P \cdot t}{m \cdot c}$$

Die Tabelle 6.1 zeigt Ihnen einige Beispielwerte für die spezifische Wärmekapazität c verschiedener Materialien in der Einheit kJ pro kg und Kelvin (K). Bei Temperaturdifferenzen ist es natürlich egal, ob Sie Kelvin oder Grad Celsius einsetzen.

Material	Spezifische Wärmekapazität [kJ/kg·K]
Eis (bei 0 °C)	2,06
Eisen (Induktionskochgeschirr)	0,5
Silber	0,2
Blei	0,1
Wasser (flüssig)	4,2
Wasserdampf (bei 100 °C)	2,08
Luft	1,01

Tabelle 6.1 Es gibt erhebliche Unterschiede bei den spezifischen Wärmekapazitäten zwischen verschiedenen Stoffen.

Material	Spezifische Wärmekapazität [kJ/kg·K]
Holz	1,7
Beton	0,88
Glas	0,7 bis 0, 8

Tabelle 6.1 Es gibt erhebliche Unterschiede bei den spezifischen Wärmekapazitäten zwischen verschiedenen Stoffen. (Forts.)

Um auszurechnen, wie lange es ungefähr dauert, beispielsweise eine 1 kg schwere Pfanne von 20 auf 100 °C zu erhitzen, wenn Ihr Induktionskochfeld eine Nennleistung von 2.000 W aufweist, können Sie die obige Formel nach der Zeit umstellen und die Werte einsetzen:

$$t = \frac{\Delta T \cdot m \cdot c}{w \cdot P} \approx 25\ \mathrm{s}$$

Natürlich gibt die Pfanne auch wieder Wärme an die Umgebung ab. Trotzdem: Einen eingeschalteten Induktionsherd »mal eben« aus den Augen zu lassen, ist bei einer so kurzen Zeit keine gute Idee!

Beispiel: Wirbelstrombremse

Eine weitere wichtige Anwendung der Induktion ist die *Wirbelstrombremse*. Diese wird beispielsweise eingesetzt bei Schienenfahrzeugen (bei Straßenbahnen übrigens schon seit den 1920er-Jahren) oder beim Ergometerfahrrad im Fitnessstudio und ist im Gegensatz zu einer mechanischen Reibungsbremse verschleißfrei. Da Wirbelströme entsprechend der lenzschen Regel ein Magnetfeld in entgegengesetzter Richtung produzieren, ergibt sich eine magnetische Abstoßung, die eine Abbremsung des Zugs bewirkt. Sobald der Zug steht, funktioniert die Wirbelstrombremse aber nicht mehr: keine Bewegung, keine Bremswirkung. Zum Festhalten eines Zugs am Bahnsteig ist daher weiterhin eine mechanische Technik angesagt.

6.3 Transformator

Mehrere stromdurchflossene Leiter beeinflussen sich gegenseitig durch ihre Magnetfelder. Man spricht hierbei auch von *Gegeninduktion*. Das ist kein erwünschter Effekt, wenn beispielsweise eine schlecht abgeschirmte Schaltung eine andere stört. Mit voller Absicht aber geschieht die Gegeninduktion im *Transformator*.

Transformatoren bestehen meist aus einem Eisenkern und zwei voneinander isolierten Spulen, die sich denselben Kern teilen (Abbildung 6.6).

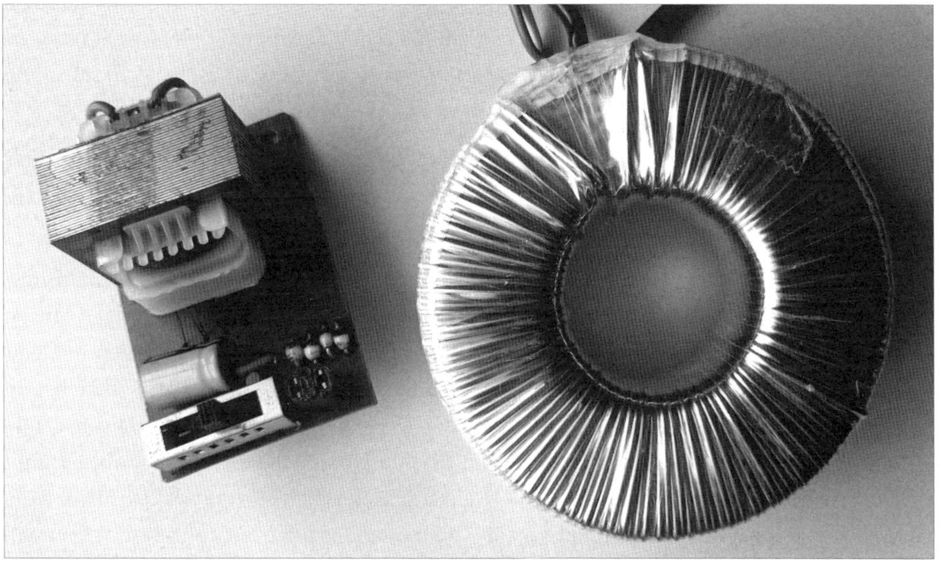

Abbildung 6.6 Beispiele für Transformatoren: links das Innenleben eines älteren Steckernetzteils mit umschaltbarer Sekundärspannung (der Trafo hat mehrere Sekundärwicklungen), Gleichrichter und Kondensator, rechts ein Ringkerntransformator

Wenn die eine der beiden Spulen mit einer Wechselspannung versorgt wird, entsteht ein magnetischer Fluss im Eisenkern, der in der anderen Spule eine Sekundärspannung induziert. Auch dabei handelt es sich um eine Wechselspannung, deren Höhe im Idealfall dem Verhältnis der Anzahl der Windungen der beiden Spulen entspricht:

$$\frac{U_2}{U_1} = \frac{N_2}{N_1}$$

Bei regelbaren Transformatoren gibt es einen Abgriff auf einer Seite, sodass sich über eine Dreh- oder Schiebevorrichtung die Windungszahl und damit die Ausgangsspannung einstellen lässt. Beliebt ist die Anwendung in elektrischen Modelleisenbahnen, deren Geschwindigkeit dadurch regelbar wird.

Je nachdem, auf welcher Seite Sie die Wechselspannungsversorgung anschließen, erhalten Sie am anderen Ende eine hochtransformierte oder heruntertransformierte Sekundärspannung. Je höher die Permeabilität des Kerns, umso höher ist die magnetische Flussdichte und damit die übertragbare elektrische Energie. Deshalb wird in einem Transformator ein ferromagnetisches Material mit hoher *Permeabilität* verwendet, üblicherweise Eisen oder eine Legierung.

Der *Transformatorkern* heißt auch *magnetischer Kreis*. Ist ein Verbraucher angeschlossen, fließt ein Strom durch die Sekundärwicklung, die nach dem ampèreschen Gesetz einen zusätzlichen entgegengesetzten Strom auf der Primärseite bewirkt. So findet letztlich eine Leistungsübertragung statt. Allerdings besitzen die aufgewickelten Spulen wegen der erheblichen Leitungslänge einen *Innenwiderstand*, der wiederum zu einer *Verlustleistung* führt. Zu dieser gehören auch Verluste aufgrund von Wirbelströmen im Kern.

Der bekannteste Einsatzzweck von Transformatoren sind Haushaltsgeräte, die mit einer niedrigeren Spannung als 230 V arbeiten. Die meisten benötigen Niederspannung und zudem Gleichstrom, der durch einen nachgeschalteten Gleichrichter erzeugt wird.

Zu den Geräten mit niedriger Versorgungsspannung gehören Geräte der Unterhaltungselektronik, aber auch Türklingeln oder Pumpen von Heizungsanlagen. Seit einigen Jahren lösen allerdings effizientere und leichtgewichtigere *Schaltnetzteile* die klobigen, oft laut summenden Altgeräte ab. Schaltnetzteile wandeln die Eingangsspannung zunächst in hochfrequente Wechselspannung (>100 kHz) um. Diese herunterzutransformieren, erfordert erheblich kleinere Transformatoren, da die übertragbare Leistung pro Kilogramm Kernmasse mit der Frequenz ansteigt. Allerdings müssen Schaltnetzteile abgeschirmt werden, um keine Störfelder zu produzieren, die bei hohen Frequenzen auftreten. So gut wie jedes *Steckernetzteil*, an dem Sie Ihr Smartphone oder Tablet aufladen, enthält ein Schaltnetzteil. Im Leerlauf verbrauchen Schaltnetzteile so gut wie keinen Strom – je nach Effizienz 0,5 W oder deutlich darunter. Größere Transformatoren schlucken im Leerlauf wegen der Verluste 10 bis 20 % der Nennleistung und sind wegen des höheren Materialbedarfs natürlich deutlich teurer. Ungenutzte Haushaltsgeräte mit größeren Transformatoren sind daher schlimme Energieverschwendung – hier heißt es also: Stecker raus!

Wenn Sie einen Transformator mit Gleichspannung versorgen, passiert übrigens (außer kurzzeitig beim Ein- oder Ausschalten) nichts weiter. Da das magnetische Feld bei konstantem Strom ebenfalls konstant ist, findet keine Induktion statt.

Hysterese

Abgesehen von den Verlusten durch induzierte Ströme gibt es noch einen weiteren relevanten Effekt, wenn Magnetfelder mit Eisenkern zeitlich verändert werden. Ferromagnetisches Material wie Eisen oder Nickel lässt sich dauerhaft magnetisieren, indem man es für eine Weile einem starken Magnetfeld H aussetzt. Die Elementarmagnete (Spin der Elektronen) richten sich unter Einfluss eines äußeren Magnetfelds entsprechend aus – und verbleiben so, wenn das Magnetfeld abgeschaltet wird. Das ist im Fall von magnetischen Datenträgern (Tonband, Diskette, Festplatte) sogar der Sinn der Sache.

Bei einem Wechselfeld eines Transformators wird das Magnetfeld aber 100-mal pro Sekunde umgepolt (bei einer Frequenz von 50 Hz). Jedes Mal müssen also auch die Elementarmagnete wieder umgedreht werden, was Energie und Zeit kostet. Dabei hinkt die magnetische Flussdichte im Material dem zeitlichen Verhalten des Magnetfelds hinterher. Darstellen lässt sich dieser Effekt grafisch als *Hysteresekurve* (Abbildung 6.7).

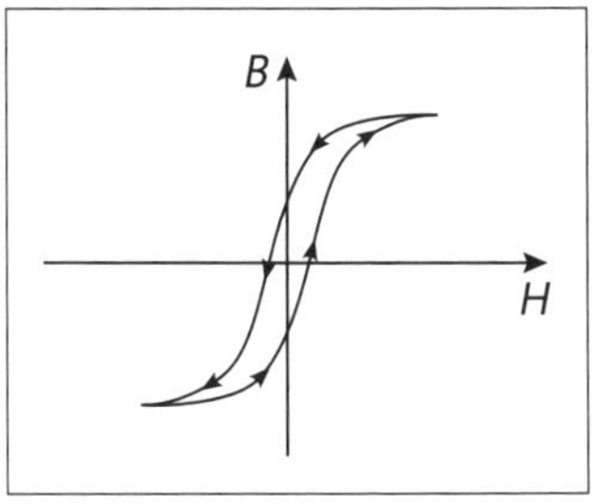

Abbildung 6.7 Die Hysteresekurve macht die Verluste durch ständiges Umpolen des Magnetfelds H sichtbar.

Wenn Sie den Pfeilen der Hysteresekurve folgen, erfassen Sie den zeitlichen Ablauf: Steigt das äußere Magnetfeld H an (im Diagramm rechts oben), hinkt die magnetische Flussdichte B dem Wert hinterher und erreicht erst verzögert die Sättigung (ganz rechts oben). Fällt H wieder bis auf 0, verbleibt eine gewisse Flussdichte B bestehen (die obere Kurve schneidet die vertikale Achse oberhalb des Nullpunkts). Diesen Wert nennt man *Remanenz*. Je geringer die Remanenz, umso kleiner wird die Fläche zwischen den Kurven, an der Sie die Größe der Hystereseverluste erkennen können. Besonders gering ist die Remanenz übrigens bei *Ringkerntransformatoren*, deren Herstellung allerdings aufwendiger ist als die gewöhnlicher, geschweißter Trafokerne aus Blech. Ein Grund mehr, auf Schaltnetzteile mit viel kleineren Trafos zu setzen!

6.4 Selbstinduktion

Lassen Sie uns noch mal einen Blick auf eine einzelne Spule werfen. Sobald Sie den Strom anschalten, ändert sich der magnetische Fluss. Es tritt eine Induktionsspannung auf, die ihrer Ursache entgegenwirkt – dadurch steigt der Strom erst allmählich auf seinen endgültigen Wert. Der umgekehrte Effekt tritt beim Abschalten auf. Man spricht hier von *Selbstinduktion*.

Für eine Spule mit der Induktivität L (SI-Einheit: *Henry*) gilt folgende Formel:

$$U = L\dot{I} + IR$$

Dabei ist U die angelegte Spannung, I der Strom und R der Widerstand der Spule. Die Induktivität L ist der Proportionalitätsfaktor zwischen U und der Stromänderung und besteht nur aus Konstanten. Die nächste Formel ergibt sich daraus, dass L das N-fache des magnetischen Flusses dividiert durch den Strom ist:

$$L = \mu_0 \mu_r \frac{AN^2}{l}$$

Dabei ist A die Querschnittsfläche der Spule, N die Anzahl der Windungen und l die Länge. Die Permeabilitätskonstanten kennen Sie schon.

Stellen Sie die erste Formel etwas um:

$$\dot{I} + \frac{R}{L} I = \frac{U}{L}$$

Das ist eine lineare Differenzialgleichung erster Ordnung. Sie wissen schon, dass diese mit einer Exponentialfunktion mit passendem Exponenten lösbar ist. Der zeitliche Verlauf des Stroms ist also:

$$I(t) = \frac{U}{R}\left(1 - \exp\left(-\frac{R}{L} t\right)\right)$$

Sie sehen, dass zum Zeitpunkt $t = 0$ der Strom ebenfalls 0 ist, weil die Exponentialfunktion 1 ergibt und die große Klammer somit 0 (Abbildung 6.8).

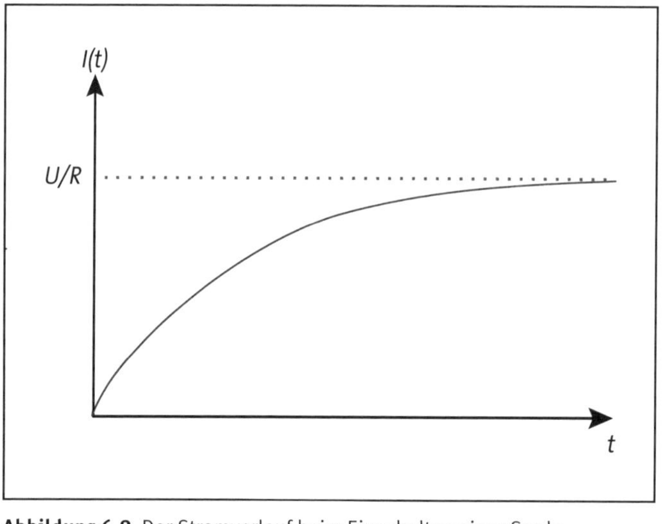

Abbildung 6.8 Der Stromverlauf beim Einschalten einer Spule

Der Strom steigt dann schnell an und schmiegt sich asymptotisch an den Endwert U/R an, den das ohmsche Gesetz festlegt.

Beispiel: Zündspulen

Beim schlagartigen Abschalten des Stroms erreicht dessen zeitliche Ableitung einen sehr hohen Wert. Wenn die Induktivität der Spule ebenfalls hoch ist, kann eine enorm hohe Spannung entstehen. Sehr hohe Spannungen wiederum können einen Funken erzeugen, weil kurzzeitig die Luft zwischen den Polen leitfähig wird. So erzeugen beispielsweise Zündkerzen von Ottomotoren aus der Bordspannung (12 V) eine Hochspannung von 15 bis 30 kV, die das Benzin-Luft-Gemisch im Zylinder zur Explosion bringen kann. Ganz ähnlich arbeiten übrigens auch viele elektrische Weidezäune, die eine harmlose Spannung in für Mensch und Tier ungefährlichen, aber doch spürbaren Hochspannungspulsen (deutlich unter 1 ms lang) von bis zu 15 kV umwandeln.

Übrigens führt auch die Oberleitung der Deutschen Bahn 15 kV – aber nicht in kurzen Pulsen, sondern als dauerhafte Wechselspannung. Die ist nicht unangenehm – sie ist tödlich.

6.5 Dämpfung durch Induktivität

Wenn ein Wechselstrom durch eine Spule fließt, erzeugt die Induktivität entsprechend der lenzschen Regel eine *Gegenspannung*, die den Stromfluss behindert. Das bewirkt eine Dämpfung, also eine Verringerung des Stroms in Abhängigkeit von der Frequenz, die auch *Impedanz* genannt wird. Wenn Spule und Verbraucher hintereinandergeschaltet sind, werden hochfrequente Anteile gedämpft (Abbildung 6.9).

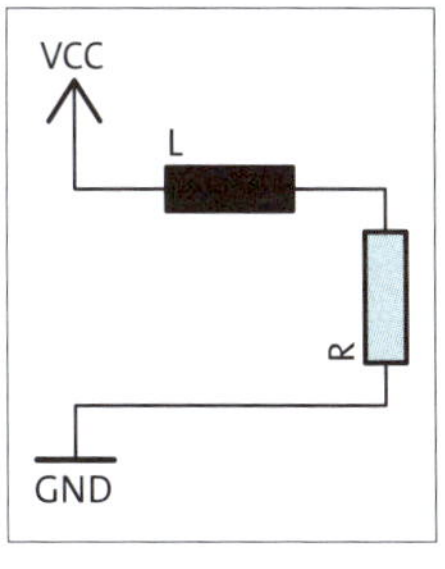

Abbildung 6.9 Die Induktivität L hindert hochfrequente Spannungsanteile daran, von der Spannungsversorgung zum Verbraucher R zu gelangen (und umgekehrt).

Das gilt in beide Richtungen: Falls Sie einen empfindlichen Verbraucher vor hochfrequenten Spannungsschwankungen schützen müssen, die Sie von der Spannungsquelle befürchten, unterbindet die Spule diese. Ebenso verhindert sie, dass der Verbraucher hohe Frequenzen an den restlichen Stromkreis abgibt. Ein häufiger Einsatzbereich sind Bürstenkollektor-Elektromotoren: Diese haben die Angewohnheit, wegen der rasanten Schaltvorgänge zwischen Kollektor und Bürsten hochfrequente Signale zu erzeugen, die letztlich über den Stromkreis sogar Funksignale stören können.

Der dabei auftretende Widerstand für den Wechselstrom heißt auch *induktiver Blindwiderstand* X_L und ersetzt im ohmschen Gesetz die Größe R:

$$X_L = \frac{U}{I}$$

Der Wert dieses Widerstands ist frequenzabhängig:

$$X_L = 2\pi \cdot f \cdot L$$

Beispiel: Funkentstörung

Radiowellen (UKW) nutzen einen Bereich von 87,5 bis 108 MHz. Wenn ein Gerät wie ein Elektromotor Frequenzen in diesem Bereich von sich gibt, kann es zu Störungen bei nahen Radioempfängern kommen. Schon eine Spule mit einer Induktivität $L = 100\ \mu H$ bewirkt bei 100 MHz einen erheblichen induktiven Blindwiderstand:

$$X_L = 2\pi \cdot 100\ \text{MHz} \cdot 100\ \mu\text{H} \approx 62\ \text{k}\Omega$$

Es genügt also schon eine kleine Induktivität, also eine Spule mit wenigen Windungen. In der Praxis sind oft Exemplare mit *Ferritkern* verbaut, die aufgrund der hohen Permeabilität des Materials eine höhere Induktivität liefern als eine Spule, die nur mit Luft gefüllt ist.

6.6 Spulen in Schaltungen

Das übliche Symbol für Spulen, ein ausgefülltes Rechteck, habe ich Ihnen bereits in einem kleinen Schaltplan untergejubelt. Häufig wird übrigens der Begriff *Induktivität* für die kleinen Bauteile bevorzugt. Aber was passiert, wenn mehrere davon zum Einsatz kommen (Abbildung 6.10)?

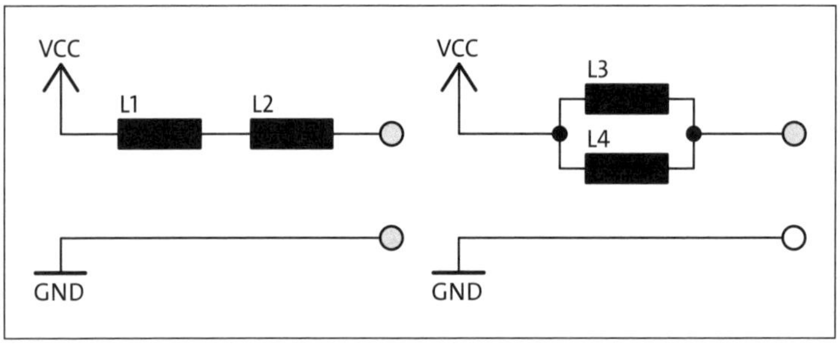

Abbildung 6.10 Links sind zwei Induktivitäten hintereinandergeschaltet, rechts parallel.

Bei einer Reihenschaltung fließt durch alle Spulen der gleiche Strom, da es keine Knoten mit Verzweigungen gibt. Dadurch addieren sich die magnetischen Flüsse und damit auch die Induktivitäten:

$$L_{ges} = L_1 + L_2$$

Hingegen teilt sich der Strom bei einer Parallelschaltung auf. Es gilt also ebenso wie bei Widerständen:

$$\frac{1}{L_{ges}} = \frac{1}{L_3} + \frac{1}{L_4}$$

Solche Schaltungen sind freilich nur dann erforderlich, wenn ein ganz bestimmter Induktivitätswert erreicht werden soll, der gerade nicht greifbar ist, sodass er aus mehreren Spulen gebildet werden muss.

Beispiel: Metalldetektor

Manche *Metalldetektoren* arbeiten mit zwei Spulen: Die eine erzeugt periodisch ein Magnetfeld, die andere dient als Empfänger. Da das Magnetfeld in Metallstücken, die beispielsweise verborgen im Boden liegen, Wirbelströme und Gegeninduktion verursacht, kann an der zweiten Spule zeitverzögert eine induzierte Spannung gemessen werden.

Grundsätzlich können Sie auch mit einem einfachen, drehbaren Magneten ferromagnetische Metalle detektieren. Auch Ihr Smartphone enthält höchstwahrscheinlich einen solchen Sensor, den Sie mit bestimmten Apps (z. B. *phyphox* für Android) sehr genau auslesen können. Bevor Sie jetzt mit dem Gerät am Boden durch den Wald kriechen: Allzu empfindlich ist diese Methode leider nicht, aber Euromünzen verursachen zumindest in einer Entfernung von 5 bis 10 cm einen sichtbaren Ausschlag. Ferromagnetisch ist bei der Ein-Euro-Münze übrigens der Kern aus *Magnimat*. Auch die drei kleinen Centmünzen sind wegen eines Kerns aus Stahl leicht magnetisch, aber für die lohnt sich der Aufwand nun wirklich nicht, oder? Beschäftigen Sie sich stattdessen lieber mit den ...

Aufgaben

6.7 Entspannungsübungen

Aufgabe 1

Sie studieren das Datenblatt eines Transformators und finden heraus, dass er über 575 bzw. 33 Windungen aus Kupferlackdraht verfügt, und zwar mit einem Durchmesser von 0,6 bzw. 2,36 mm. Der Durchmesser der Wicklungen beträgt etwa 60 mm. Sie schließen den Trafo mit geeigneten Zuleitungen und Sicherheitsvorkehrungen an eine Haushaltssteckdose an. Welche Seite ist die richtige, und welche Wechselspannung messen Sie an der Sekundärwicklung?

Aufgabe 2

Angenommen, Sie möchten mit dem Induktionsfeld aus Abschnitt 6.2, »Induzierte Wirbelströme«, 1 l Wasser mit Zimmertemperatur zum Kochen bringen. Leider haben Sie aber vergessen, das Wasser einzufüllen, sodass sich der Topf (Gewicht: 289 g) immer weiter erhitzt. Nach welcher Zeit beginnt der Stahl (bei 500 °C) zu glühen?

Aufgabe 3

Hurra! Endlich funktioniert das Mini-Dimensionsportal, das Sie im Keller aufgebaut haben. Kurz nachdem Ihre Katze darin verschwunden ist, klingelt Ihr Nachbar und beschwert sich über ein Miauen in seinem Bluetooth-Lautsprecher. Da fällt Ihnen auf, dass Sie die Funkentstörung vergessen haben. Wie groß muss die Induktivität der erforderlichen Spule sein, damit Störfrequenzen über einen Widerstand von 1 MΩ gedämpft werden? (Hinweis: Bluetooth arbeitet mit Frequenzen um 2,4 GHz.)

6.8 Lösungen

Aufgabe 1

Aus dem Abschnitt über Transformatoren wissen Sie:

$$\frac{U_2}{U_1} = \frac{N_2}{N_1}$$

Die Primärwicklung ist jene mit mehr Windungen (und dünnerem Draht), sonst wäre die Sekundärspannung nicht kleiner, sondern größer als die Netzspannung. Setzen Sie die Werte ein:

$$\frac{U_2}{230\ \text{V}} = \frac{33}{575}$$

Es ergibt sich für die Sekundärspannung:

$U_2 = 13{,}2\ \text{V}$

Bitte schließen Sie keinen Transformator mit der falschen Seite an Netzspannung an. Was dann passiert, können Sie sich ja noch schnell ausrechnen:

$$\frac{U_2}{230\text{V}} = \frac{575}{33}$$

$U_2 = 4008\ \text{V}$

Zum Glück fliegt sofort Ihre Sicherung raus, weil durch die 33 Windungen ein ganz erheblicher Strom fließt. Aber lassen Sie's bitte nicht drauf ankommen!

Aufgabe 2

Sie können für diese Aufgabe die bereits zuvor verwendete Formel zurate ziehen und die gegebenen Werte einsetzen:

$$t = \frac{\Delta T \cdot m \cdot c}{w \cdot P} = \frac{(500 - 20)\ \text{K} \cdot 0{,}289\ \text{kg} \cdot 0{,}5\ \text{kJ/kg·K}}{80\ \% \cdot 2000\ \text{W}} \approx 40\ \text{s}$$

Natürlich wird es in Wirklichkeit länger dauern, weil der Topf Wärme an die Umgebung abgibt. Trotzdem zeigt dieser Wert erneut, dass es keine gute Idee ist, einen Induktionsherd bei maximaler Einstellung aus den Augen zu lassen.

Aufgabe 3

Der induktive Widerstand lässt sich laut Abschnitt 6.5, »Dämpfung durch Induktivität«, wie folgt berechnen:

$X_\text{L} = 2\pi \cdot f \cdot L$

Gesucht ist hier die nötige Induktivität L, also stellen Sie die Formel um:

$$L = \frac{X_\mathrm{L}}{2\pi \cdot f}$$

Setzen Sie die gegebenen Werte ein:

$$L = \frac{1\ \mathrm{M\Omega}}{2\pi \cdot 2{,}4\ \mathrm{GHz}} \approx 66\ \mathrm{\mu H}$$

Kapitel 7

Messen – Steuern – Regeln

Strom kann man nicht sehen, nur fühlen, und wenn das vorkommt, ist im Grunde schon ein gefährlicher Fehler passiert. Zum Glück gibt es Messgeräte, und manche sind sogar essenzieller Teil einer Schaltung …

7.1 Wer misst, misst Mist

Menschen machen Fehler, und Ihnen ist vermutlich aufgefallen, dass kein Messgerät über ein Display verfügt, das unendlich viele Nachkommastellen anzeigt. Anders ausgedrückt: Jede Messung ist ungenau! Die Frage ist nur: *Wie* ungenau?

Wenn Sie ein und dieselbe Größe mit verschiedenen Geräten messen, kann es zu Abweichungen kommen (Abbildung 7.1).

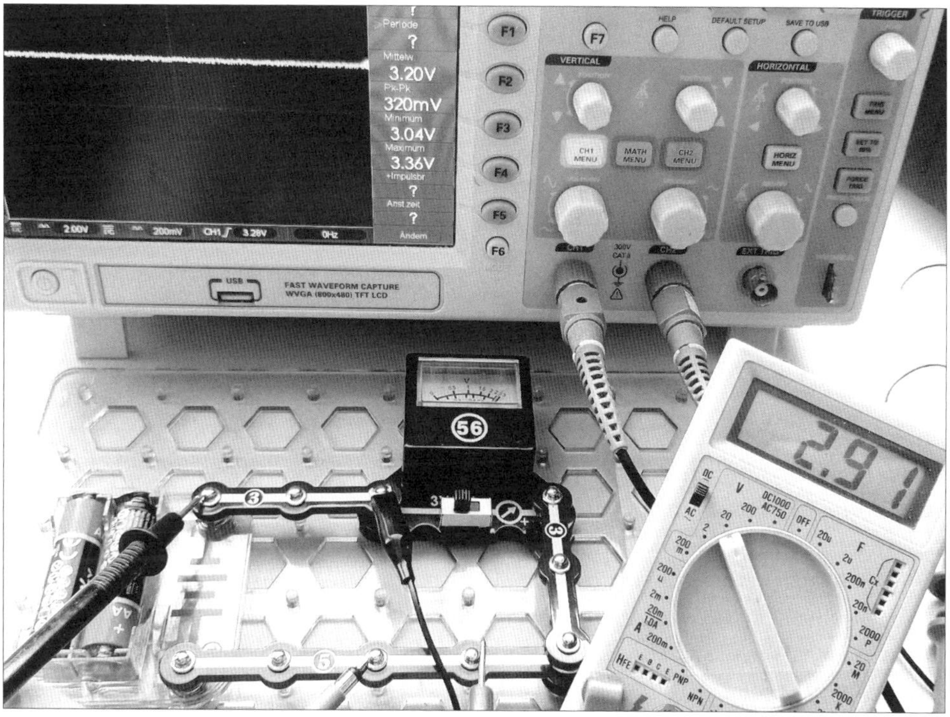

Abbildung 7.1 Oszilloskop (hinten), Drehspulinstrument (Mitte) und Digitalmultimeter (rechts) sind sich nicht ganz einig: Beträgt die Spannung an den beiden Batterien nun 2,91, 3,0 oder 3,20 V?

Es kann verschiedene Gründe für Abweichungen geben. Zum Beispiel ist ein einfaches Zeigerinstrument furchtbar ungenau, weil es gar keine feine Unterteilung gibt, um Nachkommastellen abzulesen. Eines ist den Abweichungen gemein: Sie verringern die Genauigkeit Ihres Messwerts.

Auch wenn Sie einen Wert zu verschiedenen Zeiten oder mit verschiedenen Komponenten (anderen Batterien etwa) messen, können sich Unterschiede zeigen. Ein bewährter Weg besteht darin, aus mehreren Messwerten einen *Mittelwert* zu bilden (genauer: das *arithmetische Mittel*). Bei der Beispielmessung mit den Batterien sähe das so aus:

U = (3,0 V + 2,91 V + 3,20 V) / 3 = 3,04 V

Natürlich dürfen Sie beim Ergebnis nicht mehr Nachkommastellen angeben als bei den Ausgangswerten, auch wenn Ihnen der Taschenrechner 10 oder 20 ausgibt.

Um die Genauigkeit Ihrer Messung anzugeben, können Sie die *Standardabweichung* verwenden. Diese ist ein Streuungsmaß der Stochastik. Anders ausgedrückt: Je größer die Standardabweichung, umso ungenauer ist Ihr Mittelwert, weil die einzelnen Messwerte einer starken Streuung unterliegen.

Die Standardabweichung basiert auf der *Varianz*. Die Varianz ist der Mittelwert der Quadrate der Abweichungen der Einzelwerte vom Mittelwert. Das Quadrat kommt hier deshalb zum Einsatz, weil so die Richtung der Abweichung egal ist – wenn Sie die Differenzen einfach addierten, würden sich ja positive und negative Abweichungen aufheben.

Mathematisch ausgedrückt, ist die *unkorrigierte empirische Varianz* die mittlere quadratische Abweichung:

$$v = \frac{1}{n}\sum_{x_i}(x_i - \bar{x})^2 = \frac{1}{n}((x_1 - \bar{x})^2 + (x_2 - \bar{x})^2 + \ldots + (x_n - \bar{x})^2)$$

Dabei sind die x_i die einzelnen Messwerte, und $\bar{x}$ ist der Mittelwert.

Für die drei Messungen ergibt die Varianz einen Wert von 0,01. Angemerkt sei an dieser Stelle, dass Sie üblicherweise ein paar mehr Messwerte haben als nur drei. Übrigens: Sowohl heute übliche Schultaschenrechner als auch Software wie *Excel* oder *LibreOffice Calc* verfügen über Funktionen, um Mittelwert, Varianz und Standardabweichung aus einer Reihe von Messwerten zu berechnen. Probieren Sie's aus, indem Sie die obigen Werte ins nächste greifbare Rechengerät eingeben!

Allerdings ist die Varianz keine geeignete Größe für die Messunsicherheit. Das sehen Sie sofort daran, dass die Varianz die falsche Einheit hat, nämlich das Quadrat der Einheit der Messgröße. Brauchbarer ist die Wurzel aus der Varianz:

$$\sigma = \sqrt{\frac{1}{n}\sum_{x_i}(x_i - \bar{x})^2}$$

Das ist die (unkorrigierte) *Standardabweichung* (geschrieben und gesprochen als kleines griechisches Sigma), und sie beträgt für die drei gegebenen Messwerte σ = 0,1484, also abgerundet 0,1. Genau genommen müssen Sie noch eine Korrektur anwenden, indem Sie beim Faktor vor der Summe durch n – 1 statt durch n dividieren:

$$\sigma = \sqrt{\frac{1}{n-1}\sum_{x_i}(x_i - \bar{x})^2}$$

Diese sogenannte *Bessel-Korrektur* ist sinnvoll, weil Sie den Mittelwert ja schon berechnet und somit einen Freiheitsgrad weniger haben, also quasi auch einen Messwert weniger. Bessel-korrigierte Standardabweichungen sind daher ein wenig größer, aber bei sehr vielen Messwerten fällt der Unterschied nicht auf. Die meisten Statistikprogramme verwenden die korrigierte Standardabweichung automatisch. Nebenbei bemerkt, die Korrektur führt Ihnen nachdrücklich vor Augen, dass Sie bei nur einem Messwert keine Standardabweichung berechnen sollten – denn Sie würden dann ja durch 0 dividieren, während bei der unkorrigierten Formel $\sigma = 0$ herauskäme, was eher irreführend ist.

Wenn Sie jetzt Mittelwert und Standardabweichung miteinander vergleichen, stellen Sie fest, dass es eine Unsicherheit von mehr als 1 in der ersten Nachkommastelle gibt. Folglich bringt es nichts, eine zweite Nachkommastelle anzugeben. Eine brauchbare Formulierung Ihres Messergebnisses lautet also:

$U \approx 3{,}0 \pm 0{,}1$

Anders ausgedrückt: Wahrscheinlich liegt der physikalisch exakte Wert im Bereich zwischen 2,9 und 3,1 V, und zwar eher in der Mitte als am Rand.

Übrigens dürfen Sie Messungenauigkeiten auch auf zwei signifikante Stellen angeben, aber bitte nicht mehr. Auch der Messfehler ist letztlich ungenau. Signifikante Stellen sind dabei die angegebenen Ziffern ohne führende Nullen. Geben Sie keinesfalls beim Messwert mehr signifikante Ziffern an, als die Fehlerangabe zulässt.

Falls es sich bei den Messungen um eine *Normalverteilung* handelt, liegen rund 68 % der Messwerte im Bereich zwischen $U - \sigma$ und $U + \sigma$. Im Bereich zwischen $U - 2\sigma$ und $U + 2\sigma$ liegen sogar 95 % aller Werte, zwischen $U - 3\sigma$ und $U + 3\sigma$ sind es 99,7 %. Warum ist das so?

Eine Normalverteilung ist eine symmetrische Verteilung um einen Mittelwert herum. Bei zahlreichen Methoden wie Messungen, aber auch Umfragen oder Erhebungen z. B. zur Körpergröße, können Sie davon ausgehen, dass Sie eine zufällige Streuung mit Normalverteilung vor sich haben. Ein alternativer Name ist *Gauß-Verteilung*. Ebenfalls nach dem berühmten Mathematiker Carl Friedrich Gauß benannt ist die *Glockenkurve*, die die Normalverteilung als *Wahrscheinlichkeitsdichtefunktion* mathematisch beschreibt:

$$f(x) = \frac{1}{\sigma\sqrt{2\pi}}\exp\left(-\frac{1}{2}\left(\frac{x-\mu}{\sigma}\right)^2\right)$$

Dabei ist σ wiederum die Standardabweichung und μ der Erwartungswert. Die Form der Kurve hängt von der Größe von σ ab (Abbildung 7.2).

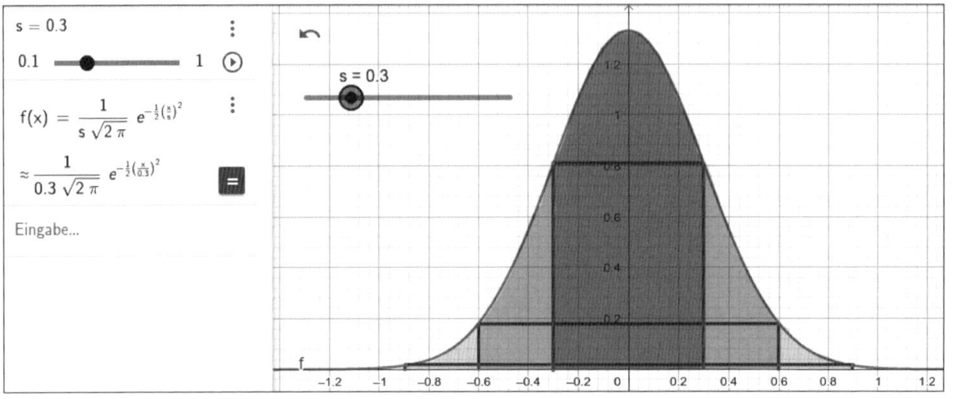

Abbildung 7.2 Diese in GeoGebra angelegte Glockenkurve um den Erwartungswert 0 besitzt eine per Einstellregler verstellbare Standardabweichung. Die Bereiche für 1/2/3 σ sind nachträglich eingezeichnet.

Je schmaler die Glockenkurve ist, umso geringer streut der Messwert (und umso geringer ist σ), d. h., umso mehr Messungen liegen sehr nahe am Erwartungswert. Im Fall einer hohen Standardabweichung ist der Messwert entsprechend unsicher. Würden Sie die Kurve zwischen $-\sigma$ und $+\sigma$ integrieren, kämen Sie genau auf die oben genannten 68 %. Ebenso ergibt sich der Wert von 95 % zwischen -2σ und $+2\sigma$.

Die Standardabweichung wird laut der ISO-Norm *GUM* auch Standardunsicherheit genannt. In manchen Fällen wird auch die 2σ-Unsicherheit angegeben, dann aber explizit so benannt.

Oft werden Fehler übrigens relativ angegeben, am liebsten in Prozent. Der relative Fehler ist aus dem absoluten leicht zu berechnen:

$$\frac{\Delta U}{U} \approx \frac{0{,}1\ \mathrm{V}}{3{,}0\ \mathrm{V}} = 0{,}03 = 3\ \%$$

Bei typischen Messungen in Ihren Experimenten ist ein Fehler im einstelligen Prozentbereich normal und in Ordnung. Argwöhnisch sollten Sie werden, wenn jemand behauptet, einen Fehler weit unter 1 % gemacht zu haben. Dazu braucht man nämlich auch die entsprechend genaue Ausrüstung. Erinnern Sie sich daran, was der goldene Ring auf einem Widerstand bedeutet? Er bedeutet ±5 %. Logisch, dass Ihre Messung nicht genauer sein kann als die Genauigkeit Ihrer Bauteile, oder? Es gibt auch Widerstände mit braunem (±1 %) oder lila Toleranzring (±0,1 %). Die Genauigkeit Ihrer Messgeräte kann schlechter sein, als Sie denken – schauen Sie in die Spezifikation.

Das eingangs bei meinem Foto eingesetzte Oszilloskop führt übrigens schon selbst eine Mittelwertberechnung durch. Das erkennen Sie, wenn Sie das Display genauer anschauen: Die gerade Linie pixelt in Wirklichkeit etwas auf und ab, und der angegebene Messwert ist ein Mittelwert, der über eine gewisse Zeitspanne aus zig Einzelmessungen errechnet wurde. Möglicherweise ist diesem Resultat mehr zu trauen als meinem guten über 20 Jahre alten Multimeter? Wer weiß schon, ob es vielleicht defekt ist oder sich die Bauteile mit der Zeit verändert haben? In dem Fall würde es natürlich immer, also systematisch, falsch messen – offensichtlich ein erhebliches Problem.

Systematische Fehler

Natürlich bezieht sich die obige Betrachtung nur auf zufällige Fehler. Nur diese unterliegen näherungsweise einer Normalverteilung. *Systematische Fehler* hingegen streuen nicht zufällig in alle Richtungen, sondern sie beeinflussen Ihre Messung immer ziemlich genau in die gleiche Richtung. Deshalb werden sie auch nicht kleiner, wenn sie nur oft genug nachmessen.

Ein klassisches Beispiel für einen systematischen Fehler ist, schräg auf eine Zeigerskala zu schauen. Da die Skala ein bis zwei Millimeter hinter dem Pfeil liegt, sehen Sie einen anderen Zahlenwert, wenn Sie nicht genau senkrecht darauf blicken. Deshalb haben manche Skalengeräte übrigens eine verspiegelte Leiste: Wenn der Zeiger und sein Spiegelbild übereinanderliegen, schauen Sie gerade auf die Skala.

In Zeiten digitaler Messgeräte entfällt diese systematische Fehlerquelle freilich. Dafür kann es andere geben: Zeigt Ihr für 1 € in China bestelltes Multimeter wirklich einen akkuraten Wert an? Ist Ihre Küchenwaage wirklich genau kalibriert? Könnte eine Längenmessung mit einem Lineal aus Metall möglicherweise systematisch abhängig von der Wärme der Umgebung sein? Bemühen Sie sich, systematische Fehler auszuschließen, die größer sein könnten als die zufällige Messungenauigkeit!

Beispiel: Fehlerfortpflanzung

Etwas komplizierter wird die Fehlerrechnung, wenn Sie ungenaue Messwerte in eine Formel einsetzen, um auf ein gewünschtes Endergebnis zu kommen. Dabei pflanzen sich die Ungenauigkeiten fort und bestimmen die Genauigkeit des Ergebnisses. Als Beispiel zeige ich Ihnen den Versuch mit der Leiterschaukel (siehe Aufgabe 2 in Kapitel 5). Dort war ein Magnetfeld zu berechnen:

$$B = \frac{m \cdot g}{I \cdot L} \cdot \tan \alpha$$

Hier gehen gleich mehrere Messgrößen in die Formel ein. Für das folgende Beispiel gehen wir davon aus, dass Sie den Strom I an einem richtig teuren (und entsprechend genauen) Labornetzgerät einstellen und auch die Länge des Fadens L sehr genau bestimmt haben. Allerdings haben Sie nur eine ungenaue Waage (Genauigkeit 5 %) zur Hand, um m zu bestimmen, und die Messung eines kleinen Auslenkwinkels ist ganz sicher auch stark fehlerbehaftet – Sie schätzen per Augenmaß nur auf 2° genau.

Jetzt benötigen Sie das gaußsche Gesetz zur *Fehlerfortpflanzung*. Es besagt, dass die Messunsicherheit bei einem Zusammenhang *f(x,y)* von der Unsicherheit der Eingangsgrößen x und y abhängig ist:

$$\Delta f = \sqrt{\left(\frac{\partial f}{\partial x} \cdot \Delta x\right)^2 + \left(\frac{\partial f}{\partial y} \cdot \Delta y\right)^2}$$

Bei mehr abhängigen Eingangsgrößen erweitert sich die Funktion entsprechend. Sie müssen also die partiellen Ableitungen bilden und die Messunsicherheiten einsetzen. Für die Berechnung des Magnetfelds ergibt sich:

$$\Delta B = \sqrt{\left(\frac{\partial B}{\partial m} \Delta m\right)^2 + \left(\frac{\partial B}{\partial \alpha} \Delta \alpha\right)^2}$$

$$\Delta B = \sqrt{\left(\frac{g}{I \cdot L} \cdot \tan \alpha \cdot \Delta m\right)^2 + \left(\frac{m \cdot g}{I \cdot L(\cos \alpha)^2} \Delta \alpha\right)^2}$$

$$= \frac{g}{I \cdot L} \sqrt{(\tan \alpha \cdot \Delta m)^2 + \left(\frac{m}{(\cos \alpha)^2} \Delta \alpha\right)^2}$$

Sie sehen, dass Größen ohne angenommene Ungenauigkeit als Faktoren ausgeklammert werden können. Die Ungenauigkeiten der anderen Größen pflanzen sich entsprechend ihrer Ableitung fort. Im Fall proportionaler Zusammenhänge wie bei der Masse m finden Sie auch für die Ungenauigkeit einen proportionalen Zusammenhang.

Setzen Sie die Werte ein, erhalten Sie:

$$\Delta B = \frac{9{,}81 \text{ m/s}^2}{2{,}5\text{A} \cdot 0{,}18 \text{ m}} \sqrt{(\tan 5{,}2° \cdot 5\% \cdot 3 \cdot 10^{-3} \text{ kg})^2 + \left(\frac{3 \cdot 10^{-3} \text{ kg}}{(\cos 5{,}2°)^2} \cdot 2° \cdot \frac{\pi}{180°}\right)^2}$$

Die Ungenauigkeit des Winkels muss hier im Bogenmaß eingesetzt werden. Das Resultat beträgt:

$$\Delta B = 2{,}3 \cdot 10^{-3} \text{ T}$$

Diese große Ungenauigkeit ergibt sich vor allem aus der recht hohen Unsicherheit des abgelesenen Winkels im Verhältnis zu dessen Größe.

Als Resultat müssten Sie also angeben:

$B = (6 \pm 2) \cdot 10^{-3}\,\mathrm{T}$

Hier dürfen Sie dann übrigens das normale Gleichheitszeichen benutzen statt des Ungefähr-Gleich-Zeichens.

Eine Fehlerrechnung ist unerlässlich für die aussagekräftige Angabe von Ergebnissen. Behalten Sie die Ungenauigkeiten immer im Blick!

7.2 Multimeter

Wie funktioniert eigentlich ein Vielfachmessgerät (*Multimeter*)?

Bevor digitale Geräte erfunden wurden, enthielt jedes Messgerät einen Zeiger und eine Skala. Im Inneren wirkt bei fließendem Gleichstrom eine Lorentzkraft in einer Drehspule, die für einen Ausschlag sorgt (Abbildung 7.3).

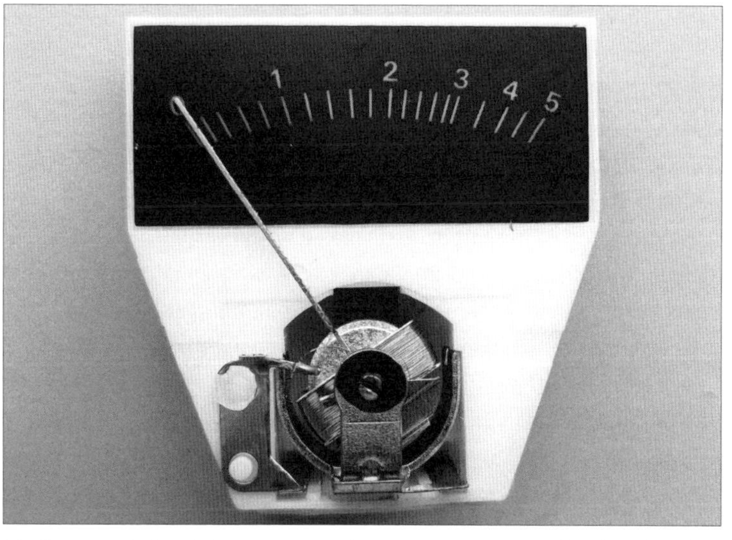

Abbildung 7.3 Ein einfaches Drehspulmessgerät. Beachten Sie, dass die Abstände zwischen den Ziffern nicht gleich sind, der Winkel des Ausschlags verhält sich also nicht genau proportional zur angelegten Spannung.

Letztlich ist der Ausschlag proportional zum Strom durch die Spule, denn eine Spiralfeder übt eine Gegenkraft aus. Somit ist der Winkel des Zeigers vom Strom abhängig – aber da der Innenwiderstand der Spule bekannt ist, ist es auch die Spannung, die für einen bestimmten Ausschlag notwendig ist. Um eine solche zu messen, ohne das Verhalten eines zu untersuchenden Versuchsaufbaus zu beeinflussen, muss der Innenwiderstand des Messgeräts möglichst hoch sein – sonst würde ja ein erheblicher Strom durch das Messgerät fließen und nicht mehr dort, wo er hingehört. Halten Sie sich am besten immer das *Ersatzschaltbild* eines Voltmeters vor Augen (Abbildung 7.4).

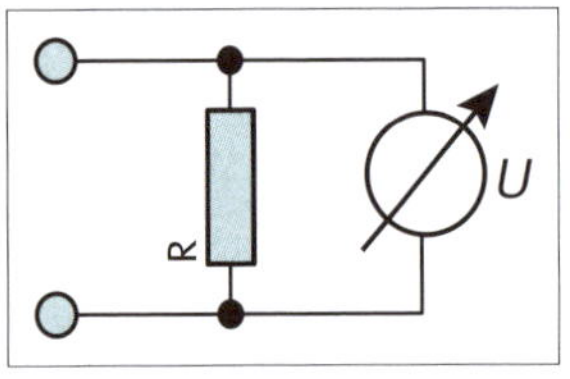

Abbildung 7.4 Das Ersatzschaltbild eines Voltmeters besteht aus dem Leitungswiderstand des Drahts, während das eigentliche Messwerk als ideal und widerstandsfrei betrachtet wird.

Ein Ersatzschaltbild stellt den Unterschied zwischen Theorie und Praxis dar. Zwar ist ein Kondensator in erster Linie ein Kondensator, aber die Anschlüsse und sonstigen Bestandteile besitzen durchaus (wenn auch kleine) elektrische Widerstände oder Induktivitäten, die in kritischen Anwendungen berücksichtigt werden müssen. Dabei helfen Ersatzschaltbilder.

Beispiel: Drehspulmesswerk kalibrieren

Der Maximalausschlag des Zeigerinstruments entspricht der maximal messbaren Spannung, aber die aufgedruckte Skala ist letztlich willkürlich. Um das Instrument zu kalibrieren, schließen wir es an eine Spannungsquelle an, deren Spannung wir genau kennen. In diesem Fall handelt es sich um einen Halter mit drei frischen AAA-Batterien, der laut einem anderen, wirklich vertrauenswürdigen Messgerät genau 4,52 V von sich gibt. Ein in Reihe geschaltetes Potenziometer kann nun dazu dienen, Skala und Spannung miteinander abzugleichen. Denn so ergibt sich ein Spannungsteiler, der aus der Eingangsspannung eine passende Spannung ans Voltmeter legt (bzw. den entsprechenden Strom durch die Spule schickt). Das Potenziometer stelle ich so ein, dass der Zeiger auf die 4,5 zeigt (Abbildung 7.5). Anschließend messe ich nach Trennung von der Batterie insgesamt einen Widerstand von 17,04 kΩ, wovon 660 Ω auf die Spule entfallen und die restlichen 1,638 kΩ auf das Potenziometer. Es fließt nach dem ohmschen Gesetz ein Strom von 0,265 mA. Nunmehr wird das Messgerät recht zuverlässig Spannungen bis 5 V (also dem Maximalausschlag) anzeigen (Abbildung 7.6).

Um auch höhere Spannungen messen zu können, muss ein umschaltbarer *Spannungsteiler* eingebaut werden. Ein solcher ist dann meist über einen Drehschalter wählbar. Um statt maximal 5 V eine Spannung von bis zu 50 V messen zu können, muss ein weiterer Vorwiderstand in Reihe geschaltet werden, der die Spannung passend teilt. Anders ausgedrückt: Am Vorwiderstand muss eine Spannung von 50 V – 5 V = 45 V abfallen. Aus dem bekannten

Strom von 0,265 mA errechnet sich mittels ohmschen Gesetzes ein erforderlicher Widerstandswert von (gerundet) 170 kΩ. Wenn Sie einen solchen Widerstand zur Hand haben, können Sie es ja mal ausprobieren.

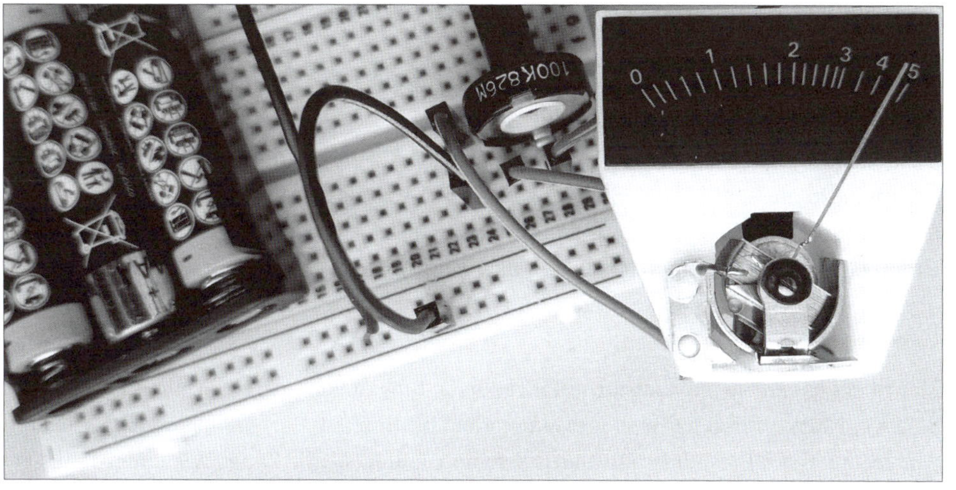

Abbildung 7.5 Das Zeigerinstrument ist (soweit die grobe Skala es zulässt) kalibriert anhand der anderweitig genau gemessenen Batteriespannung.

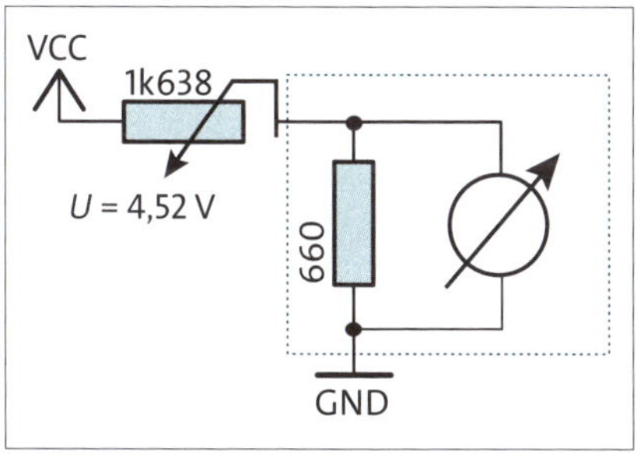

Abbildung 7.6 Zur Kalibrierung ist der externe Widerstand passend eingestellt worden. Der angedeutete Kasten symbolisiert wiederum das Ersatzschaltbild.

Ich habe hier die Werte absichtlich auf drei signifikante Stellen genau angegeben, denn die Messung soll ja hinterher möglichst genau sein. Es steht außer Frage, dass die zu verwendenden Widerstände möglichst geringe Toleranzen haben müssen.

Beispiel: Strommessung

Letztlich ist ja der durch die Drehspule fließende Strom dafür verantwortlich, dass der Zeiger ausschlägt. Mit einem Drehspulmesswerk den Strom in einer Schaltung zu messen, ist also eine naheliegende Idee.

Allerdings muss die zu messende Verbindung zu diesem Zweck aufgetrennt werden, um das Messgerät dazwischenzuschalten. Außerdem wird es die Schaltung durch seinen Innenwiderstand entscheidend beeinflussen, auch wenn der weit unter 1 kΩ liegt. Ein ideales Strommessgerät hat einen Innenwiderstand von 0, und jeder höhere Widerstand kann ins Gewicht fallen. Wenn Sie einmal an den Basis-Emitter-Strom eines Transistors denken, kommt ein weiteres Problem hinzu: Dieser Strom ist meist viel zu klein, um einen erkennbaren Ausschlag zu bewirken.

Die übliche Methode ist daher, an einem Widerstand in der zu untersuchenden Masche die Spannung zu messen und den Strom dann über das ohmsche Gesetz zu berechnen. Nichts anderes tun Strommessgeräte übrigens intern auch: Sie enthalten einen sehr kleinen Messwiderstand (meist *Shunt* genannt), über den der zu messende Strom fließt. Üblich sind Widerstände im Bereich 1 MΩ – das ist eine ganz andere Dimension als unser einfaches Drehspulgerät.

Manchmal haben Sie einzelne stromführende Leitungen vor sich. In diesem Fall lässt sich die Stromstärke durch das erzeugte Magnetfeld bestimmen. Dazu gibt es sogenannte Zangenstrommesser. Diese messen Wechselströme, indem sie die Zange wie einen Transformator verwenden, oder Gleichströme mit magnetosensitiven Widerständen.

Beispiel: Digitalmultimeter

Im Vergleich zu analogen Zeigerinstrumenten funktionieren digitale Messgeräte vollkommen anders. Ein *Analog-Digital-Umsetzer* (A/D-Umsetzer oder ADC) verwendet eine genau bekannte Referenzspannung, um eine Eingangsspannung damit zu vergleichen. Ergebnis ist eine digitale Zahl, die das Verhältnis zwischen Eingangs- und Referenzspannung beschreibt. Abhängig vom gewählten Messbereich ist ein passender Widerstand vorgeschaltet, und eine Recheneinheit sorgt anschließend für die korrekte Darstellung des Messwerts auf dem Display.

A/D-Umsetzer kommen in vielen praktischen Anwendungen vor, beispielsweise bei der Temperaturmessung über einen wärmeempfindlichen Widerstand.

7.3 Oszilloskop

Um schnell veränderliche Spannungswerte zu messen, genügen Multimeter nicht. Dafür wurden *Oszilloskope* erfunden: Geräte, die auf einem Bildschirm einen zeitlichen Spannungsverlauf darstellen können. Noch während meines Studiums (im letzten Jahrhundert) waren meist mehr oder weniger klobige Röhrengeräte anzutreffen, die mit einer vertikalen (Spannung) und einer horizontalen Ablenkung (Zeit) hübsche grüne Leuchtspuren auf einer Mattscheibe hinterließen. Über entsprechende Schalter lassen sich unter anderem die Messbereiche für Spannung und dargestellte Zeit manipulieren. Heute verwenden digitale Geräte schnelle A/D-Umsetzer, um ein animiertes Pixelbild zu zeichnen, das Sie praktischerweise jederzeit einfrieren und speichern können (Abbildung 7.7).

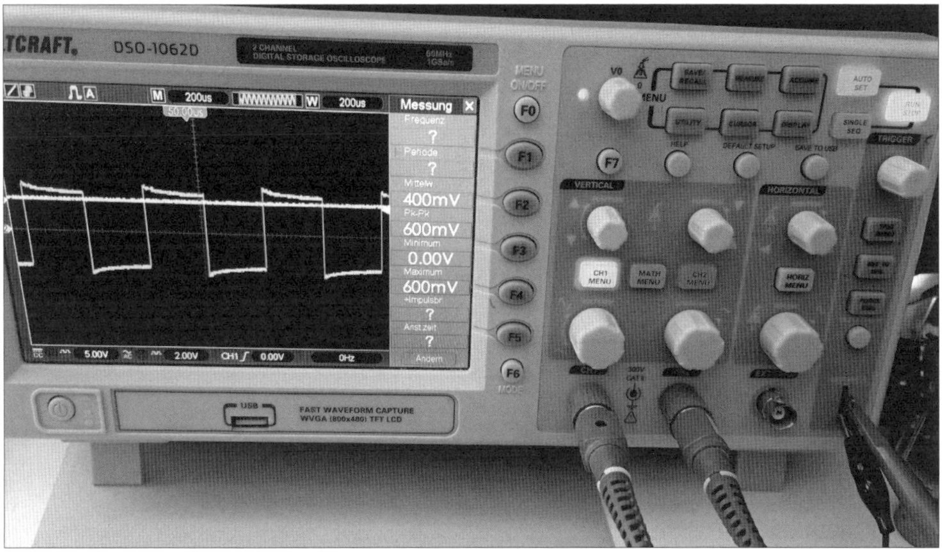

Abbildung 7.7 Dieses digitale Speicheroszilloskop bietet zwei Kanäle, einen USB-Anschluss zum Sichern von Messdaten und einige weitere Komfortfunktionen. Rechts unten besitzt es Klemmen für ein intern generiertes Rechteck-Referenzsignal, an das ich den zweiten Kanal angeschlossen habe.

In den wenigsten Haushalten existieren Oszilloskope. Zum Glück muss man sich jetzt nicht extra eines kaufen, es gibt ja Simulationssoftware, um die Technik kennenzulernen. Die verbreitetste Software, die elektronische Schaltungen simuliert und Spannung oder Strom in Abhängigkeit von der Zeit visualisieren kann, heißt *SPICE*, allerdings ist sie nicht ganz leicht zu bedienen, und eine ausführliche Anleitung kann dieses Buch nicht liefern. Einen Einstieg möchte ich Ihnen aber nicht vorenthalten.

Beispiel: SPICE als Oszilloskop

Als Beispiel soll eine einfache RC-Schaltung an einem Rechtecksignal dienen, die wir mit dem Simulator basteln. So können Sie eine Ausgabe erzeugen, die auch ein Oszilloskop darstellen würde. Ich verwende in diesem Fall die kostenlose Version *LTspice* von der Firma *Analog Devices*, die für Windows und macOS X zum freien Download erhältlich ist (*https://www.analog.com/en/resources/design-tools-and-calculators/ltspice-simulator.html*). Installieren Sie das Programm und erstellen Sie eine neue Schaltung. Leider lässt sich LTspice nicht ganz intuitiv bedienen, weil viele typische Bedienungsmethoden etwas anders funktionieren als in Standardsoftware oder sogar fehlen (z. B. Scrollbalken). Platzieren Sie zunächst mithilfe der Icons in der Toolbar einen Widerstand, einen Kondensator und einen Masseanschluss und verbinden Sie sie (verwenden Sie [Strg] + [R], um Bauteile um 90° zu drehen). Beachten Sie, dass das Programm die angloamerikanischen Standards verwendet – Widerstände sehen hier aus wie mehrere Zacken, nicht wie ein leeres Rechteck. Mit einem Rechtsklick öffnen Sie ein Fenster, in dem Sie die Werte der Bauteile eingeben können (Abbildung 7.8).

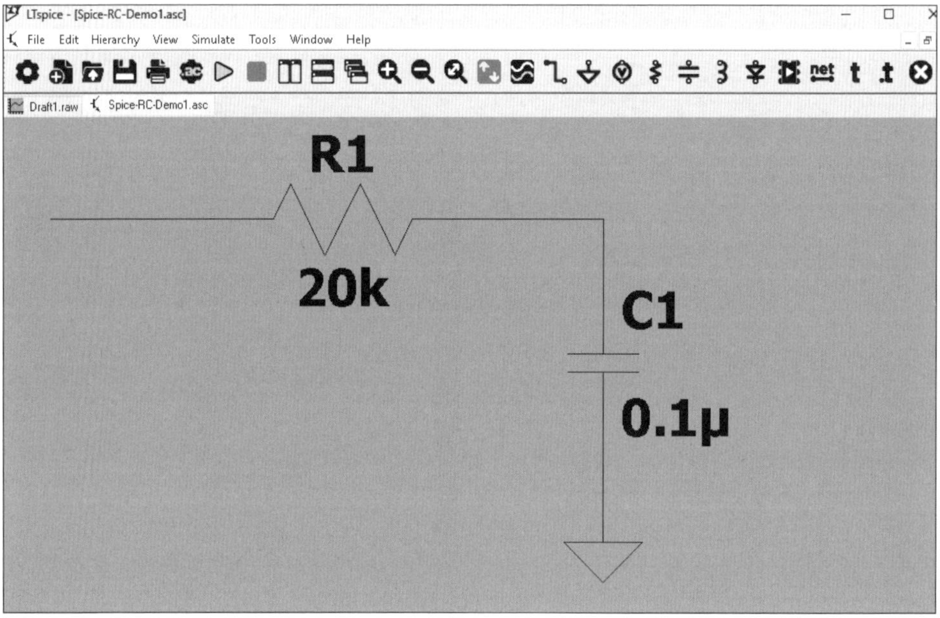

Abbildung 7.8 So können Sie mit LTspice Widerstand und Kondensator zusammensetzen. Das µ geben Sie im Einstellungsdialog als u ein.

Nicht so häufig vorkommende Bauteile finden Sie in einer großen Bibliothek, die Sie mit dem Icon aufrufen, das wie ein kleiner Chip aussieht (Tastenkürzel [P]). Suchen Sie nach **voltage** (Abbildung 7.9) und platzieren Sie die gefundene Spannungsquelle dann links.

Durch einen Rechtsklick und einen Klick auf **Advanced** öffnet sich ein Einstellungsdialog, in dem Sie die Spannungsquelle in einen Rechteckgenerator verwandeln können, der eine Periode von 20 ms verwendet (Abbildung 7.10) und fünf Rechteckpulse mit 5-V-Pegel (**Von** heißt *Voltage On*) erzeugen wird.

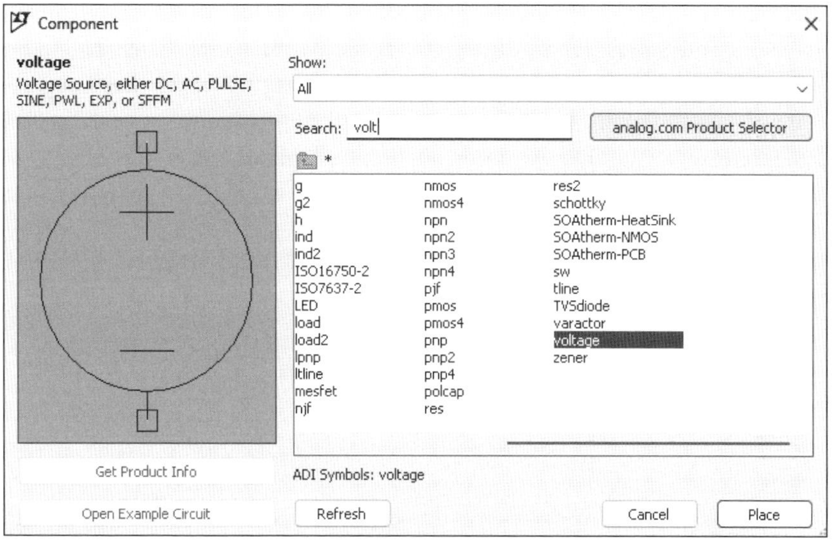

Abbildung 7.9 Die Spannungsversorgung finden Sie im Component-Dialog, wenn Sie ein paar passende Buchstaben ins Suchfeld tippen.

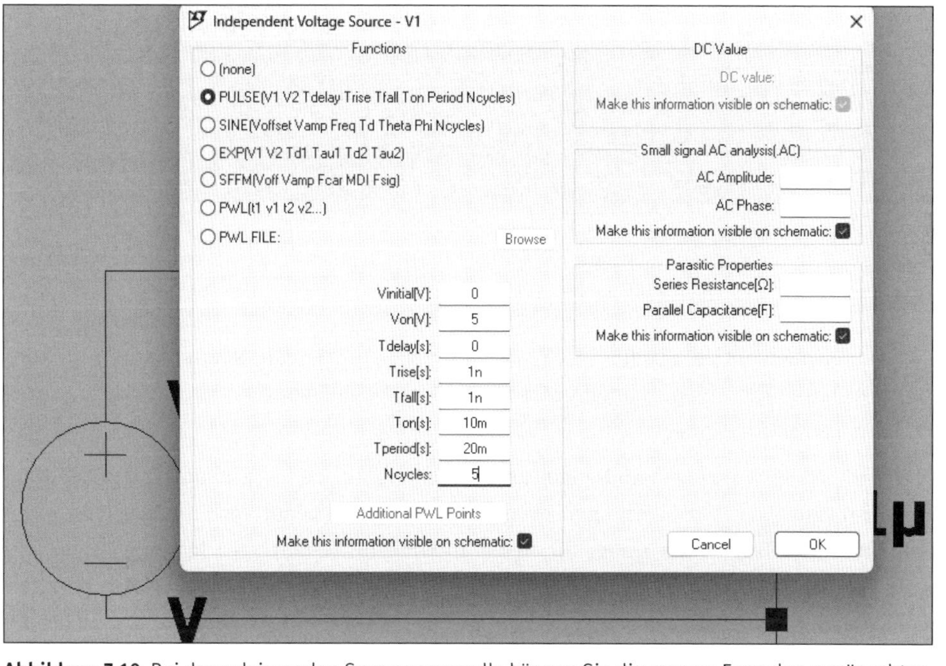

Abbildung 7.10 Bei der pulsierenden Spannungsquelle können Sie die genaue Form des gewünschten Rechtecksignals einstellen.

Ihre eingegebenen Parameter erscheinen auch im Schaltplan. Klicken Sie auf das Icon mit dem grünen Pfeil, um die Simulation zu starten. Geben Sie als Simulationsdauer **100 m** für 100 Millisekunden ein (5 Perioden zu je 20 ms) und lassen Sie LTspice den Rest machen. Es erscheint daraufhin automatisch der Spannungsverlauf am Kondensator, weil das Programm alle anderen Stellen für eher uninteressant hält (Abbildung 7.11).

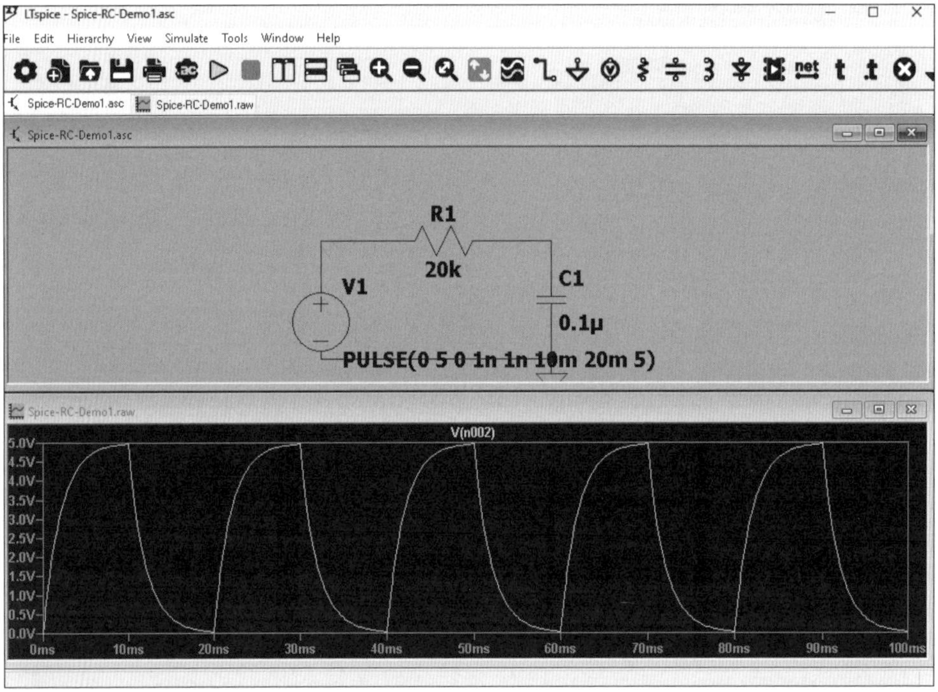

Abbildung 7.11 Die Simulation zeigt die erwarteten Lade- und Entladevorgänge. Wie sich diese Wellenform wohl anhört, wenn man einen Lautsprecher anschließt?

Sie können auch mit dem Label-Tool (Tastenkürzel [N]) einen Messpunkt in der Schaltung definieren und mit einem Namen versehen. Das ist freilich vor allem bei komplizierteren Schaltungen sinnvoll.

Ein Oszilloskop würde genau die gleiche Darstellung der Lade-/Entladekurven des Kondensators anzeigen. Für Messungen an realen Schaltungen benötigen Sie natürlich weiterhin ein reales Oszilloskop – aber für selbst entwickelte Schaltungen leistet LTspice sehr gute Dienste. Der direkte Vergleich mit einer Messung am echten Gerät ist oft hilfreich, wenn es um Fehlersuche oder Verständnis einer Schaltung geht. Nicht umsonst sind die unterschiedlichen Varianten von SPICE, die es gibt, quasi der Industriestandard – probieren Sie die Software ruhig ausführlich aus!

7.4 Biosensoren

Tragen Sie ein *Fitnessarmband* oder eine *Smartwatch* am Handgelenk? Wenn ja, nehmen Sie es einmal ab und schauen Sie, was passiert. Flackert da eine grüne Leuchtdiode an der Unterseite? Warum tut sie das, und wie ermittelt das kleine Gerät Ihren Pulsschlag?

Das Fitnessarmband (Abbildung 7.12) ist ein inzwischen alltägliches Beispiel für eine immer wichtiger werdende Gruppe von Messinstrumenten: *Biosensoren*.

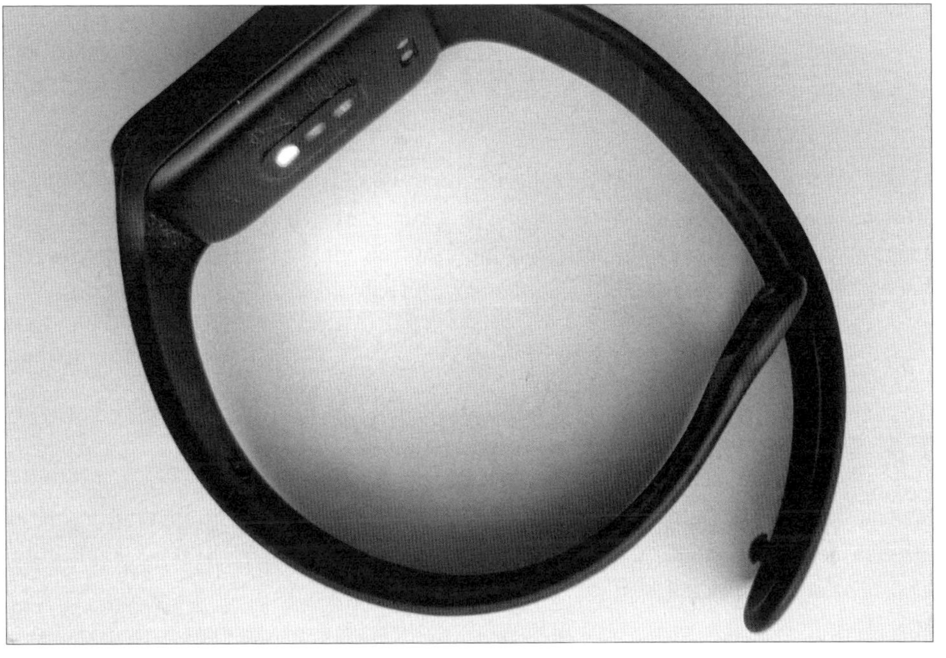

Abbildung 7.12 Dieses Fitnessarmband besitzt drei Fensterchen an der Unterseite. Die erkennbare LED leuchtet grün, um den Puls des Besitzers zu messen.

Das Fitnessarmband beleuchtet mit einer ziemlich hellen, grünen LED Ihre Haut und erfasst mit einem Fototransistor die Reflexion. Diese variiert mit der Zeit, weil das Gewebe unterschiedlich stark durchblutet wird, und zwar im Rhythmus Ihres Herzschlags. Diese kleinen Variationen kann die Software in der Uhr auswerten. Auch hier sind *A/D-Umsetzer* im Spiel, weil das Verhalten des Fototransistors natürlich eine analoge Spannungs- bzw. Stromänderung bewirkt, die zunächst in digitale Werte umgewandelt werden muss, bevor sie zur Auswertung bereit sind. Natürlich kommen dabei schlaue Algorithmen zum Einsatz, die Rauschen (also zufällige statistische Abweichungen) oder Messfehler berücksichtigen.

Im Alltag wird eine Vielzahl weiterer Biosensoren eingesetzt:

- *Glukosesensoren* kommen in Blutzuckermessgeräten für Diabetiker zum Einsatz. Sie verwenden ein Enzym und messen den Strom, dessen Stärke von der Glukosekonzentration in der Probe abhängt.
- *pH-Sensoren* messen den pH-Wert einer Lösung anhand des elektrischen Potenzials an einer Elektrode. Eingesetzt werden sie für die pH-Messung in Laboren, in der Umweltüberwachung oder der Lebensmittelindustrie.
- Den *Sauerstoffgehalt* Ihres Bluts (meist abgekürzt mit *SpO2*) kann eine Smartwatch oder ein Fitnessarmband messen, indem diese Geräte an der Unterseite rotes und infrarotes Licht abgeben. Die zugehörigen Wellenlängen werden von Hämoglobin unterschiedlich stark absorbiert, abhängig davon, ob es mit Sauerstoff unterwegs ist oder nicht.

In der Medizin und in der Umweltüberwachung kommen zahlreiche unterschiedliche Messmethoden zum Einsatz. Die Elektrotechnik kümmert sich um Ansteuerung und Messung, die Informatik um die Weiterverarbeitung der gewonnenen Daten. Manchmal löst das Unter- oder Überschreiten festgelegter Grenzwerte eine Reaktion aus. Damit sind wir angekommen bei Regelkreisen!

7.5 Steuer- und Regelkreise

Manchmal ist das Ergebnis einer Messung wieder Teil einer Schaltung: ein Eingangsparameter. Eine Messung liefert also ein Feedback und beeinflusst das Verhalten der Schaltung – fertig ist ein *Regelkreis*.

Ein einfaches, gängiges Beispiel ist ein elektrischer Fensterheber im Pkw. Darin ist ein Motor verbaut, der abgeschaltet werden muss, wenn das Fenster ganz unten bzw. oben angekommen ist. Je nach Modell befindet sich irgendwo in der Tür ein Schalter oder eine Lichtschranke. Deren Signal landet in der Schaltung und löst beispielsweise über einen Transistor ein Relais aus, das den Motor stoppt. Im einfachsten Fall handelt es sich um einen Trennschalter, der beim Erreichen der gewünschten Endposition mechanisch ausgelöst wird (Abbildung 7.13).

Entscheidend für Regelkreise ist eine *Gegenkopplung*. Sobald die Regelgröße von einem Sollwert abweicht, wirkt eine Rückkopplung der Änderung entgegen, um sie möglichst zu korrigieren.

Ein einfacher Standardregelkreis lässt sich als Blockschaltbild darstellen (Abbildung 7.14).

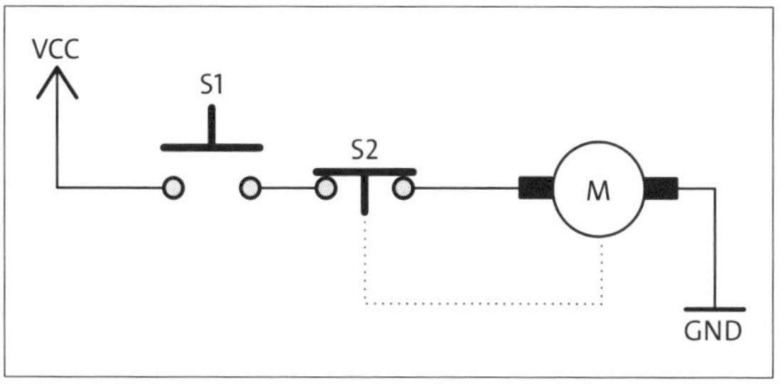

Abbildung 7.13 Der Motor ist beim Fensterheber mit einem Sicherheitstrennschalter S2 verbunden und kann mit S1 aktiviert werden (der Einfachheit halber ist nur eine Richtung dargestellt).

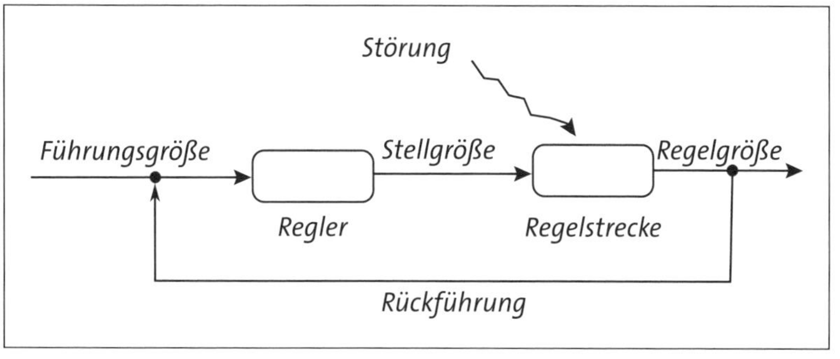

Abbildung 7.14 Im Blockschaltbild des Regelkreises erkennen Sie leicht die Rückkopplung.

Während eine Störgröße alles dafür tut, die Regelgröße von der Führungsgröße abweichen zu lassen, bewirkt der Regler eine Justierung. Messwerte werden heutzutage meist digital verarbeitet, sodass die eigentliche Regelung Aufgabe eines Algorithmus ist. Für die akkurate Aufnahme von Messdaten ist aber weiterhin die Elektrotechnik zuständig.

Beispiel: Dunkelschaltung

Wenn es dunkel wird, gehen die Straßenlaternen an. Letztlich basiert dieser alltägliche Vorgang auf einem Regelkreis: Wenn die Helligkeit unter eine gewisse Schwelle sinkt, verhindert die künstliche Beleuchtung die Dunkelheit und all ihre Nachteile. Natürlich handelt es sich nicht um eine besonders genaue Regelung, schließlich ist das Ziel kein konstanter Helligkeitswert – die meisten Straßenlaternen kennen ohnehin nur »an« oder »aus« und nichts dazwischen. Als einfaches Beispiel soll eine solche Dunkelschaltung aber genügen (Abbildung 7.15).

Sie sehen in der Schaltung einen Spannungsteiler an der Basis des Transistors T1. Sobald wenig Licht auf den Fotowiderstand R2 fällt, fließt ein kleiner Strom über die Basis-Emitter-Strecke des Transistors und schaltet ihn durch. Dadurch leuchtet die LED. Fällt der Wert des lichtempfindlichen Widerstands durch Lichteinstrahlung, fließt der Strom wieder über ihn. Der Schaltpunkt lässt sich durch das Potenziometer R1 einstellen.

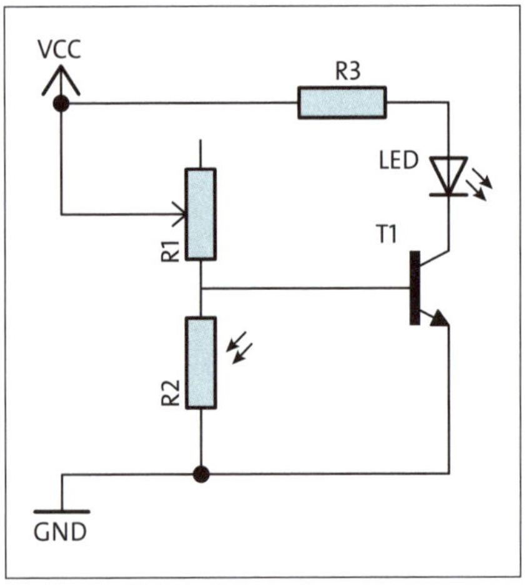

Abbildung 7.15 Für die Dunkelschaltung entscheidend sind Transistor und Fotowiderstand.

Natürlich sind reale Regelschaltungen viel komplizierter, enthalten verschiedene Reglertypen und basieren üblicherweise auf Mikrocontrollern oder ausgewachsenen Rechnern, die mit entsprechender Software auch simuliert werden können. Deshalb können wir die anspruchsvolleren Details Ihrem Studium überlassen.

7.6 Entspannungsübungen

Aufgabe 1

Sie basteln sich ein Drehzeigermultimeter auf Basis des Exemplars in diesem Kapitel. Mit einem Mehrfachschalter sollen noch andere Spannungsbereiche messbar gemacht werden. Welchen Widerstand müssen Sie an den Schaltstellungen einsetzen, um 500 V und 0,5 V messen zu können?

Aufgabe 2

Bauen Sie mit LTspice diese Schaltung nach (Abbildung 7.16).

Simulieren Sie die Schaltung (Dauer: 1 s, Schrittweite 1 ms) und begutachten Sie das Verhalten der Spannung am Messpunkt V2. Erklären Sie Ihre Beobachtung!

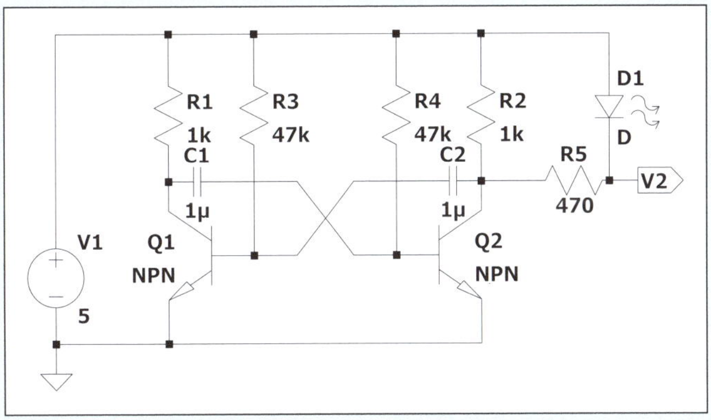

Abbildung 7.16 Finden Sie heraus, was diese Schaltung tut!

Aufgabe 3

Sie interessieren sich für die reale Leistung Ihres Induktionskochfelds. Dazu haben Sie einen Eisenklotz mit einer Masse von 1 kg auf das Kochfeld gelegt und ein Thermometer angebracht. Bei einer Zimmertemperatur von 22 °C aktivieren Sie bei $t = 0$ s den Herd. Sie notieren jede Sekunde die abgelesene Temperatur:

1 s	2 s	3 s	4 s	5 s	6 s	7 s	8 s
28 °C	33 °C	39 °C	46 °C	51 °C	55 °C	60 °C	67 °C

An dieser Stelle beenden Sie das Experiment dann doch lieber.

Bestimmen Sie einen Messwert für die Leistung und geben Sie eine relative Messungenauigkeit an. Die Zeitmessung können Sie als exakt betrachten, das Ablesen des Thermometers nicht.

Hinweis: Sie dürfen eine *Tabellenkalkulation* wie LibreOffice Calc oder Excel verwenden, um Ihre Berechnungen zu beschleunigen. Laut Abschnitt 6.2, »Induzierte Wirbelströme«, gilt für den Zusammenhang zwischen Leistung und Temperatur die folgende Formel (der Wirkungsgrad w geht in der gesuchten realen Leistung P auf):

$$\Delta T = \frac{P \cdot t}{m \cdot c}$$

7.7 Lösungen

Aufgabe 1

Um statt maximal 5 V eine Spannung von bis zu 500 V messen zu können, muss am Vorwiderstand eine Spannung von 500 V – 5 V = 495 V abfallen. Aus dem bekannten Strom von 0,265 mA errechnet sich mittels des ohmschen Gesetzes ein erforderlicher Widerstandswert wie folgt:

$$R = \frac{U}{I} = \frac{495\ \text{V}}{0{,}265\ \text{mA}} \approx 1{,}868\ \text{M}\Omega$$

Ebenfalls möglich ist es, 0,5 V messbar zu machen. Komplett ohne Vorwiderstand würde der Zeiger bei einer Spannung von $U = R \cdot I = 660 \cdot 0{,}265 \cdot 10^{-3}\ \text{V} \approx 0{,}175\ \text{V}$ maximal ausschlagen. Sie brauchen also einen Vorwiderstand, an dem die Differenz von 0,5 V und 0,175 V abfällt, also 0,325 V. Aus dem bekannten Strom berechnen Sie den nötigen Widerstand:

$$R = \frac{U}{I} = \frac{0{,}325\ \text{V}}{0{,}265\ \text{mA}} \approx 1226\ \Omega$$

Aufgabe 2

Wenn Sie alles richtig verdrahtet haben, erkennen Sie an Ausgang V2 ein Rechtecksignal, das sich etwa alle 58 ms wiederholt (Abbildung 7.17).

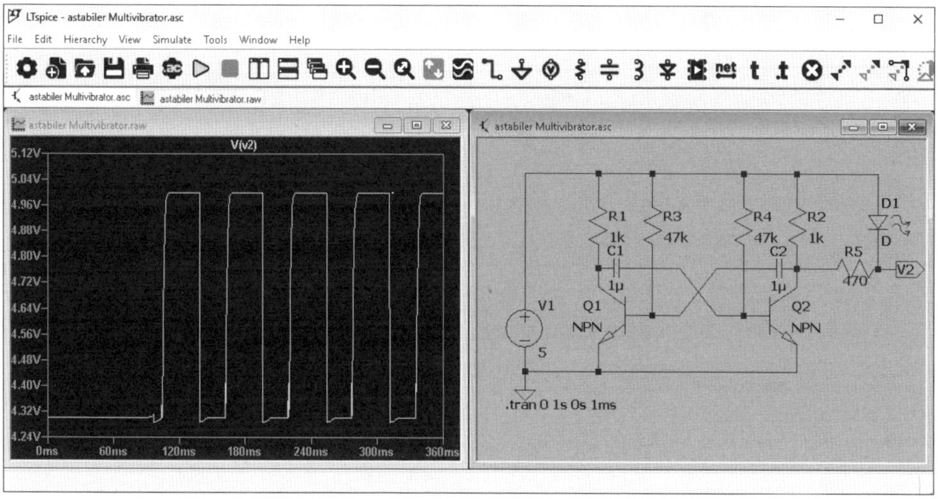

Abbildung 7.17 Die geheimnisvolle Schaltung eignet sich als Blinker.

Diese Schaltung hört auf den Namen *astabiler Multivibrator* und ist eine der bekanntesten Schaltungen mit zwei Transistoren. Die LED am Ausgang wird also flackern. Die Ursache ist, dass jeweils ein Kondensator über seinen Vorwiderstand aufgeladen wird. Die Größe dieser Widerstände bestimmt die Wiederholungsfrequenz. Sobald die Spannung an einem Kondensator einen gewissen Wert erreicht, sperrt der zugehörige Transistor, und der andere leitet. Daraufhin entlädt sich der Kondensator, und der andere beginnt, sich aufzuladen. Welcher Transistor zuerst schaltet, hängt von zufälligen Toleranzen ab. Deshalb dauert es etwas, bis die Schaltung mit dem Flackern beginnt. Letztlich gibt es hier eine zweifache Rückkopplungsschleife, die zu der astabilen Funktionsweise führt.

Ändern Sie probeweise die Widerstandsgrößen so, dass sich der Schaltrhythmus verlangsamt – somit haben Sie eine Blinkschaltung gebaut!

Aufgabe 3

Zunächst stellen Sie die angegebene Gleichung nach der Leistung um:

$$P = \frac{\Delta T \cdot m \cdot c}{t}$$

Die spezifische Wärmekapazität von Eisen ist laut der Tabelle 6.1? $c = 0{,}5$ kJ / kg · K.

Geben Sie die Messwerte in der Tabellenkalkulation ein und ergänzen Sie eine Zeile mit den Temperaturdifferenzen seit Sekunde 0 und Zimmertemperatur (22 °C), also `=A2-22`, `=B2-22` usw. In einer vierten Zeile berechnen Sie für jede Spalte den Quotienten aus Temperaturdifferenz (Zeile 3) und vergangener Zeit (Zeile 1), also `=A3/A1`, `=B3/B1` usw. Das sollte dann so aussehen:

1	2	3	4	5	6	7	8
28	33	39	46	51	55	60	67
6	11	17	24	29	33	38	45
6	5,5	5,67	6	5,8	5,5	5,43	5,63

Berechnen Sie den Mittelwert der letzten Zeile (`=MITTELWERT(A4:H4)`). Sie erhalten einen numerischen Wert von gerundet 5,7. Die Eisenmasse ist ja 1 kg, die spezifische Wärmekapazität 0,5 kJ/kgK, Sie erhalten also für die effektive Leistung des Kochfelds:

$P \approx 5{,}7 \cdot 0{,}5\ \text{kW} = 2{,}85\ \text{kW}$

Nun zur Messungenauigkeit. Die Standardabweichung der gemessenen Temperaturdifferenzen können Sie bestimmen, indem Sie eine weitere Zeile anlegen mit den Differenzen von je zwei aufeinanderfolgenden Messungen (`=B2-A2` usw.). In der ersten Zelle verwenden Sie 6 °C (28 °C minus Zimmertemperatur 22 °C):

6	5	6	7	5	4	5	7

Lassen Sie sich Mittelwert und Standardabweichung ebenfalls von der Software bestimmen, indem Sie die zugehörigen Formeln in ein freies Feld eingeben (`=STABW(A5:H5)`). Sie ermitteln einen Mittelwert von 5,6 °C und eine Standardabweichung von etwa 1 °C (Nachkommastellen können Sie hier vernachlässigen). Das ergibt eine relative Ungenauigkeit von 1/5,6, also 19 %, die Sie auf eine signifikante Stelle runden können, also 20 %.

Die verwendete Formel beschreibt einen linearen Zusammenhang zwischen Temperaturdifferenzen und Leistung, folglich ist die relative Ungenauigkeit Ihres Ergebnisses dieselbe – Sie müssen das gaußsche Fehlerfortpflanzungsgesetz nicht kompliziert anwenden. Bei einer Ungenauigkeit von zwei Zehnteln ergibt es natürlich wenig Sinn, mehr als zwei signifikante Stellen für den Messwert anzugeben. Sie schreiben also als Endergebnis:

$P = 2{,}9\ \text{kW} \pm 20\ \%$

Mehr Messwerte oder eine lineare Regression würden vermutlich einen genaueren Wert ermöglichen – aber für eine entspannte Übung reicht das Ergebnis, wie es ist.

Kapitel 8

Harmonisch: Schwingkreis und Resonanz

Schon Daniel Düsentrieb merkte in einem alten Comic an: Der Schwingkreis muss gekoppelt sein! Eine physikalisch unmögliche Zeitmaschine bauen wir zwar jetzt nicht, aber auch zahlreiche andere praktische Anwendungen kommen ohne Schwingkreise nicht aus.

8.1 Hin und her im Schwingkreis

Wenn Sie einen Stromkreis aus Kondensator und Spule aufbauen und den Kondensator anfangs laden, wird die elektrische Energie zunächst aus dem Kondensator abfließen und langsam ins magnetische Feld der Spule transferiert. Sobald kein Strom mehr fließt, weil der Kondensator entladen ist, bricht das Magnetfeld zusammen, und die Induktionsspannung lädt den Kondensator in Gegenrichtung wieder auf. Dieser Vorgang wiederholt sich periodisch, bis sich die Energie durch Wärmeverluste verflüchtigt. Es handelt sich um eine gedämpfte Schwingung, und diese Schaltung heißt passenderweise *Schwingkreis* (Abbildung 8.1).

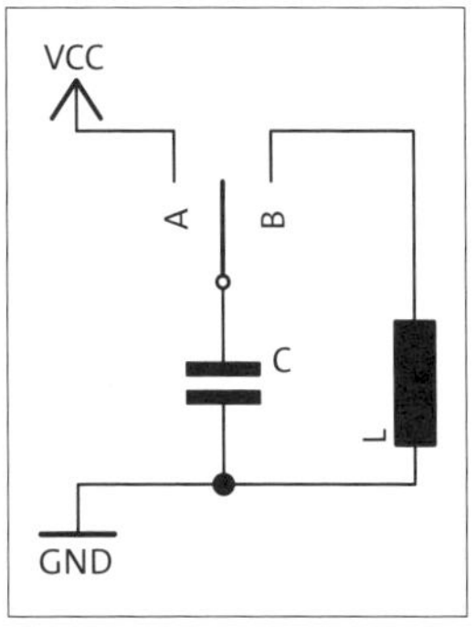

Abbildung 8.1 Dieser einfache Schwingkreis besitzt einen Schalter zum Aufladen bzw. Entladen des Kondensators über die Spule.

Die jeweilige Spannung an den beiden Bauteilen muss zusammen 0 ergeben, wenn sie im Kreis geschaltet sind:

$$U_C(t) + U_L(t) = 0$$

Wenn Sie die Kondensatorformel und die Induktionsformel einsetzen, erhalten Sie:

$$\frac{Q(t)}{C} + L\dot{I}(t) = 0$$

Da der Strom nichts anderes ist als die zeitliche Ableitung der Ladung, können Sie alles mit Qs schreiben:

$$\frac{Q(t)}{C} + L\ddot{Q}(t) = 0$$

Schreiben Sie das etwas um (dass Q von der Zeit abhängt, wissen Sie ja, das lasse ich jetzt weg):

$$\ddot{Q} + \frac{1}{LC}Q = 0$$

Was Sie hier sehen, ist eine homogene *Differenzialgleichung* zweiter Ordnung für die Ladung des Kondensators. Natürlich wissen Sie schon eine passende Lösung:

$$Q = Q_0 \cos\left(\sqrt{\frac{1}{LC}} \cdot t\right)$$

Diese Gleichung beschreibt eine *harmonische Schwingung* – und damit genau das erwartete Verhalten für die Ladung. Je größer Induktivität und Kapazität sind, desto langsamer ist die Schwingung.

Die zeitliche Ableitung der Ladung ist der Strom und sieht wie folgt aus:

$$I = \dot{Q} = -Q_0 \sin\left(\sqrt{\frac{1}{LC}} \cdot t\right) \cdot \sqrt{\frac{1}{LC}}$$

Sie können die anfängliche Ladung ersetzen durch die Spannung, indem Sie die Kondensatorgleichung verwenden:

$$Q_0 = C \cdot U_0$$

Die Kapazität können Sie dann in den Wurzelfaktor ziehen. Der Verlauf des Stroms ergibt damit eine negative Sinusfunktion (Abbildung 8.2):

$$I = -\sqrt{\frac{C}{L}} \cdot U_0 \cdot \sin\sqrt{\frac{1}{LC}}t$$

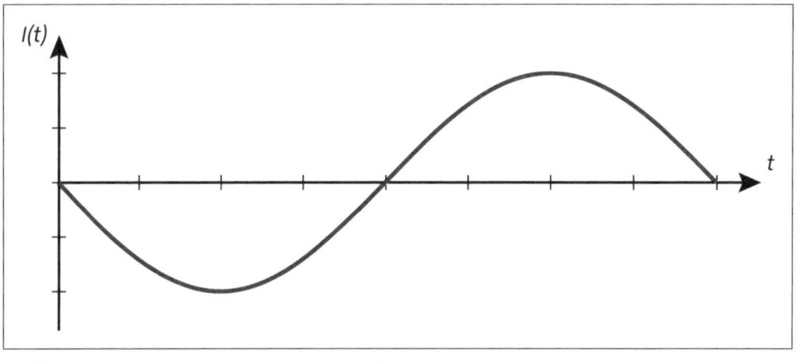

Abbildung 8.2 Der Strom verläuft sinusförmig.

Der Wurzelfaktor ergibt eine volle Periode bei

$$2\pi = \sqrt{\frac{1}{LC}}t \Rightarrow t = 2\pi\sqrt{LC}$$

Die Frequenz $f = t^{-1}$ der Schwingung ist:

$$f = \frac{1}{2\pi\sqrt{LC}}$$

Bei Schwingkreisen spricht man hier auch von der Resonanzfrequenz. Wir werden in Kürze auf deren Bedeutung zurückkommen.

Sie können also aus Kapazität und Induktivität direkt die Frequenz ausrechnen. Der Wurzelfaktor entspricht übrigens der Kreisfrequenz ω:

$$\omega = 2\pi f = \frac{1}{\sqrt{LC}}$$

Gedämpfte Schwingungen

Ein realer Schwingkreis enthält einen physikalischen Widerstand in Form des Leitungswiderstands oder eines Verbrauchers. Die Ausgangsgleichung für die Spannung besteht dann aus drei Summanden:

$$U_\mathrm{C}(\mathrm{t}) + U_\mathrm{R}(\mathrm{t}) + U_\mathrm{L}(\mathrm{t}) = 0$$

Der mittlere Term lässt sich mit dem ohmschen Gesetz umschreiben, um den Strom ins Spiel zu bringen:

$$U_\mathrm{C} + RI + L\dot{I} = 0$$

Nehmen Sie sich noch mal die Kondensatorgleichung vor und leiten Sie sie einmal ab:

$$U_\mathrm{C} = \frac{Q}{C} \Rightarrow \dot{U}_\mathrm{C} = \frac{\dot{Q}}{C} = \frac{I}{C}$$

Wenn Sie jetzt die erste der beiden Gleichungen dieses linearen Differenzialgleichungssystems einmal ableiten, können Sie U_C eliminieren:

$$\frac{I}{C} + R\dot{I} + L\ddot{I} = 0$$

Das ist eine lineare Differenzialgleichung zweiter Ordnung für den Strom. Deren Lösung ist das Produkt aus Sinus und einer Exponentialfunktion mit negativem Exponenten – eine gedämpfte Schwingung konstanter Frequenz:

$$I(t) = -\frac{U_{\mathrm{C}0}}{\omega_\mathrm{d} L} \cdot \exp(-\delta \cdot t) \cdot \sin(\omega_\mathrm{d} \cdot t)$$

Hier habe ich Ihnen zwei Parameter untergejubelt, weil der Term sonst ziemlich unübersichtlich wäre. Der eine ist die *gedämpfte Eigenkreisfrequenz*:

$$\omega_d = \sqrt{\omega_0^2 - \delta^2}$$

Darin steckt die ungedämpfte Eigenkreisfrequenz, die Sie schon vom idealisierten Schwingkreis ohne Widerstand kennen:

$$\omega_0 = \frac{1}{\sqrt{LC}}$$

Schließlich bin ich Ihnen noch den *Dämpfungskoeffizienten* schuldig:

$$\delta = \frac{R}{2L}$$

Wenig überraschend ist die Dämpfung proportional zum Widerstand – im idealen, widerstandslosen Fall wäre sie also 0. Da an einem Widerstand elektrische Leistung verloren geht, beobachten Sie eine gedämpfte Schwingung (Abbildung 8.3).

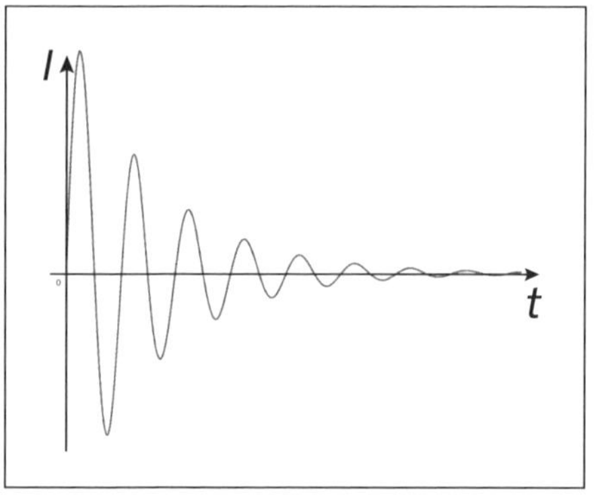

Abbildung 8.3 Die Dämpfung führt zu einer Sinusfunktion mit exponentiell abnehmender Amplitude.

Kriechfall

Was aber passiert, wenn ω_0 kleiner ist als δ? In dem Fall wäre ja der Term für die gedämpfte Eigenkreisfrequenz nicht definiert, weil unter der Wurzel eine negative Zahl steht.

Dieser sogenannte *Kriechfall* erlaubt keine Schwingung, weil die Dämpfung zu stark ist. Strom und Spannung »kriechen« gegen 0. Für den Strom gibt es dann eine andere Lösung, deren Herleitung ich einer Ihrer Vorlesungen überlasse:

$$I = -\frac{U_{C0}}{kL} \cdot \exp(-\delta t) \cdot \sinh(kt)$$

Die hier auftretende Funktion sinh heißt *Sinus hyperbolicus*. Vielleicht haben Sie schon einmal vom Kosinus hyperbolicus gehört, der genau wie ein durchhängendes Seil verläuft. Die beiden Funktionen sind wie folgt definiert:

$$\sinh(x) = \frac{1}{2}(\exp(x) - \exp(-x))$$

$$\cosh(x) = \frac{1}{2}(\exp(x) + \exp(-x))$$

Die Differenz der beiden gegensätzlichen Exponentialfunktionen beim sinh ergibt zusammen mit der Dämpfungsfunktion eine Kurve mit einem sehr schnellen Anstieg und einem sanften Abfallen (Abbildung 8.4). Die Dämpfung ist also so stark, dass sich keine Schwingung einstellen kann.

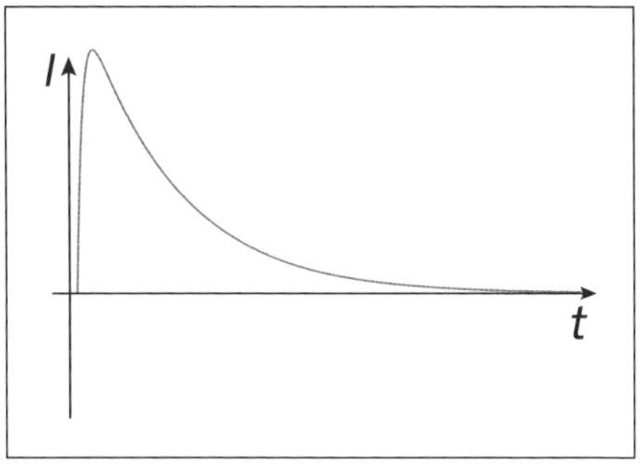

Abbildung 8.4 Im Kriechfall gibt es keine Schwingung.

Beispiel: Schwingkreis mit LTspice

Lassen Sie uns einen Schwingkreis simulieren! Basteln Sie den Schaltplan (Abbildung 8.5) und verwechseln Sie nicht die einander ähnelnden Symbole: Der Widerstand unten stellt den Innenwiderstand der nicht idealen Spule rechts dar.

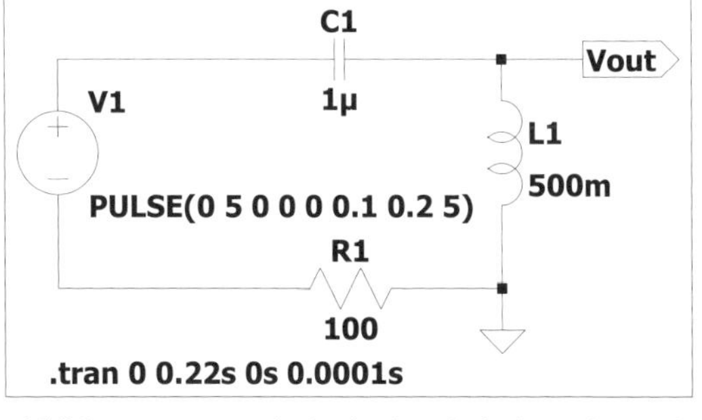

Abbildung 8.5 Der Schwingkreis-Schaltplan zeigt auch die eingestellten Werte für die Rechteckpulse.

Die Spannungsversorgung soll ein *Rechtecksignal* erzeugen, also Spannungspulse. Dazu müssen Sie für V_1 Einstellungen vornehmen (Abbildung 8.6).

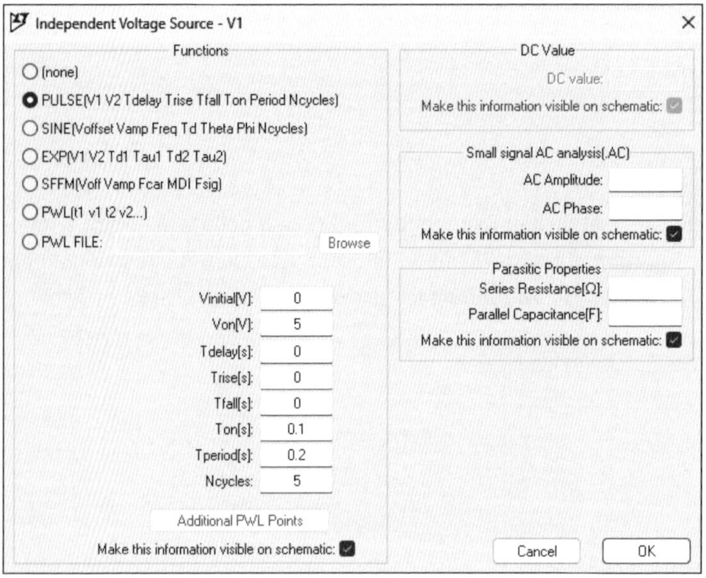

Abbildung 8.6 Im Einstellungsfenster der Spannungsquelle legen Sie die Form der Rechteckpulse fest: 5 V mit einer Periode von 0,2 s, wobei die Hälfte der Zeit die Spannung anliegt (T_{on} = 0,1 s).

Bei jedem Wechsel der Spannung erwarten wir dann eine gedämpfte Schwingung, die am Ausgang messbar ist. Bei der Konfiguration der Analyse genügt eine sehr kurze Simulationsdauer, weil lediglich ein Zyklus von Interesse ist (Abbildung 8.7).

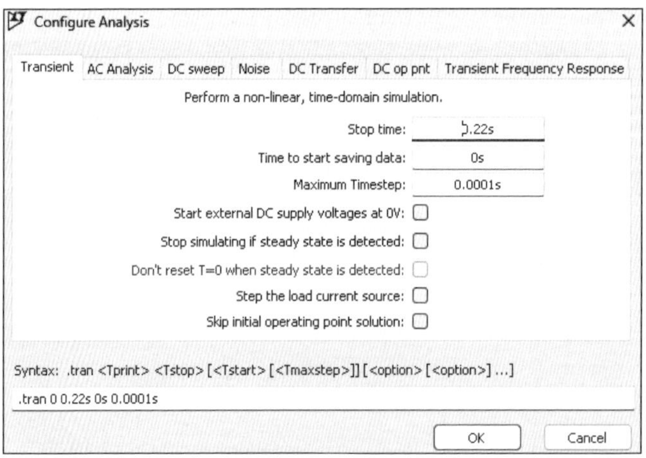

Abbildung 8.7 Der Konfigurationsdialog der Analyse zeigt, wie Sie die Simulation für genau 0,22 s einschalten.

Starten Sie die Simulation und klicken Sie dann das Label für V_{out} an, um das Resultat angezeigt zu bekommen (Abbildung 8.8).

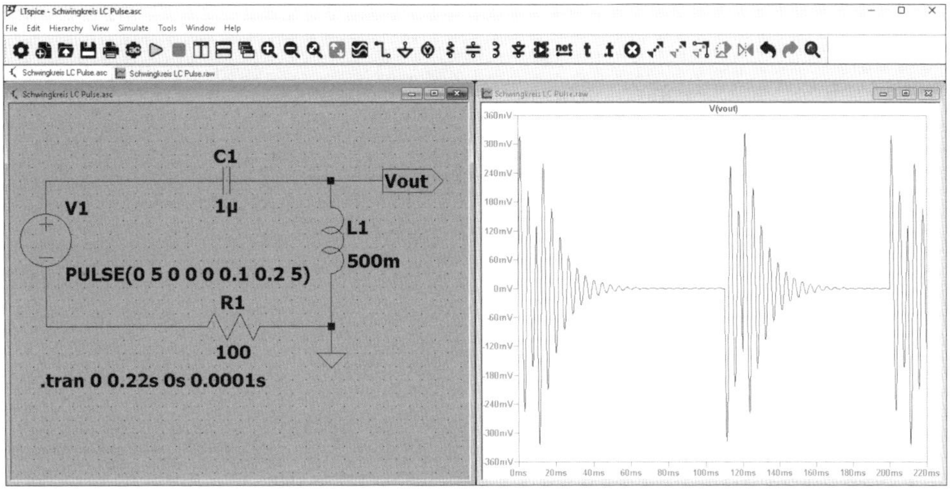

Abbildung 8.8 Jeder Puls erzeugt eine gedämpfte Schwingung.

Wenn Sie genau hinschauen, erkennen Sie, dass die Schwingungskurve abwechselnd nach oben und nach unten startet. Ziehen Sie mit der Maus einen Rahmen um eine vollständige Schwingung auf, dann zeigt Ihnen LTspice auch die Frequenz an: Sie können 225 Hz ablesen, was Sie leicht anhand der verwendeten Induktivität und Kapazität nachrechnen können wie folgt:

$$f = \frac{1}{2\pi\sqrt{LC}} \approx 225 \text{ Hz}$$

8.2 Praktische Anwendungen für Schwingkreise

In der Praxis kommen Schwingkreise häufig mit Wechselspannungen in Berührung. Lassen Sie uns das Verhalten eines Schwingkreises an einer solchen Eingangsspannung untersuchen, und zwar abhängig von der Frequenz!

Da Sie gerade sowieso noch LTspice vor Augen haben, basteln Sie eine entsprechende Simulation. Die Stromquelle G finden Sie unter **Component** (dem Icon mit dem Mikrochip). Wir messen das Ausgangssignal am Kondensator (Abbildung 8.9).

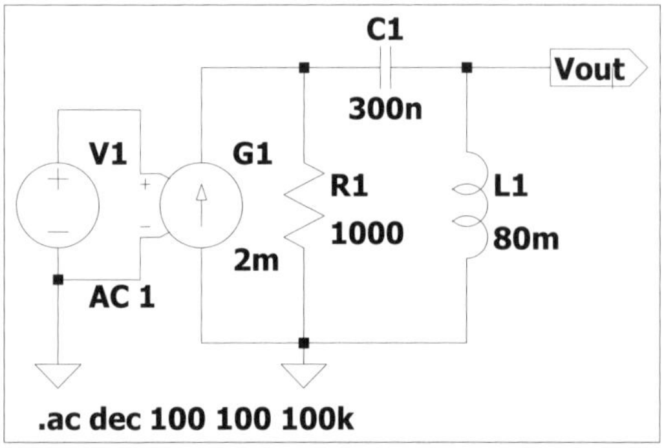

Abbildung 8.9 Der Schwingkreis besteht neben Spule L1 und Kondensator C1 aus Widerstand R1, der den Innenwiderstand der Stromquelle darstellt. Das mit G1 bezeichnete Gerät erzeugt einen Strom aus einer gegebenen Spannung (die Spannung ist letztlich konstant, nur der Strom ändert sich).

In diesem Fall soll LTspice einen sinusförmigen Strom mit wechselnder Frequenz zur Verfügung stellen. Konfigurieren Sie sie per Rechtsklick auf die Spannungsversorgung **Small signal AC analysis** auf eine Amplitude von 1 V (Abbildung 8.10).

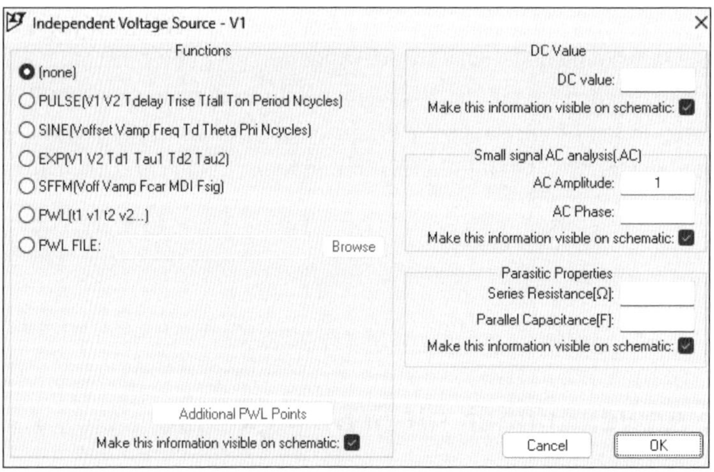

Abbildung 8.10 In dieser Simulation ist es wichtig, eine AC-Amplitude von 1 V einzugeben.

Was Sie nun für die Simulation benötigen, ist ein *Sweep*. Damit ändert sich während des Ablaufs der Simulation laufend ein Parameter, in diesem Fall soll das die Frequenz sein. Schließlich wollen wir das Verhalten der Schaltung in Abhängigkeit der Eingangsfrequenz untersuchen. Konfigurieren Sie die AC-Analyse, indem Sie Start- und Endfrequenz einstellen (Abbildung 8.11).

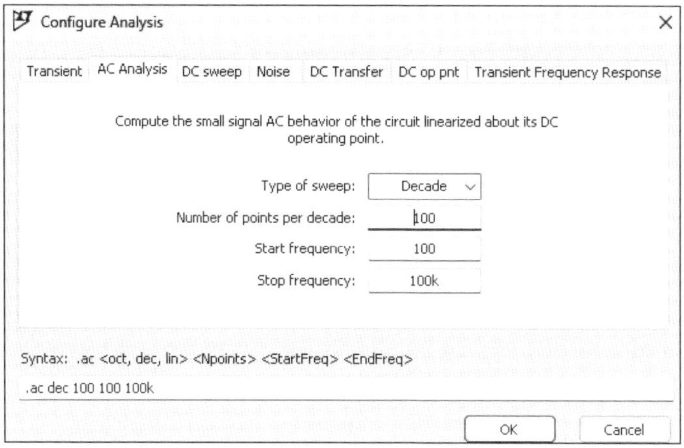

Abbildung 8.11 Konfigurieren Sie die Simulationsparameter der AC Analysis, wie hier zu sehen.

Der Typ des Sweeps ist **Decade**, also logarithmisch. Bei variablen Frequenzen bietet sich das an, um das Verhalten über mehrere Zehnerpotenzen zu simulieren, damit man auch bei sehr kleinen Frequenzen eine hohe zeitliche Auflösung erhält. Wenn Sie die Simulation starten und das Signal am Ausgang V_{out} betrachten, erhalten Sie eine auf den ersten Blick etwas unübersichtliche Darstellung (Abbildung 8.12).

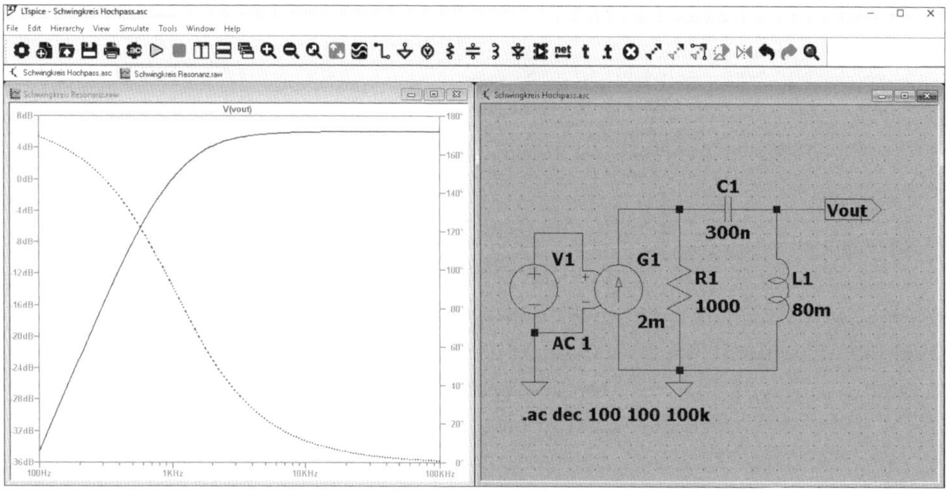

Abbildung 8.12 Die Simulation zeigt Ihnen die Dämpfung als Funktion der Frequenz (dicke Linie) sowie die Phasenverschiebung (dünne Linie).

Betrachten Sie die steigende Kurve, die die Ausgangsspannung darstellt. Sie erreicht bei etwa 10 kHz ihre Sättigung. Das liegt etwas über der *Resonanzfrequenz* des Schwingkreises.

Sie sehen, dass die horizontale Achse mit dem Frequenzbereich des Sweeps beschriftet ist. Die linke vertikale Achse stellt eine Verstärkung (Werte über null) bzw. Dämpfung dar (die rechte Achse gehört zu dem dünnen Phasenverschiebungsgraphen, der den zeitlichen Versatz zwischen den Schwingungen beschreibt, den ich aber hier nicht weiter bespreche). Angegeben ist der Wert in dB (*deziBel*), das ist eine logarithmische Skala:

$$a = 20 \log_{10} \frac{U_{\text{Ausgang}}}{U_{\text{Eingang}}}$$

Ein Faktor 1 (Ausgang gleich Eingang) ergibt einen Dämpfungswert von 0 dB. Ist die Ausgangsspannung zehnmal so groß wie die Eingangsspannung, entspricht das einer Verstärkung von 20 dB. Umgekehrt, wenn die Ausgangsspannung zehnmal kleiner ist als die Eingangsspannung, liegt eine Dämpfung vor, und im Diagramm wäre –20 dB abzulesen.

Sie sehen also im unteren Frequenzbereich eine Dämpfung, Frequenzen oberhalb der Resonanzfrequenz behalten ihre Amplitude bei. Mit ganz ähnlichen Differenzialgleichungen wie denen im vorangegangenen Abschnitt weist auch dieser Schwingkreis natürlich eine Eigenkreisfrequenz auf, die der Resonanzfrequenz entspricht:

$$\omega_r = \frac{1}{\sqrt{LC}}$$

Rechnen Sie mal nach:

$$\omega_r = \frac{1}{\sqrt{80\,\text{mH} \cdot 300\,\text{nF}}} \approx 6{,}45 \cdot 10^3\ \text{s}^{-1}$$

Die Frequenz selbst erhalten Sie, wenn Sie durch 2π dividieren:

$f \approx 1027$ Hz

Frequenzen unterhalb dieses Werts werden stark unterdrückt – hier spricht man auch von einem *Hochpassfilter*. Ein anderer, ähnlicher Aufbau, den ich hier aus Platzgründen nicht zeige, heißt *Tiefpassfilter* und verhält sich genau umgekehrt. Ein Schwingkreis kann bestimmte Frequenzen deutlich verstärken oder andere unterdrücken – oder umgekehrt. Dafür gibt es wichtige praktische Anwendungen!

8.3 Radio Ga Ga

Vielleicht haben Sie in Ihrem Leben noch keinen Radioempfänger benutzt. Wohlgemerkt, ich meine nicht das heute meist anzutreffende Digitalradio, das Millionen Sender übers Internet oder DAB abspielen kann, sondern kleine, tragbare Empfänger mit Antenne, Batteriebetrieb und einem Drehknopf.

Elektromagnetische Wellen, die eine *Antenne* empfangen kann, sind ein Mischmasch unendlich vieler Frequenzen. Einige davon (*Kurzwelle*) haben die besondere Eigenschaft, an der Unterseite der Ionosphäre reflektiert zu werden, sodass sie sich – genug Sendeleistung vorausgesetzt – weltweit empfangen lassen. Einen sogenannten *Weltempfänger* können Sie auf eine bestimmte Frequenz zwischen 3.200 und 26.100 kHz einstellen und Hörfunk genießen. Freilich geht die Anzahl der Sender schon lange zurück, weil der Betrieb einer Kurzwellensendeanlage zigfach teurer ist als etwa eine Verbreitung übers Internet. Jedenfalls können Sie mit einem Parallelschwingkreis eine Schaltung auf die gewünschte Frequenz abstimmen. Im einfachsten Fall hängt der Schwingkreis an der Antenne, das Ausgangssignal wird dann noch aufbereitet und verstärkt. Ich habe Ihnen einen Schaltplan für ein Radio gezeichnet, den Sie selbst nachbauen können (Abbildung 8.13). Es empfängt allerdings Mittelwelle, da Schaltungen für Kurzwellenempfang etwas komplizierter sind.

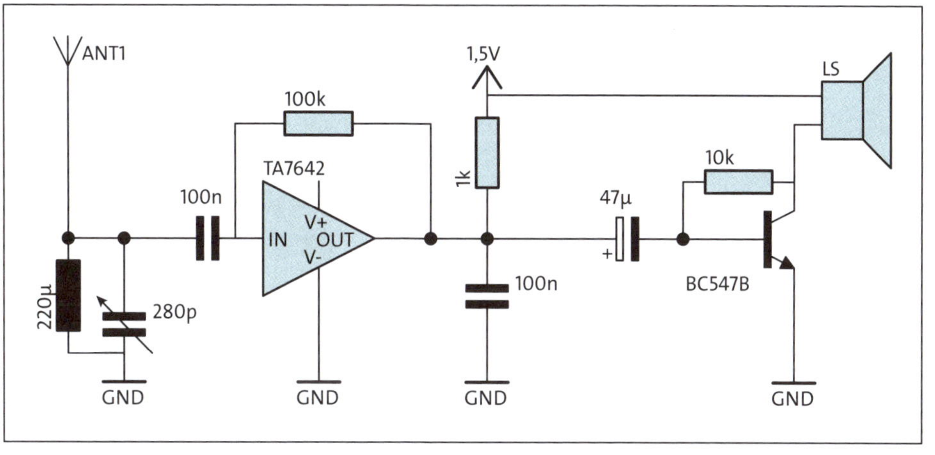

Abbildung 8.13 Ein einfacher Mittelwellenempfänger

Sie können im Schaltplan links einen Schwingkreis mit verstellbarem Kondensator erkennen. An diesem ist der Drehknopf befestigt, mit dem die Sender angesteuert werden. In der Mitte befindet sich ein kompakter MW-Empfänger mit der Bezeichnung TA7642 (im Internet für ein bis zwei Euro zu haben), der sich um die Details kümmert. Dahinter hängt ein Transistor als Verstärker, der einen Lautsprecher versorgt. Viel einfacher geht es nicht!

Aber wie kommt die elektromagnetische Welle überhaupt in die Antenne?

Radio- und andere Funkwellen breiten sich als elektrische und (senkrecht dazu stehende) magnetische Felder in der Atmosphäre aus. Diese Felder wirken natürlich auch auf die Elektronen im Metall einer Antenne, sei es ein Draht oder ein anderes Stück Metall. Eine Antenne ist am effizientesten, wenn ihre Länge ein Vielfaches der halben Wellenlänge der zu empfangenden elektromagnetischen Welle ist. Bei dieser Länge ist die Antenne in Resonanz, was bedeutet, dass sie die maximale Energie aus der elektromagnetischen Welle extrahiert. Die Beispielschaltung oben soll ja Mittelwellenradio empfangen. Dies entspricht einem Frequenzbereich von 500 bis 1.700 kHz. Die zugehörigen Wellenlängen können Sie leicht ausrechnen:

$$\lambda = \frac{c}{f}$$

Dabei ist *c* die Lichtgeschwindigkeit. Im Mittelwellenbereich ergeben sich so Wellenlängen mit wenigen Hundert Metern Länge. Natürlich wird es Ihnen kaum gelingen, eine halb so lange Antenne zu installieren, deshalb muss ein nicht zu kurzer Draht (einige Meter) genügen. Wichtig ist, dass das eine Ende mit dem Erdboden (oder Masse) verbunden ist. Wellenlängen im Mobilfunk liegen übrigens bei einigen Zentimetern (LTE 12 bis 38 cm, 5G 5 bis 43 cm), deshalb kommen Handys ohne externe Antennen aus – es sei denn, Sie möchten UKW-Radio empfangen: Dann dient das Kopfhörerkabel (die Masseabschirmung, nicht die beiden Audioleitungen) als hinreichend lange Antenne.

Weitere Anwendungsbeispiele für Schwingkreise möchte ich Ihnen nur kurz auflisten:

- *Sendeanlagen*: Im Gegensatz zum Empfang müssen hier alle unerwünschten Frequenzen unterdrückt werden, bevor sie via Antenne ausgestrahlt werden.
- Mit *Saugkreisen* lässt sich eine (bekannte) Störfrequenz ausfiltern. Dabei wird der Schwingkreis mit der entsprechenden Resonanzfrequenz als Filter eingesetzt, sodass nur andere Frequenzen durchkommen.
- Eine Kombination aus Hoch- und Tiefpass (*Bandpass*) kann verwendet werden, um nur einen bestimmten Frequenzbereich durchzulassen.
- Umgekehrt kann ein *Bandsperrfilter* auch die Frequenzen eines unerwünschten Bereichs dämpfen.
- Schwingkreise werden in *Oszillatoren* verwendet, um präzise die richtige Frequenz für eine Anwendung zu erzeugen.
- Mit Schwingkreisen lassen sich *Signale auf Trägerfrequenzen* modulieren und demodulieren, dies geschieht z. B. bei UKW-Radio, aber auch bei Bluetooth, WLAN oder Mobilfunk.
- In *induktiven Ladegeräten* kann elektrische Energie über Schwingkreise drahtlos übertragen werden.

8.4 Entspannungsübungen

Aufgabe 1

Schauen Sie sich den gezeigten Schwingkreis an (Abbildung 8.14) und berechnen Sie die Resonanzfrequenz.

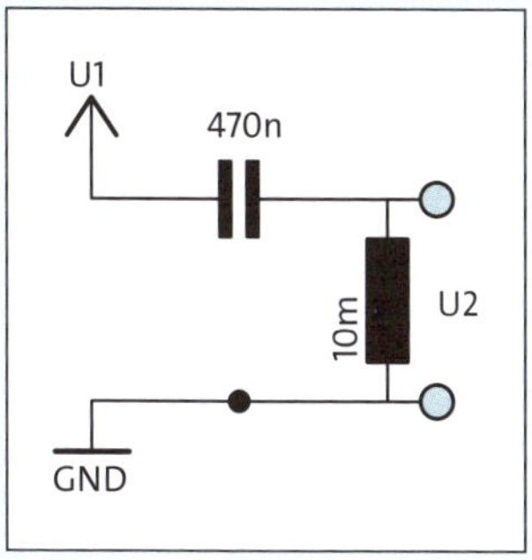

Abbildung 8.14 Ein geheimnisvoller Schwingkreis

Aufgabe 2

Ändern Sie den Schaltplan aus Abschnitt 8.2: Erhöhen Sie die Induktivität um einen Faktor 10 auf 800 mH und verringern Sie gleichzeitig die Kapazität des Kondensators um einen Faktor 10 auf 30 nF. Was passiert?

Aufgabe 3

Vertauschen Sie im Schaltplan aus Abschnitt 8.2 (Abbildung 8.9) Spule und Kondensator. Was passiert?

8.5 Lösungen

Aufgabe 1

Die Eigenkreisfrequenz des gezeigten Schwingkreises ist:

$$\omega_r = \frac{1}{\sqrt{LC}} = \frac{1}{\sqrt{470\,\text{nF} \cdot 10\,\text{mH}}} \approx 14{,}6\,\text{kHz}$$

Die Frequenz ist also:

$$f_r = \frac{\omega_r}{2\pi} \approx 2{,}32\,\text{kHz}$$

Aufgabe 2

Zunächst einmal: Die Resonanzfrequenz bleibt unverändert, da das Produkt aus L und C unverändert bleibt. Aber die Schaltung lässt niedrigere Frequenzen besser passieren, lässt vor allem Frequenzen im Bereich der Resonanzfrequenz durch und dämpft alle anderen mehr oder weniger stark (Abbildung 8.15).

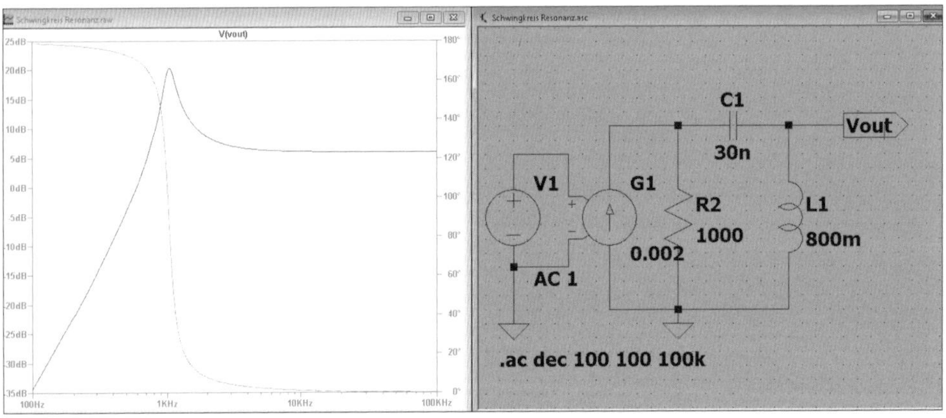

Abbildung 8.15 Andere Werte, anderes Verhalten: Diese Variante des Schwingkreises lässt vor allem die Resonanzfrequenz durch.

Aufgabe 3

Durch die Änderung erhalten Sie einen anderen Verlauf der Spannung am Ausgang (Abbildung 8.16). Somit wird aus dem Hochpass ein Tiefpass, der niedrige Frequenzen unterhalb der Resonanzfrequenz durchlässt.

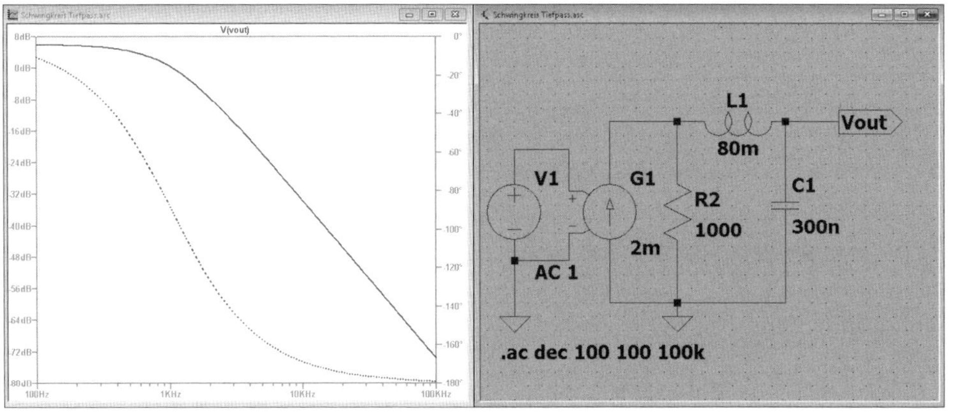

Abbildung 8.16 Ein Vertauschen von Spule und Kondensator liefert einen Tiefpass.

Kapitel 9

Aus der Steckdose: Hoch- und Wechselspannung

Es gibt ja den schönen Spruch: Bei uns kommt der Strom aus der Steckdose. Aber ist dieser Strom eigentlich grün oder blau? Wie sieht er denn nun aus, und was hat das mit dem Brummen in manchen Lautsprechern zu tun?

9.1 Wechselstrom

Dieses Kapitel beschäftigt sich unter anderem mit der Frage, warum *Hochspannungsleitungen* öfter *Wechselstrom* (≈, AC) statt *Gleichstrom* (=, DC) transportieren (Abbildung 9.1).

Abbildung 9.1 Zwei parallele Leitungen in der Nähe der Autobahn A1 bei Kamen: links Höchstspannung, rechts Hochspannung. Die Höchstspannungsleitung führt unter anderem von einem Gaskraftwerk zu einem Stahlwerk.

Die Wahl fällt auf Wechselstrom, weil er sich leichter über größere Entfernungen übertragen lässt. Auch die Oberleitung von elektrischen Eisenbahnen besteht aus verdammt langen Strecken, die bevorzugt mit Wechselstrom versorgt werden. Lassen Sie uns etwas tiefer ins Detail gehen.

Wie Sie bereits wissen, ist die *Verlustleistung* in einem Stromleiter abhängig vom Widerstand R:

$$P = I \cdot U_{\text{Verlust}} = I^2 \cdot R$$

Mit anderen Worten: Der Verlust nimmt quadratisch zu mit der Stromstärke. Sie wollen aber möglichst geringe Ströme transportieren. Denn der Widerstand des Drahts ist wiederum von dessen Durchmesser abhängig (je höher, desto geringer). Um keine meterdicken Drähte aufhängen zu müssen, sollte der Strom daher reduziert werden. Das geht jedoch nur durch Erhöhung der Quellenspannung (nicht zu verwechseln mit der Verlustspannung).

Übliche Durchmesser von Höchstspannungsdrähten liegen im Bereich einiger Zentimeter. Oft wird als Material Aluminium verwendet, weil es im Vergleich zu Kupfer zwar eine etwas schlechtere Leitfähigkeit hat, aber auch eine geringere Dichte aufweist und billiger ist.

Da Sie inzwischen über die Funktionsweise des Transformators Bescheid wissen, genügt jetzt nur noch ein Hinweis, um die Nützlichkeit des Wechselstroms zu verstehen: Transformatoren erlauben es, Wechselstrom mit recht geringen Verlusten von einer Spannung in eine andere umzuwandeln. So kann eine Hochspannungsleitung (wie der Name schon sagt) Wechselspannung mit 110, 220 oder sogar 380 kV transportieren. Umspannungsanlagen machen daraus Niederspannung, die von Haushalten (400 V) oder Betrieben (10–20 kV) verarbeitet werden kann. Großindustrie (z. B. Hochöfen) erhalten freilich direkt Hochspannung geliefert, hingegen finden Sie zwischen Hochspannungsleitungen und Ansiedlungen häufig Trafohäuschen, die die angelieferte Hochspannung heruntertransformieren (Abbildung 9.2).

Abbildung 9.2 Dieses Schalthaus aus den 1920er-Jahren steht unter Denkmalschutz. Aufgabe: Mittelspannung (10–20 kV) in Niederspannung (400 V) transformieren.

In der Elektrizitätswirtschaft gibt es eine Faustformel, laut der der wirtschaftlich sinnvolle Transportweg in km der Nennspannung der Leitung in kV entspricht. Eine 110-kV-Leitung sollte also nicht länger als 110 km sein. Übrigens können Sie die verwendete Spannung an der Höhe der verwendeten Masten ablesen (Abbildung 9.3).

Sie können unterscheiden zwischen vier Spannungsebenen, die es in Deutschland gibt:

- Höchstspannung (Freileitungen aus Aluminium mit 220 und 380 kV, maximale Stromstärke 645 A)

- Hochspannung (Freileitungen aus Aluminium mit 10 bis 110 kV, maximale Stromstärke 645 A)
- Mittelspannung (meist Erdkabel, Ringnetz, 10 bis 20 kV, maximale Stromstärke 375 A)
- Niederspannung (meist Erdkabel, 230/400 V)

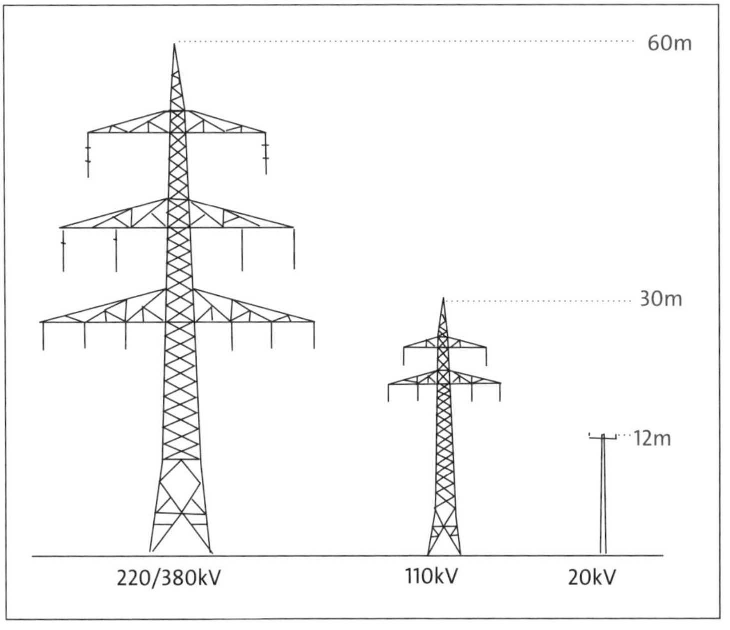

Abbildung 9.3 Schauen Sie sich in der Landschaft um, und Sie erkennen an der Größe der Masten die Spannung!

An den Übergabepunkten befinden sich Umspannwerke oder Transformatoren, die Sie in Form von unscheinbaren grauen Gebäuden sicher aus dem Stadtbild kennen.

Höchstspannung kann übrigens bei Spannungsspitzen zu *Koronaentladungen* führen, also zu einer Ionisierung der Luft, die man vor allem im Sommer leicht hören kann. Dabei treten erstens Entladungsverluste auf und zweitens ultraviolette Leuchterscheinungen. Manche Tiere können ultraviolettes Licht wahrnehmen, Menschen brauchen dafür technische Hilfsmittel.

Auch die Oberleitung der Deutschen Bahn führt Wechselspannung, und zwar 15 kV – aber mit einer Frequenz von 16 ⅔ Hz, nicht 50 Hz wie im restlichen Netz. Die Schienen bilden den Rückleiter und sind geerdet, sodass Mensch und Tier sie gefahrlos berühren können, ganz im Gegensatz zur Fahrleitung. Um Kriechströme durch Feuchtigkeit zu vermeiden, ist die Oberleitung an Keramikisolatoren befestigt, die durch eine Rippenstruktur einen besonders langen Weg für Kriechströme garantieren. Trotzdem können Sie an regnerischen

Tagen oft das charakteristische Summen der unerwünschten Leistungsverluste hören. Dabei handelt es sich um kleine Entladungen ionisierter Luft.

Trotz des hohen Aufwands für Aufbau und Betrieb ist elektrische Traktion in vielerlei Hinsicht vorteilhafter als Diesel oder gar Dampf. Deshalb wurden in Deutschland nach und nach fast 21.000 von insgesamt über 33.000 km Strecke mit Oberleitungen ausgestattet (Abbildung 9.4).

Abbildung 9.4 Oberleitungen in der Einfahrt zum Kölner Hbf.: ganz schön komplizierter Drahtverhau. Sie können übrigens in dieser Aufnahme in der Mitte gut erkennen, dass der Fahrdraht im Zickzack verlegt ist, um die Schleifstücke der Stromabnehmer gleichmäßig abzunutzen.

Straßenbahnen begnügen sich mit 500 bis 750 V Gleichspannung. Die Entfernungen sind kürzer, die geforderte Antriebsleistung niedriger – deshalb sind keine so hohen Leistungen zu übertragen.

Eine besondere Herausforderung für den elektrifizierten Eisenbahnbetrieb sind Berührungspunkte zwischen unterschiedlichen Stromsystemen. Während in früheren Zeiten vielerorts die Lok gewechselt werden musste (z. B. zwischen Deutschland und den Niederlanden, wo mit 1.500 V= gefahren wird), gab es ab den 1960er-Jahren Bemühungen, das zeitraubende Rangieren einzusparen und mit Mehrsystemloks die Grenzen zu überqueren. Solche Loks waren technisch aufwendig, weil sie den Motorstrom mit umschaltbaren Transformatoren oder Gleichrichtern selbst erzeugen mussten. Heutzutage fahren die meisten E-Loks mit Drehstrom, den sie mit *Umrichtern* aus fast jedem Oberleitungsstrom generieren. Details zu dieser Stromart finden Sie im nächsten Abschnitt. Der Hauptaufwand bei Fahrzeugen, die grenzüberschreitend verkehren, kommt heute übrigens eher durch unterschiedliche Sicherheitssysteme zustande, die alle unterstützt werden müssen. Für welche Länder eine Lokomotive zugelassen ist, können Sie übrigens nachlesen: Die zugehörigen Länderkürzel stehen in einem kleinen Raster am Seitenrahmen.

Beispiel: Vom Kraftwerk zur Steckdose

Sie können den Weg des Stroms vom nächstgelegenen Kraftwerk bis zu Ihrem Wohnort verfolgen. Zumindest *könnte* Ihr Strom diesen Weg nehmen, genau wissen können Sie es natürlich nicht. Sie finden unter *https://www.flosm.org/de/Stromnetz.html* eine interaktive Karte, die Energieinfrastruktur wie Kraftwerke (einschließlich Leistung), Umspannstationen, Hoch- und Höchstspannungsleitungen, ja sogar einzelne Masten zeigt (Abbildung 9.5).

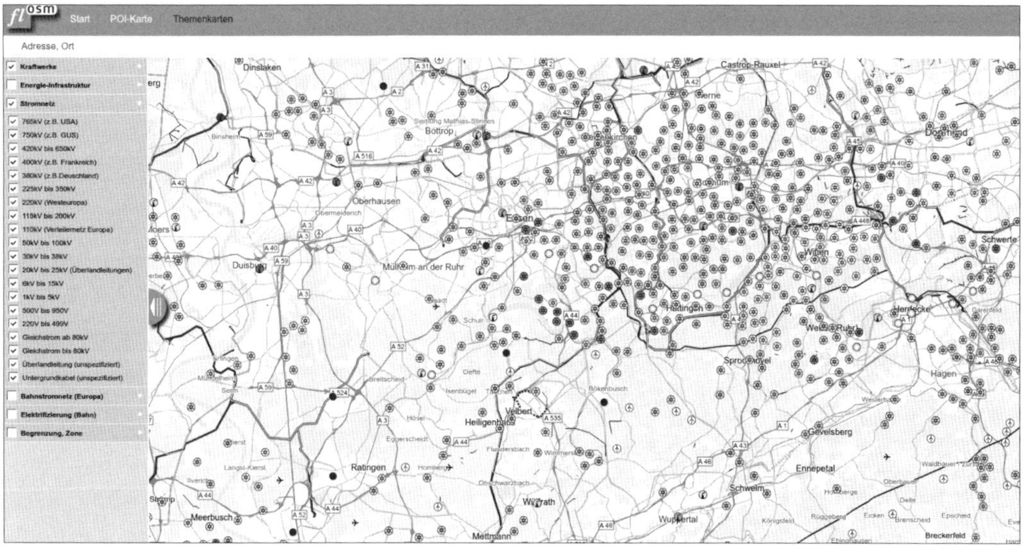

Abbildung 9.5 Stromnetze im Rhein-Ruhr-Gebiet: Deutlich können Sie sehen, dass es inzwischen mehr Solarkraftwerke (Sonnensymbole) gibt, als es je Steinkohlekraftwerke gab.

Auf der Karte sind Leitungen und andere Infrastruktur in unterschiedlichen Farben dargestellt. Versuchen Sie rückwärts, die Ihnen nächstgelegene Niederspannungsschaltstation zu identifizieren und von wo diese mit Hochspannung versorgt wird – und welche Kraftwerke damit verbunden sein könnten.

Übrigens: Wussten Sie, dass viele große Umspannwerke einen Bahnanschluss haben (und deshalb direkt neben Bahnstrecken erbaut wurden), weil die riesigen Transformatoren am besten über den Schienenweg geliefert werden können?

9.2 Drehstrom

Ihr Wohnhaus wird höchstwahrscheinlich mit 400 V *Drehstrom* versorgt. Was hat es damit auf sich?

Drehstrom benötigt drei Leitungen, die jeweils eine um 120° verschobene *Phase* führen, die wegen der Phasenverschiebung zwischen je zwei Leitungen eine Amplitude von 400 V ergeben (Abbildung 9.6).

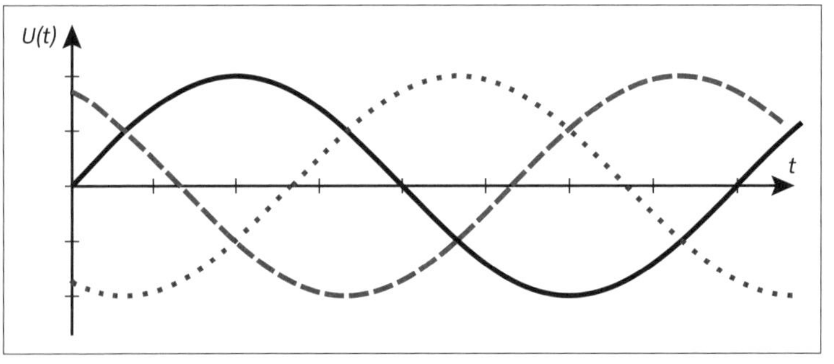

Abbildung 9.6 Der Phasenverlauf beim Drehstrom ist um je 120° gegeneinander verschoben.

Wenn Sie diese drei Phasenleitungen und einen Nullleiter betrachten, ergibt sich eine *Sternschaltung* (Abbildung 9.7).

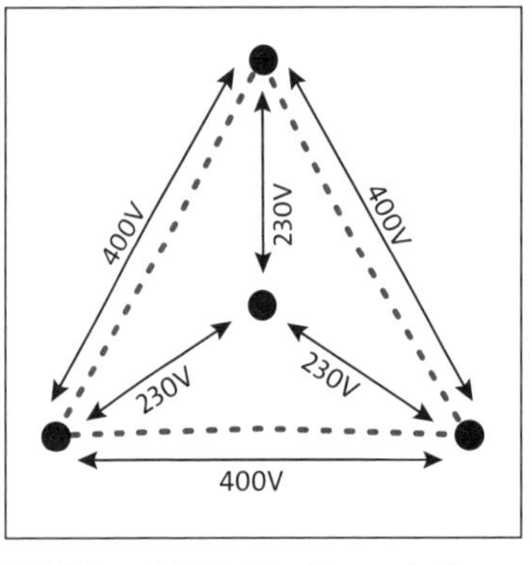

Abbildung 9.7 Bei der Sternschaltung gibt es drei Phasenleiter und einen Nullleiter. Somit ergeben sich Spannungswerte von 230 bzw. 400 V.

Die Effektivwerte der phasenverschobenen Spannungen zwischen je einem Außenleiter und dem Nullleiter ergeben eine verkettete Spannung von 230 V. Diese berechnet sich durch den Verkettungsfaktor, der sich aus der zeitlichen Verschiebung gegeneinander ergibt wie folgt:

$$230\ \text{V} \cdot \sqrt{3} = 400\ \text{V}$$

Mit Drehstrom lassen sich übrigens besonders einfach Motoren betreiben; darauf komme ich in Kapitel 10, »In Bewegung: Motoren und Generatoren«, zurück. In Haushalten sind meist nur E-Herd und Durchlauferhitzer mit der Drehstromversorgung verbunden, im Volksmund oft »Starkstrom« genannt. Lampen und Wandsteckdosen sind mit einem Außenleiter und dem Nullleiter verbunden. Üblicherweise sind nicht alle Ihre Steckdosen mit dem gleichen Außenleiter verbunden, sondern mit verschiedenen. Das führt zu einer gleichmäßigen Belastung – und zu einem möglichst geringen Strom über den gemeinsamen Rückleiter.

9.3 Netzbrummen und andere Störungen

Wussten Sie, dass Sie in Ihrer Wohnung von einer unsichtbaren Note g beschwingt werden? Die Rede ist natürlich vom *Netzbrummen* mit einer Frequenz von 50 Hz (die Note g1 entspricht 49 Hz). Die Frequenz des Wechselstromnetzes gibt über Steckdosen oder andere Kontakte elektromagnetische Wellen ab, die die ganze Umgebung fluten. Sie können das leicht überprüfen.

Verbinden Sie ein Ende eines Voltmeters mit dem Erdanschluss einer Steckdose (die silberne Klemme, die herausschaut – stecken Sie den Messfühler *nicht* in eine der beiden Öffnungen!) und nehmen Sie den anderen Anschluss in die Hand. Je nach Stärke des elektromagnetischen Felds empfangen Sie als menschliche »Antenne« eine induzierte Spannung von ein bis zwei Volt (Abbildung 9.8).

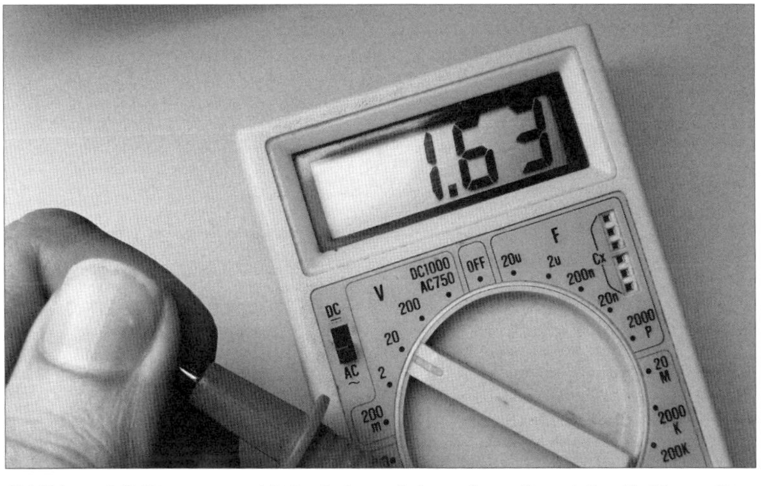

Abbildung 9.8 Diese menschliche Antenne ist von dermaßen vielen Elektrogeräten umgeben, dass man damit sicher schon die eine oder andere Schaltung betreiben könnte. Denken Sie bei der Messung daran, das Multimeter auf Wechselspannung (AC) zu stellen!

Wenn Sie ein Oszilloskop besitzen, können Sie die Netzspannung sogar sehen, die in Ihrem Körper induziert wird (Abbildung 9.9).

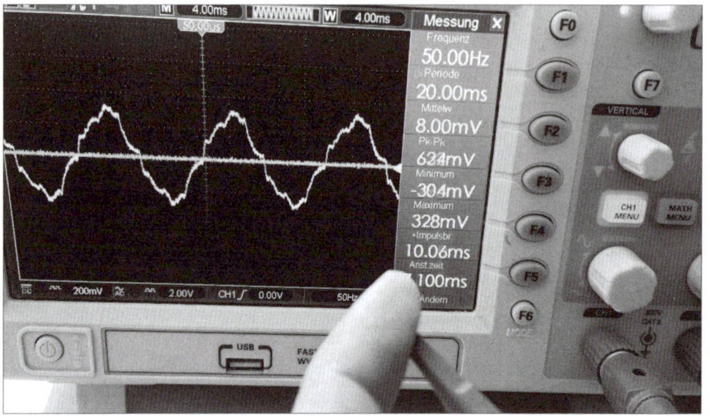

Abbildung 9.9 Die menschliche Antenne und andere unbekannte Störungen verformen den induzierten Sinus zu einem schroffen Gebirge. Laut Oszilloskop beträgt die Spannungsdifferenz zwischen Minimum und Maximum etwa 0,6 V, die Frequenz wenig überraschend exakt 50 Hz.

Das akustische Netzbrummen kann nicht so schön abgedruckt werden, ist aber ebenso leicht reproduzierbar. Sie müssen nur einen Finger an den Eingang eines Audioverstärkers halten.

Besonders tückisch sind im Audiobereich *Brummschleifen*. Diese kommen beispielsweise zustande, wenn zwei Geräte über einen Masseanschluss kreisförmig miteinander verbunden sind oder wenn bei nicht ordnungsgemäßer Erdung Spannungsunterschiede entstehen. Ein typischer Fall ist ein PC, der über ein Audiokabel an einen Audioverstärker angeschlossen ist (Abbildung 9.10).

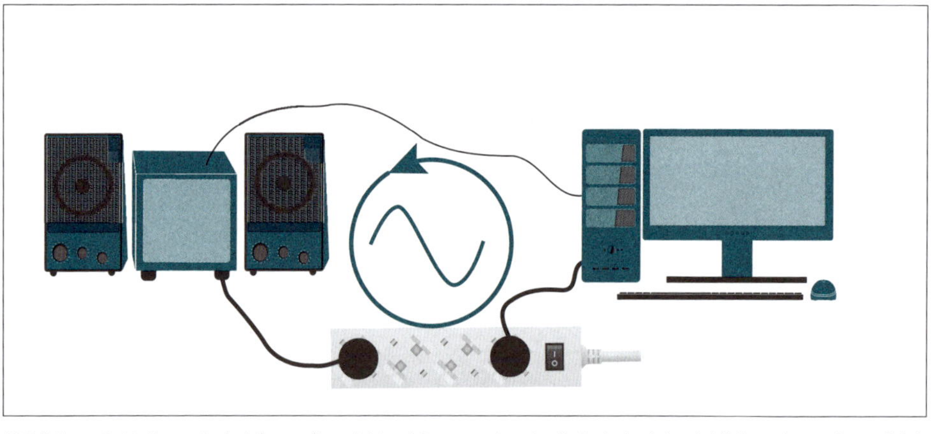

Abbildung 9.10 Stromkabel (unten) und Abschirmung des Audiokabels (oben) bilden eine Leiterschleife, über die wegen unterschiedlicher Erdung ein Ausgleichsstrom mit einer Frequenz von 50 Hz fließt.

Auch Induktionseffekte sind denkbar. Sie können in solchen Fällen versuchen, die Fläche der Schleife zu verkleinern. Nachhaltig Abhilfe schaffen Audiokabel mit galvanischer Trennung.

Nicht zu verwechseln ist das Netzbrummen übrigens mit den Geräuschen, die Leistungstransformatoren von sich geben, wie sie beispielsweise in älteren Haushaltsgeräten oder Modellbahntrafos verbaut sind. Diese werden verursacht durch Deformation des ferromagnetischen Kerns – und haben eine Frequenz von 100 Hz, weil jede Halbschwingung eine solche Deformation verursacht. Der Ton ist etwa eine Oktave höher, also g2 (98 Hz) – Sie wissen vielleicht aus der Musiktheorie, dass eine Oktave einer Verdopplung der Frequenz entspricht.

Wieder andere Geräusche geben Dimmer oder Treiberschaltungen von manchen mehrfarbigen LED-Lampen von sich. Das hat mit deren gepulster Ansteuerung zu tun: Um die gewünschte Helligkeit zu erreichen, schickt die Steuerung kürzere oder längere Pulse an die LED. Bei manchen verwendeten Bauteilen kann dabei ein scharfes Surren hörbar werden, dessen Frequenz im kHz-Bereich liegt. Ganz ähnlich wird übrigens auch die Drehzahl von Motoren gesteuert – aber das ist ein Thema für das nächste Kapitel.

9.4 AC/DC

Aus der Steckdose kommt also Wechselstrom, aber ein Smartphone (um nur ein Beispiel zu nennen) braucht zum Aufladen natürlich Gleichstrom. Bereits in Abschnitt 4.4 über die *Diode* hatte ich Ihnen die *Brückengleichrichterschaltung* vorgestellt.

Ohne weitere Maßnahmen erzeugt diese Schaltung aus Wechselspannung eine gepulste Gleichspannung. Bauen Sie die Schaltung mit LTspice einmal nach und schauen Sie sich das Ausgangssignal an (Abbildung 9.11).

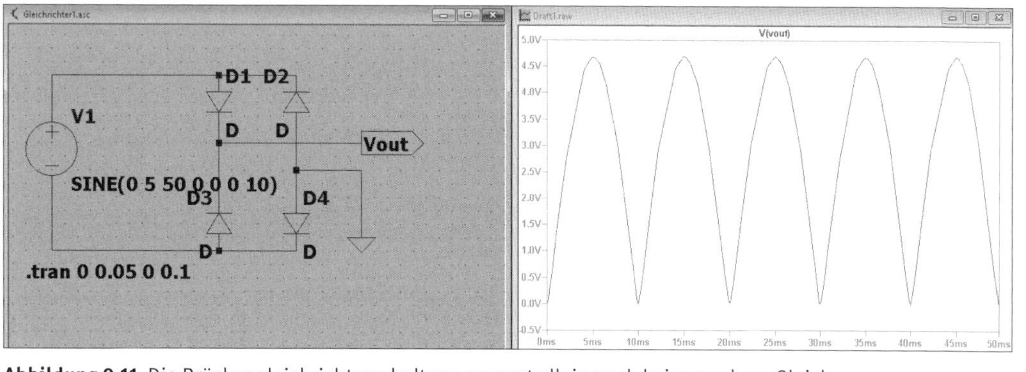

Abbildung 9.11 Die Brückengleichrichterschaltung erzeugt allein noch keine saubere Gleichspannung.

Um eine konstante Gleichspannung zu erzeugen, fehlt noch ein parallel geschalteter *Glättungskondensator*. Bei steigendem Sinus lädt er sich auf, bei fallendem gibt er seine Ladung ab, sodass er im Endeffekt die Spannung glättet. Lassen Sie uns ausrechnen, welche Kapazität der Kondensator haben muss.

Die Ausgangsspannung des Brückengleichrichters entspricht der Spitzenspannung des Eingangssinus abzüglich des Spannungsabfalls über den Dioden. Diesen Effekt können Sie in LTspice erkennen, wenn Sie sich die Spitzen der »umgeklappten« Sinusfunktion anschauen, der Abfall beträgt hier etwa 0,3 V.

Wichtig für eine möglichst konstante Gleichspannung am Ausgang ist, dass die Welligkeit (*Ripple*) möglichst gering ist. Dieser Wert wird angegeben als Prozentzahl bzw. Anteil der Ausgangsspannung. Für die Kapazität des Glättungskondensators können Sie nun folgende Formel zurate ziehen:

$$C = \frac{I_{\text{lade}} \cdot \Delta t}{V_{\text{ripple}}}$$

Dabei kommt der Ladestrom I_{out} ins Spiel, von dem es abhängt, wie schnell der Kondensator bei der steigenden Flanke aufgeladen wird. Außerdem finden Sie in der Gleichung die Zeit; das ist die halbe Periodendauer, bei Netzfrequenz 50 Hz also 0,01 s.

Für dieses Beispiel nehmen wir einfach mal einen 0,1-Ampere-Ladestrom an und eine zulässige Welligkeit von 10 %. Dann ergibt sich V_{ripple} = 0,1 · 4,7 V = 0,47 V:

$$C = \frac{0{,}1\,\text{A} \cdot 0{,}01\,\text{s}}{0{,}47\,\text{V}} \approx 2100\,\mu\text{F}$$

Im Handel leicht erhältlich sind Kondensatoren mit einer Kapazität von 2.200 µF. Bauen Sie einen solchen Kondensator in die Schaltung ein und testen Sie anschließend das Ergebnis (Abbildung 9.12)!

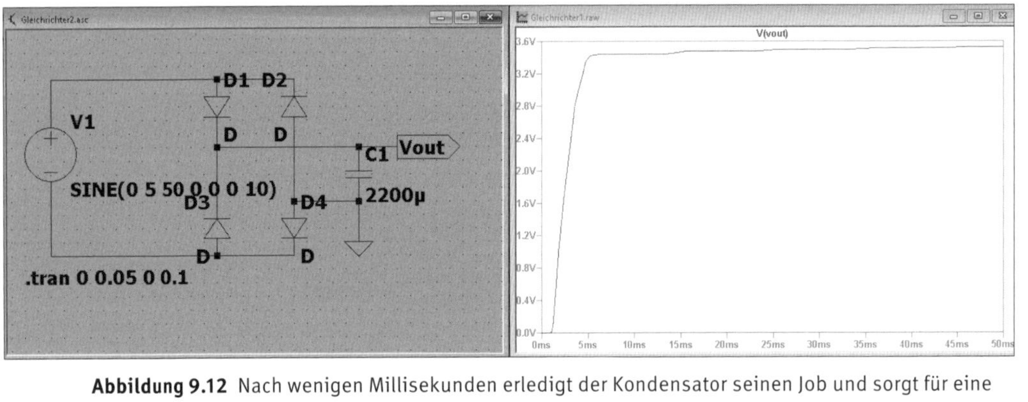

Abbildung 9.12 Nach wenigen Millisekunden erledigt der Kondensator seinen Job und sorgt für eine konstante Ausgangsspannung.

Wie Sie sehen, dauert es einen Moment, bis die volle Spannung erreicht ist, weil der Kondensator von den ersten Wellen noch nicht ganz aufgeladen wird.

Beachten Sie bei der Auswahl des Kondensators unbedingt dessen Spannungsfestigkeit. Da Kondensatoren zu den Bauteilen mit eher kürzerer Lebensdauer gehören, kann eine zu knappe Kalkulation hier von Nachteil sein. Nicht umsonst sind es oft die Kondensatoren, die für den Ausfall von Netzteilen oder anderen Geräten verantwortlich sind.

9.5 DC/AC

Es gibt einige Gelegenheiten, bei denen Wechselstrom aus Gleichstrom erzeugt werden muss. Im Folgenden einige Beispiele:

- *Notstromaggregate* und *unterbrechungsfreie Stromversorgungen* (USV) werden verwendet zum Betrieb von üblichen Wechselstromgeräten an einem Akku während eines Stromausfalls.
- *Über Solarzellen aufladbare Akkus* für den Betrieb von Wechselstromgeräten an Orten mit mehr Sonne als Steckdosen, z. B. beim Camping in der Wüste oder auf einer Yacht mitten auf dem Meer (Abbildung 9.13).

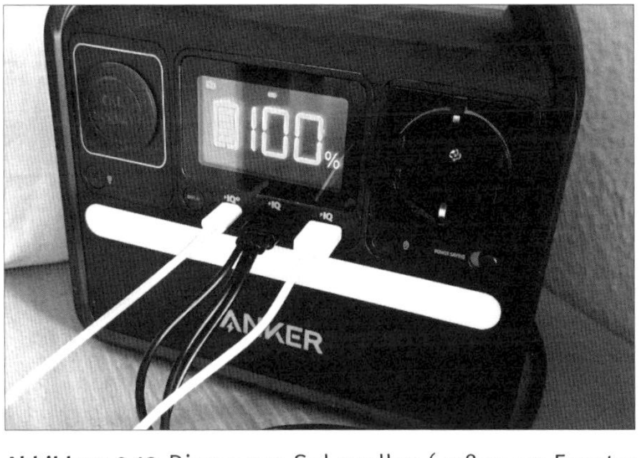

Abbildung 9.13 Dieser von Solarzellen (außen am Fenster, daher nicht im Bild) versorgte Akku ist aktuell vollständig geladen. Neben diversen USB-Ladekabeln lässt sich ein handelsübliches Elektrogerät einstöpseln und per Wechselrichter mit 230 V versorgen.

- *Einspeisung von Solarstrom ins Hausnetz* (z. B. Balkonkraftwerke)
- *Mehrsystemlokomotiven* mit Wechselstrommotoren unter Gleichstromoberleitung

Notstromaggregate oder Solarakkus besitzen keine Verbindung zum sonstigen Stromnetz, es handelt sich um *Inselwechselrichter*, man nennt sie auch *selbstgeführt*.

Interessant ist dabei, dass einige dieser Geräte gar keinen sinusförmigen Spannungsverlauf erzeugen, weil das technisch vergleichsweise aufwendig ist. Häufig ist ein Rechtecksignal mit mehr oder weniger steilen Kanten anzutreffen. Da die meisten anzuschließenden Geräte dahin gehend unempfindlich sind, lohnt sich mehr Aufwand nur, wenn unbedingt notwendig.

Technisch basiert so ein selbstgeführter Wechselrichter auf *Multivibrator*-Schaltungen mit Transistoren, die Sie bereits kennen. Allerdings verwendet man heutzutage wegen der höheren Leistungsfähigkeit Bipolartransistoren mit isolierter Gate-Elektrode (*Insulated-Gate Bipolar Transistor*, IGBT). Außerdem muss die Schaltung abwechselnd positive und negative Pulse erzeugen, nicht Pulse und Pausen. Dazu kann die Spannung um einen Mittelanschluss herum symmetrisch erzeugt werden. In der hier vorgestellten LTspice-Schaltung (Abbildung 9.14) sind zwei Spulen stellvertretend für eine Transformatorwicklung eingezeichnet.

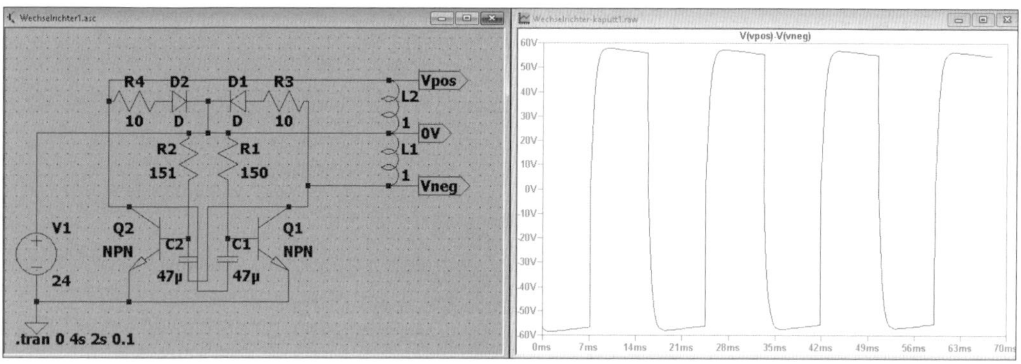

Abbildung 9.14 Diese Abwandlung des astabilen Multivibrators erzeugt ein Wechselsignal, das freilich keine Sinusform hat. Lassen Sie LTspice Vpos-Vneg plotten (»Plot Settings • Add Trace«, dort »Vpos-Vneg« eintippen), um das Signal zu sehen. Beachten Sie, dass diese Simulation recht lange läuft.

Die Sekundärwicklung würde die Spannung dann auf die meist gewünschten 230 V herauftransformieren. Mit den verwendeten Bauteilen produziert unser einfacher Wechselrichter annähernd eine Frequenz von 50 Hz, allerdings nicht in Sinusform.

Etwas komplizierter (und daher hier nicht dargestellt) funktionieren *netzgeführte Wechselrichter*. Das sind Geräte, die beispielsweise eine Balkonsolaranlage mit dem heimischen Stromnetz verbinden. Sie müssen sich gewissermaßen mit der offiziellen Sinuskurve synchronisieren, um Strom einspeisen zu können, und sind dementsprechend aufwendiger. Wie diese Geräte genau funktionieren, erfahren Sie in Ihrem Studium unter dem Oberthema »Leistungselektronik« – den Rahmen dieses Buchs übersteigt das bei Weitem.

Bis dahin haben Sie genügend Zeit für die folgenden ...

9.6 Entspannungsübungen

Aufgabe 1

Berechnen Sie die maximale Leistung, die Höchstspannungsleitungen, Hochspannungsleitungen und Mittelspannungsleitungen übertragen können.

Aufgabe 2

Sie entdecken in einem abgestürzten außerirdischen Raumschiff eine geheimnisvolle Batterie mit der Aufschrift »perpetuum mobile xxl«, aber Ihr Handyakku ist leer, sodass Sie leider kein Beweisfoto schießen können. Laut einer zweiten Aufschrift erzeugt das sonderbare Ding 8,7 V Wechselspannung mit 42 Hz. Vier Dioden haben Sie selbstverständlich immer dabei, aber auch einen passenden Glättungskondensator, um Ihr Handy mit Gleichspannung zu laden? Was für einen Kondensator benötigen Sie, wenn der Ladestrom 0,5 A betragen sollte und die Welligkeit 20 % betragen darf?

9.7 Lösungen

Aufgabe 1

Für Höchstspannungsleitungen, Hochspannungsleitungen und Mittelspannungsleitungen erfahren Sie aus dem Buchtext Nennspannungen und maximale Stromstärken. Daraus lässt sich die maximal übertragbare elektrische Leistung abschätzen:

Leitung	Höchstspannung	Maximaler Strom	Höchstleistung
Höchstspannung	380 kV	645 A	245 MW
Hochspannung	110 kV	645 A	71 MW
Mittelspannung	20 kV	375 A	7,5 MW

An den jeweils geringer werdenden Werten ist leicht erkennbar, warum Stromnetze tendenziell eine Baumstruktur haben: wenige Höchstspannungsleitungen, von denen einige Hochspannungsleitungen abzweigen – und so weiter.

Aufgabe 2

Die Formel für den Glättungskondensator kennen Sie aus Abschnitt 9.4:

$$C = \frac{I_{\text{lade}} \cdot \Delta t}{V_{\text{ripple}}}$$

Die Zeit Δt ist die halbe Periodendauer, das ist bei 42 Hz ungefähr 0,012 s. Die Ripple-Spannung liegt bei 20 % von 8,7 V minus 0,5 V Diodendurchgangsspannung, also 1,64 V. Setzen Sie die Werte ein, erhalten Sie eine Kapazität von 3,7 mF oder 3.700 µF. Hoffentlich haben Sie den passenden Kondensator griffbereit!

Kapitel 10

In Bewegung: Motoren und Generatoren

Ihr Türöffner ist nicht die einzige Möglichkeit, elektromagnetische Felder in der Praxis anzuwenden. Dieses Kapitel zeigt Ihnen, wie man aus Strom Bewegung macht – und umgekehrt.

10.1 Motor ist nicht gleich Motor

Wie funktioniert eigentlich ein *Elektromotor*? Gibt es nur eine Sorte? Benötigen die Motoren Wechsel- oder Gleichstrom? Geht es auch ohne die Reibung verursachenden und Funken sprühenden Bürsten? Und was ist, wenn sich ein Motor mit einer ganz bestimmten Geschwindigkeit drehen soll – oder auch mal in die andere Richtung?

Bereits kurz gezeigt hatte ich Ihnen einen relativ einfach gebauten *Gleichstrommotor* mit *Bürsten* und *Kollektor*. Solche Motoren finden Sie oft im Niederspannungsbereich, häufig anzutreffende Beispiele dafür sind Spielzeug und Modelleisenbahnen (Abbildung 10.1).

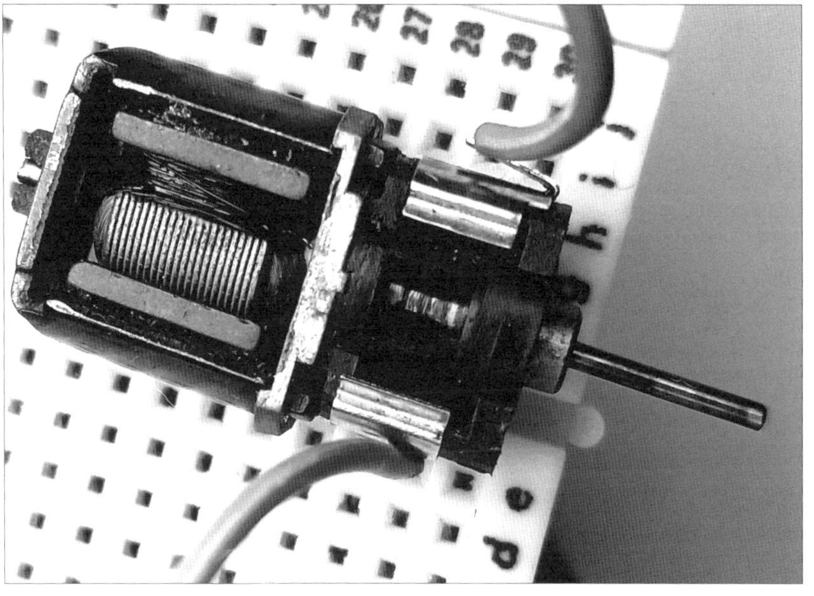

Abbildung 10.1 Dieser wenige Zentimeter messende Gleichstrommotor mit dreipoligem Anker und Permanentmagnet (Stator) stammt aus einer Modellbahnlok im Maßstab 1:160. Deutlich erkennbar ist der Abrieb der Kohlebürsten am Kollektor (Bildmitte).

Motoren dieser Bauform nennt man *permanenterregt*, weil das Magnetfeld von Permanentmagneten erzeugt wird. Das spart zusätzliche Erregerspulen ein, allerdings sind größere Magnete teuer, weswegen Motoren dieser Art eher in kleinen Geräten zum Einsatz kommen, wo nicht viel Leistung gefragt ist. Das bedeutet gleichzeitig, dass das äußere Magnetfeld nicht gesteuert werden kann – die Ankerspulen müssen ihre Ruheposition in einem Energieminimum daher zunächst überwinden, bevor sie sich in Bewegung setzen. Sie können diese *magnetische Rastung* spüren, wenn Sie versuchen, den Motor an der Achse zu verdrehen.

Wenn die Bürsten an eine passende Spannung angeschlossen werden, wirkt der Motor als *Kommutator*. Damit bezeichnet man Stromwender, die Maschinen elektrisch umpolen. Die Spulenwicklungen des Ankers sind so mit dem Kollektor verbunden, dass bei einer gewissen Drehung des Rotors genau jene Magnetspule aktiv wird, deren Feld die Achse ein Stück weiterdreht (Abbildung 10.2).

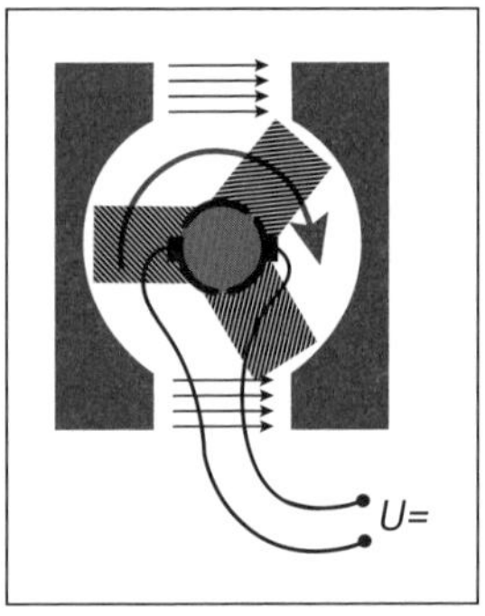

Abbildung 10.2 Im Kommutatormotor ist das Magnetfeld statisch, und der Anker dreht sich, weil er (bei dreipoligem Anker) nach einer Dritteldrehung umgepolt wird.

Je höher die Spannung, umso mehr Kraft dreht den Motor in die nächste Position, wobei wieder zur nächsten Ankerspule umgeschaltet wird – letztlich steigt die Drehgeschwindigkeit also mit der Versorgungsspannung.

Natürlich laufen Kommutatormotoren nur mit Gleichstrom, weil Wechselstrom den Anker lediglich zu einer schnellen Hin-und-her-Bewegung veranlassen würde. Bei einer Frequenz von 50 Hz würden Sie vom Motor nur ein Summen bekommen, aber ganz sicher keine Drehbewegung. Die Drehrichtung hängt nämlich von der Stromrichtung ab. Um den Motor wahlweise in beide Richtungen laufen lassen zu können, benötigen Sie einen *Polwendeschalter* (Abbildung 10.3).

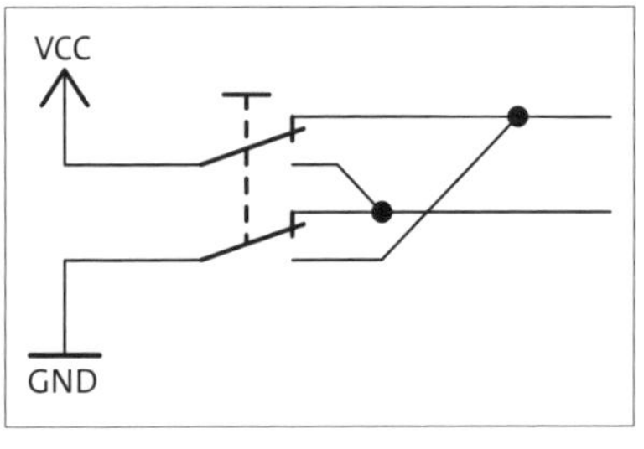

Abbildung 10.3 Ein zweipoliger Umschalter kann als Polwendeschalter dienen und die Laufrichtung steuern. Der Motor wird dann rechts angeschlossen.

Solche Motoren sind einfach und billig herzustellen, aber sie haben einen hohen Anfahrstrom, und die Drehzahl ist schwierig zu regeln, vor allem bei niedrigen Geschwindigkeiten, weil der Anker dann dazu tendiert, in einer ihm genehmen Position festzuhängen. Je weniger Ankerpole ein Motor besitzt, umso deutlicher fällt dieser Effekt aus. Bei nur zwei Polen ist es sogar notwendig, den Motor manuell zu drehen, bevor er von allein läuft.

Zusätzlich verursachen die Bürsten, die den Strom zum Kollektor auf der Achse und damit zu den Ankerwicklungen befördern, mechanische *Reibung*. Bei den oft aus Grafit gefertigten Bürsten handelt es sich um Verschleißteile, die irgendwann ausgetauscht werden müssen. Bei langem Dauereinsatz kann sich Grafit an den Kollektorkontakten sammeln und Kriechstrom verursachen. Bei harten Bürsten kann sogar der Kollektor einer Abnutzung unterliegen und irgendwann unbrauchbar werden. Das alles geht mit durch die Gegend fliegendem Abriebstaub einher – sämtlich Dinge, die beim Wartungspersonal auf wenig Begeisterung stoßen. Lassen Sie uns also nach Alternativen suchen!

Eine *Reihenschlussmaschine* verfügt über ein elektrisches Erregerfeld, das mit dem Anker in Reihe geschaltet ist. Das bedeutet nicht nur, dass die Achse beim Anlaufen keine nennenswerte Kraft spürt, die sie an Ort und Stelle festhalten will, es heißt auch, dass solche Motoren mit Wechselspannung betrieben werden können. Denn das Erregerfeld polt sich dann gleichzeitig mit der gerade aktiven Ankerwicklung um, sodass die Drehbewegung letztlich konstant in die gleiche Richtung stattfindet (Abbildung 10.4).

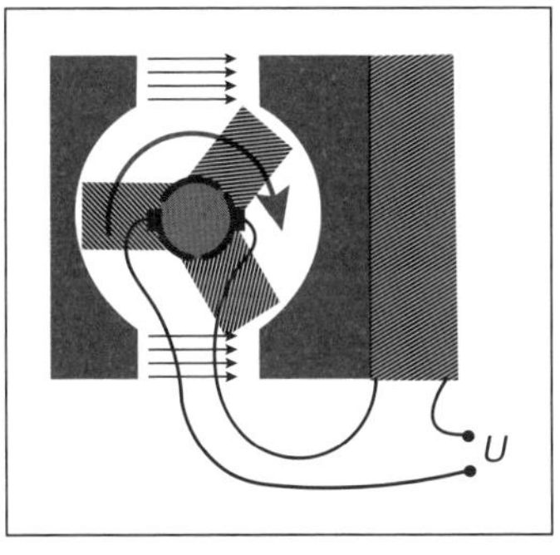

Abbildung 10.4 Beim Reihenschlussmotor sind Anker und Erregerspule in Reihe geschaltet.

Es ist gleichzeitig in manchen Anwendungsfällen ein Problem, dass der Motor immer nur in eine Richtung läuft. Um die Drehrichtung steuern zu können, brauchen Sie zwei entgegengesetzte Erregerwicklungen, die Sie wahlweise ansteuern. So funktionieren beispielsweise Modelllokomotiven im klassischen Dreileiter-Wechselstromsystem eines bekannten deutschen Herstellers.

Wegen des Wechselfelds erzeugen Reihenschlussmotoren *Wirbelströme* in den Spulenkernen. Deshalb werden üblicherweise keine einteiligen Kerne verwendet, sondern geschichtete Bleche. Im Gegensatz zum permanterregten Motor entfällt der Bedarf, große Magnete einzubauen, sodass Reihenschlussmotoren nicht nur in manchen Modelleisenbahnen stecken, sondern auch im großen Vorbild.

Übrigens kann man mit einem Reihenschlussmotor auch bremsen: wenn Erreger- und Ankerfelder gegensätzlich gepolt werden. Genau das tun beispielsweise Straßenbahnen, die mit einem solchen Antrieb ausgestattet sind.

Bei geringer Drehzahl ist die Gegeninduktionsspannung in der Ankerwicklung gering. Daher fließt ein großer Strom durch die Ankerwicklung, und eine große Kraft wird freigesetzt (bzw. ein großes *Drehmoment*). Allerdings sinkt das Drehmoment bei steigender Drehzahl aus dem gleichen Grund. Dieses Verhalten ist vor allem dort willkommen, wo beim Anfahren eine besonders große Kraft gewünscht ist, also etwa bei Lokomotiven oder Straßenbahnen. Der hohe Anfahrstrom bedeutet allerdings auch, dass eine Regelung des Stroms zum Motor erforderlich ist: Sie können nicht beim Anfahren die volle Spannung anlegen (z. B. 15 kV bei deutscher Oberleitung). Der hohe Strom würde die Wicklungen stark erhitzen und zum Schmelzen bringen – dementsprechend fliegt vorher die Sicherung raus. Das können Sie sogar selbst ausprobieren, wenn Sie mit einem Zugsimulator-Game bei einer älteren E-Lok aus dem Stand die Leistung voll aufdrehen.

Deshalb ist es notwendig, die Versorgungsspannung nach und nach aufzuschalten. Die naheliegende Idee, einfach ein paar unterschiedliche Widerstände oder ein Potenziometer in Reihe zu schalten, scheitert an den hohen Strömen, die diese dann aushalten müssten. Selbst wenn Sie entsprechend massive Widerstände dafür verwenden (was bei manchen Bahnfahrzeugen im letzten Jahrhundert tatsächlich so geschah), werden diese sehr heiß und verschwenden elektrische Energie. Etwas besser sieht die Sache aus, wenn Sie einen einstellbaren *Spannungsregler* verwenden, daher möchte ich Ihnen eine Beispielschaltung zeigen, die sehr oft zum Einsatz kommt.

Beispiel: Einstellbare Spannungsregler

Spannungsregler sind kleine, integrierte Schaltungen, die aus einer (etwas höheren) Versorgungsspannung entweder eine konstante Spannung erzeugen oder, wie hier benötigt, eine einstellbare – und zwar unabhängig von der angeschlossenen Last (Abbildung 10.5).

Die gewünschte Ausgangsspannung lässt sich über den Spannungsteiler am Eingang des Bauteils mit einem Potenziometer stufenlos einstellen.

Die üblicherweise in Schaltungen wie diesen verwendeten Bauteile hören beispielsweise auf den Namen *LM317* und sind (je nach Nennleistung) preiswert von verschiedenen Herstellern erhältlich. Ein LM317 für 1,5 A Ausgangsstrom und eine maximale Eingangsspannung von 40 V kostet nicht viel mehr als einen halben Euro. Achten müssen Sie auf eine Wärmeableitung, denn irgendwo muss die Verlustleistung ja hin. Wenn Sie die Ausgangsspannung auf 0 V stellen, muss die Eingangsspannung am (hohen) inneren Widerstand abfallen, und bei höheren Spannungen fließt der Laststrom durch die Schaltung. Das Gehäuse des IC muss also physikalisch mit einem Kühlkörper verbunden werden. In der Beispielschaltung (Abbildung 10.6) konnte ich darauf verzichten, weil der angeschlossene kleine Modellmotor im Leerlauf bei kurzzeitigem Betrieb nur sehr kleine Ströme zieht.

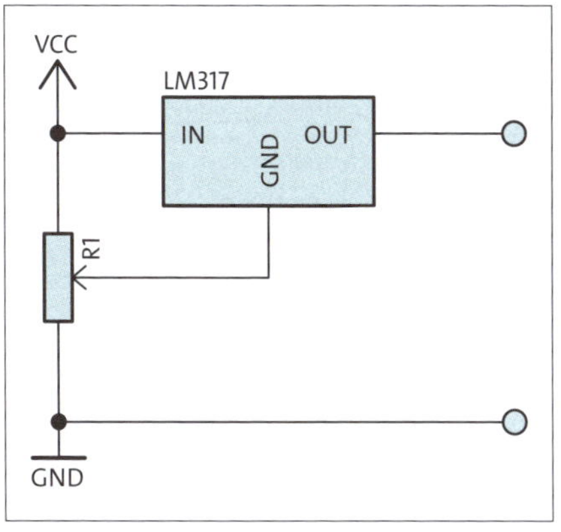

Abbildung 10.5 Der Schaltplan für den einstellbaren Spannungsregler vom Typ LM317 ist denkbar einfach.

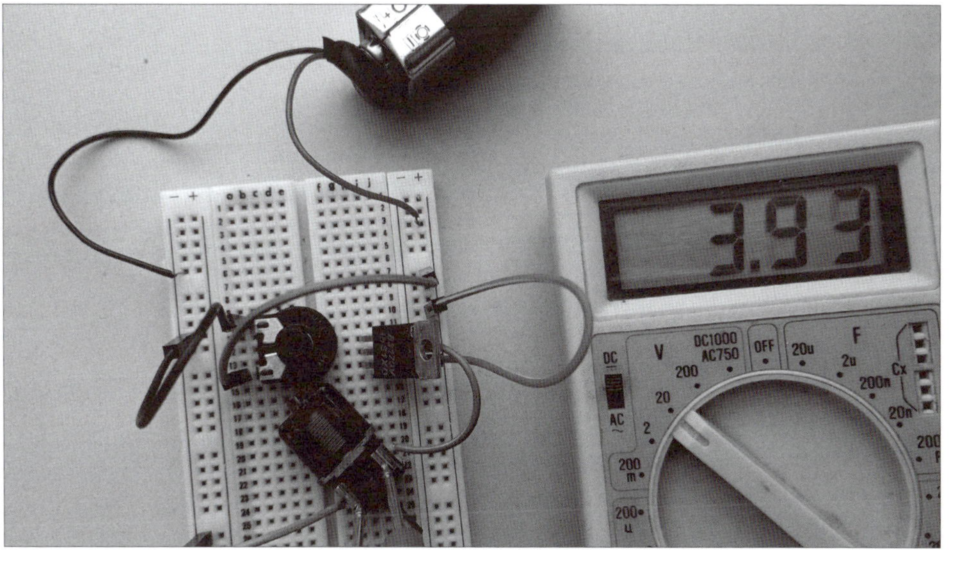

Abbildung 10.6 Der Beispielaufbau auf der Steckplatine könnte prima die einstellbare Motorspannung illustrieren, wenn dieses Buch animierte Bilder unterstützen würde. So müssen Sie mit einem Standbild vorliebnehmen.

In dem *TO-220-Gehäuse* vereint sind ein Leistungstransistor und eine Regelschaltung, die Soll- und Ist-Spannung abgleicht und den Transistor entsprechend ansteuert. Beachten Sie unbedingt, dass die Anschlüsse am Gehäuse nicht die gleiche Reihenfolge haben wie beim

Schaltzeichen: Von links nach rechts müssen Sie den Mittelabgriff des Potenziometers, die Ausgangs- und die Eingangsspannung verbinden.

Festspannungsregler (Typenbezeichnung meist 78xx, wobei statt xx die genaue Spannung steht) kommen unter anderem in Netzteilen oder PCs vor, wo sie die CPU konstant mit der benötigten Spannung versorgen. Die meisten Spannungsregler besitzen intern eine Schutzschaltung, die bei zu hohen Temperaturen oder Strömen (z. B. Kurzschluss am Ausgang) die Schaltung stromlos macht und somit schützt. Zur Stabilisierung schließt man üblicherweise noch einen Kondensator parallel zum Ausgang an – der Übersicht halber habe ich bei meinem einfachen Beispielaufbau darauf verzichtet.

Beispiel: Regelung mit PWM

Effizienter als eine Spannungsregelung ist eine *Pulsweitenmodulation* (*PWM*). Dabei wird der Ausgang in einem schnellen, einstellbaren Rhythmus (*Duty Cycle*) ein- und ausgeschaltet. Der Vorteil ist, dass die überschüssige Energie nicht als Wärme verloren geht, weil bei einer kompletten Abschaltung über eine hochohmige Strecke so gut wie kein Strom fließt. Wenn Sie einen Motor an einen PWM-Ausgang mit hinreichend hoher Frequenz anschließen, können Sie über das Verhältnis zwischen den Längen der Ein- und Ausgeschaltet-Phasen die Drehzahl bestimmen, denn durch die mechanische Trägheit bleibt der Motor beim extrem kurzzeitigen Ausschalten ja nicht stehen.

Gerade für digitale Schaltungen ist eine PWM eine einfache Übung, weil es nur zwei Zustände gibt, nämlich an und aus. Deshalb besitzen viele *Mikrocontroller* wie der *Arduino* oder Einplatinencomputer wie der *Raspberry Pi* eingebaute PWM-Schaltungen, die sehr leicht via Code angesprochen werden können. Der einzige Haken an der Sache: Der Ausgangsstrom eines Mikrocontrollers genügt bei Weitem nicht, um einen Motor anzusteuern. Sie müssen daher noch einen Transistor (oder *Leistungstransistor* bzw. *MOSFET*, siehe Kasten) dahinterschalten. Motoren mit Permanenterregung profitieren besonders von der PWM-Ansteuerung, weil der volle Spannungspuls auch bei kurzem Duty Cycle hilft, das stationäre Erregerfeld zu überwinden, während kleine, konstante Spannungen nicht genügen, um den Motor in Bewegung zu setzen. Deshalb wird PWM im Modellbau bevorzugt, wenn eine sanfte Regelung auch im unteren Drehzahlbereich gewünscht ist.

MOSFETs und Feldeffekttransistoren

Feldeffekttransistoren sind etwas anders aufgebaut als klassische Bipolartransistoren. Im Inneren bewirkt ein elektrischer Feldeffekt durch eine kleine Spannung am *Gate*-Eingang, dass Strom zwischen *Source* und *Drain* fließen kann. Dabei fließt kein Strom durch das Gate (im Gegensatz zur Basis-Emitter-Strecke im normalen Transistor). Außerdem ist der elektrische Verlust auf der geschalteten Strecke extrem gering, sodass sich Feldeffekttransistoren bestens eignen, um Verbraucher mit hoher Leistung fast verlustfrei zu steuern. Die verbreitetste Bauform sind *MOSFETs*, also Metall-Oxid-Halbleiter-Feldeffekttransistoren (Abbildung 10.7 und Abbildung 10.8).

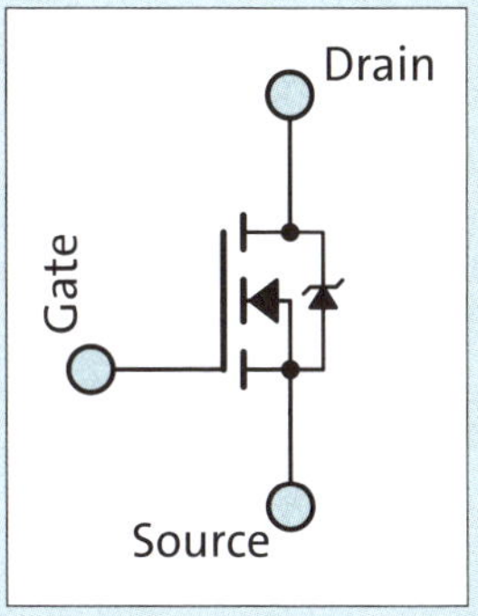

Abbildung 10.7 Es gibt verschiedene Schaltzeichen für Feldeffekttransistoren je nach Art, am häufigsten sind wohl n-Kanal-MOSFETs.

Abbildung 10.8 Auf diesem Modul befindet sich ein MOSFET mit passenden Anschlüssen für 3,3-/5-Volt-Ansteuerung durch Mikrocontroller (mit drei Pins) und Schaltleistung bis 24 V/5 A (an den Schraubklemmen). Mit einem solchen Modul kann beispielsweise ein einfacher Arduino-Mikrocontroller einen Haustürelektromagneten schalten und als Türöffner dienen. Ab 1 A Strom muss ein Kühlkörper installiert werden.

Ohne weitere Erklärung zeige ich Ihnen hier zunächst mal einen einfachen Schaltplan für eine PWM-Steuerung mit dem häufig verwendeten LM/NE555-IC und einem MOSFET (Abbildung 10.9).

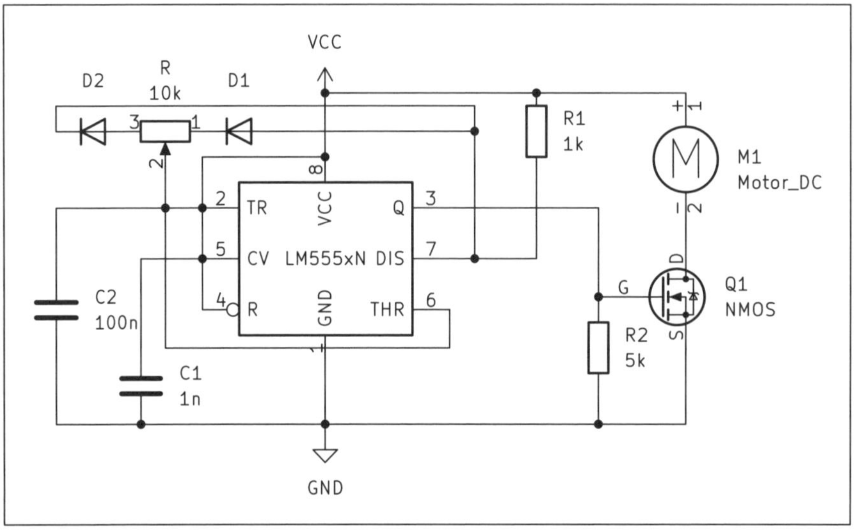

Abbildung 10.9 Mit dem Poti links oben im Plan lässt sich der Duty Cycle in dieser PWM-Schaltung einstellen. Rechts sehen Sie den Motor, der durch den MOSFET angesteuert wird.

Beispiel: Phasenanschnittsteuerung

Wechselstrommotoren lassen sich auf ganz ähnliche Weise steuern: mit *Phasenanschnittsteuerung*. Eine Eingangswechselspannung wird dabei nur für einen gewissen Teil der Perioden an den Verbraucher durchgeschaltet (Abbildung 10.10).

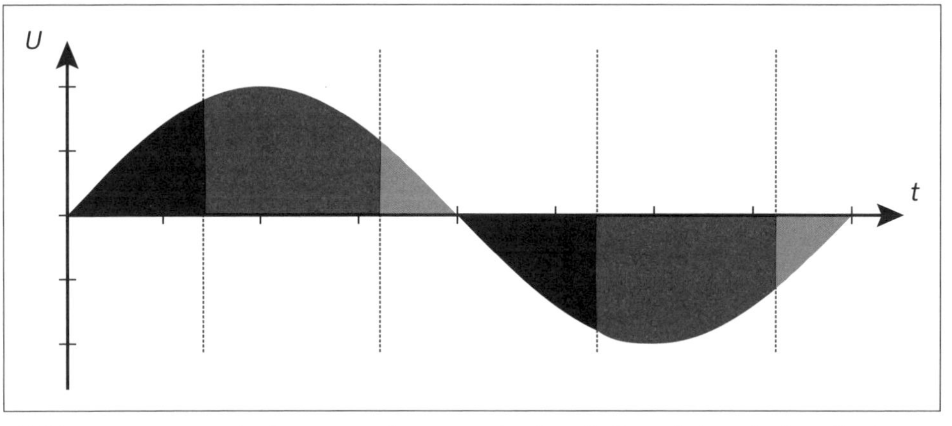

Abbildung 10.10 Das Wechselspannungsdiagramm zeigt die volle Phase (schwarz), eine teilweise (farbig) sowie eine stark angeschnittene (hellgrau).

Abhängig von der Länge des aktiven Teils der Phase gelangt weniger oder mehr Leistung zum Verbraucher, was bei *Reihenschlussmaschinen* die Drehzahl bestimmt. Abgesehen von

Motoren (z. B. in vielen Elektrolokomotiven) eignet sich diese Art der Leistungsregelung auch für *Dimmer,* also die Helligkeitsregelung von Lampen. Die zugehörige einfache Schaltung basiert auf einer *Triac/Diac*-Steuerung (Abbildung 10.11).

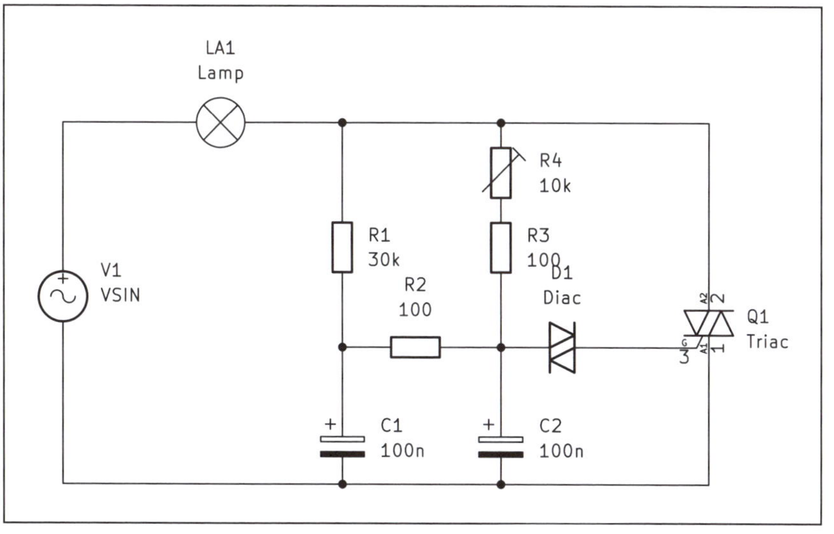

Abbildung 10.11 Diese vereinfachte Phasenanschnittsteuerung-Schaltung dimmt eine Lampe stufenlos.

Thyristor und Triac

Thyristoren sind Halbleiterbauelemente, die vier wechselnde Dotierungsschichten aufweisen. Der entscheidende Unterschied zum *Transistor* besteht darin, dass ein kurzer Stromimpuls am Gate (entspricht der Basis beim Transistor) genügt, um das ganze Bauteil in den leitenden Modus zu schalten – selbst wenn das Gate sofort wieder stromlos wird. Das nennt man auch *zünden*. Der Thyristor sperrt erst wieder, wenn überhaupt kein Strom mehr durch ihn fließt, also auch nicht zwischen Anode und Kathode (Abbildung 10.12).

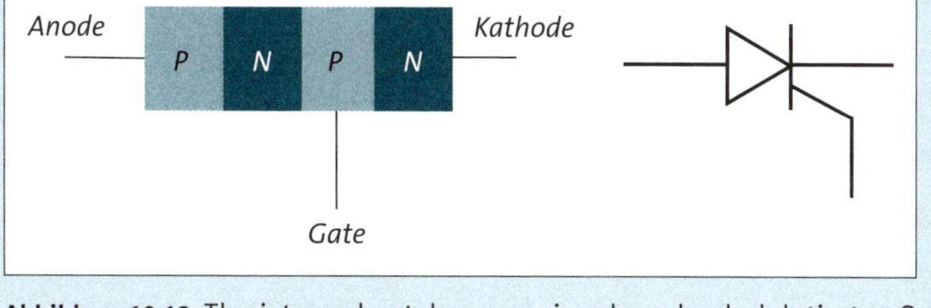

Abbildung 10.12 Thyristoren bestehen aus vier abwechselnd dotierten Schichten, rechts sehen Sie das zugehörige Schaltsymbol.

Ein *Triac* entspricht zwei gegenläufig geschalteten Thyristoren und eignet sich deshalb zur Steuerung von Wechselstrom. Überschreitet der Strom am Gate ein gewisses Minimum, zündet der Triac. Das funktioniert bei der positiven wie auch bei der negativen Halbwelle. Schaltzeichen und Bauteil sehen Sie im Bild (Abbildung 10.13).

Abbildung 10.13 TRIACs sehen Transistoren ähnlich, weil sie ebenfalls drei Beinchen besitzen, funktionieren aber durchaus anders.

Am Gate-Eingang des Triac ist ein *Diac* vorgeschaltet. Das ist eine Zweirichtungsdiode, die intern ganz ähnlich aus Halbleiterschichten aufgebaut ist wie der Triac, nur ohne Gate. Ein Diac schaltet bei einer bestimmten Schwellenspannung durch, und zwar aufgrund seines symmetrischen Aufbaus unabhängig von der Richtung. In unserer kleinen Schaltung verzögern R2 und C2 die Wechselspannung (RC-Glied), sodass die Schwellenspannung am Diac erst nach dem Nulldurchgang der Versorgungsspannung erreicht wird. Dadurch zündet der Triac mit »Verspätung«. Das Potenziometer fügt einen einstellbar kleinen Anteil der Versorgungsspannung wieder hinzu. Je mehr dieser unverzögerten Wechselspannung beim Diac ankommt, umso früher zündet er, was wiederum den Triac zündet und unterm Strich angeschnittene Halbwellen der Wechselspannung produziert.

Eine Simulation mit LTspice wäre an dieser Stelle sicher eine gute Idee, ist aber leider nicht ohne Aufwand möglich, weil das Programm zwar die Symbole für Diac und Triac enthält, aber leider keine Simulationen. Diese nachzurüsten, würde den Rahmen dieses Buchs sprengen.

Beispiel: H-Brückenschaltung oder Vierquadrantensteller

Um die Laufrichtung eines Motors umzuschalten, hatte ich Ihnen weiter oben bereits einen einfach Polwendeschalter vorgestellt. Viel eleganter ist es natürlich, das elektronisch zu erledigen. Dazu eignet sich besonders die *H-Brückenschaltung*, die ich Ihnen kurz zeige (Abbildung 10.14).

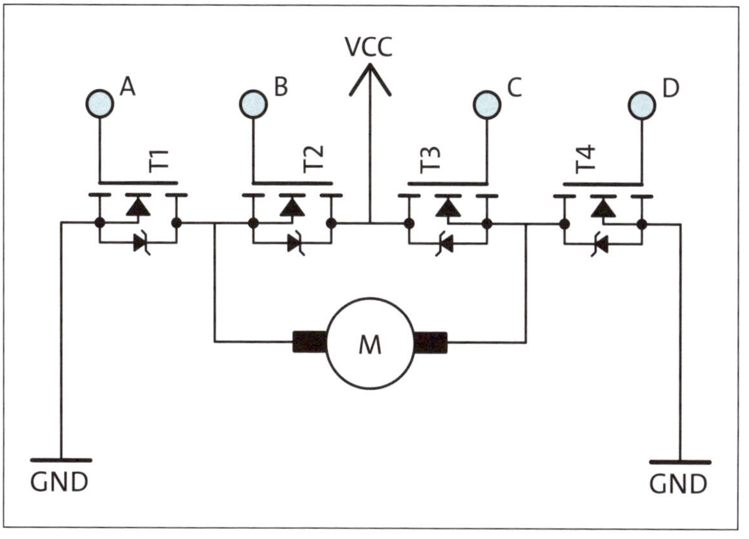

Abbildung 10.14 Sie sehen sicher auf Anhieb, warum diese Schaltung auf den Namen »Brücke« hört. Das »H« ergibt sich, wenn Sie je zwei MOSFETs seitlich übereinander zeichnen statt nebeneinander, das ist aber letztlich Geschmackssache.

Sie sehen auf Anhieb, woher diese Schaltung ihren Namen hat. Außerdem bekannt ist sie als *Vierquadrantensteller*. Aber wie funktioniert sie?

Es gibt vier Eingänge (A–D) von Leistungstransistoren (oft MOSFETs wie in dieser Schaltung), mit denen diese durchlässig geschaltet werden können. Stellen Sie sich vor, Sie schalten gleichzeitig A und C durch, indem Sie kleine Spannungen an die Gates legen. In dem Fall ist der Motor praktisch links mit GND und rechts mit der Versorgungsspannung verbunden, und er wird in die entsprechende Richtung laufen. Aktivieren Sie stattdessen B und D, wird der Motor entgegengesetzt gepolt mit der Versorgungsspannung verbunden und wird andersherum laufen. Wenn Sie einen der Anschlüsse A bzw. B mit einem *PWM*-Signal versorgen, können Sie außerdem die Laufgeschwindigkeit bestimmen. Das ist noch nicht alles: Schalten Sie bei laufendem Motor die Eingänge A und D (PWM an A), fließt ein induzierter Strom in Gegenrichtung, der Motor wandelt mechanische in elektrische Energie um und bremst. Der Strom fließt dabei über die entsprechende Freilaufdiode ab. Ist nur ein Transistor durchgeschaltet, dreht sich der Motor im Leerlauf.

Diese Schaltung ist so beliebt, dass es integrierte Schaltkreise dafür gibt – und billige Module (unter 10 €), die sich mit Mikrocontrollern ansteuern lassen (Abbildung 10.15).

Abbildung 10.15 Dieses handelsübliche Modul für die H-Brückenschaltung bietet vorn rechts eine Steckerleiste für Steuersignale von einem Mikrocontroller sowie Schraubanschlüsse für Motor und Stromversorgung.

Wichtig ist, bei der Ansteuerung keine Fehler einzubauen: Bremsen oder Beschleunigen bei falscher Drehrichtung führt zu einem Kurzschluss, der den Motor sehr schnell zum Stehen bringt und die Bauteile überlasten kann.

10.2 Drehstrommotoren

Was Drehstrom ist, wissen Sie schon aus Abschnitt 9.2: Drei Phasen verlaufen mit einem Versatz von je 120° zueinander. Wenn Sie jede der drei Phasen an jeweils einen Elektromagneten anschließen, die sternförmig montiert sind, erhalten Sie ein Magnetfeld, das mit der Netzfrequenz rotiert. Setzen Sie einen Permanentmagneten in die Mitte, und Sie erhalten einen *Drehstrommotor* (Abbildung 10.16).

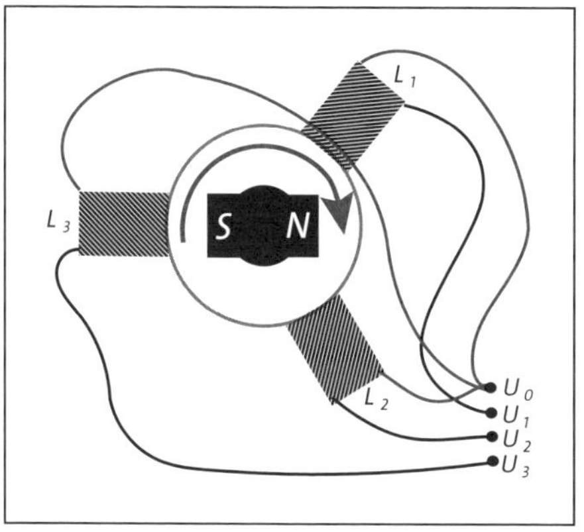

Abbildung 10.16 Der Drehstrommotor besitzt drei Spulen für die drei Phasen und einen Rotor, hier als Permanentmagnet.

Alle drei Magnetspulen L1 bis L3 verfügen über einen gemeinsamen Rückleiter, was zur insgesamt vierpoligen *Sternschaltung* passt, die als sogenannter *Starkstrom* in jedem Haushalt verfügbar ist (das ist ein Begriff aus dem Volksmund, den wir in der Elektrotechnik eher nicht verwenden). Um die Drehrichtung umzudrehen, können Sie die Anschlüsse von zwei beliebigen Spulen mit einem einfachen Schalter vertauschen.

Die Rotationsgeschwindigkeit ergibt sich zwangsläufig aus der Frequenz des Drehfelds: Bei einer Periode von 50 Hz dreht sich das Magnetfeld 50-mal pro Sekunde um sich selbst, sodass sich der *Rotor* ebenfalls 50-mal pro Sekunde dreht. Wenn eine Maschine eine andere Drehzahl benötigt, muss ein Getriebe nachgeschaltet werden, oder die Pole müssen paarweise vervielfacht werden. Das Resultat nennt man auch eine *Synchronmaschine*. Die Vorteile eines solchen Motors sind der einfache Aufbau und der Verzicht auf Reibungsverluste durch Bürsten und Kollektor. Da sich Bürsten abnutzen, ist eine Drehstromsynchronmaschine im Vergleich zu einem Bürstenmotor nahezu wartungsfrei, was sich positiv auf die Lebensdauer des Geräts auswirkt.

Drehstrom lässt sich mit einer geeigneten Schaltung leicht aus Gleichstrom erzeugen. Damit lassen sich dann Drehstrommotoren mit Gleichstrom (oder gleichgerichtetem Wechselstrom) versorgen. Viele moderne Haushaltsgeräte verfügen bereits über Motoren dieser Art (*BLDC, Brushless DC-Motoren*). Sie finden Motoren dieser Bauart im Modellbau, aber auch in Festplatten, CPU-Lüftern oder Robotern. Die Drehzahl wird über die Frequenz des künstlich erzeugten Drehstroms erzeugt, oft mit ähnlichen Schaltungen wie der *Pulsweitenmodulation* (*PWM*, siehe vorheriger Abschnitt).

Beispiel: Drehstromlokomotiven

Drehstrommotoren sind so leicht zu bauen, dass schon im Jahr 1899 ein Siemens-Fahrzeug einen Versuchsbetrieb aufnahm (Abbildung 10.17).

Abbildung 10.17 Die erste Drehstromlokomotive fuhr bereits 1899. (Bild: gemeinfrei)

Wie Sie im Bild sehen, benötigte das Fahrzeug drei Stromabnehmer für die drei Phasen. Räder und Schienen dienten als Nullleiter. Die verwendete Spannung betrug 10 kV/38 Hz, die auf 750 V Motorspannung runtertransformiert wurde. Im Jahr 1903 erreichte ein Drehstromtriebwagen sogar eine Höchstgeschwindigkeit von 210 km/h – damals ein Weltrekord für Landfahrzeuge. Der Haken an der Sache: Die Drehzahl des Motors ist ja direkt von der Frequenz des Netzes abhängig und kann nicht ohne Weiteres im Fahrzeug geregelt werden. Für die Rekordfahrten wurde sogar der Einfachheit halber die Frequenz des eingespeisten Fahrstroms auf 48 Hz erhöht. Ein anderes Problem war die mehrpolige Oberleitung, die bei Abzweigungen erhebliches Kopfzerbrechen verursachte. Wegen solch grundsätzlicher Probleme unterblieben praktische Anwendungen mit wenigen Ausnahmen: Bis in die 1970er-Jahre war beispielsweise ein großer Teil Norditaliens mit Drehstrom 3.600 V/16,7 Hz elektrifiziert, bis 1930 sogar der Simplon-Tunnel. Die Fahrgeschwindigkeit musste mit Umschaltung der zwölfpoligen Erregerspulen in vier Stufen geregelt werden und hing ansonsten nur vom Getriebe und dem Treibraddurchmesser ab. Übrigens besaßen diese Loks Flüssigkeitswiderstände mit Sodawasser, die beim Erhitzen Dampf abgaben – wie die meisten Loks ihrer Zeit.

Seit den 1980er-Jahren generieren Elektrolokomotiven den Drehstrom für ihre Motoren mit Leistungselektronik selbst (ähnlich wie BLDC-Motoren) und können gleichzeitig auch die Frequenz und damit die Drehzahl stufenlos bestimmen. Die beim Anfahren steigende Frequenz ist bei vielen dieser Fahrzeuge gut hörbar (wegen der Schwingungen in den Motorspulen) – und bei manchen Bauarten sogar stufenweise an eine Tonleiter angepasst, um angenehmer zu klingen.

10.3 Generatorprinzip

Sie wissen schon etwas über *Lorentzkraft*, die einen Strom in Leitern induziert, die sich in einem Magnetfeld bewegen. Die rotierende Leiterschleife aus Kapitel 6, »Aufgerollt: Spule und Induktion«, ist die einfachste Form eines *Generators*. Ersetzen Sie die Leiterschleife durch eine Spule, und die Sache beginnt sich zu lohnen. Schnappen Sie sich den nächstbesten Gleichstrommotor, schließen Sie ein Voltmeter an und drehen Sie die Achse: Sie werden eine kleine Spannung messen, da der induzierte Strom über das Messgerät abfließt, und am Oszilloskop eine Welligkeit feststellen, weil die Rotation ein sinusförmiges Signal erzeugt (Abbildung 10.18).

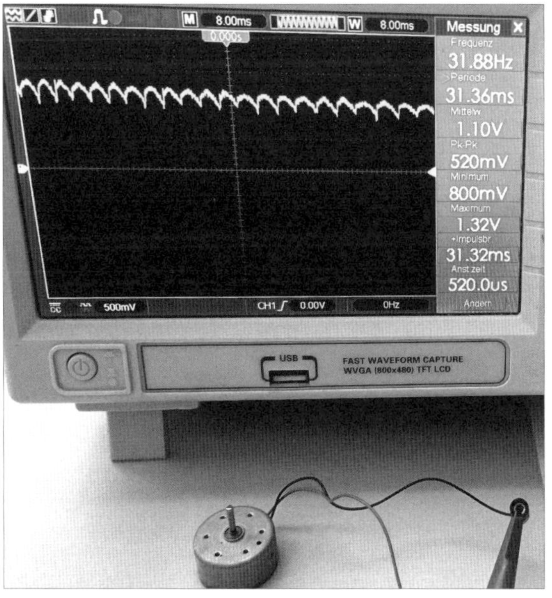

Abbildung 10.18 Für dieses Foto habe ich kräftig an der Achse des Motors gedreht und die entstehende Spannungskurve fürs Foto eingefroren.

Sie erhalten Gleichstrom, weil der Kommutator die gedrehten Ankerspulen immerzu umpolt, wohingegen die einfache Leiterschleife Wechselspannung erzeugt. In praktischen Anwendungen können Sie einen *Glättungskondensator* verwenden, um eine konstante Ausgangsspannung zu erhalten – natürlich nur, solange sich die Generatorachse dreht.

Sie kennen das Prinzip aus dem Alltag: beispielsweise vom Fahrraddynamo. Ein solcher enthält üblicherweise eine Permanenterregung. Andere Generatoren verfügen über ein regelbares Magnetfeld, das freilich eine externe Energieversorgung erfordert (oder zumindest einen Kondensator oder ein Restmagnetfeld zum Anlaufen). In dem Fall lässt sich die Ausgangsspannung einstellen.

Grundsätzlich müssen Sie natürlich davon ausgehen, dass nicht die gesamte mechanische Leistung zu einer elektrischen wird. In Formelsprache gilt also:

$$P_{\text{elektrisch}} = P_{\text{mechanisch}} - P_{\text{Verlust}}$$

Ursache für die Verlustleistung ist mechanische Reibung (z. B. Bürsten am Kollektor).

Außerhalb von Fahrraddynamos oder Dynamotaschenlampen werden Sie nicht viele Gleichstromgeneratoren finden. Verbreiteter sind *Wechselstromgeneratoren*, entweder als *Synchron-* oder als *Asynchronmaschinen*.

Beispiel: Synchronmaschine

Ihnen wird aufgefallen sein, dass der Name des zur Debatte stehenden Geräts nicht »Generator« ist. Denn im Prinzip sind Synchronmotor und Synchrongenerator gleich aufgebaut, die Wirkung ist umkehrbar. Grundsätzlich besteht eine *Innenpolmaschine* aus einem festen *Stator* und einem rotierenden *Rotor* oder *Läufer*. Der Rotor enthält einen Elektromagneten und induziert dank seiner Bewegung einen Strom in den Wicklungen des Stators. Der nötige Wechselstrom wird dem Rotor durch Bürsten und Schleifringe zugeführt. Die Rotation ergibt sich somit aus der Netzfrequenz (daher *synchron*). Sie finden solche Maschinen in Wasser- oder Dampfturbinenkraftwerken.

Außenpolmaschinen sind genau umgekehrt aufgebaut, ganz ähnlich wie ein Kommutatormotor. Der entscheidende Unterschied: Bei der Innenpolmaschine muss nur der Erregerstrom über Bürsten übertragen werden, bei Außenpolmaschinen die gesamte erzeugte elektrische Leistung. Eine Ausnahme bildet die *Außenläufermaschine*, die einen glockenförmigen Rotor mit Erregerwicklungen besitzt, während der Stator innen angeordnet ist. Diese Art von Maschinen mit relativ niedrigen Drehzahlen finden Sie im kleinen Maßstab im Modellbau, im größeren bei Elektroautos. Denken Sie jetzt: Aber im E-Auto stecken doch Motoren, keine Generatoren? Vergegenwärtigen Sie sich, dass E-Autos beim Bremsen Energie rückgewinnen, indem sie die Maschine als Generator verwenden. Reine Verbrennerautos erzeugen beim Bremsen nur Wärme und Feinstaub, weil sich die Bremsbeläge abnutzen.

Da die Frequenz des erzeugten Wechselstroms von der Drehzahl abhängt, kann er nicht direkt ins Stromnetz eingespeist werden. Zunächst muss die erzeugte Spannung gleichgerichtet werden, die dann per *Wechselrichter* mit der passenden Frequenz ins Netz gelangt. Das klingt aufwendig, aber die moderne Leistungselektronik absolviert diese Aufgaben mit hoher Effizienz.

Beispiel: Windkraftanlage

Die häufigsten Bauformen von *Windkraftanlagen* verwenden derzeit noch *Asynchronmaschinen*. Im Gegensatz zu Synchronmaschinen läuft der Rotor mit einer höheren Drehzahl als das Drehfeld des Stators. Sie erfordern einen *Frequenzumrichter* und ein Getriebe, weil eine hohe Drehzahl notwendig ist – mehr, als ein Windrad üblicherweise hergibt.

Es gibt auch Anlagen mit Synchrongeneratoren, die dank einer höheren Polpaarzahl (bis zu 36) kein Getriebe benötigen. Allerdings sind diese Generatoren größer und schwerer, was wiederum die Kosten für die nötige mechanische Stabilität erhöht.

Mit kleinen Stellmotoren dreht sich die Gondel des Windrads langsam passend zur Windrichtung. Die Kabel, über die der Strom zum Erdboden gelangt, werden dabei verdrillt. Die Anlage ist aber schlau genug, sich zur Abwechslung auch mal andersherum zu drehen, um das Material dabei nicht zu überlasten.

Üblicherweise hängt eine Windkraftanlage an einem Mittelspannungsnetz. Die Ausgangsspannung muss also auf den richtigen Wert transformiert werden. Alle technischen Einrichtungen werden durch Sensoren überwacht, die ununterbrochen kontrolliert werden. Das alles verbraucht einen Teil des erzeugten Stroms, allerdings üblicherweise unter 1 %. Andere Kraftwerktypen kommen auf deutlich höhere Eigenbedarfsanteile. Auf die verbrauchte Fläche bezogen, erreichen Windkraftanlagen übrigens Bestwerte bei der Energieerzeugung. Als Nachteile werden oft das Recycling am Ende der erwarteten Lebensdauer (ca. 25 Jahre) und erschlagene Vögel genannt – allerdings verursachen andere von Menschen verantwortete Einflüsse (Verkehr, Katzen ...) deutlich mehr Vogelsterblichkeit.

Übrigens nimmt die erzielbare Leistung einer Windkraftanlage mit der dritten Potenz der *Windgeschwindigkeit* zu. Deshalb zieht man beim Bau Orte mit hohen Windgeschwindigkeiten natürlich vor. Bei zu starkem Wind justiert die Anlage die Stellung der Rotorblätter, um Beschädigungen zu vermeiden. Erst bei Sturm wird das Windrad sicherheitshalber abgeschaltet. So ergibt sich eine *Leistungskennlinie* (Abbildung 10.19).

Windkraftwerke sind nicht die einzigen Anwendungsfälle für Generatoren, die aus mechanischer Energie elektrische erzeugen: *Wasserkraftwerke* verfügen ebenfalls über Turbinen, nur mit Wasser statt Luft als Antriebsmedium. Auch Kraftwerke, die (fossile) Brennstoffe in Energie umsetzen, erhitzen zunächst Wasser, um den sich ausdehnenden Dampf durch Turbinen strömen zu lassen – elektrotechnisch ist das grundsätzlich kein großer Unterschied. Über das Jahr verteilt, ergibt sich ein *Energiemix*, bei dem in Deutschland *regenerative Energien* mehr als die Hälfte ausmachen (Abbildung 10.20).

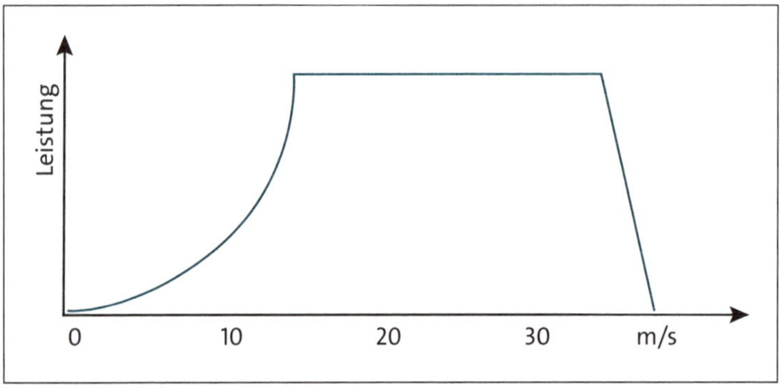

Abbildung 10.19 Die Leistungskennlinie zeigt den qualitativen Verlauf der Leistung in Abhängigkeit von der Windstärke. Bei zu hoher Windstärke (hier bei etwa 30 m/s) wird das ganze Gerät außer Betrieb genommen.

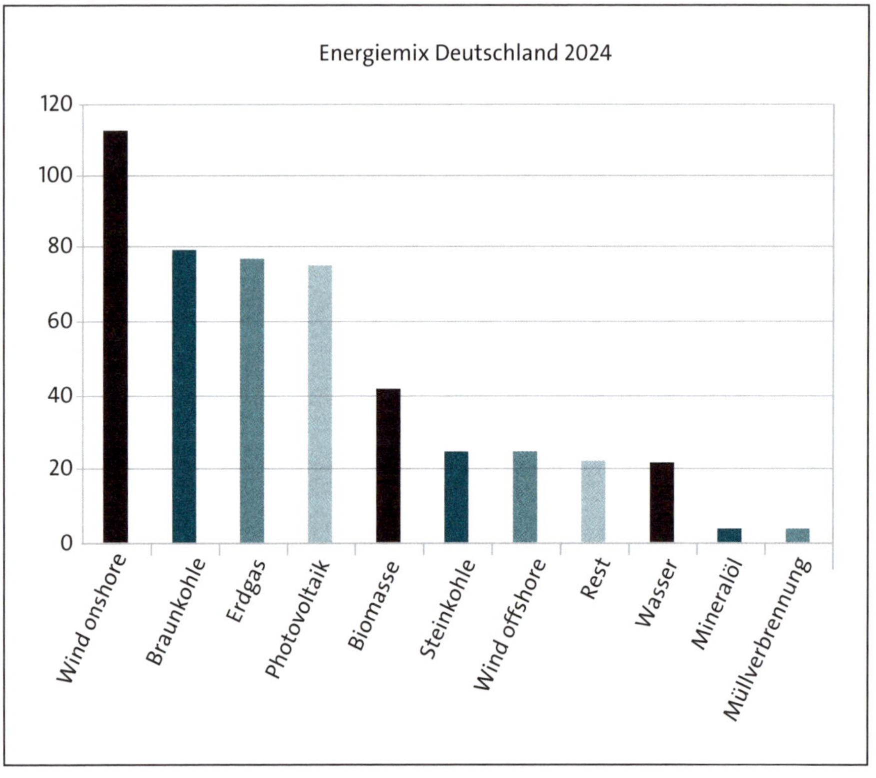

Abbildung 10.20 Im Energiemix übers Jahr verteilt hat die Windkraft die Nase vorn. Die Balken der regenerativen Energien sind dunkel gefärbt.

Logisch ist, dass die Menge erzeugter Energie aus Windkraft- oder Solaranlagen schwankt. Um auch bei Flaute und nachts Strom anbieten zu können, müssen konventionelle Kraftwerke die restliche Last (*Residuallast*) liefern. Diese liegt je nach Jahreszeit in Deutschland maximal im Bereich von 50 GW (Juli 2024) bis 66 GW (Januar 2024) bei einem Gesamtverbrauch von im Schnitt 59 GW. In den Sommermonaten erzeugen Solaranlagen so viel Strom, dass der Verbrauch zeitweise sogar unter 0 liegt (und der Marktpreis für Strom negativ wird, was Sie mit einem dynamischen Tarif sogar selbst ausnutzen können). Im Winter passiert das wegen der geringeren Sonneneinstrahlung natürlich nicht so leicht. Anders ausgedrückt: Andere Kraftwerke müssen sehr flexibel hochgefahren und gedrosselt werden, um sich einerseits der Nachfrage und andererseits der Menge eingespeister regenerativer Energie anzupassen.

Beispiel: Energiespeicher

Eine Möglichkeit, Energie zu speichern, sind *Pumpspeicher*. Diese können zeitweilig überschüssige Energie im Netz verwenden, um Wasser in ein höher gelegenes Becken oder einen Stausee zu pumpen (Abbildung 10.21).

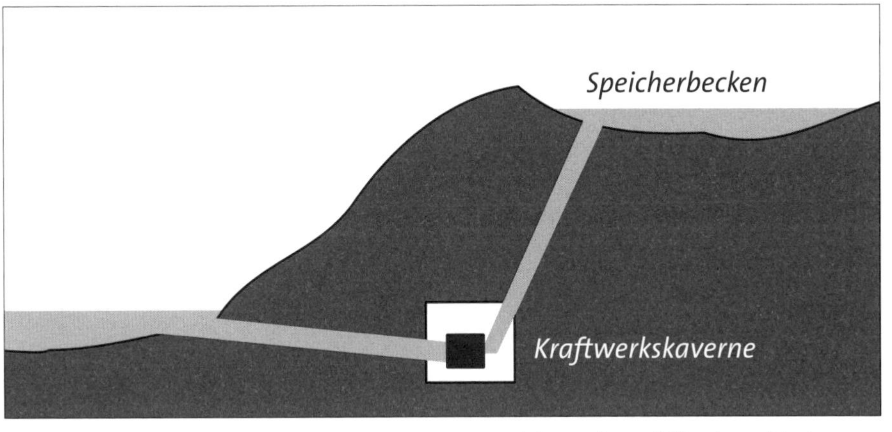

Abbildung 10.21 Die Schemazeichnung dieses Pumpspeicherwerks enthüllt, dass sich das eigentliche Kraftwerk in einer Kaverne tief im Berg befindet.

Um später eine Residuallast ausgleichen zu können, strömt Wasser wieder herab und treibt eine Turbine an. Letztlich wandeln Pumpspeicher also elektrische in potenzielle Energie um und wieder zurück. Das geht natürlich nicht ohne Verluste: Der Strömungswiderstand des Wassers ist von großer Bedeutung, auch Pumpen und Generatoren erreichen keinen Wirkungsgrad von 100 %. Der beste erreichbare Gesamtwirkungsgrad eines Pumpspeicherkraftwerks liegt bei 80 %.

In Deutschland liegt die verfügbare Leistung von Pumpspeichern bei 9,4 GW und die Speicherkapazität bei etwa 37 GWh. Das größte Pumpspeicherwerk Deutschlands, *Goldisthal*, liegt in Thüringen am Oberlauf der Schwarza und kommt auf eine Leistung von etwa 1 GW bei einem Nutzvolumen von $1{,}2 \cdot 10^7\ \mathrm{m}^3$ Wasser. Die speicherbare Energiemenge beträgt 8,5 GWh, also fast ein Viertel der gesamten Pumpspeicherkapazität Deutschlands. Vereinfacht betrachtet, könnten Sie die potenzielle und die elektrische Energie nun gleichsetzen:

$$E_{\mathrm{pot}} = m \cdot g \cdot h = 8{,}5\ \mathrm{GWh}$$

Wenn Sie die Dichte des Wassers von etwa $1.000\ \mathrm{kg/m^3}$ einrechnen, können Sie sogar die Höhendifferenz zwischen Unter- und Oberbecken abschätzen:

$$h = \frac{E_{\mathrm{pot}}}{m \cdot g} \approx 260\ \mathrm{m}$$

Tatsächlich beträgt die Nennförderhöhe 300 m, die einfache Überschlagsrechnung taugt also nur zum grundsätzlichen Verständnis des Aufbaus.

Übrigens existieren auch Batteriespeicher, die aber mit einer Leistung von unter 5 GW und einer Kapazität von 7,2 GWh weniger Bedeutung haben. Bei immer weiter steigendem Energiebedarf und Anteil regenerativer (also größtenteils wetterabhängiger) Energiequellen nimmt auch die Bedeutung von Energiespeichern zu. Ideen wie beispielsweise die Akkus von E-Autos als Pufferspeicher zu benutzen, stecken noch in den Kinderschuhen.

10.4 Entspannungsübungen

Aufgabe 1

Berechnen Sie die Drehzahl einer neunpoligen Drehstrommaschine, die mit 50 Hz Netzspannung versorgt wird.

Aufgabe 2

Am 17. Januar 2024 (ein Mittwoch) lag die Spitzenlast des Stromverbrauchs bei 74 GW. Wetterbedingt wurden mittags gerade mal 12 GW Solarstrom und 5 GW Windenergie erzeugt. Angenommen, es gäbe keine anderen Kraftwerke, welche Gesamtleistung wäre an Pumpspeicherwerken erforderlich, um die Residuallast zu stemmen, und nach welcher Zeit wäre die gesamte gespeicherte Energie, die derzeit auf diese Weise in Deutschland gespeichert werden kann, erschöpft?

10.5 Lösungen

Aufgabe 1

Betrachten Sie, was nach einer Periode passiert: Da die drei Drehstromphasen bei den Polen aufeinanderfolgen müssen, rotiert der Läufer in der gleichen Zeit drei Pole weiter, was einer Drittelumdrehung entspricht (120°).

Der Motor dreht sich also dreimal langsamer als mit nur drei Polen. Statt 50 Umdrehungen pro Sekunde schafft er nur ein Drittel davon, also pro Minute nicht $60 \cdot 50 = 3.000$, sondern nur 1.000 rpm.

Aufgabe 2

Die Residuallast wäre in dem fiktiven Szenario 74 GW – 12 GW – 5 GW = 57 GW.

Diese Leistung müssten alle Speicherkraftwerke auf einmal aufbringen.

In Deutschland liegt laut Abschnitt 10.3, »Generatorprinzip«, die verfügbare Leistung derzeit bei 9,4 GW, was bei Weitem nicht genügen würde. Bei der aktuellen Speicherkapazität von 37 GWh wäre der Speicher nach etwa einer halben Stunde leer. Es sind also mehr und bessere Energiespeicher erforderlich – deshalb wird daran auch intensiv geforscht.

Kapitel 11

An oder aus: Digitale Schaltkreise

Digitalelektronik steckt in jeder Hosentasche, an vielen Handgelenken und ich-will-gar-nicht-wissen-wo-sonst-noch. Spätestens mit sieben Jahren können alle Kinder mit Smartphones und Tablets umgehen – aber haben auch mit 20 noch keine Ahnung, wie die Dinger eigentlich funktionieren. Genug gemeckert: Wir ändern das jetzt und fangen bei Adam, Eva … nein, mit Mr. George Boole an.

11.1 Boolesche Logik

Gab es bisher in der Analogelektronik unendlich viele mögliche Spannungswerte, beschränken wir uns ab jetzt auf zwei: 0 V und 5 V (okay, manche Schaltungen verwenden 1,8 oder 3,3 statt 5 V). Die Rede ist von *Logikpegeln*, und damit sind wir bei *Binärzahlen* und digitalen Schaltkreisen angekommen. Willkommen in der Welt von *high* und *low*, *1* und *0*, *an* und *aus*, *wahr* und *falsch*!

Alle Computer, Smartphones, Mikrowellen ... (verlängern Sie diese Liste gern beliebig) basieren auf digitalen Schaltkreisen. Diese führen grundlegende Rechenoperationen mit Nullen und Einsen aus, die ich Ihnen nun der Reihe nach vorstelle.

Benannt ist das Rechnen mit Nullen und Einsen nach dem englischen Mathematiker und Philosophen *George Boole* (1815–1864), der sie im Jahr 1847 erfunden hat: die *boolesche Algebra*.

Abbildung 11.1 George Boole (Bild: gemeinfrei)

NICHT/NOT

Die erste Rechenoperation benötigt nur einen Eingabewert. Da es äußerst langweilig wäre, wenn der Ausgabewert derselbe wäre, *negiert* die NICHT-Operation ihn. Man spricht daher auch von der *Negation*. Wie für jede digitale Operation legt eine Wahrheitstabelle fest, wie das logische NICHT (mathematisches Symbol: ¬ oder ein Querbalken über dem Buchstaben, gesprochen »*A* quer«) funktioniert. Sie fällt besonders einfach aus:

A	NICHT A (oder $\neg A, \bar{A}$)
0	1
1	0

Anwendungsbeispiele sind zahlreiche logische Aussagen wie z. B.:

- wenn eine Lampe leuchtet (1), ist es NICHT dunkel (0)
- wenn die Batterie NICHT leer (0) ist, kann man damit eine Lampe zum Leuchten bringen (1)

Ich erspare Ihnen weitere Beispiele. Machen Sie sich bei dieser Gelegenheit dennoch klar, dass es bei nur zwei Wahrheitswerten keinen Raum für »vielleicht« oder irgendeine »Grauzone« gibt. Ein Digitalrechner ist großer Fan von Schwarz und Weiß, Gut und Böse, Richtig und Falsch.

UND/AND

Die zweite grundlegende Operation ist die *UND-Verknüpfung* (*Konjunktion*). Sie haben gerade dieses Buch vor sich UND die Augen geöffnet – sonst könnten Sie diesen Satz nicht lesen. Die zugehörige Wahrheitstabelle lautet:

A	B	A UND B ($A \wedge B, AB, A \mathbin{\&} B$)
0	0	0
0	1	0
1	0	0
1	1	1

Für die Konjunktion gelten das Kommutativgesetz und das Assoziativgesetz. Mit dem mathematischen Verknüpfungszeichen ausgedrückt:

$A \wedge B = B \wedge A$

$A \wedge (B \wedge C) = (A \wedge B) \wedge C$

Daraus ergibt sich, dass die UND-Verknüpfung auch für mehr als zwei Eingabeparameter erwartungsgemäß funktioniert.

Für die Negation der Konjunktion gilt das *de-morgansche Gesetz*:

$\neg(A \wedge B) = \neg A \vee \neg B$

ODER/OR

Die letzte grundlegende Operation ist die *ODER-Verknüpfung* (*Disjunktion*). Es genügt, dass einer der beiden Eingabewerte 1 ist, dann ist es auch das Ergebnis:

A	***B***	***A* ODER *B* (*A* ∨ *B*, *A* + *B*)**
0	0	0
0	1	1
1	0	1
1	1	1

Zum Beispiel genügt es bei den meisten Menschen, dass sie das eine ODER das andere Auge auf das Buch richten, um es lesen zu können. Wohlgemerkt, es geht auch mit beiden (siehe letzte Zeile der Tabelle).

Auch hier gelten die üblichen Gesetze:

$A \vee B = B \vee A$

$A \vee (B \vee C) = (A \vee B) \vee C$

Außerdem gilt das Distributivgesetz:

$\mathrm{A} \wedge (B \vee C) = (A \wedge B) \vee (A \wedge C)$

Für die Negation der Disjunktion gilt ebenfalls ein *de-morgansches Gesetz*:

$\neg(A \vee B) = \neg A \wedge \neg B$

Beachten Sie, dass eine Aussage wie »ich bin morgen zu Hause oder in der Firma« umgangssprachlich eine ODER-Verknüpfung zu sein scheint, in Wirklichkeit aber keine ist, weil ich nicht an beiden Orten gleichzeitig sein kann. Die passende Verknüpfung heißt *exklusiv-oder* oder *entweder-oder*.

EXKLUSIV ODER/XOR

Die Wahrheitstabelle ändert sich im Vergleich zum »normalen« ODER ein wenig, wenn die beiden Wahr-Fälle einander ausschließen:

A	*B*	*A* EXKLUSIV ODER *B* ($A \veebar B$, $A \oplus B$)
0	0	0
0	1	1
1	0	1
1	1	0

Das *Exklusiv-Oder* (*Antivalenz*, kurz: *XOR*) lässt sich intuitiv aus den anderen Verknüpfungen konstruieren:

$(A \vee B) \wedge \neg (A \wedge B)$

Viel wichtiger aber ist, dass das XOR zwei spannende Dinge tut:

1. Wenn *B* 1 ist, negiert XOR den Wert von *A*, sonst bleibt der Ausgangswert bestehen. Wenden Sie die gleiche Operation noch einmal an, erhalten Sie wieder den Ausgangswert. Das bedeutet, dass Sie irgendeinen Binärcode mit einem geheimen anderen Binärwert x-odern können, um den Code zu verschlüsseln, und mit der gleichen Operation wieder entschlüsseln können. Genau das geschieht bei der *symmetrischen Kryptografie*.
2. Das Ergebnis der XOR-Verknüpfung ist 1, wenn sich *A* von *B* unterscheidet, funktioniert also wie ein umgekehrter Vergleich – und umgekehrt. Daher ist ¬(*A* XOR *B*) dasselbe wie die Gleichheitsprüfung *A==B*. Das klappt auch mit Binärzahlen aus mehreren Bits: Die Verknüpfung zweier gleicher Zahlen ergibt 0, bei zwei ungleichen Zahlen kommt irgendein von 0 verschiedenes Ergebnis heraus.

Beide Tatsachen sind hochinteressant für die angewandte Digital- und Computertechnik.

11.2 Logikbausteine

In elektronischen Schaltungen wird die boolesche Logik mit Transistoren umgesetzt. Eine NOT-Schaltung fällt besonders einfach aus (Abbildung 11.2).

Echte Schaltungen sehen freilich etwas komplizierter aus und sind in heutzutage üblichen Prozessoren in winzigen Strukturen mit der Größenordnung einiger weniger Nanometer ausgeführt.

Halten Sie sich vor Augen, dass eine UND-Schaltung einer Hintereinanderschaltung von zwei Schaltern entspricht, eine ODER-Schaltung einer Parallelschaltung (Abbildung 11.3).

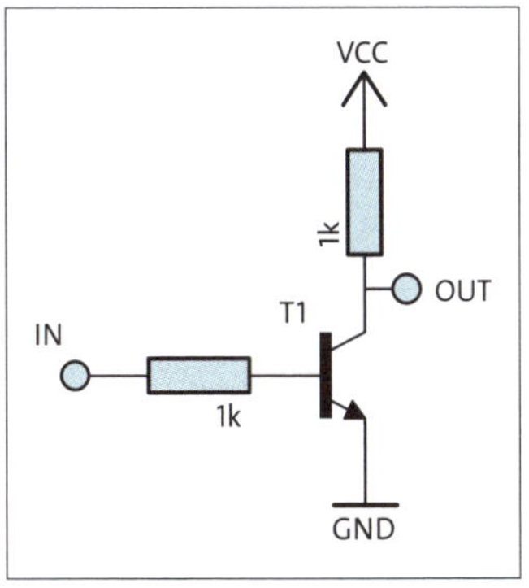

Abbildung 11.2 Diese NOT-Schaltung mit einem Transistor ist stark vereinfacht, funktioniert aber.

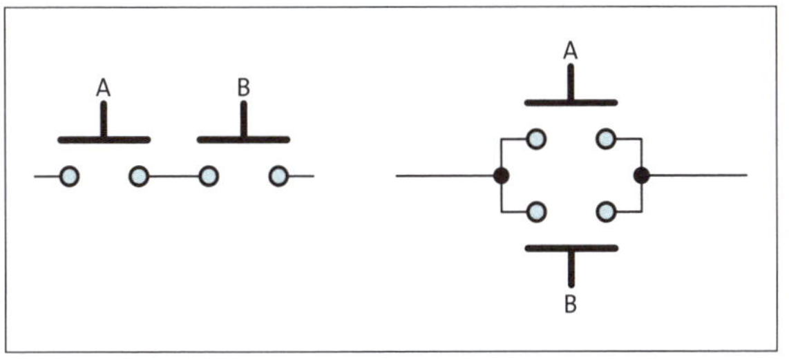

Abbildung 11.3 Aus je zwei Schaltern lässt sich eine elektromechanische Simulation von Gattern basteln. Links UND, rechts ODER.

Besonders einfach ist es, mit zwei Transistoren eine UND-Schaltung mit negiertem Ausgang zu konstruieren, ein sogenanntes *NAND-Gate* (Abbildung 11.4):

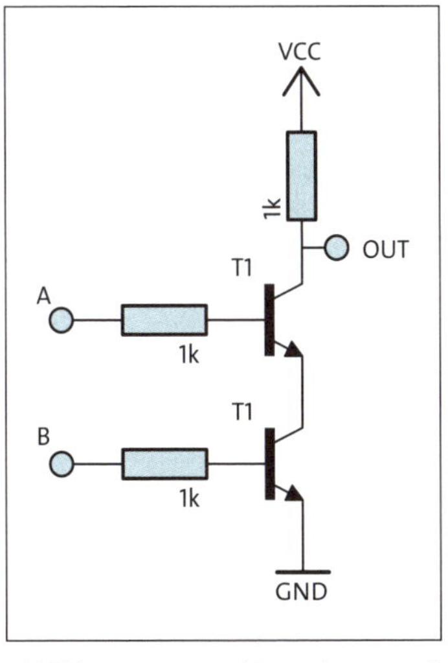

Abbildung 11.4 Zwei Transistoren, ein paar Widerstände: Fertig ist das einfache NAND-Gatter.

Wegen des einfachen Aufbaus ist diese Schaltung besonders billig herzustellen und wird Ihnen daher noch oft begegnen. Deshalb zeige ich Ihnen trotz der Einfachheit noch einmal die zugehörige Wahrheitstabelle.

A	***B***	***A* NAND *B*** ($\neg(A \land B), \overline{AB}$)
0	0	1
0	1	1
1	0	1
1	1	0

Natürlich müssen Sie nicht mit einzelnen Transistoren hantieren, um komplexere Logikschaltungen zu bauen: Diese werden in integrierten Schaltkreisen zu *Gattern* (*Gates*) zusammengefasst und entweder als handliche *integrierte Schaltungen* (*ICs*) oder gleich in Prozessoren produziert. Die Gates verfügen über verschiedene eigene Schaltzeichen, von denen ich Ihnen jetzt die wichtigsten vorstelle.

Da unterschiedliche Familien von Schaltzeichen für die verschiedenen Gates verwendet werden, werfen Sie zunächst einen Blick auf eine kleine Übersicht (Abbildung 11.5).

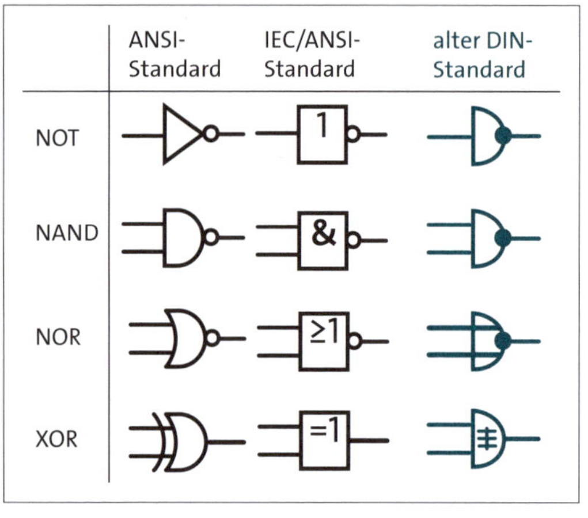

Abbildung 11.5 Für Gates sind unterschiedliche Schaltzeichen üblich, hier einige Beispiele. Der Kringel steht jeweils für die Negation. Die dritte Spalte zeigt veraltete Symbole, die Ihnen aber in Schaltplänen immer noch unterkommen können. In diesem Buch sehen Sie aber nur die ersten beiden Varianten.

Glücklicherweise können Sie die Bauteile bequem im Browser ausprobieren, indem Sie einen Onlinesimulator verwenden. Es gibt mehrere davon, ich verwende für dieses Buch *CircuitVerse*.

Liste mit Logiksimulatoren

Freie Software:

- *Logisim Evolution* (PC/Mac/Linux/Java, *https://github.com/logisim-evolution/logisim-evolution*)
- *Logigator* (PC/Linux, *https://logigator.com/de* auch online)

Online und kostenlos:

- *CircuitVerse* (*https://circuitverse.org/simulator*)
- *simulator.io* (*https://simulator.io/*)

NAND-Gate

Das *NAND-Gatter* hatte ich Ihnen oben schon in Transistorbauweise vorgestellt. Es ist nicht nur besonders einfach herstellbar – aus ein oder mehreren Exemplaren von diesem einen Gate lassen sich alle anderen erbauen! Probieren Sie es aus: Platzieren Sie im Simulator ein NAND-Gate und verbinden Sie die beiden Eingänge mit einem Taster sowie den Ausgang mit einer LED (Abbildung 11.6).

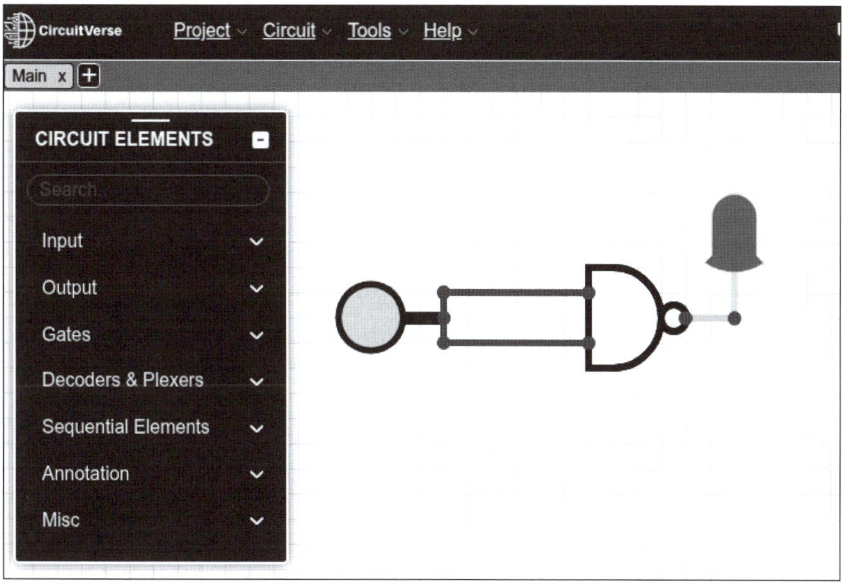

Abbildung 11.6 In CircuitVerse können Sie fix Taste (zu finden unter »Input«), NAND (unter »Gates«) und LED (unter »Output«) verbinden. Die Taste schaltet die Eingänge des NAND vorübergehend auf high und somit die LED aus.

Um sich das Verhalten der Schaltung vor Augen zu führen, stellen Sie eine Wahrheitstabelle auf. Es genügen zwei Zeilen, weil die beiden Eingänge A und B ja immer den gleichen Wert haben. Der Übersicht halber habe ich eine Spalte für das (Zwischen-)Ergebnis der UND-Verknüpfung hinzugefügt:

A	*B*	*A* AND *B*	*A* NAND *B*
1	1	1	0
0	0	0	1

Sie sehen, dass die letzte Spalte die Negation von Spalte *A* sowie *B* ist. Da es in der booleschen Algebra nur die beiden Werte 0 und 1 gibt, ist eine Aussage allgemeingültig, wenn sie für die infrage kommenden Werte zutrifft. Eine vollständige Wahrheitstabelle kann also als Beweis dienen. Sie haben aus einem NAND-Gate ein NOT-Gate gemacht, indem Sie die Eingänge miteinander verbunden haben.

Übrigens: Auch aus NOR-Gattern können Sie alle anderen bauen.

Bleibt die Frage: Was für Schaltungen lassen sich mit solchen Bausteinen realisieren?

11.3 Schaltungen mit Gattern & Co.

Wenn Sie Gates kombinieren und weitere Bausteine hinzufügen, können Sie überaus komplexe Schaltungen entwerfen, für die es wiederum eigene Symbole und integrierte Schaltkreise gibt. Ein wichtiges Beispiel ist das *Flipflop*, das als digitaler Speicher für 1 Bit dienen kann. Ein anderes ist ein *Addierer*. Wenn Sie das alles mit einem Taktgeber betreiben und eine digitale Anzeige hinzufügen, können Sie schon einen sehr einfachen Taschenrechner bauen. In diesem Abschnitt stelle ich Ihnen einige Beispiele vor, die Sie mit einem Simulator Ihrer Wahl nachbauen können, und zwar alles aus NANDs – lassen Sie uns beginnen!

Beispiel: Ein ODER aus NANDs

Ein besonders einfaches Beispiel ist die Konstruktion einer ODER-Verknüpfung aus drei NAND-Gates (Abbildung 11.7).

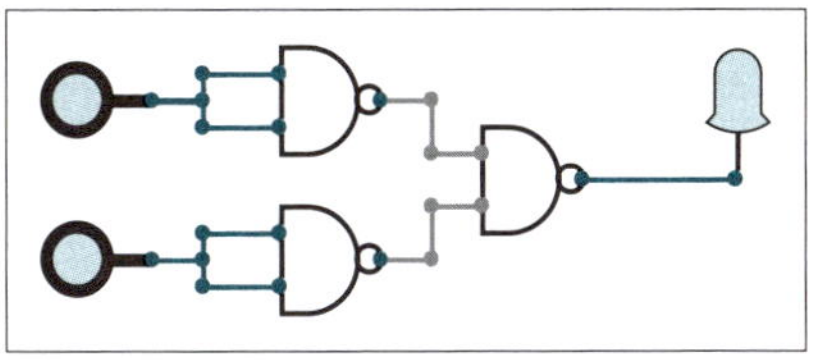

Abbildung 11.7 Aus drei NAND-Gates lässt sich ein ODER konstruieren.

Wenn Sie einen der beiden Tasten drücken, leuchtet die simulierte LED. Statt der Tasten können Sie einstellbare 0/1-Schalter verwenden (zu finden ganz in der Nähe der Tasten), um auch den *high+high*-Fall ausprobieren zu können. Falls Sie sich wundern, woher der Strom für die LED kommt, da doch beide Eingänge ausgeschaltet sind, also *low*: Gates verfügen über eine Spannungsversorgung, die in der Simulation nicht angezeigt wird.

Beispiel: NAND mit vier Eingängen

Wenn Sie mehr als zwei Logikeingänge verknüpfen möchten, können Sie mehrere Gatter kaskadieren. Als Beispiel können Sie ein NAND mit vier Eingängen aus fünf Zweifach-NANDs konstruieren (Abbildung 11.8).

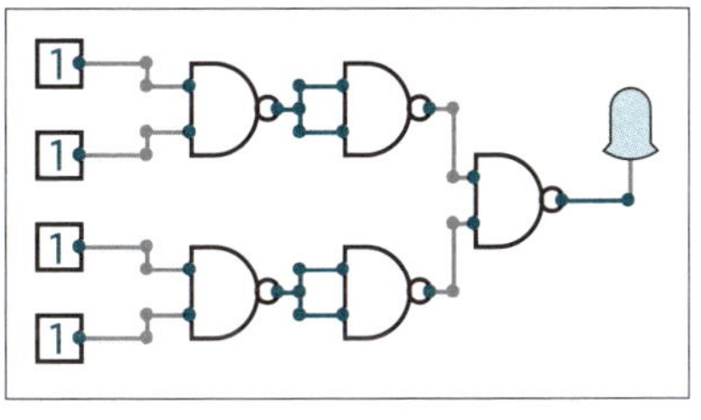

Abbildung 11.8 Fünf Zweifach-NAND-Gatter ergeben ein Vierfach-NAND.
Die beiden mittleren NANDs sind als Inverter geschaltet.

Verwenden Sie in CircuitVerse diesmal die umschaltbaren Bit-Eingänge statt Tasten, um alle möglichen Kombinationen ausprobieren zu können. Ist Ihnen aufgefallen, dass die Simulation die Leitungen passend zu deren momentanem Logikzustand einfärbt? Helle Verbindungen sind *high*, dunkle *low*. So behalten Sie leicht den Überblick.

Beispiel: Latch

Wenn Sie die Ausgänge von zwei NANDs über Kreuz miteinander verbinden, erhalten Sie eine Speicherschaltung (Abbildung 11.9). Testen Sie, was die Tasten bewirken!

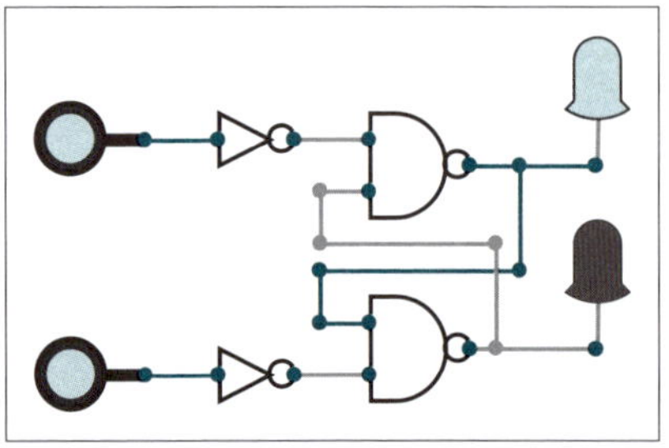

Abbildung 11.9 Der Einfachheit halber habe ich für dieses Latch direkt NOT-Gatter benutzt statt NANDs mit verbundenen Eingängen.

Warum verhält sich die Schaltung so? Angenommen, die untere LED leuchtet anfangs (wenn nicht, drücken Sie einmal den unteren Taster). Dann sind beide Eingänge des oberen NAND-Gates *high* und die angeschlossene LED folglich aus, weil das NAND *low* ausgibt. Sobald Sie die obere Taste drücken, wird der obere Eingang des oberen NAND-Gates durch den Inverter *low*. Der Ausgang des Gates wechselt zu *high*, die LED leuchtet auf – und gleichzeitig wird auch der über Kreuz verbundene Eingang des unteren Gates *high*, was dessen Ausgang auf *low* schaltet. Sie können also durch vorübergehende Signale den Zustand der Schaltung ändern, der danach erhalten bleibt, bis entweder der Strom abgeschaltet wird oder bis Sie das jeweils andere Signal eingeben. Verfolgen Sie am besten die Signale in der Simulation und probieren Sie sie mehrmals aus!

Die erbaute Schaltung heißt *Latch* oder *zustandsgesteuertes Flipflop* und ist so wichtig, dass sie ein eigenes Symbol hat (Abbildung 11.10), das Sie in CircuitVerse unter dem Namen **SR-Flipflop** in der Abteilung **Sequential Elements** finden. Andernorts finden Sie das fast identische Gerät übrigens auch als RS-Flipflop.

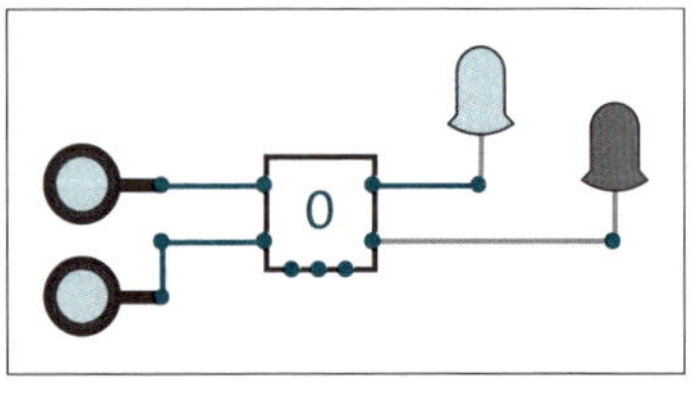

Abbildung 11.10 Das SR-Flipflop von CircuitVerse hat unten zusätzliche Anschlüsse, die wir in diesem Beispiel nicht benutzen.

Die beiden Eingänge des SR-Flipflops heißen Set (S) und Reset (R), der Zustand ist gesetzt (1) oder zurückgesetzt (0). Der obere Ausgang ist mit Q gekennzeichnet und entspricht dem Zustand. Der untere Ausgang $\overline{Q}$ ist immer die Negation des Ausgangs. Der Übersicht halber können Sie im **Properties**-Fenster den LEDs unterschiedliche Farben geben.

Beim SR-Flipflop gibt es allerdings ein kleines Problem, das sich zeigt, wenn Sie sich die Wahrheitstabelle anschauen:

S	R	Q	$\bar{Q}$	Zustand
0	0	bleibt	bleibt	vorheriger Zustand bleibt bestehen
0	1	0	1	Reset auf 0
1	0	1	0	Setzen auf 1
1	1	0	0	?

Was soll das Flipflop tun, wenn es gleichzeitig gesetzt und zurückgesetzt wird? Das ergibt keinen Sinn. Daher wurde ein *D-Flipflop* ersonnen, bei dem es nur einen Eingang gibt und Reset über ein NOT angeschlossen ist. Das vermeidet den undefinierten Zustand. Dafür gibt es einen Enable-Eingang. Nur wenn dieser *high* ist, wird der Eingang auch ausgelesen (Abbildung 11.11).

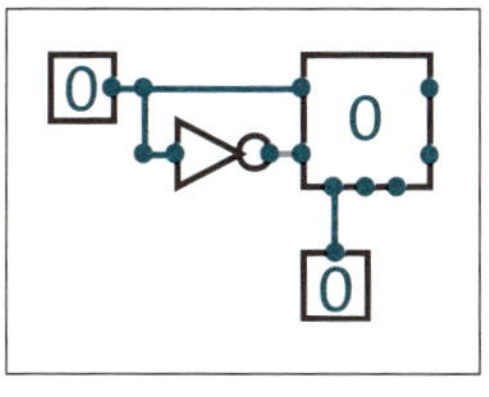

Abbildung 11.11 Das D-Flipflop in CircuitVerse

Das D-Flipflop gibt es praktischerweise als fertiges Bauelement auch in CircuitVerse. Dort ist ein Eingang als Clock (üblicherweise abgekürzt mit C) gekennzeichnet, er wirkt sich ähnlich aus wie der Enable-Eingang in unserer vorherigen Schaltung. Oft dient ein Taktsignal mit einer festen Frequenz dazu, eine Schaltung aus Flipflops anzutreiben.

Aber woher kommt der Takt?

Beispiel: Astabiler Multivibrator

Ein Flipflop kann also genauso aus NANDs wie aus Transistoren (siehe Kapitel 7, »Messen – Steuern – Regeln«) gebaut werden, also geht das sicher auch mit dem *astabilen Multivibrator*, den Sie aus Entspannungsübung 2 des Kapitel 7 kennen, oder?

Das geht tatsächlich. Sie müssen nur dafür sorgen, dass sich zwei NOT-Gatter (bzw. NANDs mit verbundenen Eingängen) gegenseitig verzögert umschalten. Dazu dient je ein rückkoppelndes *RC-Glied* (Abbildung 11.12).

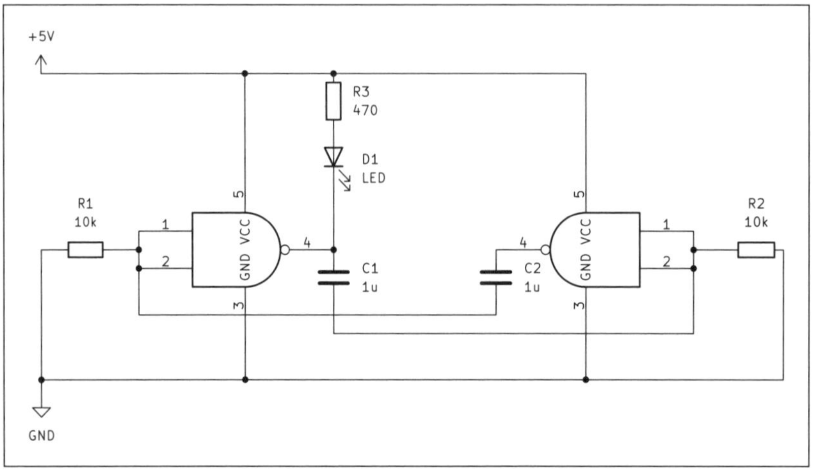

Abbildung 11.12 Ich habe in diese Schaltung eine LED eingebaut, die von den NAND-Gates und den RC-Gliedern zum Blinken gebracht wird.

Leider können Sie diese Schaltung nicht ohne Weiteres simulieren. CircuitVerse & Co. sind reine Logiksimulatoren und kennen keine Widerstände oder Kondensatoren. Der obige Schaltplan stammt aus KiCAD und lässt sich nicht simulieren. In CircuitVerse finden Sie aber immerhin einen fertigen astabilen Multivibrator in Form eines Taktgebers.

Beispiel: NAND mit Schmitt-Trigger

Eine Sonderform sind Gates mit *Schmitt-Trigger*. Dabei handelt es sich um eine digitale Komparatorschaltung, bei der sich die Spannungsschwellen fürs Ein- bzw. Ausschalten um einen gewissen Betrag, die *Schalthysterese*, unterscheiden. Bei Überschreiten einer Spannung U_{high} schaltet der Schmitt-Trigger auf *high*, bei Unterschreiten von U_{low} auf *low*, wobei jedoch $U_{high} > U_{low}$ ist. Das führt dazu, dass Gates mit Schmitt-Trigger-Eingängen auch bei veränderlichen, leicht schwankenden Eingangsspannungen sicher umschalten und nicht »flackern«. Eine Beispielanwendung dafür ist ein *Dämmerungssensor* (Abbildung 11.13).

Der Fotowiderstand bestimmt zusammen mit dem Kalibrierungspotenziometer die Spannung am Eingang des Gates. Je dunkler es ist, umso höher ist der Widerstand. Dank der Schalthysterese kippt der Ausgang des NAND-Gatters mit Schmitt-Trigger bei einer gewissen niedrigen Helligkeit auf *low* und bleibt auch bei diesem Logikpegel, selbst wenn die Helligkeit noch leicht schwankt. Der negierende Ausgang schaltet auf *high*. Er aktiviert im gezeigten Beispiel über einen MOSFET ein Relais, das auf der Sekundärseite beispielsweise eine weihnachtliche Lichterkette anschalten könnte. Ein normaler Transistor anstelle eines MOSFET tut es auch, wenn das Relais nicht zu viel Strom zieht. Beachten Sie die *Freilaufdiode*, die in Sperrrichtung parallel zum Relais geschaltet ist: Nach dem Abschalten der Spannung verursacht die Selbstinduktion der Spule eine Stromspitze, die die Schaltung beschädigen kann. Dieser Strom fließt über die Diode ab, sie wird daher auch als *Schutzdiode* (engl. *Flyback Diode*) bezeichnet. Umgekehrt schaltet das Gate dank des Schmitt-Triggers flackerfrei wieder zurück auf *high*, wenn es deutlich heller wird, das Relais löst sich und schaltet die Weihnachtsbeleuchtung aus, auch wenn die Helligkeit dann noch etwas schwankt.

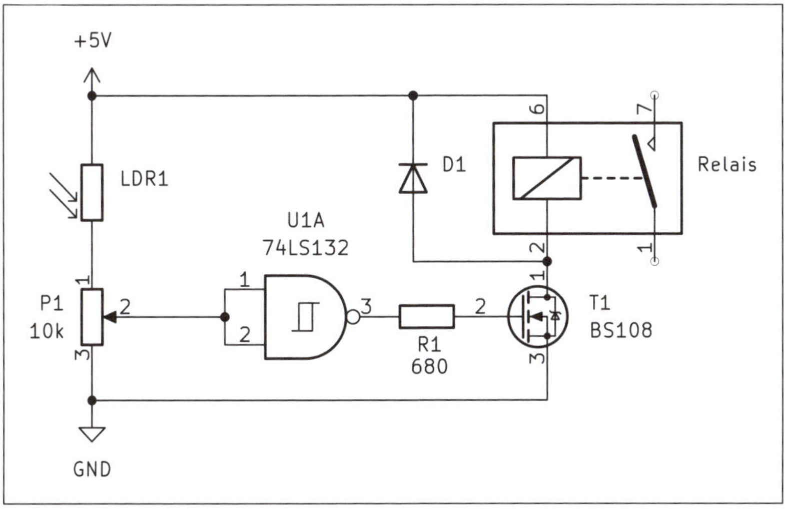

Abbildung 11.13 Der Dämmerungssensor arbeitet mit einem Schmitt-Trigger-NAND (Mitte) und steuert über einen hinreichend dimensionierten MOSFET ein Relais an (rechts oben).

Beispiel: Schieberegister

Wenn Sie mehrere D-Flipflops hintereinanderschalten und mit einem Takt versehen, entsteht ein *Schieberegister*. Bei jeder ansteigenden Taktflanke übernimmt das jeweils folgende Flipflop den Zustand des vorherigen. Ganz links geben Sie einen Bit-Wert mit einem Taster vor. Das Bitmuster, das Sie damit eingeben, pflanzt sich im Takt nach rechts fort (Abbildung 11.14).

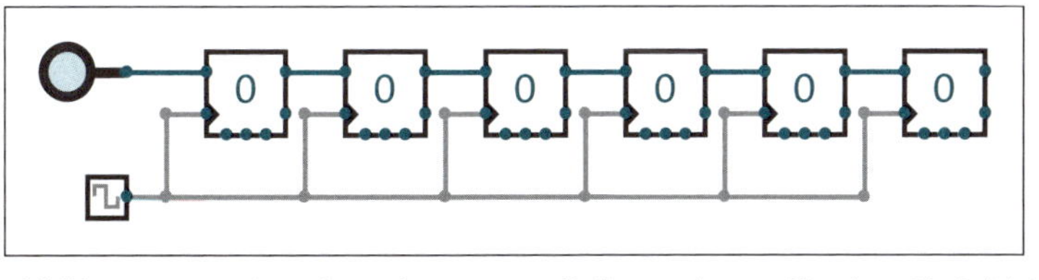

Abbildung 11.14 Mit sechs verketteten D-Flipflops erbauen Sie ein 6-Bit-Schieberegister.

Schieberegister sind für Ablaufsteuerungen wichtig: beispielsweise wenn Daten über eine serielle Kommunikationsverbindung transportiert werden sollen. Deshalb gibt es eigene ICs mit dieser Funktion, sodass Sie sie nicht aus einzelnen Flipflops nachbauen müssen.

Beispiel: Zähler

Es ist beileibe kein Geheimnis: Computer rechnen mit *Binärzahlen*. Die für menschliche Wesen etwas verständlicheren *Dezimalzahlen* liegen in der Anzahl unserer verfügbaren Finger begründet. Während im Dezimalsystem jede Stelle Werte von 0 bis 9 annehmen kann, gibt es nur zwei binäre Ziffern: 0 und 1.

Falls beim Zählen oder bei einer Addition die verfügbaren Ziffern überschritten werden – im Dezimalsystem passiert das von der 9 zur 10 –, muss eine neue Stelle hinzugefügt werden. Dies geschieht auf der linken Seite und beschert uns Zehner, Hunderter, Tausender und so weiter, also die Potenzen von 10, der *Basis* des Zahlensystems. Auch im *Binär-* oder *Dualsystem* erhält jede Stelle einen Wert entsprechend der jeweiligen Potenz der Zahlenbasis 2:

8. Stelle	7. Stelle	6. Stelle	5. Stelle	4. Stelle	3. Stelle	2. Stelle	1. Stelle
$2^7 = 128$	$2^6 = 64$	$2^5 = 32$	$2^4 = 16$	$2^3 = 8$	$2^2 = 4$	$2^1 = 2$	$2^0 = 1$

Die Anzahl darstellbarer unterschiedlicher Zahlen mit einer vorgegebenen Menge an Stellen ist identisch mit dem Wert der nächsten Stelle. Mit 8 Stellen lassen sich demzufolge 28 = 256 verschiedene Zahlen darstellen (z. B. jene von 0 bis 255), und wie Sie vermutlich schon wissen, fasst so ein 8-Bit-Speicher genau ein *Byte*.

Um eine Binärzahl in eine Dezimalzahl umzurechnen, müssen Sie nur die Werte der Stellen mit gesetztem Bit addieren. Probieren Sie es aus:

Wert	128	64	32	16	8	4	2	1
Zahl 1	0	0	0	0	0	1	0	1
Zahl 2	0	1	0	1	0	1	0	1
Zahl 3	1	0	0	0	0	0	0	1

Die Binärzahl in der ersten Zeile entspricht der Dezimalzahl 5 (4 + 1), die zweite der 85 und die dritte der 129.

Lassen Sie uns jetzt mit D-Flipflops eine *Zählschaltung* bauen, die das demonstriert. Um das Prinzip zu verdeutlichen, genügen 4 Bit, wir zählen also nur von 0 bis 15 und beginnen dann von vorn. Gesteuert wird der Zähler mit einer Taste oder einem Taktgeber (Abbildung 11.15).

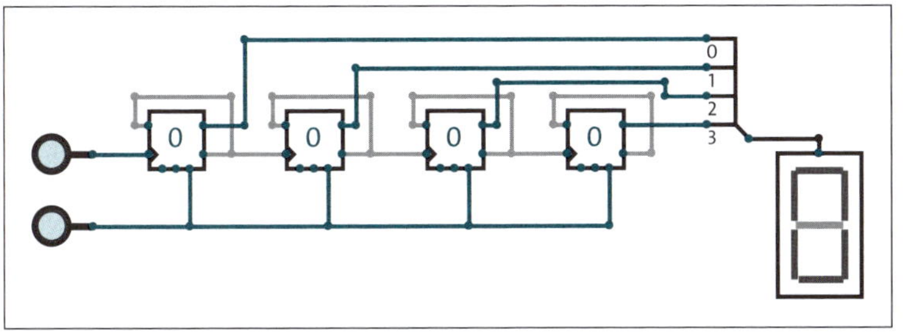

Abbildung 11.15 Mit 4 Bit können Sie von 0 bis 15 zählen. Was die Anzeige wohl darstellt, wenn Sie beim Zählerstand von 9 auf die Zähltaste drücken?

Der Trick besteht darin, dass jeweils eine Schleife zwischen negiertem Ausgang $\overline{Q}$ und Eingang D besteht. Wann immer der Takteingang *high* wird, übernimmt der Speicher des Flipflops den Wert des Eingangs – und da das stets das Gegenteil des momentanen Werts ist, schaltet jeder Tastendruck zwischen 0 und 1 hin und her. Genau dieses Signal bildet dann den Takt für die nächste Ziffer. Probieren Sie's aus!

Im Vergleich zu den oben notierten Binärzahlen sind die Bits unseres Zählers verkehrt herum, nämlich von links nach rechts angeordnet. Das liegt aber nur daran, dass man die Flipflops in CircuitVerse nicht spiegeln kann. Wenn Sie sie andersherum anordnen, also in der richtigen Stellenreihenfolge mit der kleinsten Stelle rechts, wird die Verdrahtung etwas unübersichtlich.

Im abgebildeten Schaltbild habe ich außerdem einen Taster mit den Reset-Eingängen verbunden, sodass Sie den Zähler jederzeit auf 0 zurücksetzen können. Außerdem habe ich eine *Siebensegmentanzeige* hinzugefügt. Diese enthält praktischerweise direkt eine Übersetzungslogik, um die richtigen Ziffern anzuzeigen. Sie müssen nur einen *Splitter* dazwischenschalten (geben Sie beim Platzieren ein: **bitWidth** 4, **Split** 1 1 1 1).

Übrigens eignen sich Siebensegmentanzeigen vor allem für Zahlen im *BCD-Format* (*Binary Coded Decimal*). Dabei sind je vier Bits für eine Dezimalziffer reserviert. Mit acht Bits, also einem Byte, lassen sich somit zwei Dezimalziffern darstellen, ergo die Zahlen von 00 bis 99. Es gibt eigene ICs, die vier BCD-codierte Bit-Eingänge besitzen und die sieben passenden Leitungen für die LED-Streifen in der Anzeige als Ausgang (z. B. 74x47). Wenn es keinen Verlust bedeutet, die Zahlen von 100 bis 255 zu »verschwenden«, können Sie auf BCD zurückgreifen.

Da die Decoder die 4-Bit-Zahlen zwischen 10 und 15 als Buchstaben A bis F darstellen, eignet sich die Technik aber besonders für *Hexadezimalzahlen* – in diesem Zahlensystem mit der Basis 16 verwenden zwei Ziffern zweimal vier Bits, also ein Byte, und die »Ziffern« 0 bis 9, gefolgt von A bis F für 10 bis 15. Da wird dann nichts »verschwendet«.

Beispiel: Halbaddierer

Computer sollten die Addition beherrschen, finden Sie nicht?

Berechnen Sie einmal die Summe der einstelligen Dezimalzahlen 7 und 3. Das Resultat lässt sich nicht mit einer Stelle darstellen, Sie brauchen eine zweite, um den *Übertrag* (in diesem Fall 1) zu notieren – die Zehnerstelle.

Auch wenn Sie zwei Binärzahlen addieren möchten, müssen Sie genau wie bei Dezimalzahlen mit einem Übertrag arbeiten, falls bei einer Stelle der maximal darstellbare Wert (läppische 1) überschritten wird. Daraus können Sie sofort eine Wahrheitstabelle erstellen, die für die Addition von zwei einzelnen Bits A und B mit den möglichen Binärzahlen 0 oder 1 gilt:

A	*B*	*A+B* (1 Bit)	Übertrag
0	0	0	0
0	1	1	0
1	0	1	0
1	1	0	1

Den Übertrag nennt man auch *Carry*. Können Sie eine Schaltung bauen, die zu der obigen Wahrheitstabelle passt?

Wenn Sie genau hinschauen, ist die Summe $A + B$ identisch mit der XOR-Verknüpfung von *A* und *B*. Der Übertrag ist genau dann *high*, wenn *A* und *B* *high* sind – also nichts anderes als eine UND-Verknüpfung (Abbildung 11.16).

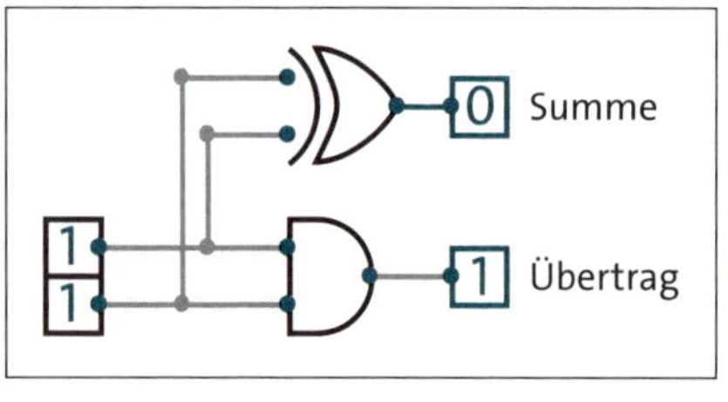

Abbildung 11.16 Der Halbaddierer zeigt oben am XOR die Summe und unten am AND den Übertrag an.

Für die höherwertigen Stellen benötigen Sie dann *Volladdierer*, die das Übertrag-Bit mitrechnen, also drei Eingänge haben. Das ist ein tolles Thema für eine Entspannungsübung, oder? Bevor ich Sie damit behellige, weise ich aber gerne noch darauf hin, dass es nicht schaden kann, Logik-ICs auch einmal von Hand zu verdrahten, nicht nur im Browser. Statt im Simulator können Sie natürlich auch eine *Steckplatine* benutzen, um mit Schaltungen zu experimentieren. D-Flipflops finden Sie für den Betrieb mit 5 V (TTL-Pegel, siehe Infokasten weiter unten) beispielsweise im verbreiteten Chip mit der leicht zu merkenden Bezeichnung 74LS74 (Abbildung 11.17).

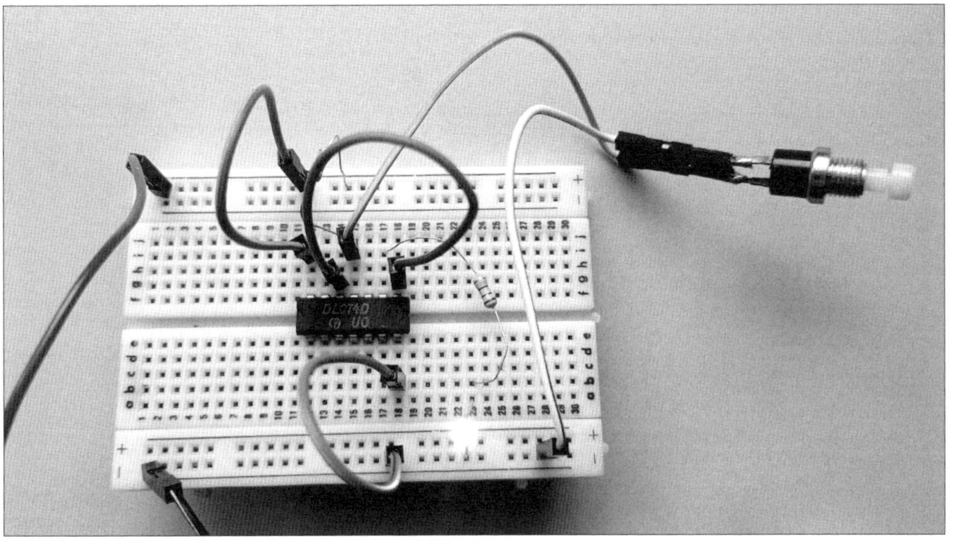

Abbildung 11.17 Das D-Flipflop wird zu einem mit dem Taster umschaltbaren Ein-Bit-Speicher, weil der invertierte Ausgang $\bar{Q}$ mit dem Eingang verbunden ist. Das verwendete IC vom Typ DL074D stammt übrigens aus ehemaliger DDR-Fertigung und ist eine Kopie des 74LS74.

Die zugehörige Schaltung sieht im Simulator viel einfacher aus, oder? (Abbildung 11.18).

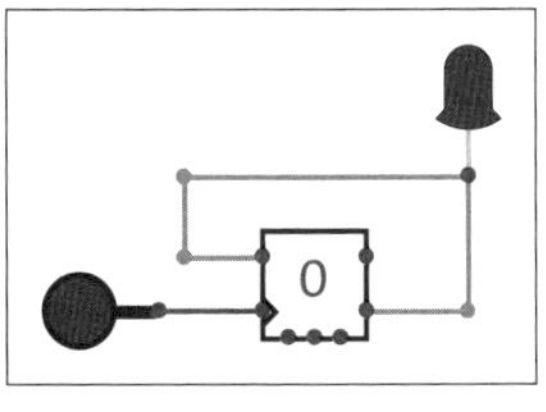

Abbildung 11.18 So sieht die Steckplatinenschaltung im Simulator aus.

Im Vergleich zur Simulation bemerken Sie einige Unterschiede: So müssen Sie den Clock-Eingang, der mit dem Taster verbunden ist, mit einem sogenannten *Pull-up-Widerstand* an die Versorgungsspannung anschließen, weil der offene Eingang sonst keinen eindeutigen Pegel hat (Pull-down-Widerstände funktionieren genau andersherum). Außerdem flackert die LED, wenn Sie die Taste drücken, weil sie nicht *entprellt* ist – der physikalische Kontakt ist nicht sauber und eindeutig, sodass Sie in Wirklichkeit innerhalb einiger Millisekunden mehrere Pulse ans IC schicken und nicht nur einen. Entprellen kann man einen Taster beispielsweise mit einem *RS-Flipflop*.

Die benötigten Logik-ICs der 74er-Reihe können Sie im Internet überaus günstig bestellen. Die Gehäuse verfügen meist über 14 Anschlüsse. Wenn Sie die Markierung am Gehäuse auf der linken Seite haben, können Sie die Pins beginnend links unten entgegen dem Uhrzeigersinn durchnummerieren. Dann gehört die Versorgungsspannung fast immer an Pin 14 (also links oben) und die Masse an Pin 7 (rechts unten). Die restlichen Pins sind Ein- oder Ausgänge (Beispiel: Abbildung 11.19).

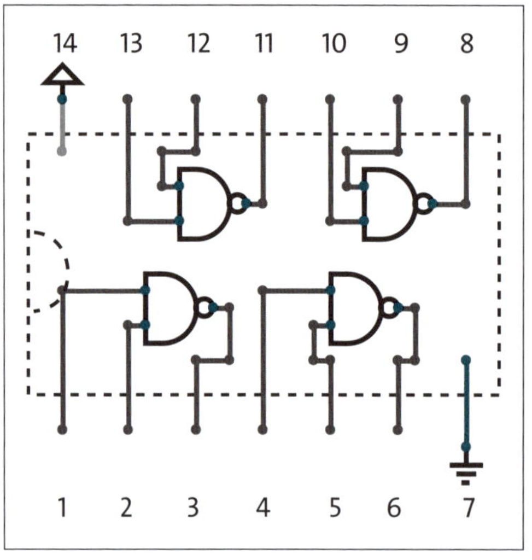

Abbildung 11.19 Der Anschlussplan des 74x00-ICs mit vier NAND-Gattern. Zur richtigen Orientierung beachten Sie die Kerbe an der kurzen Seite mit Pin 1. Sie finden die entsprechenden Skizzen für alle ICs im Netz, z. B. beim Hersteller oder in Internetdatenbanken wie https://alldatasheet.com.

Von TTL und CMOS

In *TTL*-Bauelementen (Transistor-Transistor-Logik) kommen bipolare Multi-Emitter-Transistoren zum Einsatz. Diese Technik, die in den 1960er-Jahren entwickelt wurde, beherrschte lange Zeit den Markt. TTL-Chips sind äußerst verbreitet, extrem billig und beispielsweise in 14-poligen *DIP-Gehäusen* (*Dual In-Line Package*) untergebracht (Abbildung 11.20).

Die maximale Betriebsspannung ist 5,5 V, üblicherweise verwendet werden 5 V, mit etwas Glück funktionieren die meisten ICs auch an 4,5 V (also drei AA- oder AAA-Batterien, jedoch keine Akkus, die nur auf je 1,2 V kommen). Spannungen zwischen 0 V und 0,8 V gelten als logisch *low*, Werte zwischen 2 V und 5 V als logisch *high*. Typische Schaltzeiten sind ungefähr 10 ns, bei Chips der 74S-Serie nur 3 ns. Es gibt auch die 74L-Versionen (*Low Power*), was mit längeren Schaltzeiten (30 ns) in Kauf genommen wird, sowie LS (*Low Power Schottky*, wiederum kürzere Schaltzeiten und weniger Leistungsaufnahme). Die Buchstaben zwischen der 74 und der Typnummer sagen also etwas über bestimmte elektrische oder Timing-Eigenschaften aus, sind aber für die meisten Anwendungen ohne Belang. Für Ihre eigenen Schaltungen auf einer Steckplatine eignen sich ohne Weiteres preisgünstige LS-Versionen.

Abbildung 11.20 Von links nach rechts: ein Video-Shifter-IC aus einem alten Atari-ST-Computer, ein SN74LS76 (enthält zwei Flipflops), ein SN74LS132 (vier NAND-Gatter mit zwei Eingängen) und ein SN7402 mit vier NOR-Gattern mit zwei Eingängen)

CMOS-Schaltungen (*Complementary Metal-Oxide-Semiconductor*) verbrauchen weniger Strom und können in sehr hohen Dichten in Chips verpackt werden. Moderne CMOS-Chips sind für 3,3 V ausgelegt, einige kommen sogar mit 1,8 V aus. Bei der Auswahl passender Chips müssen Sie auf die richtige Betriebsspannung achten.

Für die Beschaffung von Exemplaren für eigene Experimente können Sie sich an der folgenden Liste orientieren.

Bezeichnung	Funktionen
74x00	4 NAND-Gates mit je 2 Eingängen
74x02	4 NOR-Gates mit je 2 Eingängen
74x04	6 NOT-Gates (Inverter)
74x47	BCD-zu-Siebensegmentanzeige-Treiber
74x68	2 4-Bit-Dezimalzähler

Bezeichnung	Funktionen
74x74	2 D-Flipflops
74x83	4-Bit-Volladdierer
74x91	8-Bit-Schieberegister
74x132	4 NAND-Gates mit Schmitt-Trigger-Eingängen

Sicherer Umgang mit Logikchips

Damit Sie viel Freude an funktionierenden Schaltungen haben, beachten Sie die folgenden Hinweise:

- Schließen Sie bei allen ICs eine passende Versorgungsspannung und Masse korrekt an und vertauschen Sie nie die Polarität (die Chips enthalten üblicherweise keinen Schutz dagegen).
- Schließen Sie keinen Ausgang direkt an Versorgungsspannung oder Masse an, sondern entweder an einen anderen Eingang oder (über einen Vorwiderstand von mindestens 470 Ω) an eine LED.
- Nicht ganz so selbstverständlich, aber ebenfalls wichtig: Verbinden Sie nie zwei oder mehr Ausgänge.
- Bei der Arbeit fesseln Sie sich selbst am besten mit einem *Erdungsarmband* an Tisch und Boden.
- Lassen Sie Eingänge nicht »offen«, also ohne jegliche Verbindung, auch wenn beispielsweise ein (im Normalzustand geöffneter) Eingabetaster angeschlossen ist. Um einen Eingang standardmäßig (also bei nicht gedrückter Taste) auf einen Logikpegel von 0 oder 1 zu legen, verwenden Sie Pull-up- bzw. Pull-down-Widerstände (z. B. 10 kΩ), um einen Standardwert fest zu definieren. Ein Taster verbindet dann den Eingang ohne Widerstand wohldefiniert mit dem gewünschten aktiven Pegel von 0 (verbunden mit Masse) oder 1 (verbunden mit der Versorgungsspannung). Bei Simulationen wie CircuitVerse ist ein offener Eingang immer logisch 0, es sei denn, Sie legen ihn auf den festen Eingangswert 1 – Widerstände werden Sie in der Palette der Elemente ohnehin vergeblich suchen.
- Halten Sie im Internet Ausschau nach günstigen Bastelsets mit Steckplatine, Taster, LEDs und Verbindungsdrähten. Darauf können Sie aufbauen und bei Bedarf weitere Bauteile einer wachsenden Sammlung hinzufügen.

11.4 Entspannungsübungen

Aufgabe 1

Basteln Sie im Simulator, nachdem Sie sich die booleschen Ausdrücke mit de-morganschen Regeln hergeleitet haben:

a) eine Dreifach-NAND-Verknüpfung nur aus NAND-Gattern. Notieren Sie zuvor eine Wahrheitstabelle.

b) eine XOR-Verknüpfung nur aus NOR-Gattern. Hinweis: Werfen Sie einen Blick auf die Formeln in Abschnitt 11.1.

Aufgabe 2

Basteln Sie im Simulator:

a) einen Addierer für zwei 2-Bit-Zahlen aus Gattern. Hinweis: Konstruieren Sie dazu einen Halb- und einen Volladdierer. Sie benötigen dazu OR, XOR und AND-Gatter.

b) eine Ampelschaltung aus OR-Gattern und D-Flipflops, die auf Tastendruck reihum zwischen Rot, Rot+Gelb, Grün, Gelb wechselt (und wieder von vorn). Hinweis: Die D-Flipflops in CircuitVerse besitzen einen Preset-Eingang.

11.5 Lösungen

Aufgabe 1

a) Die geforderte Wahrheitstabelle zeigt genau dann eine 0 am Ausgang, wenn alle drei Eingänge 1 sind, sonst 1:

A	*B*	*C*	*ABC*
0	0	0	1
0	0	1	1
0	1	0	1
0	1	1	1

A	B	C	ABC
1	0	0	1
1	0	1	1
1	1	0	1
1	1	1	0

Sie können das Problem zunächst mathematisch betrachten, indem Sie das Assoziativgesetz und ein *de-morgansches Gesetz* anwenden:

$\neg(A \wedge B \wedge C) = \neg((A \wedge B) \wedge C) = \neg(A \wedge B) \vee \neg C$

Der vordere Term ist ein handelsübliches NAND. Um das OR wiederum mit einem NAND darzustellen, wenden Sie wiederum de-morgansche Gesetze an, indem Sie das OR eliminieren. Zum besseren Verständnis schreibe ich das Gesetz einmal mit x und y hin:

$\neg(x \vee y) = \neg x \wedge \neg y$

Oder umgeformt:

$x \vee y = \neg(\neg x \wedge \neg y)$

Jetzt setzen Sie $x = \neg(A \wedge B)$ und $y = \neg C$ und erhalten:

$\neg(A \wedge B \wedge C) = \neg(\neg(\neg(A \wedge B)) \wedge \neg C)$

Das doppelte NOT vor dem C hebt sich natürlich auf. Insgesamt haben Sie also ein NAND mit A und B, dessen Ergebnis negiert werden muss und wiederum in ein NAND mit C einfließt. Damit benötigen Sie drei NAND-Gatter für Ihre Schaltung (Abbildung 11.21).

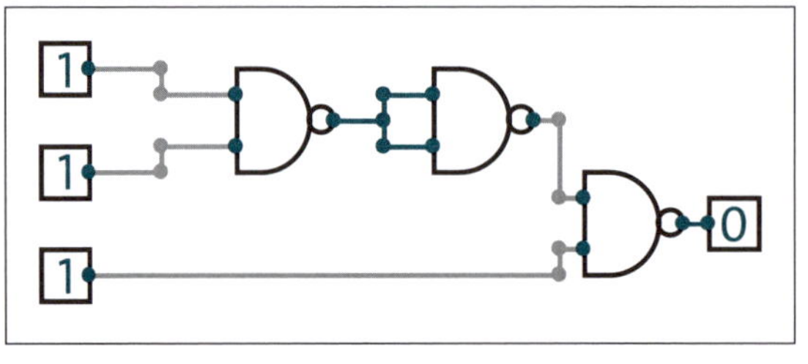

Abbildung 11.21 Die korrekte Schaltung in CircuitVerse

b) Laut Abschnitt 11.1 kann das XOR wie folgt ausgedrückt werden:

$(A \vee B) \wedge \neg(A \wedge B)$

Da lediglich NOR-Bausteine zur Verfügung stehen, formen Sie beide AND-Verknüpfungen mittels de-morganschen Gesetzen um. Ganz rechts steht ja schon ein Term, der sich direkt umformen lässt:

$(A \vee B) \wedge (\neg A \vee \neg B)$

Nun müssen Sie noch das »große« AND loswerden:

$\neg(\neg(A \vee B) \vee \neg(\neg A \vee \neg B))$

Jetzt haben Sie ganz außen ein NOR, links ebenfalls eines und rechts eines mit negierten Eingängen. Sie können also alles zusammensetzen, wobei als Negation je ein NOR mit verbundenen Eingängen dient (Abbildung 11.22).

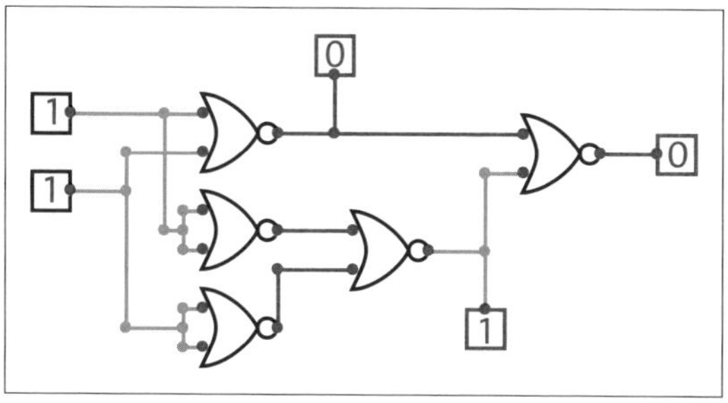

Abbildung 11.22 Um die Zwischenergebnisse der komplizierten XOR-Schaltung begutachten zu können, habe ich sie mit zwei zusätzlichen Anzeigen gespickt.

Aufgabe 2

a) Wie ein Halbaddierer ausschaut, wissen Sie schon. Fügen Sie die zweite Stelle hinzu, müssen Sie einen Volladdierer hinzuschalten, der in zwei Schritten die beiden Binärziffern und den Übertrag des Halbaddierers zusammenrechnet. Das Resultat sind dann drei Stellen, wobei die höchste wieder ein Übertrag ist (Abbildung 11.23).

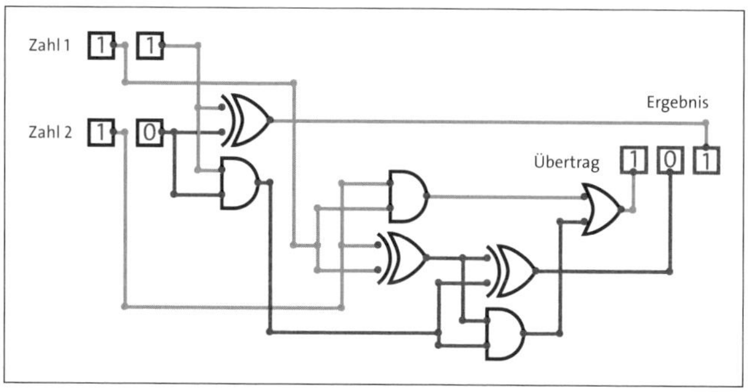

Abbildung 11.23 Der Addierer im Einsatz, hier mit der Aufgabe 3 + 2 = 5.

b) Die vier möglichen Zustände der Ampelphasen (Rot, Rot+Gelb, Grün, Gelb) lassen sich am besten mit einem Schieberegister mit vier D-Flipflops abbilden. Verknüpfen Sie den Ausgang des letzten mit dem D-Eingang des ersten, damit sich die Phasen immerzu wiederholen. Indem Sie eine Reset-Funktion einbauen und nur den Preset-Eingang des ersten Flipflops damit verbinden (oder direkt mit V_{CC}), stellen Sie die Ausgangssituation her (Phase 1/Rot). Sie benötigen zwei OR-Gates, weil die rote LED sowohl in Phase 1 als auch in Phase 2 leuchtet und die gelbe in Phase 2 und in Phase 4. Verbinden Sie die Eingänge der OR-Gates mit den richtigen Flipflop-Ausgängen. Die grüne LED kann direkt an den Ausgang des Flipflops angeschlossen werden (denken Sie daran, dass LEDs in realen Schaltungen einen Vorwiderstand benötigen, auch wenn sie an Logikausgänge angeschlossen sind). Eine automatische Ampelschaltung benötigt natürlich einen Taktgeber und einen Zähler oder eine andere, kompliziertere Schaltung, weil die Phasen unterschiedlich lang sind. Zum Abschluss dieses Kapitels können Sie sich aber erst einmal mit der vereinfachten Version begnügen und (wenn Sie genug damit gespielt haben, siehe Abbildung 11.24) die Ampel auf Grün stellen fürs nächste Kapitel!

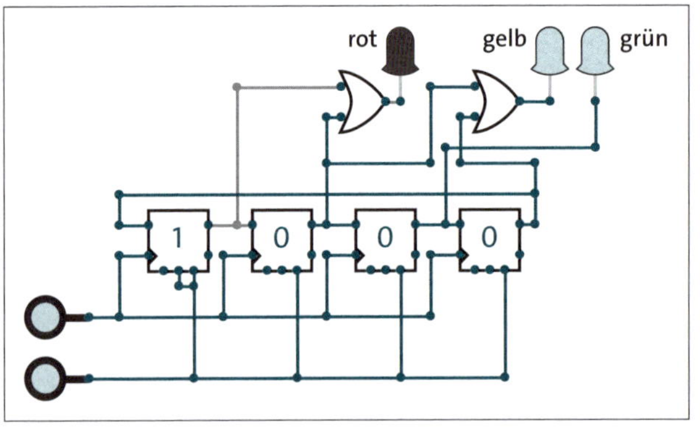

Abbildung 11.24 Die Ampelschaltung in CircuitVerse basiert auf einem 4-Bit-Schieberegister.

Kapitel 12

Vom NAND zum Prozessor

Aus fünf Gattern baut man einen Addierer, aus ein paar Millionen – zum Beispiel einen Mikroprozessor. Und die sind verdammt wichtig in der Elektrotechnik und kommen überall zum Einsatz …

12.1 Aufbau eines Mikroprozessors

Schon bevor der Transistor erfunden wurde, gab es erste Computer. Die historische Entwicklung ist eng mit der technischen verbunden, weswegen eine kleine Zeitreise bestens geeignet ist, um den inneren Aufbau von *Mikroprozessoren* zu verstehen. Begleiten Sie mich auf diesem Weg, der schließlich bis hin zu den überaus leistungsfähigen Geräten in Ihrer Hosentasche führt.

Was unterscheidet also einen *Mikroprozessor* von einer einfachen Ansammlung von Zähl- oder Addierschaltungen, die Sie im letzten Kapitel kennengelernt haben?

Das entscheidende Kriterium ist die *Programmierbarkeit*. Ein *Programm* eines Mikroprozessors besteht aus *Maschinensprachbefehlen*, die verschiedene Rechen- und Logikaufgaben aneinanderreihen. Diese Befehle sind letztlich nichts anderes als aufeinanderfolgende, unterschiedliche Binärzahlen. Sie können sich das so vorstellen, dass der Prozessor eine bestimmte Zahl im *Programmspeicher* vorfindet. Abhängig davon, um welchen *Opcode* es sich handelt, treten verschiedene Teile seiner *arithmetisch-logischen Einheit* (ALU) in Aktion. Je nach Befehl kann es sein, dass der Prozessor auf die Speicherstellen nach dem eigentlichen Opcode zugreift, weil er dort notwendige Parameter erwartet, etwa zwei Zahlen, die zu addieren sind. Befehle können also unterschiedlich lang sein. Deshalb muss der Prozessor wissen, welche Speicherstelle als Nächstes an der Reihe ist. Dafür besitzt der Prozessor den *Program Counter* (Abbildung 12.1).

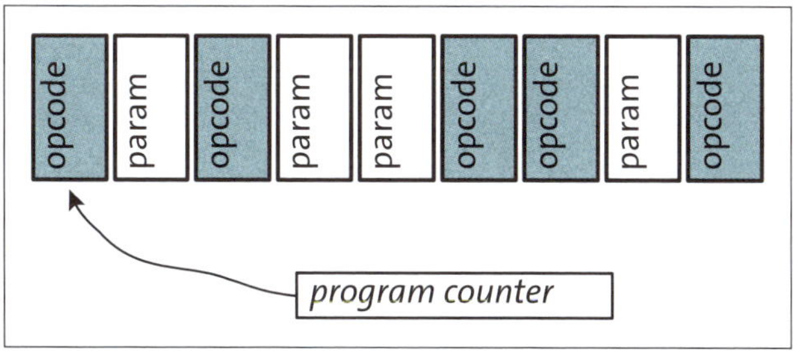

Abbildung 12.1 Der Program Counter arbeitet das Programm ab.

Nachdem das Rechenwerk das Ergebnis in einem dafür vorgesehenen Speicher innerhalb der CPU (*Register* oder *Akkumulator*) abgelegt hat, ist die Operation beendet. Daraufhin wird der *Programmzähler (Program Counter)* auf den folgenden Maschinensprachbefehl verschoben, um diesen abzuarbeiten. Ein spezieller Opcode markiert schließlich das Ende der Befehlskette. Heutzutage programmiert kaum noch jemand in Maschinensprache (*Assembler*), sondern in einer *Hochsprache* wie *Python, Java* oder *C/C++* – die aber alle letztlich in Maschinensprache übersetzt werden, damit der Prozessor sie ausführen kann.

Der Prozessor ist üblicherweise mit einem *Speicher* sowie anderen Komponenten verbunden, mit denen er Daten austauschen kann. Ein *Taktgeber* sorgt für den Arbeitsrhythmus. In einem Computer ist der Hauptprozessor (*CPU*) die Schaltzentrale: Er führt Berechnungen durch und steuert die anderen Komponenten, mit denen er in Verbindung steht. Das war schon beim allerersten Computer der Fall. Wie Sie auf den nächsten Seiten sehen werden, führt jeder Entwicklungsschritt neue Konzepte ein, die für den Aufbau auch heutiger Computer entscheidend sind. Deshalb erkläre ich Ihnen diese Konzepte in der Reihenfolge ihres Entstehens. Auf geht's zum Streifzug durch die Vergangenheit der Computer und Prozessoren!

Beispiel: ZUSE Z3

Er gilt als erster Rechner der Welt und musste noch ohne Transistoren auskommen: Der *ZUSE Z3*, 1938 bis 1941 erbaut von *Konrad Zuse* (1910–1995), bestand aus 600 Relais für das Rechenwerk. Hinzu kamen 1.408 Relais als Speicher, der aufgeteilt war in 64 Gleitkommazahlen zu je 22 Bit. Der Z3 besaß zwei Register und nahm Programme über einen *Lochstreifenleser* entgegen. Der *Takt* betrug sage und schreibe 5,3 Hz. Die Grundkomponenten eines Prozessors waren in diesem Computer alle vorhanden, auch wenn er lediglich ganze neun Befehle verstand: Laden/Speichern zwischen Registern und Speicherzellen, Grundrechenarten, Quadratwurzel, Zahlen einlesen oder ausgeben. Die Addition funktionierte im Z3 genau wie in dem Addierer aus dem letzten Kapitel, also mit XOR und Carry. Es gab allerdings weder Vergleiche noch (bedingte) Sprünge. Übrigens wurde das etwa eine Tonne wiegende Ungetüm nie regulär betrieben, sondern war letztlich eine Art Machbarkeitsstudie. Das Original überstand den Krieg nicht, Nachbauten können unter anderem im Deutschen Museum in München besichtigt werden.

Beispiel: ENIAC

Nicht lange nach dem Z3 entstand im Auftrag der US-Armee an der Universität von Philadelphia (Pennsylvania) ein wegweisender Rechner, der *Röhren* statt Relais verwendete, und zwar 17.468 Stück. Damit kam er auf ein Gewicht von satten 27 t. Röhren mussten beheizt werden, damit sie funktionierten. Dementsprechend schluckte das Rechenmonster im Betrieb um die 140 kW. Programmiert wurde ENIAC übrigens hauptsächlich von Frauen (Abbildung 12.2).

Im Gegensatz zum Z3 besaß der ENIAC zunächst keinen Programmspeicher. Stattdessen mussten Kabel gesteckt und Schalter betätigt werden. Zur Ein- und Ausgabe von Zahlenwerten dienten Lochkarten (Leser und Stanzer). Dabei kamen keine Binär-, sondern Dezimalzahlen zum Einsatz. Die Qualität der Rechenergebnisse litt unter der beschränkten Lebensdauer der Röhren. Als man feststellte, dass diese vorzugsweise beim Ein- und Ausschalten des Rechners ausfielen, ließ man ihn einfach dauerhaft angeschaltet.

Abbildung 12.2 Der ENIAC-Rechner (1945) und zwei seiner Programmiererinnen (Foto: gemeinfrei)

Beispiel: Intel 4004

Erste Prozessoren in integrierter Halbleiterbauweise, also auf *Silizium-Wafern* gefertigt (Abbildung 12.3), erschienen erst viel später in größerer Stückzahl. 1971 stellte Intel den *4004* vor, die erste 4-Bit-*CPU* (*Central Processing Unit*) in Chip-Form.

Abbildung 12.3 Ein Silizium-Wafer (mit Speicherchips von IBM)

Er kam in einem 16-poligen DIP-Gehäuse daher, das den üblichen Logik-ICs ähnelte. Der 4004 beschränkte sich auf die eigentliche Recheneinheit, sodass Speicher und Ein-/Ausgabegeräte nicht integriert waren. Immerhin 16 Register mit 4 Bit Breite hat man dem Prozessor eingebaut. Er verstand 46 verschiedene Befehle und konnte auf einen Befehls- und Datenspeicher zugreifen, die voneinander getrennt waren. Dadurch konnten Daten nicht versehentlich als Code aufgefasst werden – eine CPU kann sich nicht selbst umprogrammieren. Die 2.300 Transistoren des Chips arbeiteten mit einer Taktfrequenz von 500 bis 740 kHz. Mit nur vier Adressleitungen konnte die CPU lediglich $2^4 = 16$ Speicheradressen im *RAM-Speicher* (*Random Access Memory*) ansprechen, aber durch Umschalten von RAM-Bereichen (*Bank Switching*) ging auch mehr.

Der 4004 konnte bereits Unterprogramme aufrufen. Das ist ein wichtiges Konzept: Statt gleichen Code an verschiedenen Stellen im Programm einzusetzen, existiert er nur einmal. Wo immer er benötigt wird, wird nur ein Sprungbefehl mit der Adresse im Befehlsspeicher hinterlegt. Der Prozessor muss sich lediglich die vorherige Stelle merken, zu der er zurückkehrt, wenn das Unterprogramm beendet ist. Um mehrere Unterprogramme ausführen zu können, wird ein *Stapelspeicher* verwendet, der *Stack*. Die nächste gültige Rücksprungadresse liegt immer oben auf dem Stapel, der nach dem *Last-In-First-Out-Prinzip (LIFO)* arbeitet (Abbildung 12.4).

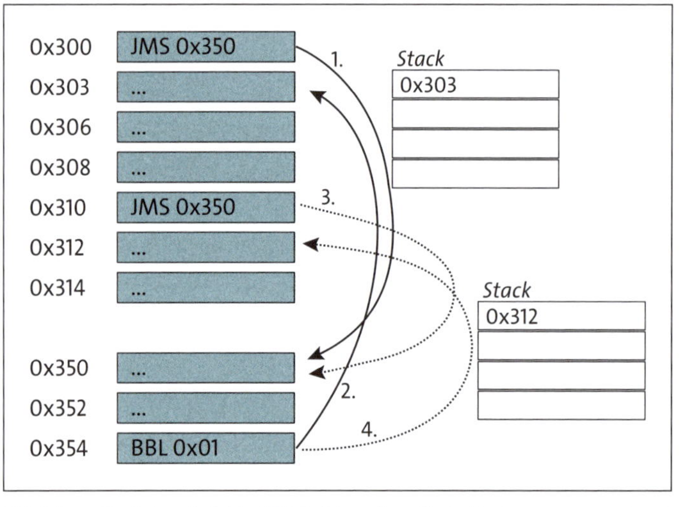

Abbildung 12.4 Der Befehl »JMS (address)« ruft ein Unterprogramm des 4004 auf, »BBL (D)« beendet es. Die Ziffern an den Pfeilen zeigen Ihnen die Reihenfolge des Geschehens.

Diese Methode, Unterprogramme aufzurufen, ist ein wichtiges Konzept in der Informatik. Dazu speichert der 4004-Befehl `JMS` (*Jump to Subroutine*) die Adresse des folgenden Befehls auf dem Stack, bevor er den Programmzähler auf die als Parameter angegebene Unterprogrammadresse setzt. Bei der Rückkehr durch den Befehl `BBL` (*Branch Back and Load*) landet der oberste Wert vom Stack im Programmzähler, außerdem gibt der Befehl ein Ergebnis im *Akkumulator* (einem internen Speicherregister des Prozessors) zurück – 4 Bit nur, wohlgemerkt. Der 4004 kann auf seinem Stapel allerdings höchstens vier Rücksprungadressen speichern – mehr als vier verschachtelte Unterprogramme sind damit also nicht möglich.

Um auf Basis des 4004 einen kompletten Rechner zu bauen, entwarf Intel einen ganzen Chipsatz: Der CPU standen ein ROM (4001), RAM (4002, 80 x 4 Bit, also 40 Byte) und ein Ein-/Ausgabechip (4003) zur Seite. Den Speicherzugriff müssen Sie sich so vorstellen, dass die CPU bei einem Lesebefehl die Adressleitungen auf einen angegebenen Binärwert setzt. Der RAM-Baustein verknüpft diese Leitungen so mit den eingebauten Flipflops (es gibt eines pro Bit Kapazität), dass die Ausgänge von vier zu der Adresse gehörenden Flipflops mit den Datenleitungen verbunden sind. Den zugehörigen Binärwert an ihren Pins verwendet die CPU dann für ihre weiteren Berechnungen. Solche Leitungen heißen auch *Bus*, genauer: *Adress- bzw. Datenbus* (Abbildung 12.5).

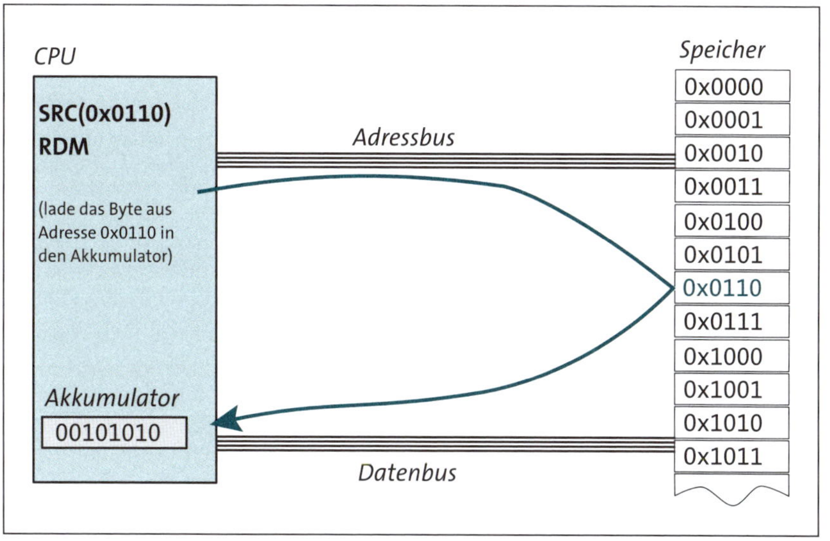

Abbildung 12.5 Über Adress- und Datenbus lädt und speichert der 4004 aus dem bzw. in den Speicher. Das Prinzip ist bei modernen CPUs dasselbe – nur mit viel mehr Leitungen. Die Adressnummern sind hier hexadezimal mit dem Präfix 0x angegeben.

Die Breite des Adressbus legt die Größe des verwendbaren Speichers fest (mehr geht dann nur mit Bank Switching, wodurch verschiedene Sätze von Speicherbausteinen unter den gleichen Adressen erreichbar sind), die Breite des Datenbus die Größe der einzelnen Datenspeicher. Beim 4004 sind das 4 Bit, jedoch werden immer zwei dieser Halbbytes gemeinsam geladen, sodass der Prozessor ganze Bytes verarbeiten kann (1 Byte = 8 Bit, 1 Halbbyte oder *Nibble* = 4 Bit).

Eine Softwareemulation des 4004 können Sie in Python mit dem Projekt *Pyntel4004* ausprobieren (*https://pypi.org/project/Pyntel4004/*). Noch mehr Nerdwissen über diesen Chip finden Sie unter *http://intel4004.com* – sogar die Schaltpläne sind dort zu finden. Tolles Anschauungsmaterial, falls Sie auch mal einen kleinen Prozessor entwickeln möchten!

Beispiel: Intel 8080

Der erste Prozessor, der zum Herz richtiger PCs wurde, war der *8080* von Intel. 1974 kam er auf den Markt, konnte mit einer Taktfrequenz von 2 MHz betrieben werden und war aus 6.000 Transistoren aufgebaut. Das Gehäuse hatte 40 Pins, 16 davon bildeten den Adressbus, sodass sage und schreibe 2^{16} = 65.536 Byte (64K) Speicher angesprochen werden konnten (so viel RAM konnte sich aber damals kaum jemand leisten). Der 8080 besaß sieben Register (jedes 8 Bit breit). Sechs davon wurden für bestimmte Befehle zusammengefasst, sodass sie 16 Bit breit wurden – vor allem für absolute Sprünge und das Adressieren des Speichers ist das relevant.

Der 8080 löste eine richtige Revolution aus, weil er vergleichsweise billig und leicht zu bekommen war. Auf Basis des Chips erschien der erste für quasi jedermann verfügbare Heimcomputer, der *Altair 8800* – zunächst als Bausatz für knapp 400 US-$ (inflationsbereinigt entspräche das im Jahr 2025 etwa 2100 US-$ oder 1.800 €). 75 davon entfielen auf den Prozessor, der Rest auf Gehäuse, 256 Byte (nicht etwa Kilobyte!) RAM, Kippschalter und LEDs. Andere Ein- und Ausgabemöglichkeiten gab es nicht. Aber der Altair besaß einen S-100-Bus mit Steckplätzen für Erweiterungskarten, die unter anderem Tastatur, Bildschirm oder Massenspeicher ansteuern konnten. Ein System, das sich noch heute bei den meisten Desktop-PCs wiederfindet (Abbildung 12.6).

Das Betriebssystem für den 8080 hieß *CP/M*, und die erste Programmiersprache für den Altair, *BASIC*, wurde geschrieben von Paul Allen und Bill Gates, die später Microsoft gründeten.

Wenn Sie den Altair einmal selbst ausprobieren möchten, ist das kein Problem: Es gibt einen Onlinesimulator (*https://www.s2js.com/altair/sim.html*).

Ebenfalls sehr bekannt wurde ab 1976 der Prozessor *Z80* des kalifornischen Herstellers Zilog. Der Z80 war kompatibel mit dem 8080. Einer seiner Vorteile: Er kam mit einer 5-Volt-Spannungsversorgung aus, während der 8080 +5 V, –5 V sowie +12 V benötigte. Der Z80 war außerdem schneller, billiger und verfügte über zusätzliche Befehle. Kein Wunder, dass er später in zahlreichen Homecomputern auftauchte (*TRS-80*, *ZX81*, *ZX Spectrum*, *Schneider CPC* usw.).

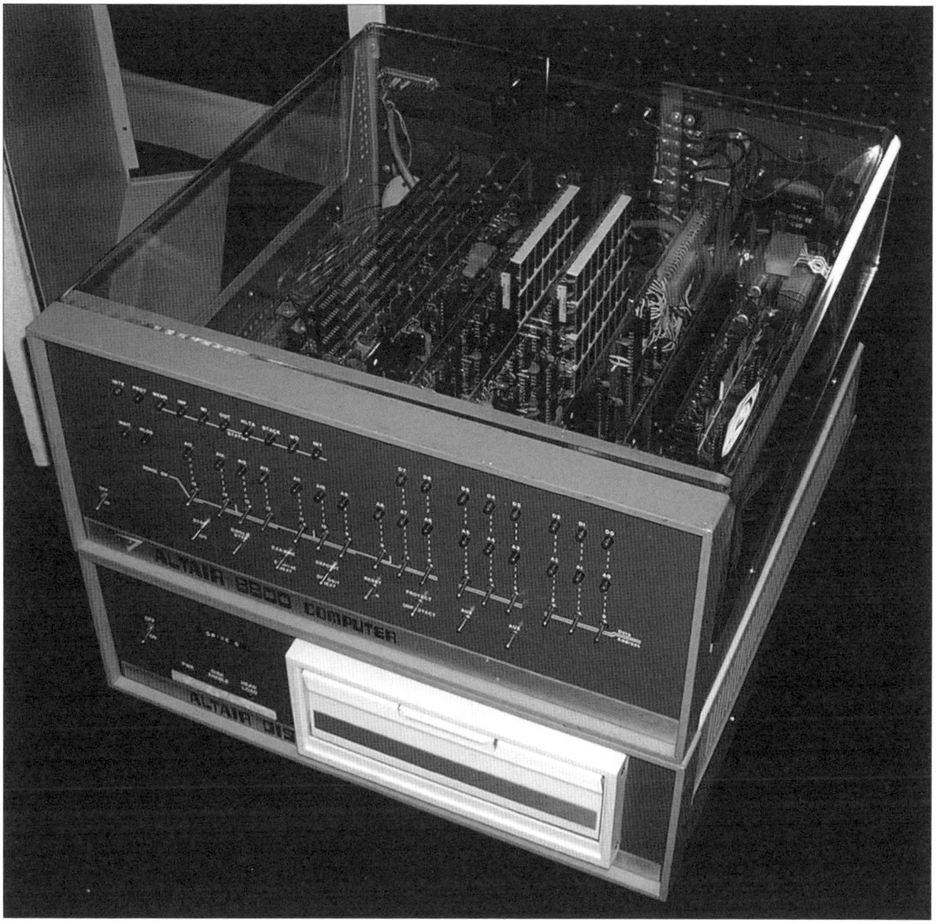

Abbildung 12.6 Ein Altair 8800 mit mehreren Erweiterungen (Bild: Public Domain, Wikimedia Commons)

Beispiel: MOS 6502

Wer den Z80-Prozessor als Herz diverser Homecomputer nennt, riskiert den Vorwurf der Einseitigkeit, wenn nicht auch der *MOS 6502* Erwähnung findet. Dieser 1975 erschienene 8-Bit-Prozessor trieb ab Ende der 1970er-Jahre beliebte Heimcomputer wie den *Commodore VC 20*, alle 8-Bitter von *Atari* sowie *Apple I* und *Apple II* an. Der Nachfolger *MOS 6510* steckte im extrem beliebten *Commodore 64* und die Variante *MOS 6507* in Atari-VCS-Spielekonsolen.

Da der 6502 im Vergleich zum Z80 über einen vereinfachten Befehlssatz verfügte, waren seine Maschinenprogramme im Allgemeinen länger: Die gleiche Funktionalität erforderte beim 6502 oft mehrere Befehle, beim Z80 nur einen. Identisch waren der 16 Bit breite Adressbus, der 2^{16} = 65.536 Speicherstellen adressieren konnte. Der Datenbus des 6502 war ebenfalls 8 Bit breit, der Stapelspeicher konnte aber nur 256 Byte groß werden (also 128 16-Bit-Rücksprungadressen speichern), weil der Stack Pointer der CPU nur ein Byte breit war. Das bedeutete eine ziemlich lästige Beschränkung für komplexe Software, die notgedrungen ihre eigenen Stacks implementieren musste. Auch die Anzahl der Register war beim 6502 deutlich geringer (A, X, Y, alle nur 8 Bit).

Der 6502 kam auf etwa 3.500 Transistoren (etwa halb so viele wie der Z80), konnte mit bis zu 4 MHz getaktet werden (abhängig vom Modell, siehe Tabelle 12.1) und unterstützte offiziell 56 Befehle, »inoffiziell«, also undokumentiert, gibt es 105 weitere Opcodes, die immerhin zum Teil nützlich sind und den Programmablauf beschleunigen können.

Variante	Takt	Verwendung
6502	bis 1 MHz	VC20, Apple I/II
SALLY	bis 2 MHz	(6502-Variante) Atari 600/800XL, 5200/7800 VCS
6502A	bis 2 MHz	Apple III
6502B	bis 3 MHz	Atari 400/800 (aber mit 1,79 oder 1,77 MHz)
6502C	bis 4 MHz	nicht im Atari XL, wie oft irrtümlich angegeben
6507	bis 4 MHz	Atari-2600-Spielekonsole
6510	bis 1 MHz	Commodore 64

Tabelle 12.1 Es gab eine Reihe von Varianten des 6502-Prozessors.

Ziemlich ärgerlich für Atari war übrigens, dass MOS Technology, der Hersteller der 6502-Chips, ab 1981 zu Commodore gehörte und der Konkurrenz nicht gerade die günstigsten Preise anbot – selbst aber von immer weiter sinkenden Kosten profitierte, was dem wahnsinnig erfolgreichen Heimcomputer C64 letztlich sein unschlagbares Preis-Leistungs-Verhältnis bescherte.

Die wesentliche Innovation des Heimcomputer-Zeitalters bestand übrigens nicht in besonders leistungsfähigen CPUs, sondern in den Schaltkreisen darum herum, den sogenannten *Custom Chips*. Diese sorgten bei niedrigen Fertigungskosten für damals herausragende Grafik- und Soundfähigkeiten (Abbildung 12.7).

Übrigens finden Sie die (nachgezeichneten) Schaltpläne des abgebildeten Atari 800XL komplett im Internet (*https://ezcontents.org/downloads*).

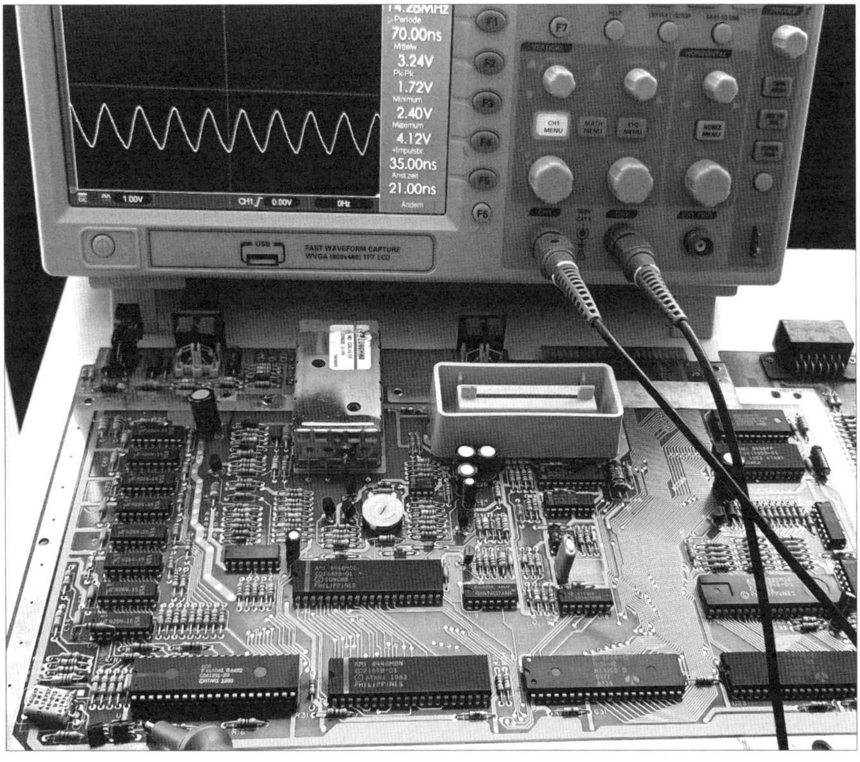

Abbildung 12.7 Auf der Platine dieses Atari 800XL von 1983 befinden sich die Spezialchips unten in einer Reihe (GTIA, ANTIC, SALLY alias 6502 und POKEY). Das angeschlossene Oszilloskop zeigt den Grafiktakt von 14,28 MHz am Ausgang des Oszillators. Diese Frequenz hängt direkt mit dem verwendeten TV-Standard zusammen und ist daher bei europäischen Geräten (PAL-Standard) eine etwas andere als bei US-amerikanischen (NTSC).

Beispiel: Intel x86

Um den Bogen zur Gegenwart zu spannen, verfolgen wir die Weiterentwicklung des *Intel 8080*. Nach einem 8080-Nachfolger namens 8086 erschien 1982 mit dem *80286* (kurz: Zwei-Sechsundachtziger) ein Nachfolger mit 16 Bit Datengröße und 24 Bit Adressbus, der 2^{16} = 16 MB Speicher ansprechen konnte. Der Prozessor besaß etwa 134.000 Transistoren und war das Herz des IBM PC/AT, der 1984 auf den Markt kam. Auch in den vielen, vielen »IBM-kompatiblen« PCs, die in den 1980ern die Büros eroberten, fand sich der Prozessor. Insgesamt wurden sicher mehrere Millionen Exemplare gefertigt. Die Taktrate betrug je nach Produktgeneration 4 bis 25 MHz. Zu den wichtigsten neu eingeführten Features gehörte die Segmentierung von Daten, Code und Stack, die mit unterschiedlichen Privilegien versehen waren. So konnte Anwendungssoftware nicht mehr in Daten herumpfuschen, die sie nichts anging – eine bedeutende Verbesserung in Sachen Verlässlichkeit. Der damit verknüpfte Protected Mode wurde allerdings anfangs wenig genutzt und war teils inkompatibel zu MS-DOS, das meist als Betriebssystem eingesetzt wurde.

Intels Nachfolger des 286 war der *i386*, der über eine 32-Bit-Architektur verfügte und so erfolgreich war, dass er von anderen Herstellern kopiert wurde, entweder in Lizenz oder als kompatibler Chip. Der Prozessortakt ging schon bis 33 MHz (40 MHz bei Versionen des Herstellers AMD), 4 GB Hauptspeicher waren nutzbar. Die Anzahl der Transistoren verdoppelte sich im Vergleich zum 286 auf 275.000.

Die Weiterentwicklung des i386, der *i486*, erschien 1989. Die Besonderheit des Prozessors war ein integrierter *Level-1-Cache* mit 8 oder 16 KB Umfang – ein Zwischenspeicher, auf dessen Inhalt der Prozessor mit einer Verzögerung von nur einem CPU-Takt zugreifen kann, also mehr als doppelt so schnell wie auf den Hauptspeicher (Abbildung 12.8).

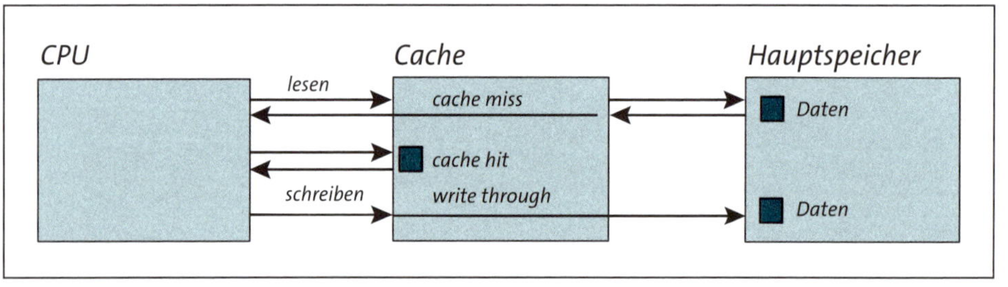

Abbildung 12.8 Wenn die CPU auf Daten zugreift, die nicht im Cache vorhanden sind (cache miss), werden sie dort hinterlegt in der Hoffnung, dass sie in Kürze erneut benötigt werden und dann besonders schnell zur Verfügung stehen (cache hit). Bei einem Schreibzugriff der CPU auf Daten im Cache muss auch der Speicherinhalt verändert werden (write through).

Zuvor gab es nur Caches auf der Hauptplatine, die nicht viel schneller waren als ein direkter RAM-Zugriff. Dank internem Cache konnten viele Berechnungen massiv beschleunigt werden. Bei Gleitkommaberechnungen erhielt die *486DX*-Version Unterstützung durch einen integrierten mathematischen *Coprozessor*, der bei den 386ern noch separat hinzugekauft werden musste. Ohne Änderungen am kompatiblen Code war der 486er bei gleicher Taktrate oft doppelt so schnell wie der 386er. Die Anzahl der Transistoren stieg auf 1,2 Millionen.

Nachfolger des 486er war 1993 der *Pentium*. Der hieß so, weil man Zahlen wie 586 nicht rechtlich schützen konnte. Demzufolge durften andere Anbieter Pentium-kompatibler Prozessoren diese nicht so nennen (sie hießen dann fantasievoll *AMD K5* oder *IBM 6x86*). Es folgten weitere Generationen, die multiprozessortauglich waren oder gleich mehrere Kerne enthielten – ein später Nachfahre dieser Technologie steckt auch in dem PC, mit dem ich dieses Buch verfasse (ein *AMD Ryzen 5* 2600, falls Sie's ganz genau wissen wollen). Inzwischen sind CPUs für die meisten Anwendungen völlig überdimensioniert, und Softwareentwickler und -entwicklerinnen geben sich alle Mühe, diese Leistung mit unnötigen Spielereien zu verschwenden. Lediglich Games, Bild- und Videobearbeitung sowie KIs bringen heutige CPUs noch an ihr Limit. Wichtig ist heutzutage eher, genug RAM im Rechner stecken zu haben, da schon das nackte Betriebssystem nach dem Start mehrere Gigabytes belegt und jeder offene Browser-Tab 100 oder mehr Megabytes. Sobald der Speicher knapp wird, muss auf die Festplatte oder SSD ausgelagert werden (*Swap-Speicher*), was jede noch so schnelle CPU zum Warten verdammt.

Besonderheiten des ersten Pentium wie die zu hohe Wärmeentwicklung, der FDIV-Bug und der anfangs fehlende wirtschaftliche Erfolg übersteigen den Rahmen dieses Buchs. Wichtig zu wissen ist, dass die Leistungsaufnahme von CPUs bei steigenden Taktraten immer höher wird, sodass Kühlkörper, rotierende Lüfter und schließlich Wasserpumpen erforderlich wurden, um die entstehende Wärme abzuführen – und das, obwohl Anwendungen wie eine schlichte Textverarbeitung oder das Schreiben von E-Mails gar nicht so viel Leistung benötigten. Dies führte nebenbei zu sparsamen Produktlinien wie *Celeron* oder *Atom* (Abbildung 12.9) mit deutlich weniger Leistungsaufnahme, die oft in Laptops ihren Job erledigen.

Abbildung 12.9 Nach dem Entfernen von Kühlkörper und Lüfter kommt in diesem älteren Mini-PC eine aufgelötete Atom-CPU von Intel zum Vorschein. Links ist ein Teil des Chipsatzes zu sehen, der dem Prozessor im wahrsten Sinne des Wortes zur Seite steht, um die weiteren Komponenten anzusteuern.

Beispiel: ARM

Stromhungrige CPUs, Kühlkörper und Lüfter waren nicht gerade das, was bei der Entwicklung der ersten Smartphones gebraucht wurde. Deshalb benötigte man eine sparsamere

Prozessorarchitektur, die trotzdem anspruchsvolle Anwendungen ausführen konnte. Fündig wurden die Entwickler in der *ARM-Architektur*, die bei sehr geringem Energieverbrauch eine Rechenleistung zur Verfügung stellt, die für viele Anwendungen mehr als ausreichend ist. ARM-CPUs finden sich heute nicht nur in Smartphones und Tablets, sondern auch in Routern, Fernsehern, Fitnessarmbändern, Waschmaschinen, Fahrkartenautomaten – und in Low-End-PCs, die keine hohe Rechenleistung vollbringen müssen. Oft sind alle nötigen Bauteile zusammen mit der CPU auf einer kleinen Platine verlötet (*Einplatinencomputer*) oder sogar in einem Chipgehäuse zusammengefasst als *System-on-a-Chip* (*SoC*) oder *Mikrocontroller* (μC). Inzwischen stellen diese sparsamen Geräte zahlenmäßig die überwältigende Mehrheit aller Rechner weltweit – und weil sie oft über leicht ansteuerbare Ein- und Ausgänge (*General Purpose Input and Output, GPIO*) für beliebige Sensoren und Aktoren verfügen, sind sie von großem Interesse für Elektrotechniker und damit auch für die nächsten Abschnitte dieses Buchs.

12.2 Klein, aber oho: Raspberry Pi

Der Einplatinencomputer mit der größten Verbreitung (weit über 50 Mio. verkaufte Exemplare) dürfte der *Raspberry Pi* sein. Es gibt verschiedene Varianten, die aber alle eines gemeinsam haben: Sie sind leicht handhabbar – und mit Preisen ab 20 € ziemlich billig. So eignen sie sich nicht nur für professionelle Anwendungen, sondern auch als Lerncomputer oder sparsamer PC, wenn keine allzu hohen Rechenleistungen gefordert sind.

Auf einer kleinen Platine vereint ein Raspberry Pi einen SoC, Speicher und vor allem: mengenweise Anschlüsse. Auf den ersten Blick sind das nur USB-Buchsen und ein Slot für eine Micro-SD-Karte. Aber je nach Typ gibt es WLAN, Netzwerkstecker, HDMI-Buchse – und eine ganze Reihe Pins für frei programmierbare Ein- und Ausgänge (Abbildung 12.10).

Abbildung 12.10 Diese Himbeer-Platine ist ein Raspberry Pi Zero 2 W. Links sehen Sie den SD-Slot, unten HDMI- und zwei Micro-USB-Buchsen. Rechts befindet sich ein CSI-2-Kameraanschluss. Am oberen Rand sehen Sie die unbestückten GPIOs. Unter dem silbernen Deckel verbirgt sich ein WLAN-Modul.

Tabelle 12.2 vergleicht die wichtigsten Typen des Raspberry Pi.

Typ	RAM	CPU-Takt	Ausstattung
Pi 1 A/B(+)	512 MB	700 MHz	USB, HDMI (LAN)
Pi 2 B	1 GB	4x900 MHz	USB, HDMI, LAN
Pi 3 B(+)	1 GB	4x1,2 GHz	USB, HDMI, LAN, WLAN, BT
Pi 4 B	1–8 GB	4x1,5 GHz	USB, HDMI, LAN, WLAN, BT
Pi 5	4–16 GB	4x2,4 GHz	USB, HDMI, LAN, WLAN, BT
Pi 500	8 GB	4x2,4 GHz	USB, HDMI, LAN, WLAN, BT
Pi Zero	512 MB	1GHz	USB, HDMI
Pi Zero W	512 MB	1 GHz	USB, HDMI, WLAN, BT
Pi Zero 2 W	512 MB	4x1 GHz	USB, HDMI, WLAN, BT

Tabelle 12.2 Behalten Sie den Überblick über die zahlreichen Pi-Varianten.

Nicht in diese Liste gehören die Raspberrys mit »Pico« im Namen, denn dabei handelt es sich um *Mikrocontroller* (siehe Kapitel 13).

Wie jeder Computer benötigt auch ein Raspberry Pi ein *Betriebssystem* (*Operating System*, kurz *OS*). Das sogenannte *Raspberry Pi OS* (früher bekannt als *Raspbian*) basiert auf *Debian Linux*, ist aber für den Einplatinencomputer speziell optimiert. Da der Pi über einen Slot für eine Micro-SD-Karte verfügt, müssen Sie das OS auf eine solche kopieren. Das geht am einfachsten mit dem *Raspberry Pi Imager*. Das ist eine Software, die Sie kostenlos herunterladen können (*https://www.raspberrypi.com/software*). Sie wählen darin aus, welches Modell Sie besitzen, und nehmen einige Einstellungen vor. Dabei geben Sie Ihrem Himbeer-Computer einen eindeutigen Namen und legen Benutzername und Passwort für die spätere Anmeldung fest. Wenn Sie einen Pi mit eingebautem WLAN besitzen, geben Sie außerdem SSID und Schlüssel Ihres heimischen Funknetzwerks ein (Abbildung 12.11).

Aus den Einstellungen fabriziert der Imager eine für Sie persönlich modifizierte Version des Pi OS. Per Knopfdruck landet das Betriebssystem auf der SD-Karte. Das vollständige System benötigt eine 8-GB-Karte, für die Lite-Version reicht eine mit 1 GB Platz. Dabei wird alles gelöscht, was sich vorher auf der SD-Karte befand.

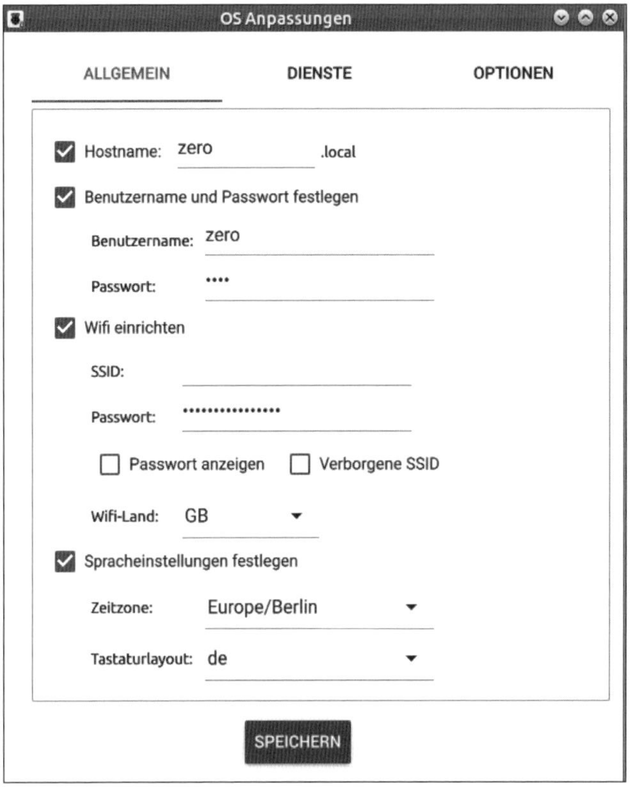

Abbildung 12.11 Die Raspberry-Einstellungen nehmen Sie direkt im Imager vor.

Die Stromversorgung funktioniert über ein passendes USB-Kabel plus Netzteil. Achten Sie darauf, dass Sie das Kabel mit dem richtigen USB-Port verbinden, da nicht jeder als Spannungseingang gedacht ist. Die Stromaufnahme liegt je nach Auslastung zwischen 500 mA und 2 A – ein zeitgemäßes Handyladegerät genügt dafür. Eine LED zeigt die erfolgreiche Inbetriebnahme an. Es dauert wie bei jedem Linux-basierten Betriebssystem einige Sekunden, bis es hochgefahren ist – Sie erkennen das am gelegentlichen Blinken der LED. Wenn sie konstant leuchtet, ist der Computer betriebsbereit.

Sie können den Pi per HDMI an einen Bildschirm anschließen (bevor Sie ihn anschalten, hinterher erkennt er ihn womöglich nicht!) oder sich übers Netzwerk mit ihm verbinden. In dem Fall benötigen Sie weder Tastatur noch Maus. Das ist auch die Methode, die ich hier verwende. Die Verbindung erfolgt über ein Terminal mit der *Secure Shell*. Das dafür nötige Clientprogramm `ssh` ist standardmäßig auf jedem PC installiert. Falls es unter Windows 10 oder 11 ausnahmsweise fehlen sollte, wählen Sie unter **Einstellungen • Apps • Optionale Features** den **OpenSSH Client**. Fehlt er, ändern Sie das mit **Optionales Feature hinzufügen**.

Öffnen Sie ein Terminal bzw. eine PowerShell und tippen Sie ein:

```
ssh username@zero
```

Vor dem @ steht der Nutzername, den Sie bei den Einstellungen des Pi OS vorgegeben haben. Hinter dem @ steht der ebenfalls dort festgelegte Hostname. Der `ssh`-Client fragt Sie, ob Sie dem Server vertrauen, was Sie mit `yes` beantworten. Außerdem müssen Sie Ihr Passwort eingeben. Danach sind Sie erfolgreich auf dem Pi eingeloggt (Abbildung 12.12).

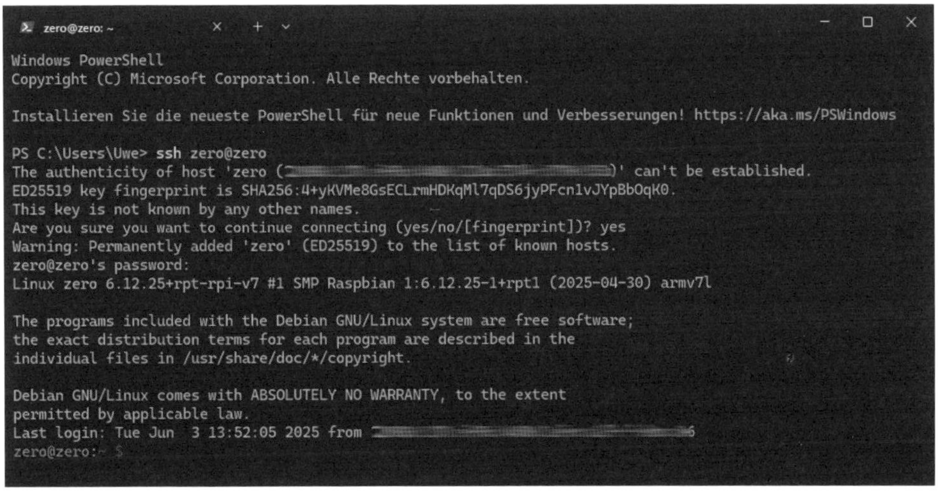

Abbildung 12.12 Die Verbindung zum Raspberry Pi Zero via PowerShell und ssh ist hergestellt!

Jetzt wird es Zeit, Ihren Pi mit Sensoren zu versehen und ein erstes kleines Programm zu schreiben. Dafür eignet sich auf dem Pi vor allem *Python*, eine sehr verbreitete Programmiersprache mit niedriger Lernkurve. Falls Sie Python noch nicht kennen, nehmen Sie das folgende Beispiel als ersten Crashkurs – ich erkläre allerdings nur grob die Handhabung und wenige Schlüsselwörter, soweit sie für die Beispiele benötigt werden. Ein tieferer Einblick in die Grundlagen des Codens würde dieses Kapitel zu stark aufblähen. Ich empfehle angehenden Elektrotechnikerinnen und -technikern ausdrücklich, mithilfe weiterführender Literatur mindestens eine Programmiersprache zu erlernen, und Python ist dafür keine schlechte Wahl.

Beispiel: Pi mit Python

Als einfachstes Beispiel wollen wir eine LED an den Pi anschließen und zum Blinken bringen. Dazu benötigen Sie eine LED mit Vorwiderstand und einem passenden Kabel mit Buchsen am Ende, die auf die Pins des Pi passen. Solche Kabel gibt es günstig im Internet zu kaufen. Alternativ beschaffen Sie sich einen Satz mit Erweiterungen (z. B. Raspberry Pi Sensor

Kit), da sind dann kleine Platinen mit Kabeln schon dabei. Auch solche Sets sind billig in Onlineshops zu haben.

Nun wartet die GPIO-Pfostenleiste Ihres Pi auf Verbindungen (wenn Sie keine Lust haben, die Leisten selbst einzulöten, achten Sie beim Kauf darauf, dass diese bereits installiert sind!). Verschaffen Sie sich zunächst einen Überblick darüber, welcher der vorhandenen Pins welche Funktion hat. Dazu finden Sie zu Ihrem jeweiligen Modell eine Dokumentation unter *https://datasheets.raspberrypi.com/*. Pin 1 ist auf der Platine markiert, damit Sie nicht die Orientierung verlieren (Abbildung 12.13).

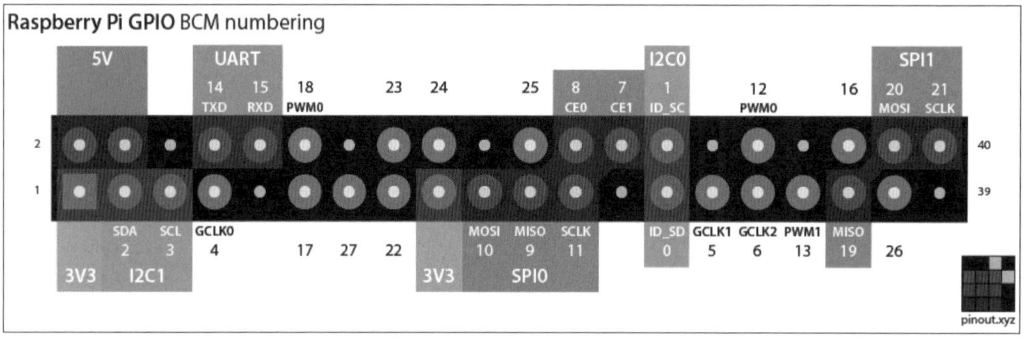

Abbildung 12.13 Die Pinbelegung ist bei allen Pis gleich. Achten Sie auf die schwarzen Pins, die alle Masse führen. Es gibt mehrere davon, damit Sie ohne umständliche Verzweigungen mehrere externe Geräte anschließen können. Beachten Sie, dass die GPIO-Nummern nicht identisch sind mit den Pinnummern! (Quelle: https://pinout.xyz, Nutzung mit Quellenangabe erlaubt)

Suchen Sie zunächst einen Pin mit 5 V (z. B. Pin 2, ganz links in der oberen Reihe) und einen mit GND (z. B. Pin 9, der fünfte von links in der unteren Reihe). Stecken Sie Ihre LED (mit Vorwiderstand!) ein – sie sollte leuchten (Abbildung 12.14). Wenn nicht, entfernen Sie sie sofort wieder. Prüfen Sie, ob Sie die richtigen Pins erwischt haben und ob Sie die LED richtig herum angeschlossen haben. Beachten Sie, dass die Ausgänge des Pi eine beschränkte Belastbarkeit haben. LEDs in Bastelkits bringen üblicherweise bereits passend bemessene Vorwiderstände mit.

Schließen Sie dann den Pluspol Ihrer LED an GPIO 18 an. Das ist Pin Nummer 12 schräg oberhalb des Masse-Pins 9 und der sechste von links. Natürlich bleibt die LED jetzt dunkel, denn standardmäßig sind alle GPIO-Ausgänge *low*.

Jetzt ist es an der Zeit für etwas Code. Dazu erzeugen und bearbeiten Sie eine Datei namens *blink.py* mit dem Editor *nano*. Tippen Sie ein:

```
nano blink.py
```

Im somit gestarteten Editor schreiben Sie folgenden Code:

```
import RPi.GPIO as GPIO
import time
```

Abbildung 12.14 Noch ganz ohne zu programmieren können Sie eine LED an den Spannung führenden Pins Ihres Pi ausprobieren. Meine kleine Experimentierplatine verfügt über gleich drei LEDs und kann später auch als Ampel dienen. Praktisch, oder?

Diese beiden Zeilen teilen Python mit, dass Sie zwei Bibliotheken namens *RPi.GPIO* und *time* verwenden möchten. Die erste dient der GPIO-Programmierung, die zweite benötigen Sie für die Blinkpausen. Es folgt:

```
GPIO.setmode(GPIO.BCM)
```

Mit dieser Zeile legen Sie fest, dass Sie die GPIO-Pins anhand ihrer Nummern ansteuern möchten. Der nächste Befehl legt fest, dass Pin 18 (also der mit Ihrer LED) ein Ausgabekanal ist, kein Eingabekanal:

```
GPIO.setup(18,GPIO.OUT)
```

Es folgt eine endlose Schleife, die abwechselnd die LED schaltet und je eine Sekunde schläft:

```
while(True):
    GPIO.output(18,GPIO.HIGH)
    time.sleep(1)
    GPIO.output(18,GPIO.LOW)
    time.sleep(1)
```

Achten Sie auf die richtige Einrückung unterhalb des `while`-Befehls, empfehlenswert sind überall vier Spalten. Anhand der gleichen Einrückung erkennt Python, dass die vier Befehle alle innerhalb der `while`-Schleife endlos zu wiederholen sind. Sie können für die Einrückung die Tab-Taste drücken oder Leerzeichen verwenden, aber nicht beides mischen.

Die beiden Befehle schalten zunächst den GPIO-Ausgang 18 auf *high*, nach einer Pause von einer Sekunde wieder auf *low*, gefolgt von einer weiteren Pause. Ihr Terminal zeigt nun das Programm so an, wie in Abbildung 12.15 gezeigt.

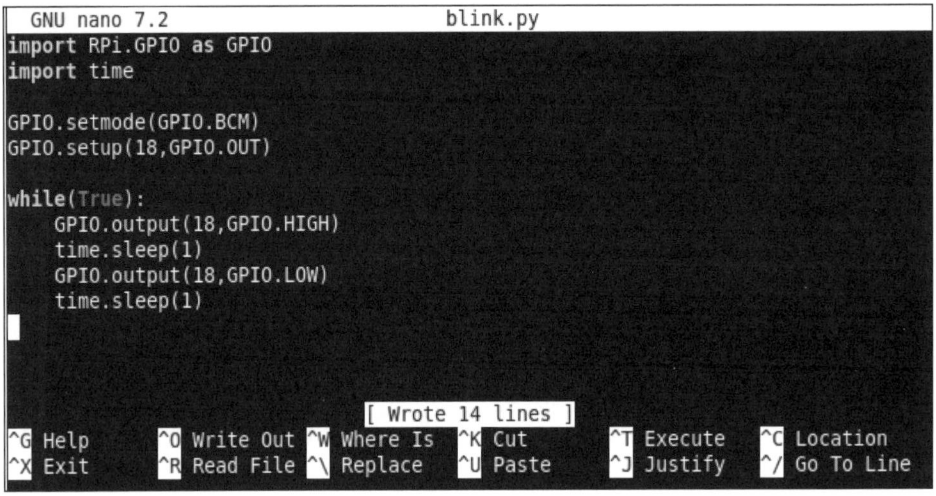

Abbildung 12.15 Das Blink-Programm im Editor in der PowerShell

Verlassen Sie den Editor, indem Sie Strg + X drücken. Beantworten Sie die Frage, ob Sie Ihre Änderungen speichern möchten, mit Y.

Starten Sie das Programm wie folgt:

```
python blink.py
```

Ihre LED sollte jetzt im Zwei-Sekunden-Rhythmus (0,5 Hz) blinken.

Beenden Sie das Programm mit Strg + C. Wenn Sie das tun, während die LED gerade leuchtet, erlischt sie nicht, denn zu diesem Befehl gelangt das Programm dann nicht mehr.

Um auch die digitale Eingabe via GPIO auszuprobieren, schließen Sie einen Taster an GPIO 17 (Pin 11) und Masse (z. B. Pin 14) an. Schreiben Sie dann ein neues Programm *onoff.py* (Listing 12.1):

```
import RPi.GPIO as GPIO
import time

GPIO.setmode(GPIO.BCM)
```

```
GPIO.setup(18,GPIO.OUT)
GPIO.setup(17,GPIO.IN,pull_up_down=GPIO.PUD_UP)

on=False

while(True):
    if(GPIO.input(17)==GPIO.LOW):
        on = not on
    if(on):
        GPIO.output(18,GPIO.HIGH)
    else:
        GPIO.output(18,GPIO.LOW)
    time.sleep(0.2)
```

Listing 12.1 Das Blink-Programm

Achten Sie in diesem Listing vor allem auf die fetten Zeilen, sie zeigen die wesentlichen Unterschiede zum Blink-Programm. Die `setup`-Zeile schaltet nicht nur GPIO 17 auf Eingang, sondern aktiviert auch einen internen *Pull-up-Widerstand*. Dies führt dazu, dass der Eingang standardmäßig *high* ist. Sobald Sie die Taste drücken, wird er *low*. Eine solche Vorgabe ist wichtig, um undefinierte Zustände zu vermeiden.

Das Listing definiert dann eine Variable namens `on` und belegt sie mit dem Anfangswert `False` (achten Sie hier auf die Großschreibung).

Innerhalb der endlosen `while`-Schleife wird der Eingabewert von GPIO 17 abgefragt. Ist er *low*, kehrt die folgende Zeile den Wert von `on` einfach um, aus `False` wird `True`, aus *low* wird *high* oder umgekehrt. Die letzten Zeilen aktivieren oder deaktivieren die LED dementsprechend. Dazu dient das Schlüsselwort `if`. Der darauffolgende eingerückte Codeblock (bestehend aus einer Zeile) wird nur dann ausgeführt, wenn der Parameter hinter dem `if` den Wahrheitswert `True` hat. Der Block hinter dem `else` wird im anderen Fall (also wenn `on=False` ist) ausgeführt – und auch nur dann. Am Ende folgt eine kurze Wartezeit von 0,2 s, um ein Tastenprellen zu vermeiden. Wenn Sie das Programm testen, können Sie die LED an- und ausschalten. Halten Sie die Taste fest, wird die LED blinken (Abbildung 12.16).

Im nächsten Abschnitt zeige ich Ihnen, wie Sie etwas anspruchsvollere Geräte ansteuern können. Natürlich können Sie ihn überspringen, wenn Sie keinen eigenen Pi mit entsprechender Hardware besitzen. Ich bin aber sicher, dass Ihnen früher oder später ein Raspberry Pi auf dem Tisch landen wird. Man kann viel damit anstellen, und es gibt verschiedene vorgefertigte Systemimages, die einen Pi in ein Mediacenter (*Kodi, https://kodi.tv/download/raspberry-pi/*) oder gar in eine Retro-Gaming-Konsole (*RetroPie, https://retropie.org.uk/*) verwandeln.

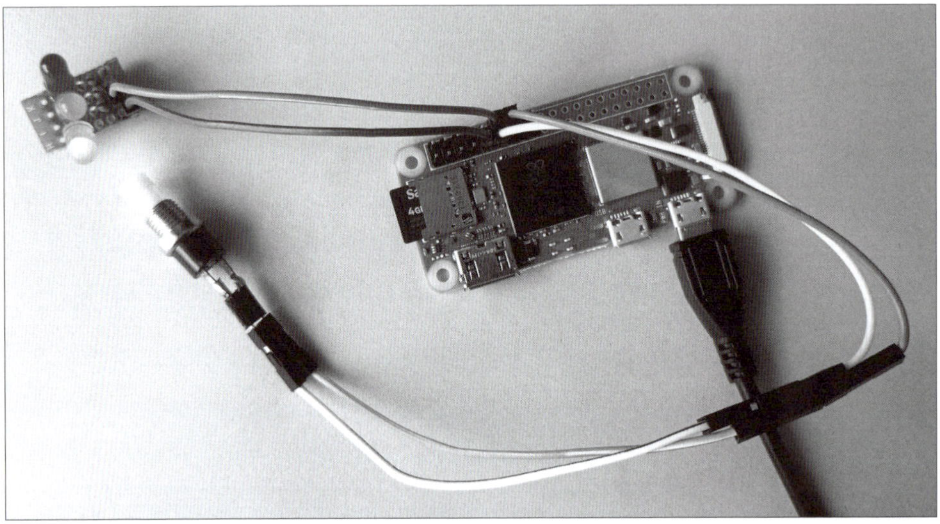

Abbildung 12.16 Raspberry Zero mit LED und Taste

Weiterführende Literatur

Basteltutorials finden Sie überall im Netz, weiterführende Literatur auch bei Rheinwerk:

- »Elektronik verstehen mit Raspberry Pi« (*www.rheinwerk-verlag.de/3602*)
- »Raspberry Pi – Das umfassende Handbuch« (*www.rheinwerk-verlag.de/5750*)
- »Roboter-Autos mit dem Raspberry Pi« (*rheinwerk-verlag.de/4812*)
- »Home Server – Das eigene Netzwerk mit Intel NUC oder Raspberry Pi« (*rheinwerk-verlag.de/5192*)

12.3 Hallo, ist da jemand?

Um mit der Außenwelt zu kommunizieren, braucht man Verbindungen mit Datenübertragung. Ich zeige Ihnen hier einige wichtige Beispiele.

Zunächst lassen sich grob zwei Arten von Verbindungen unterscheiden: *Punkt zu Punkt* und *Bussysteme* (Abbildung 12.17).

Wenn Sie telefonieren, haben Sie (sobald die Verbindung aufgebaut ist) ein Punkt-zu-Punkt-System. Es ist bei jeder Nachricht, die Sie absenden, eindeutig, wer der Empfänger ist: Ihr Gesprächspartner. Im Grunde können Sie einen GPIO-Pin des Pi ebenfalls so auffassen: Ihr Programm ist der Sender, die LED der Empfänger. Das ist eine *unidirektionale Verbindung*. Natürlich könnten Sie ein etwas anspruchsvolleres Protokoll als nur *an/aus* implementieren, wenn die Gegenstelle das versteht. Beispiele für solche Punkt-zu-Punkt-Protokolle sind etwa *RS232/UART*, also serielle Schnittstellen, über die in früheren Zeiten Maus, Modem oder Drucker mit PCs verbunden waren. Für jede Verbindung war ein separater RS232-Anschluss notwendig. Noch heute werden gelegentlich solche Verbindungen emuliert, wenn Sie bestimmte Geräte über USB mit einem PC verbinden (zum Beispiel einen *Arduino*, mehr dazu im nächsten Kapitel). Auch Internet per DSL ist eine Punkt-zu-Punkt-Verbindung. Um mehr als zwei Gesprächspartner zu verbinden, benötigen Sie bei der Punkt-zu-Punkt-Kommunikation eine Stern- oder Netztopologie, d. h., es gibt mindestens eine Zentrale oder Zwischenstation, was schnellen, flexiblen Datentransfer natürlich verkompliziert.

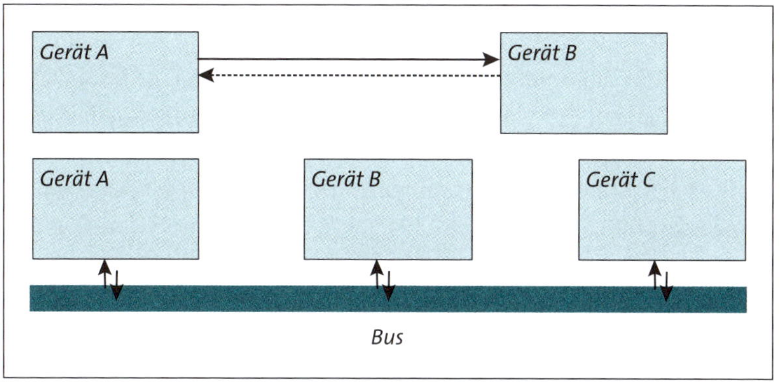

Abbildung 12.17 Zwei Geräte (oben) wissen immer, wer ihr Gegenüber ist, und manchmal verläuft so ein Gespräch sehr einseitig (unidirektional). Bei Bussystemen (unten) benötigt jedes teilnehmende Gerät eine eindeutige Adresse.

Wenn mehrere Geräte miteinander kommunizieren sollen und an einer gemeinsamen Verbindung hängen, spricht man meist von einem *Bussystem*. Dabei benötigt jedes Gerät eine eindeutige Identifikation, einen Namen. Nur so kann eine Nachricht den richtigen Bestimmungsort erreichen: Der Empfängername ist dann Teil der Nachricht. Beispiele für solche Topologien sind das Internet (der eindeutige Name des Geräts ist dessen IP-Nummer), Fußballmannschaften (Rückennummer) sowie Systeme wie *SPI* und *I^2C*, die der Pi fast alle beherrscht (nur Fußball kann er nicht). Welches System zum Einsatz kommt, hängt in erster Linie von den verwendeten Peripheriegeräten ab, die Sie einzusetzen gedenken.

Grundsätzlich ist ein Bussystem gekennzeichnet durch Folgendes:

- Anzahl der insgesamt nötigen Verbindungsdrähte
- Breite: Anzahl parallel übertragbarer Bits (meist nur 1, was dann eine rein serielle Verbindung ist)

- maximale Übertragungsgeschwindigkeit (in Bit pro Sekunde)
- Controller/Target-Unterscheidung
- Anzahl möglicher Gesprächsteilnehmer (SPI erfordert z. B. eine *ChipSelect*-Leitung pro Gegenstelle, die am Controller angeschlossen ist. Bei I^2C muss jedes Gerät eine individuelle ID haben, bei manchen Geräten ist diese aber nicht veränderbar, sodass Sie nicht einfach mehrere Exemplare des gleichen Geräts anschließen können.)
- maximale Länge der Kabelverbindungen
- Längenbegrenzung von Nachrichten
- typische Antwortzeit eines Empfängers
- Abhörsicherheit (z. B. Verschlüsselung)
- Einbruchsicherheit (z. B. Authentifizierung)
- Störanfälligkeit/Datenkonsistenz (z. B. Checksummenprüfung)

In praktischen Anwendungen können einige dieser Aspekte kritisch sein. Eine feste Verkabelung von Komponenten in einem Pkw muss vielleicht nicht abhörsicher sein, aber wenn Sie an Kollisionssensoren und Airbag-Auslöser denken, möchten Sie auf jeden Fall eine kurze Antwortzeit und eine schnelle Datenübertragung, die auch unter widrigen Umgebungsbedingungen ungestört funktionieren.

Beispiel: Raspberry Pi mit I^2C

Für das folgende ausführliche Beispiel schließen wir Geräte an den Pi an, die den weitverbreiteten Datentransferstandard *I^2C* unterstützen (gesprochen: I-Quadrat-C, englisch: I-2-C oder I-squared-C). Bei diesem Standard gibt es zwei Steuerleitungen: *SCL* (*Serial Clock*) und *SDA* (*Serial Data*). Die meisten I^2C-Geräte benötigen außerdem zwei Leitungen für Spannungsversorgung und Masse.

Beide Steuerleitungen sind mit *Pull-up-Widerständen* versehen (logisch *high*). SDA wird von dem *Controller*, der eine Datenübermittlung beginnt, auf logisch *low* gesetzt. An SCL wird danach ein Rechtecksignal erzeugt. Immer wenn das SCL-Signal wieder *high* wird, gilt der dann aktuelle Zustand von SDA als zu übertragender Bit-Wert. Nach jeweils acht übertragenen Bits quittiert der Empfänger (*Target*) den erfolgreichen Empfang, indem er seinerseits SDA auf *low* zieht.

> **Angemessene Begriffe**
>
> Bitte verwenden Sie möglichst die Begriffe *Controller/Target*. Die früher üblichen, gleichbedeutenden Begriffe Master/Slave sollten Sie aus naheliegenden Gründen vermeiden.

Das erste Byte, das der Controller überträgt, ist die Adresse des Empfängers. Das oberste Bit legt die Richtung des Datentransfers fest: *low* heißt, dass der Controller der Sender ist, *high* heißt, dass der Controller Daten vom Target anfordert. Da 16 der möglichen Adressen unzulässig (bzw. für zukünftige Zwecke reserviert) sind, bleiben 128 – 16 = 112 mögliche Teilnehmeradressen am Bus übrig. Die Adresse eines Geräts ist normalerweise vom Hersteller fest vorgegeben und aufgedruckt oder der Spezifikation zu entnehmen. Manche Geräte können unterschiedliche Adressen annehmen, indem bestimmte Pins fest mit *low/high* verbunden werden. Dann können auch mehrere gleiche Geräte am gleichen Bus horchen.

Die Übertragungsraten von bis zu 3,4 MBit/s ermöglichen I^2C einen breiten Spielraum bei den Anwendungen. Allerdings ist die Übertragung störanfällig: Sowohl Rauschen als auch Übersprechen durch Induktion anderer Felder müssen einkalkuliert werden. Allzu große Entfernungen lassen sich bei einer Betriebsspannung von 3,3 oder 5 V (bei üblichen Mikrocontrollern oder Einplatinencomputern) wegen des Leitungswiderstands nicht überbrücken. Bei Bedarf muss man auf den deutlich komplexeren, aber auch sichereren *CAN-Bus* wechseln, über den Sie in Ihrem Studium sicher noch einiges lernen werden.

Für das folgende Beispiel werden wir ein kleines *OLED-Display* mit eingebautem Controller vom Typ *SSD1306* an den Raspberry Pi anschließen und ihm per I^2C übermitteln, was es anzeigen soll. Solche Displays bekommen Sie recht günstig in verschiedenen Onlineshops. Achten Sie genau auf die Beschriftung der Pins am Gerät und verbinden Sie die vier Anschlüsse mit GND, 3,3 V, sowie SDA und SCL am Kanal I2C1 (Pins 3 und 5) am Raspberry Pi (Abbildung 12.18).

Abbildung 12.18 Der Anschluss des Displays benötigt vier Leitungen.

I²C auf dem Raspberry aktivieren

Standardmäßig ist I²C leider in manchen Versionen von Pi OS deaktiviert. Sie können es aber leicht anschalten. Tippen Sie zunächst ein:

```
sudo raspi-config
```

Es erscheint ein einfaches Fenster mit dem Konfigurationsprogramm von Pi OS. Wählen Sie dort den Punkt INTERFACE OPTIONS, indem Sie die zugehörige Taste [3] drücken (Abbildung 12.19).

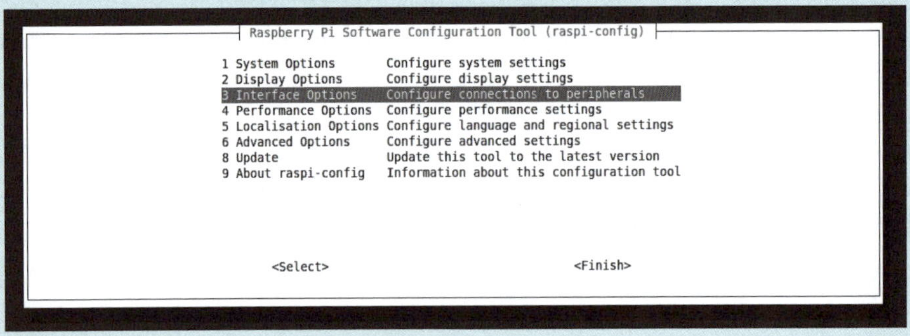

Abbildung 12.19 Raspberry-Konfiguration, Schritt 1

Wählen Sie im nächsten Bildschirm mit den Pfeiltasten und der [↵]-Taste den Punkt I5 I2C aus (Abbildung 12.20).

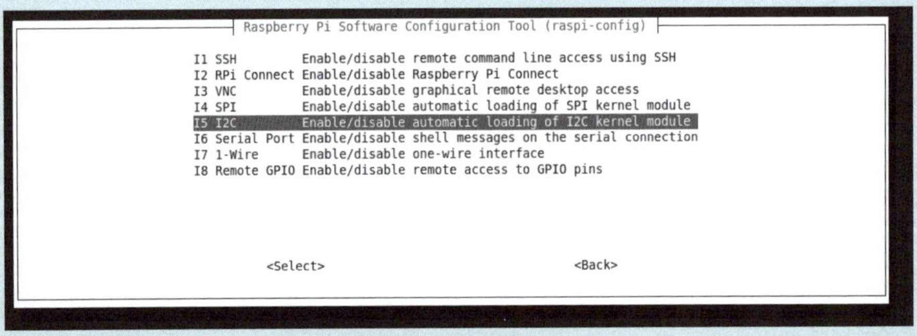

Abbildung 12.20 Raspberry-Konfiguration, Schritt 2

Es erscheint die Frage, ob Sie I²C aktivieren möchten. Antworten Sie mit Ja und beenden Sie das Programm. Sicherheitshalber sollten Sie Ihren Pi rebooten, indem Sie eintippen:

```
sudo reboot
```

Dabei bricht die `ssh`-Verbindung zusammen, und Sie müssen sich nach dem Reboot neu einloggen.

Falls Sie die I^2C-Adresse Ihres angeschlossenen Geräts nicht kennen, installieren Sie zunächst die `i2c-tools` auf Ihrem Pi:

```
sudo apt install i2c-tools
```

Danach rufen Sie das Detektorprogramm auf:

```
i2cdetect -y 1
```

Sie bekommen in einem Raster die hexadezimalen Adressen aller angeschlossenen Geräte angezeigt (Abbildung 12.21).

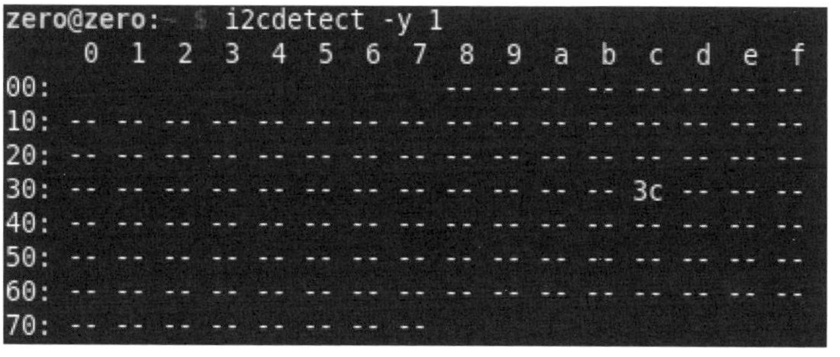

Abbildung 12.21 Der Detektor hat etwas gefunden! Das angeschlossene Gerät ist offenbar erreichbar unter der hexadezimalen Adresse 3C (dezimal wäre es die 60, da C die Hex-Ziffer für die Zahl 12 ist und $3 \cdot 16 + 12 = 60$).

Jetzt, da Sie die Adresse Ihres Displays kennen, können Sie ein Programm schreiben, um es anzusteuern. Los geht's!

Das Display verfügt über einen eigenen Prozessor, dem Sie Befehle schicken müssen. Sie machen sich das Leben deutlich leichter, wenn Sie eine Hilfsbibliothek installieren. Das geht so:

```
pip3 install adafruit-circuitpython-ssd1306 --break-system-packages
```

Außerdem hat das vorliegende Display leider keine Ahnung, was Buchstaben sind: Es kann nur einzelne LED-Pixel an- und ausschalten. Sie benötigen daher eine Python-Bibliothek, die im Pi-Speicher Pixelbilder mit Texten versehen kann, um diese dann ans Display zu schicken. Installieren Sie dazu die Bibliotheken *pil* und *numpy*, die bei Pi OS normalerweise fehlen. Diese liefern die benötigten Funktionen zum Zeichnen bzw. Rechnen:

```
sudo apt install python3-pil
sudo apt install python3-numpy
```

Das wird eine Weile dauern. Danach können Sie ein neues Python-Programm *display.py* schreiben (Listing 12.2):

```
import board, busio, adafruit_ssd1306
from PIL import Image, ImageDraw, ImageFont

i2c = busio.I2C(board.SCL, board.SDA)

oled = adafruit_ssd1306.SSD1306_I2C(128, 64, i2c, addr=0x3c)

oled.fill(0)
oled.show()

image = Image.new("1", (oled.width, oled.height))
draw = ImageDraw.Draw(image)
font = ImageFont.load_default()
text = "Betriebszustand:aktiv"
draw.text( (0,0), text, font=font, fill=255)
oled.image(image)
oled.show()
```

Listing 12.2 display.py

Die ersten Zeilen importieren die benötigten Bibliotheken. Es folgt die Initialisierung des I^2C-Systems. Anschließend wird ein `oled`-Objekt erzeugt unter Angabe der Displaygröße und der Geräteadresse (bei meinem Displaymodul hexadezimal 0x3c).

Das `oled`-Objekt erzeugt zunächst mit dem Aufruf `fill(0)` im Speicher des Pi ein leeres Bild, das mit `show()` ans Display übermittelt wird.

Dann wird ein `image` angelegt, in das mit dem `draw`-Objekt gezeichnet werden kann. Das Beispielprogramm schreibt zunächst nur einen bedeutungslosen Text in die linke obere Bildecke `(0,0)`. Die letzten beiden Zeilen verpacken und übermitteln das Rasterbild ans Display, das beim Start des Programms mit `python display.py` die gewünschten Buchstaben darstellen wird (Abbildung 12.22).

Übrigens können Sie statt des Standardzeichensatzes auch einen *TrueType-Font* verwenden. Packen Sie einfach eine TTF-Datei ins gleiche Verzeichnis und ersetzen Sie die Zeile mit `font` = wie folgt:

```
font = ImageFont.truetype("name-des-fonts.ttf",15)
```

Die zu übergebene Zahl vor der schließenden Klammer ist die gewünschte Pixelgröße des Fonts. TrueType-Fonts sind nämlich Vektorgrafiken, aufs Display gelangen aber nur Pixelbilder. Probieren Sie verschiedene Fonts aus!

Abbildung 12.22 Das Display ist erfolgreich beschriftet worden.

Dateien übertragen auf den Pi

Wenn Sie Ihren Pi ohne eigenen Bildschirm und eigene Tastatur betreiben, stellt sich die Frage, wie Sie Dateien von einem PC auf den Pi transferieren können. Die zwei einfachsten Möglichkeiten skizziere ich Ihnen kurz.

Sofern Sie einen USB-Stick besitzen, der in Ihren PC und Ihren Pi passt, haben Sie schon eine etwas umständliche, aber machbare Möglichkeit. Knifflig wird es, wenn Ihr Pi nur Micro-USB-Buchsen besitzt, in die kein USB-Stick passt – dann brauchen Sie einen passenden Adapter. »Passend« bedeutet auch: Er muss schmal genug sein, um neben der Spannungsversorgung noch in die Buchse zu passen ...

Die Option ohne solches Gefummel heißt `scp`. Das ist ein Programm, das ähnlich wie `ssh` im Terminal läuft und Dateien über das Secure-Shell-Protokoll verschickt. Um beispielsweise eine TrueType-Schriftart im aktuellen Verzeichnis an einen Pi mit dem Benutzernamen `user` und dem Hostnamen `zero` zu schicken, schreiben Sie in der PowerShell von Ihrem PC aus (wenn die Shell nicht per `ssh` verbunden ist):

```
scp name-des-fonts.ttf user@zero:
```

Wenn Ihr Nutzername oder der Name Ihres Raspberry anders lautet als `user` bzw. `zero`, müssen Sie diese natürlich entsprechend ändern. Übersehen Sie nicht den Doppelpunkt am Ende. Sie werden vor dem Kopieren nach Ihrem Passwort gefragt. Die Datei finden Sie dann im Home-Verzeichnis auf dem Pi wieder, was Sie leicht mit dem Befehl `ls` überprüfen können. Umgekehrt können Sie beispielsweise auch Ihren Programmcode vom Pi auf Ihren PC ins aktuelle Verzeichnis kopieren, indem Sie schreiben:

```
scp user@zero:*.py .
```

Alle Möglichkeiten des `scp`-Befehls kann ich Ihnen an dieser Stelle nicht erklären. Wie bei allen Terminalkommandos können Sie jedoch mit `man scp` eine ausführliche Anleitung aufrufen (nachdem Sie sich mit dem Pi verbunden haben, unter Windows funktioniert das leider nicht ohne Weiteres).

Bloß einen einmal festgelegten Text auszugeben, ist natürlich unter dem Niveau eines Raspberry Pi. Lassen Sie uns etwas Sinnvolles tun – zum Beispiel eine Entfernung messen! Glücklicherweise gibt es für wenig Geld ein kleines *Ultraschallsensormodul* namens *HC-SR04*, das nicht nur einfach anzusteuern ist, sondern auch erstaunlich gute Ergebnisse liefert (Abbildung 12.23).

Abbildung 12.23 Das Ultraschallsensormodul HC-SR04 erinnert ein wenig an einen Roboter aus einem bekannten Kinofilm, ist aber etwas leichter anzusteuern.

Kleiner Nachteil: Das am einfachsten erhältliche Modul arbeitet nur mit 5 V und liefert diese Spannung auch an seinem Ausgang (*Echo*). Da der Pi an seinen GPIO-Pins lediglich 3,3 V verträgt, aber kein nennenswerter Strom fließt, können Sie einen *Spannungsteiler* mit zwei Widerständen einsetzen, z. B. zweimal 1 kΩ. Das halbiert die Spannung von 5 V auf etwa 2,5 V, was für den Pi immer noch als *high*-Pegel gilt (Abbildung 12.24).

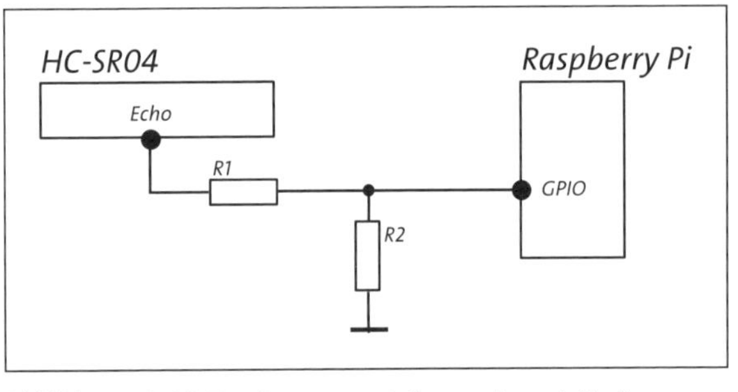

Abbildung 12.24 Der Spannungsteiler verringert die Ausgangsspannung des Echo-Ausgangs auf einen Wert, der für den GPIO-Eingang unkritisch ist.

Es handelt sich bei dem HC-SR04 um einen Sensor, der aus einem Sender und einem Empfänger besteht. Ferner befinden sich ein paar Bausteine auf der Platine, deren genaue Funktion nicht wichtig ist. Abgesehen von Spannungsversorgung (5 V) und Masse besitzt die Platine zwei entscheidende Anschlusspins: *Trig* und *Echo*. Wenn Sie *Trig* für 10 µs auf *high* setzen, ertönt ein unhörbares Ultraschallgeräusch (Frequenz: 40 kHz). Sobald die Schallwelle an einem Hindernis reflektiert wird, empfängt das eingebaute Mikrofon ein Echo (Abbildung 12.25).

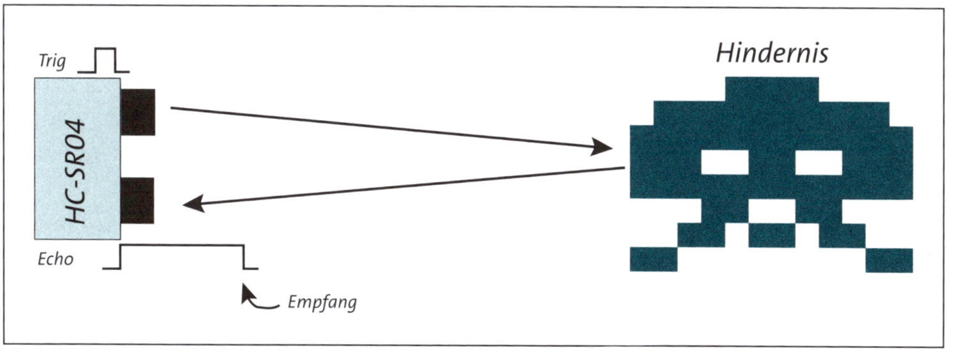

Abbildung 12.25 Der Ultraschallsound wird vom Hindernis reflektiert und im Sensor registriert.

Das Modul gibt auf dem Echo-Pin nach dem Empfang für eine Zeitspanne *high* zurück, die genau der Laufzeit entspricht, sodass Sie nur die Zeit messen müssen, bis der Pin wieder *low* wird. Multipliziert mit der Schallgeschwindigkeit (343 m/s bei Zimmertemperatur), erhalten Sie das Doppelte der Entfernung (die Schallwelle muss ja in dieser Zeit hin und zurück gelangen). Daraus ergibt sich schon beinahe ein fertiges Programm. Das zu schreiben, überlasse ich jedoch Ihnen im Rahmen einer Entspannungsübung.

Entwicklungssysteme

Wenn Sie umfangreichere Software schreiben, wird Ihnen der simple Editor *nano* bald zu unpraktisch erscheinen. Klarer Fall: Sie benötigen ein richtiges Entwicklungssystem (*Integrated Development Environment*, *IDE*). Es gibt mehrere, die Python unterstützen. Für den Anfang können Sie *Visual Studio Code* (*https://code.visualstudio.com/*) verwenden und mit einem Python-Plug-in ausstatten. Allerdings müssen Sie die IDE entweder auf dem dafür etwas schwach motorisierten Pi installieren, was wiederum eine grafische Oberfläche, Bildschirm und Tastatur erfordert, oder Sie programmieren auf einem richtigen PC und kopieren den fertigen Code zum Ausprobieren immer rüber auf den Pi. Beide Methoden haben eines gemeinsam: Sie erschöpfend zu erklären, führt hier zu weit. Bitte wenden Sie sich vertrauensvoll an die anderen Raspberry-Bücher aus dem Rheinwerk Verlag!

Aufgaben

12.4 Entspannungsübungen

Aufgabe 1

Schließen Sie an Ihren Raspberry Pi drei LEDs an (rot, gelb, grün) und programmieren Sie eine Ampelschaltung. Sie soll die Ampelphasen Rot – Rot + Gelb – Grün – Gelb (und wieder von vorn) durchschalten, wobei Rot + Gelb und Gelb kürzer erscheinen sollen als Rot und Grün. Schreiben Sie ein passendes Python-Programm.

Aufgabe 2

Während einer Invasion aus dem Weltraum (siehe Abbildung 12.25) wird festgestellt, dass die Abwehrgeschütze überaus ungenau arbeiten, weil der Abstand zu den Invaders vom Waffenpersonal furchtbar ungenau abgeschätzt wird. Zum Glück haben Sie einen Raspberry Pi und einen Ultraschallsensor HC-SR04 in der Jackentasche. Schreiben Sie ein Programm, das eine Entfernungsmessung ausführt und das Ergebnis mit `print()` ausgibt. Falls Sie irgendwo ein Displaymodul finden, leiten Sie die Ausgabe auf dieses um. Hinweis: Sie benötigen eine sehr genaue Zeitmessung in Python. Die Dokumentation zum zugehörigen `time`-Paket finden Sie hier: *https://docs.python.org/3/library/time.html.*

12.5 Lösungen

Aufgabe 1

Das Ampelprogamm ist im Grunde eine Abwandlung der Blink-Version. Die Pausen können Sie den Ampelphasen entsprechend variieren. Das Programm sieht schließlich wie folgt aus:

```
import RPi.GPIO as GPIO
import time

GPIO.setmode(GPIO.BCM)
GPIO.setup(18,GPIO.OUT) # rote LED
GPIO.setup(17,GPIO.OUT) # gelbe LED
GPIO.setup(27,GPIO.OUT) # grüne LED

while(True):
```

```
    GPIO.output(27,GPIO.LOW)
    GPIO.output(17,GPIO.LOW)
    GPIO.output(18,GPIO.HIGH)
    time.sleep(2)
    GPIO.output(17,GPIO.HIGH)
    time.sleep(1)
    GPIO.output(17,GPIO.LOW)
    GPIO.output(18,GPIO.LOW)
    GPIO.output(27,GPIO.HIGH)
    time.sleep(2)
    GPIO.output(27,GPIO.LOW)
    GPIO.output(17,GPIO.HIGH)
    time.sleep(1)
```

Aufgabe 2

Schauen Sie sich das folgende Listing an, das auch eine Ausgabe auf einem OLED-Display erzeugt. Achten Sie vor allem auf das Ausgabesignal für *Trig*, das am Anfang der Schleife an GPIO 17 erzeugt wird. Anschließend wird auf den Beginn des *high*-Signals an *Echo* (GPIO 27) gewartet, aber maximal 50 ms – in dem Fall hat der Sensor sicher kein Echo empfangen, und wir versuchen es lieber mit einem neuen Trig-Puls erneut, statt bis in alle Ewigkeit zu warten.

Bei der Berechnung der Entfernung aus der Laufzeit darf die Division durch 2 nicht fehlen. Bei den Nachkommastellen kann man schon mal durcheinanderkommen, das ist eine beliebte Fehlerquelle (1 s = 1.000 ms = 1.000.000 µs = 1.000.000.000 ns). Schließlich wird das Ergebnis aufs Display geschickt (wenn nichts gefunden wurde, nur eine Fehlermeldung), und nach einer Sekunde geht alles von vorn los. Dank dieser kleinen Software kann die Erde vor den gefährlichen *Space Invaders* beschützt werden (Abbildung 12.26). Im Listing 12.3 finden Sie einige Zeilen mit Kommentaren (beginnend mit #). Diese werden beim Programmablauf übersprungen und dienen nur Ihrer Information.

```
import time,board,busio,adafruit_ssd1306
from PIL import Image
from PIL import ImageDraw
from PIL import ImageFont
import RPi.GPIO as GPIO

GPIO.setmode(GPIO.BCM)
GPIO.setup(17,GPIO.OUT)
GPIO.setup(27,GPIO.IN)
GPIO.output(17,GPIO.LOW)
```

```
i2c = busio.I2C(board.SCL, board.SDA)
oled = adafruit_ssd1306.SSD1306_I2C(128, 64, i2c, addr=0x3c)
oled.fill(0)
oled.show()
font = ImageFont.truetype("ASTRO867.TTF",15)
#font = ImageFont.defaultFont() # falls Sie den Font nicht haben

while True:
    GPIO.output(17,GPIO.HIGH)
    time.sleep(0.0001)
    GPIO.output(17,GPIO.LOW)

    start=time.monotonic_ns()
    while GPIO.input(27)==GPIO.LOW and time.monotonic_ns()-⮐
start<50000000:
        time.sleep(0.00001)
    off=time.monotonic_ns()
    while GPIO.input(27)==GPIO.HIGH:
        time.sleep(0.00001)

    on=time.monotonic_ns()
    duration=(on-off)/1000000000
    distance=duration*34320/2
    image = Image.new("1",(oled.width,oled.height))
    draw = ImageDraw.Draw(image)
    if distance<1000:
        draw.text( (0,0), "Invader", font=font, fill=255)
        draw.text( (0,20), " Distance:", font=font, fill=255)
        draw.text( (0,40), str("  %04.2f cm" % distance), ⮐
font=font, fill=255)
        oled.image(image)
        oled.show()
    else:
        draw.text( (0,0), "No Invader", font=font, fill=255)
        draw.text( (0,20), "within reach", font=font, fill=255)
        oled.image(image)
        oled.show()
```

```
# einkommentieren, falls Sie sich für die Details interessieren:
#    print("off=",off,", on=", on, ", duration=",duration,"s")
    time.sleep(1)
```

Listing 12.3 Das komplette Invaders-Abstandsprogramm.

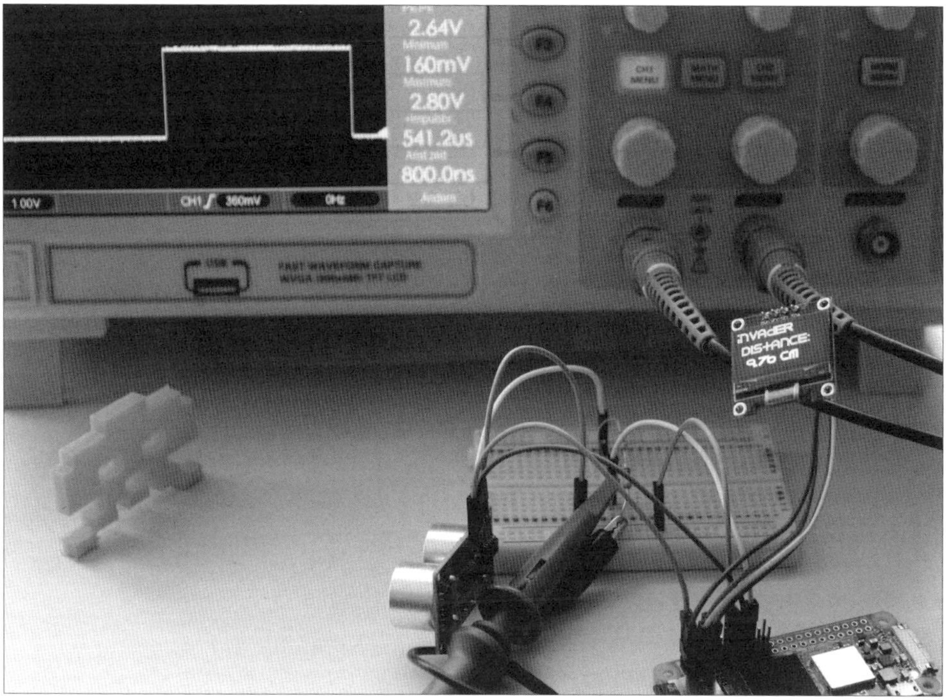

Abbildung 12.26 Abgesehen von Pi, Invader und Display sehen Sie auf dem Foto eine Steckplatine, auf der ich den Spannungsteiler aufgebaut habe. Auf dem Oszilloskop erkennen Sie das Echo-Signal und dessen Laufzeit.

Kapitel 13

Klein, billig, überall drin: Mikrocontroller

Mikrocontroller sind allgegenwärtig, denn sie sind die Billigstversion eines Computers inklusive einfacher, energieeffizienter Prozessoren. Sie lassen sich frei programmieren, mit Sensoren und Aktoren verbasteln und bieten einen einfachen Zugang zu einer spannenden Technologie.

13.1 Über Mikrocontroller

Vielleicht ist Ihnen beim Basteln mit dem Raspberry Pi aufgefallen, dass der Chip auf Dauer warm wird. Damit wird ein Nachteil solcher Einplatinencomputer offensichtlich: Sie verbrauchen zu viel Strom, um sie längere Zeit mit einer Batterie zu betreiben, nämlich – je nach Auslastung – 0,5 bis 2 A. Im Vergleich zu ausgewachsenen PCs oder Laptops sind sie immer noch handlich, für viele Anwendungen trotzdem eine Nummer zu groß.

Fahren wir also die Rechenleistung kräftig runter, kürzen ein paar verzichtbare Bauteile, was bleibt dann übrig? Richtig: ein *Mikrocontroller*.

Mikrocontroller (kurz: *μC*) vereinen Prozessor, Speicher und Peripherie in einem einzigen Chipgehäuse. Damit sind sie billig herstellbar und benötigen nur noch wenige zusätzliche externe Bauteile wie beispielsweise einen Quarz für die Takterzeugung, um ihre Aufgabe zu erfüllen. Dazu dienen zig Ein- und Ausgänge (GPIO), die mit Sensoren und Aktoren verbunden sind – egal ob Tasten, Drehregler, Display, Elektromagneten oder Motoren. Deshalb sitzen Mikrocontroller in allen möglichen Haushalts-, Unterhaltungs- oder Industriegeräten. Da sie dabei keine komplexen Aufgaben lösen müssen, genügt eine einfache Prozessorarchitektur. Tatsächlich basieren viele Mikrocontroller auch heute noch auf Architekturen wie jener des *Intel 8080* oder des *MOS 6502*. Wohlgemerkt, der Übergang zwischen Einplatinencomputer, System-on-a-Chip und Mikrocontroller ist fließend. Für die meisten praktischen Zwecke sind Stromverbrauch und Programmierbarkeit relevant.

Es gibt nämlich einen Haken an der Sache, der Sie beim Entwickeln mit μC oft zum Umdenken zwingt: Das radikale Weglassen bedeutet auch, dass Sie nicht einfach eine Datei mit einem Bild, Sound oder Zeichensatz verwenden können, denn es gibt kein Speichermedium, kein Dateisystem, ja nicht einmal ein Betriebssystem – es gibt nur die Software, die Sie auf den Controller schieben. *Sie* schreiben das Betriebssystem!

Bevor Sie das tun können, sollten Sie sich anschauen, was für μC es auf dem Markt gibt und welche Eigenschaften sie mitbringen.

Beispiel: STM8

Der *STM8* von *ST Microelectronics* ist, wie die Bezeichnung nahelegt, ein 8-Bit-μC und liegt mit am unteren Ende der Skala, was die Leistung angeht – aber auch beim Preis. Ein einzelnes Exemplar kostet etwas über 1 €, mit Platine, also zum Experimentieren, 5 bis 6 € (Abbildung 13.1).

Abbildung 13.1 Auf dieser 3 cm langen Platine mit Luxusausstattung finden Sie eine USB-Buchse (nur zur Stromversorgung), eine Reset-Taste, zwei LEDs und einen STM8S-Chip. Auf der Unterseite gibt es einen Spannungsregler. Am rechten Rand befindet sich die SWIM-Schnittstelle für die Programmierung.

Betrieben wird so ein µC mit 3,3 oder 5 V (es gibt auch »Ultra-Low-Power-Varianten« für 1,65 V). Spezifiziert ist der Chip für Taktraten bis 24 MHz und Temperaturen bis 125 °C, der typische Stromverbrauch liegt während einer Programmausführung bei nur 2 mA – was im Vergleich sehr wenig ist.

Der integrierte Prozessor verfügt über einen 8-Bit-*Akkumulator* und zwei 16-Bit-*Register* X und Y, die zur Adressierung des (eingebauten) Speichers dienen. Mit 16 zur Verfügung stehenden Bits kann der Speicher grundsätzlich (ohne *Bank Switching*) 2^{16} = 65.536 Byte, also 64 KB umfassen, was für viele Fälle aber gar nicht benötigt wird. Das ist eine Architektur, die an die Heimcomputer aus den 1980ern erinnert – und in manchen Fällen nicht nur ausreichend ist, sondern auch die effizienteste, weil stromsparendste Lösung.

Der Hersteller bietet einen ganzen Zoo an unterschiedlichen Ausstattungsvarianten an. Das Exemplar auf meiner Experimentierplatine ist ein *STM8S103F3* mit lediglich 8 K Flash-Speicher und 1 K RAM in einem 20-Pin-Gehäuse. Der Chip läuft mit 16 MHz durch einen eingebauten Taktgenerator, der aber durch einen externen ersetzt werden kann. Für manche Anwendungen von herausragender Bedeutung ist der individuelle 96-Bit-Code, über den jedes Exemplar verfügt – durch diesen Code ist jeder dieser Chips auf der Welt eindeutig identifizierbar!

Ebenfalls nicht zu unterschätzen ist die Tatsache, dass der interne Speicher (Flash und EEPROM) nur für mehrere Hunderttausend Schreibzugriffe spezifiziert ist (zur Maximierung dient *Wear Leveling*, eine Strategie, die die Zugriffe gleichmäßig verteilt). Das ist sehr wichtig, wenn Sie eine lange Lebensdauer des mit dem µC betriebenen Geräts planen und es nicht einfach wie eine abgenutzte Festplatte oder SSD austauschen können. Trotzdem müssen Sie bei Schreibzugriffen sparsam sein. Ein »Schreibe einen Wert nur dann, wenn er ungleich dem aktuellen ist«-Algorithmus kann die Lebensdauer des Chips um ein Vielfaches verlängern. Übrigens: Wussten Sie, dass die begrenzte Anzahl von Schreibzyklen bei Flash-Speichern einer der Gründe dafür ist, dass viele Smartphones nach ein paar Jahren immer langsamer werden und der verfügbare Speicher immer kleiner? Leider ist der Speicher nicht austauschbar, und Sie müssen ein neues Gerät kaufen ...

Der STM8 besitzt einen Low-Power-Betriebsmodus mit nur 128 kHz (der den Stromverbrauch unter 1 mA senkt). Im HALT-Modus (einer Art Tiefschlaf) verbraucht er nur 4,5 µA – da hält die Batterie sehr lange! Der Chip besitzt einige Timer, eine serielle Schnittstelle (*UART*), *SPI* und I^{2}C. Zur Ansteuerung von Aktoren und Sensoren dienen 14 der 20 Pins am Gehäuse, die mit den Lötkontakten am Rand der Experimentierplatine verbunden sind. Der µC verfügt über einen *A/D-Wandler*, um Spannungswerte an seinen Eingängen in Binärzahlen umzuwandeln – das kann nicht einmal der Raspberry Pi! Sie können aber auch einfach eine LED anschließen, zum Beispiel an Ausgang A3 (Abbildung 13.2).

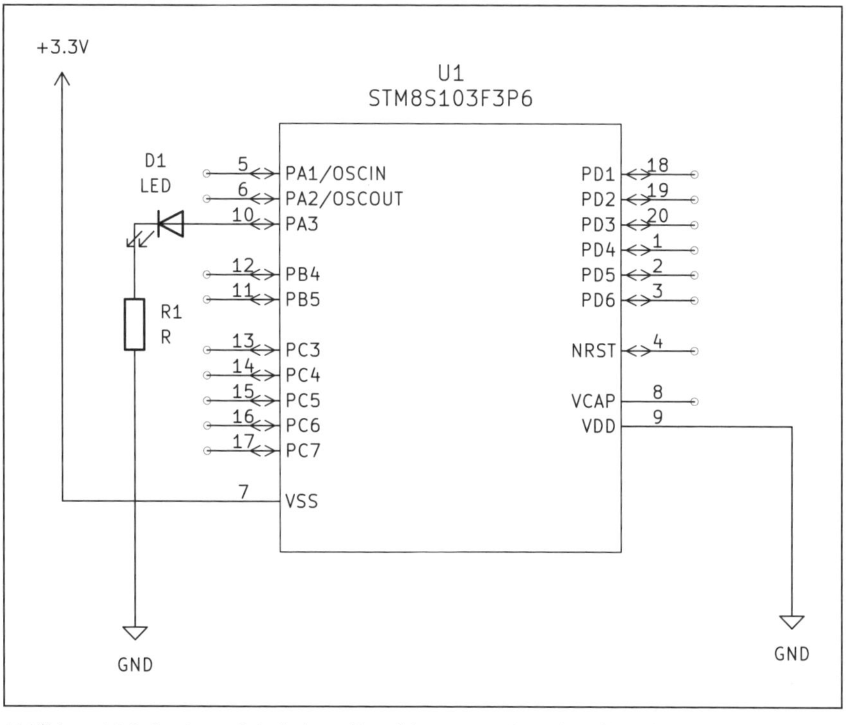

Abbildung 13.2 In einem Schaltplaneditor (hier verwendet: KiCAD) ist eine LED-Blinkschaltung schnell gezeichnet.

Um den STM8 zu programmieren, benötigen Sie zwingend einen USB-Adapter, der auf den Namen *ST-Link* hört. Nur dieser unterstützt das *SWIM-Protokoll*, mit dem Sie Programme auf diesen µC spielen können. Der Adapter wird über vier Drähte am hinteren Ende der Platine angeschlossen. Das geht natürlich am besten mit eingelöteter Stiftleiste und passenden Steckkabeln.

Programmieren lässt sich der STM8S am besten in *C*. Dazu gibt es eine eigene Entwicklungsumgebung namens *STVD-STM8* vom Hersteller, die allerdings nur unter Windows läuft. Ich zeige Ihnen hier kein fertiges Projekt, aber wenn Sie sich mit dem STM8 näher befassen möchten, hilft Ihnen das folgende Beispiel beim Loslegen.

Wenn Sie mit STVD ein leeres Projekt angelegt haben, schreiben Sie zunächst ein minimales Programm in der Datei *main.c*:

```
#include "STM8s.h"
main() {
}
```

Die erste Zeile sorgt dafür, dass Ihnen einige hilfreiche Funktionen zur Verfügung stehen, der Rest definiert die Funktion `main()`, die beim Start des Programms in Aktion tritt.

Mit der folgenden Zeile innerhalb der geschweiften Klammern legen Sie den GPIO-Pin A3 als Ausgang fest:

```
GPIO_Init (GPIOA, GPIO_PIN_3, GPIO_MODE_OUT_PP_LOW_SLOW);
```

Danach benötigen Sie eine Endlosschleife, die in C nicht viel anders aussieht als in Python:

```
while(1) {
}
```

Der zu wiederholende Code gehört zwischen die geschweiften Klammern – eine Einrückung wie bei Python genügt in C nicht. Eine einfache Zeile kehrt den Wert eines GPIO um:

```
GPIO_WriteReverse(GPIOA,GPIO_PIN_3);
```

Etwas komplizierter gestaltet sich das Pausieren, das nötig ist, um eine an GPIO A3 angeschlossene LED zum Blinken zu bringen:

```
for (j=0; j<32000; j++)  _asm("nop");
```

Hierbei handelt es sich um eine 32.000-fach durchlaufene Schleife, die jeweils einen Assembler-Befehl namens `nop` ausführt, der für *no operation* steht, also nichts anderes tut, als ein paar CPU-Zyklen verstreichen zu lassen. Das gesamte Blink-Programm zeigt Listing 13.1.

```
#include "STM8s.h"
main() {
  GPIO_Init (GPIOA, GPIO_PIN_3, GPIO_MODE_OUT_PP_LOW_SLOW);
  while(1) {
    GPIO_WriteReverse(GPIOA,GPIO_PIN_3);
    for (j=0; j<32000; j++)  _asm("nop");
  }
}
```

Listing 13.1 Blink-Code für den STM8 in C

Zur Serie der ST-Mikrocontroller gehören auch etwas besser ausgestattete Varianten wie der *STM32*, der schon auf einer *ARM-Architektur* basiert, z. B. der *STM32-F0* auf dem Typ ARM Cortex-M0 mit 32-Bit-Architektur und Taktraten im MHz-Bereich. Solche µC eignen sich für Anwendungen, für die ein STM8 zu limitiert ist (Abbildung 13.3).

Abbildung 13.3 Eine Bastelplatine mit STM32. Sie sehen unter anderem den vierpoligen Anschluss für den ST-Link-Programmer am rechten Ende, zwei LEDs, den vielbeinigen Controller selbst und eine Reset-Taste.

Da STM32-Exemplare je nach Variante und Stückzahl nicht viel teurer sind als STM8, greifen viele Entwickler direkt zu diesem Typ, es sei denn, es kommt auf einen möglichst niedrigen Stromverbrauch an. Ein STM32 läuft bereits mit einigen Hundert MHz und verbraucht immerhin zwischen 50 und 100 mA. Das ist für Batteriebetrieb schon etwas viel, sodass Sie den Chip auf jeden Fall in den Low-Power-Modus versetzen müssen, wenn gerade nichts zu tun ist, damit der Stromverbrauch in den einstelligen mA-Bereich sinkt.

Beispiel: ESP32

Ein weniger bekannter, aber sehr gut ausgestatteter Mikrocontroller ist der *ESP32* von *Espressif*. Es gibt verschiedene Varianten mit unterschiedlicher Ausstattung, zum Beispiel unter dem klangvollen Namen *Wroom-32* mit eingebautem WLAN und Bluetooth/Bluetooth LE (Abbildung 13.4).

Abbildung 13.4 Der ESP32 Wroom befindet sich auf einer Experimentierplatine mit USB-Anschluss.

Der eigentliche Baustein sitzt hier auf einer Platine, die die GPIO-Pins besser handhabbar macht und eine USB-C-Schnittstelle zur Verfügung stellt. Das Modul besitzt 4 MB Flash-Speicher und 520 KB RAM bei einer Taktrate von 240 MHz. Zur Kommunikation mit der

Außenwelt dienen 30 GPIO-Pins. Schnittstellen von *UART* über *SPI* bis I^2C stehen genauso zur Verfügung wie *PWM*, *A/D*- und *D/A-Wandler*.

Programmieren können Sie den ESP32 unter anderem mit *Scratch*-ähnlichem Block-Coding, und das sogar online: mit *MicroBlocks* (*https://microblocks.fun*). Das Entwicklungssystem lässt sich allerdings auch herunterladen und lokal ausführen. Es unterstützt neben dem ESP32 einige weitere Systeme.

Wenn Sie MicroBlocks im Chrome- oder Edge-Browser starten und der ESP32 per USB verbunden ist, müssen Sie zunächst eine *Firmware* auf das Board spielen. Klicken Sie dazu auf das Zahnrad-Icon und dann das **Aktualisiere Firmware auf dem Board**. Dieser Vorgang dauert eine Weile, muss aber nur einmal ausgeführt werden. Danach können Sie rechts oben eine Verbindung herstellen. Es erscheint ein grünes Icon und der Name Ihres Boards, und schon können Sie ein einfaches Testprogramm mit Blöcken puzzeln (Abbildung 13.5).

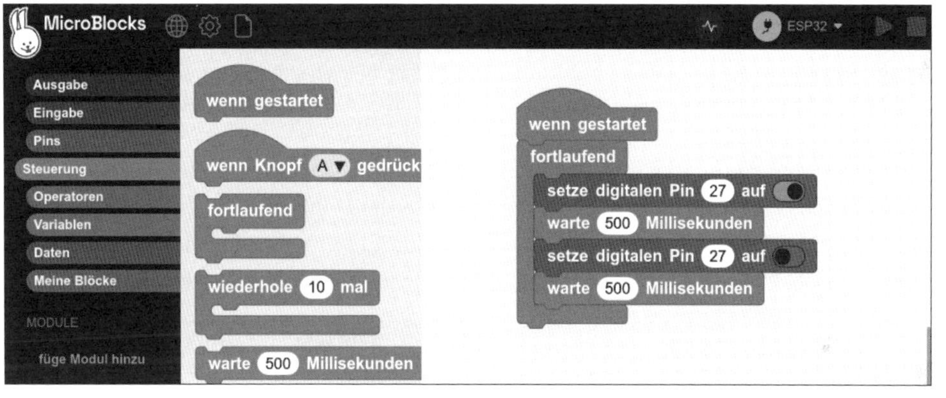

Abbildung 13.5 Das simple MicroBlocks-Programm-Puzzle (rechts) bringt eine LED zum Blinken

Für dieses einfache Blink-Beispiel habe ich eine LED mit IO27 verbunden. Niedrigschwelliger geht es wohl kaum. Gerade für Heranwachsende ist das eine großartige Spielwiese. Da in den meisten Schulen im 6. Schuljahr Scratch auf dem Lehrplan steht, fällt der Übergang zu MicroBlocks nicht schwer. Das Entwicklungssystem unterstützt dabei sowohl optionale Module für Sensoren als auch für Motoren oder die Sounderzeugung. Auch für das in diesem Buch mehrfach erwähnte OLED-Display gibt es zig passende Blocks, um Texte oder Bilder zu zeichnen.

Beispiel: Raspberry Pi Pico

Ich hatte den *Raspberry Pi Pico* bereits erwähnt, weil er kein Einplatinencomputer ist wie seine Kollegen, sondern ein Mikrocontroller (Abbildung 13.6).

Abbildung 13.6 Der Pi Pico verfügt über WLAN und USB. Es gibt auch eine Variante WH mit bereits eingelöteter Stiftleiste.

Das bedeutet nicht nur, dass der Raspberry Pi Pico weniger Strom verbraucht und dafür ohne Betriebssystem auskommen muss, er ist außerdem billiger (Straßenpreis 7 bis 10 €) und versteht trotzdem Python, wenn auch nur eine Untermenge davon, die *MicroPython* heißt. Zunächst aber lassen Sie uns einen Blick auf die Ausstattung werfen (Tabelle 13.1):

	Pico 1	**Pico 2**
CPU	Cortex-M0	Dual Cortex-M33
Taktrate	133 MHz	150 MHz
RAM	264 KB	520 KB
Flash-Speicher	2 MB	4 MB
GPIO	26	26
Schnittstellen	SPI, I^2C, UART	SPI, I^2C, UART
Features	A/D, PWM, Timer, Temperatursensor, WLAN (nur Pico W), Bluetooth (nur Pico W)	A/D, PWM, Timer, Alarm-Timer, Temperatursensor, WLAN (nur Pico W), Bluetooth (nur Pico W)

Tabelle 13.1 Vergleich der Ausstattung von Pico 1 und Pico 2

Wie Sie sehen, hat der Pico seinen großen Geschwistern den *A/D-Wandler* voraus. Sie können also direkt analoge Spannungswerte zwischen 0 und 5 V in Binärzahlen umwandeln, und zwar mit einer Genauigkeit von 12 Bit. Der Pico besitzt sogar drei solcher Wandler und kann daher drei analoge Werte gleichzeitig auswerten. Die Geschwindigkeit beträgt 500 ksps (kilo samples per second), also üppige 500.000 Messungen pro Sekunde.

Richtig praktisch ist, dass sich der Pico im Betriebssystem als Datenträger anmeldet, wenn er an einem USB-Port hängt, ganz ähnlich wie ein USB-Stick. Sie laden Ihr Programm auf den Pico, indem Sie es einfach in sein Explorer-Fenster kopieren. Abgesehen von MicroPython und C/C++ versteht der Pico auch *MicroBlocks*, das ich Ihnen bereits beim ESP32 vorgestellt hatte.

Der Pi Pico ist allerdings nicht der am meisten verbreitete oder bekannteste Mikrocontroller – zu dem kommen wir jetzt.

Beispiel: Arduino

Als der erste *Arduino* vor über zehn Jahren erschien, war die in Italien entwickelte Plattform etwas Neues: Die Boards waren günstig zu bekommen und zu programmieren und waren wohl das erste *Open Source Physical Computing System*. Dieses erfreut sich seitdem dauerhaft großer Beliebtheit. Zwar verwenden Arduinos letztlich die etwas schwierigere Programmiersprache C, aber die Entwicklungsumgebung Arduino-IDE versteckt viele technische Details, sodass auch Anfänger schnell zu Erfolgen kommen. Nach und nach erschienen immer kompaktere Versionen, die aufgrund der Quelloffenheit der gesamten Plattform auch von chinesischen Billiganbietern nach Europa geschickt wurden – zeitweise für Preise unter 1 € pro Stück (Abbildung 13.7).

Inzwischen muss man inflationsbedingt etwa 1,60 € plus Versand investieren, wenn man die Stiftleisten selbst einlötet (dann passt nämlich alles in ein dünnes Briefchen). Beim Kauf müssen Sie aber aufpassen: Einige ältere Kleinst-Boards besitzen keinen FT232-Chip (meist auf der Rückseite), der beim Anschluss an den PC über USB eine virtuelle serielle Schnittstelle zur Verfügung stellt. Diese Billigstvarianten müssen umständlich über einen *Programmer* angesprochen werden und besitzen meist auch keinen Spannungsregler, der einen Anschluss an mehr als 5 V erlaubt.

Abbildung 13.7 Zwei besonders günstige Arduino-Varianten aus China. Während das größere Nano-Exemplar links über vier LEDs und einen USB-Anschluss als serielle Schnittstelle verfügt, braucht das kleinere Pico-Modell einen externen Programmer, weil der Chip für die serielle Schnittstelle fehlt. Auf den zweiten Blick erst fällt auf, dass es den Platinen an Bohrungen für Schraubbefestigung mangelt – wenn Sie sie etwa in einem Gehäuse sicher befestigen möchten, müssen Sie sich etwas einfallen lassen.

Wegen der vielen verschiedenen Anbieter variieren auch die Hardwareparameter stark. In Tabelle 13.2 habe ich Ihnen daher nur zwei exemplarische Beispiele eingetragen.

	ATTINY88	**Arduino Due**
CPU	ATmega328	AT91SAM3X8E (32 Bit)
Taktrate	16 MHz	84 MHz
RAM	2 KB	96 KB
Flash-Speicher	32 KB	512 KB
GPIO	26	54
Features	Timer, UART, SPI, I^2C, A/D-Wandler,	UART, USB(OTG), DAC, TWI, SPI, CAN
Preis (ca., bei Versand aus China)	1,60 €	22,60 €

Tabelle 13.2 Vergleichen Sie diese Arduino-Varianten!

Arduino-Programmierung zu beherrschen, ist ein ziemlich guter Plan für angehende Elektrotechniker. Deshalb erkläre ich im nächsten Abschnitt anhand zahlreicher Beispiele mit unterschiedlichen Sensoren und Aktoren, wie das konkret funktioniert.

13.2 C mit dem Arduino

Um einen Arduino zu programmieren, brauchen Sie drei Dinge: eine funktionierende USB-Verbindung zu Ihrem PC, eine passende Entwicklungsumgebung – und ab einer gewissen Codekomplexität eine ordentliche Portion Geduld.

Geduld deswegen, weil eine ganze Menge schiefgehen kann, wenn Sie gewissermaßen bei Ihrem eigenen Betriebssystem für wirklich *alles* zuständig sind. Es gibt bei Abstürzen keine aussagekräftige Fehlermeldung, Sie können auch nicht ohne Weiteres ein Protokoll schreiben: Der Speicher wäre irgendwann voll, und solche Ausgaben verbrauchen durchaus Rechenzeit und können das ganze Timing Ihrer Anwendung durcheinanderbringen. Fehler äußern sich oft in einem sturen Nichtstun des Arduino oder, wenn fatal falsch angeschlossene externe Geräte im Spiel sind, durch den Geruch von verschmorenden Bauteilen und aufsteigenden Rauchwölkchen.

Für die folgenden Beispiele verwende ich eine billige Nano-Version mit aufgelötetem FT232-Chip und Mikro-USB-Anschluss – die Platine lässt sich also per USB direkt an den PC anschließen. So sind Stromversorgung und Kommunikation gewährleistet.

Installieren Sie die aktuelle Arduino-IDE von *https://www.arduino.cc/en/software* und starten Sie sie (die IDE läuft auch online, das hat aber keine Vorteile). Stellen Sie unter **Werkzeuge** das Board ein, das Sie angeschlossen haben. Im Zweifelsfall wählen Sie **Arduino Pro or Pro Mini**, unter **Prozessor** den **ATMega328P 16MHz** und bei **Port** den ersten, der angezeigt wird und die Buchstaben *USB* im Namen trägt. Dann sollte nach einem Klick auf **Boardinformationen holen** eine kleine Infobox erscheinen. Im Fehlerfall können Sie über das Menü unter **Hilfe · Fehlersuche** einige wertvolle Tipps erhalten.

Der erste *Sketch* (so nennen Arduino-Entwickler ihre Programme) ist traditionell ein einfaches Blinken. Sie müssen das nicht einmal eintippen, sondern können das Beispiel wie viele andere auch über **Datei • Beispiele • 01.Basics** abrufen. Die wichtigsten Zeilen des Codes sind die folgenden:

```
void setup() {
  pinMode(LED_BUILTIN, OUTPUT);
}
```

```
void loop() {
  digitalWrite(LED_BUILTIN, HIGH);
  delay(1000);
  digitalWrite(LED_BUILTIN, LOW);
  delay(1000);
}
```

Sie sehen hier zwei Funktionen, die wie in *C* üblich aus Code bestehen, der in geschweiften Klammern steht. Davor finden Sie die Namen der Funktionen mit runden Klammern und in diesem Fall leeren Parameterlisten. Der Bezeichner `void` legt fest, dass die Funktionen keinen Wert zurückgeben.

Die eigentlichen Funktionsaufrufe sind glücklicherweise fast selbsterklärend. Im Gegensatz zum Programmieren mit Python finden Sie in diesem Codebeispiel keine Objekte, auf denen Methoden aufgerufen werden, wie beispielsweise `GPIO.output()`. Die in Großbuchstaben geschriebenen Bezeichner müssen Sie sich merken oder nachschlagen, rufen Sie dazu im Menü **Hilfe · Referenz** auf.

Die Namen der beiden Funktionen sind festgelegt. Die Hardware wird `setup()` beim Start der Software (also nach dem Anschalten oder einem Reset) einmalig ausführen und dann `loop()` immer wieder aufrufen, bis das Gerät vom Strom getrennt wird. Passend dazu initialisiert `setup()` in diesem Beispiel den Ausgabepin für die aufgelötete Test-LED im Output-Modus. In der Hauptschleife `loop()` schaltet der Code die LED an, wartet eine Sekunde, schaltet sie wieder aus und wartet erneut.

Um das Programm auf den Arduino zu kopieren, brauchen Sie zwei Finger: Mit dem einen drücken *und halten* Sie die Reset-Taste des Arduino, um ihn in den Programmiermodus zu versetzen. Mit dem anderen wählen Sie in der IDE den Menüpunkt **Sketch · Hochladen**. Sobald im unteren Bereich der IDE der Hinweis **Hochladen...** erscheint, lassen Sie die Reset-Taste los. Sie sehen dann im Statusfenster Details über den Upload-Vorgang, der mit einem Verify-Schritt endet, bevor er sich freundlich mit **Thank you** bedankt. Dann läuft der Sketch bereits auf dem Arduino, was sich mit einer langsam blinkenden LED bemerkbar macht.

Das Programm ist nun fest im Flash-Speicher verankert und startet automatisch, wenn Sie das Gerät von der Spannungsversorgung trennen und wieder verbinden. Im Gegensatz zum Raspberry Pi müssen Sie übrigens nicht warten, bis das Betriebssystem hochgefahren ist – es gibt ja gar keines, Ihr Programm tritt umgehend in Aktion. Die schnelle Betriebsbereitschaft ist oft ein Kriterium, das den Ausschlag gibt, eine Aufgabe mit einem Mikrocontroller und nicht mit einem Einplatinencomputer zu lösen.

Apropos Spannungsversorgung: Sie können auf das USB-Kabel verzichten und ein Batteriepack mit drei AAA-Batterien an V_{in} und GND anschließen – dieser Arduino Nano läuft ohne

Probleme auch mit 4,5 V. Bei drei Akkus zu je 1,2 V wird es aber schon knapp. Noch kleinere Nachbauvarianten kommen theoretisch mit 3,3 V aus – auch hier reichen meist zwei AAA-Batterien mit 3 V, aber bei 2,4 V mit zwei Akkus würde ich mich nicht darauf verlassen, dass alles sicher funktioniert.

Der serielle Monitor

Um Probleme einzugrenzen oder Informationen vom Board abzurufen, können Sie auf recht einfache Weise einen *seriellen Monitor* einsetzen. Den Monitor öffnen Sie in der IDE unter WERKZEUGE · SERIELLER MONITOR.

In Ihrem Sketch müssen Sie das Monitoring in der `setup()`-Funktion aktivieren:

```
Serial.begin(9600);
```

Der Parameter in Klammern ist die Baudrate. Theoretisch funktionieren auch höhere Werte, aber 9.600 bps genügen und garantieren meist eine störungsfreie Übertragung. Infos ausgeben können Sie mit:

```
Serial.print(...);
```

Schreiben Sie einfach die auszugebenden Texte oder Zahlenwerte in die Klammern. Achten Sie darauf, dass rechts unten die richtige Übertragungsrate eingestellt ist (Abbildung 13.8).

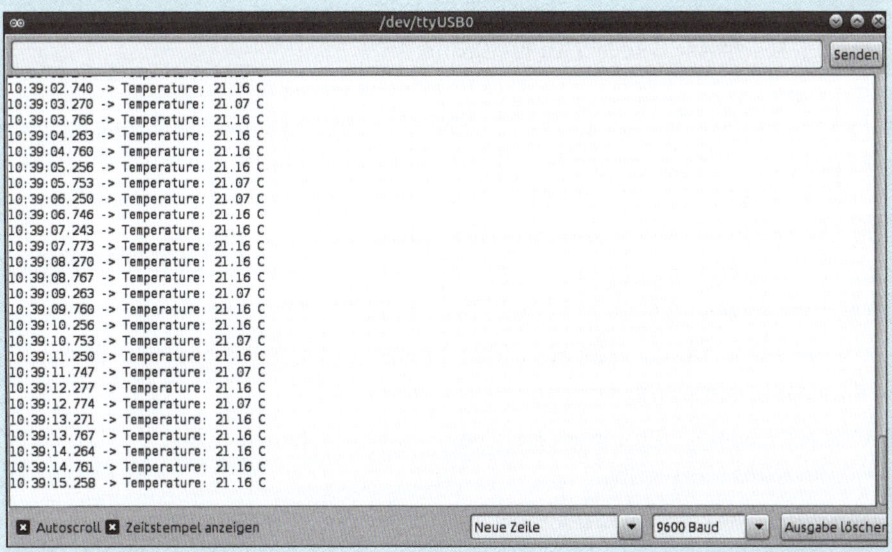

Abbildung 13.8 Der serielle Monitor zeigt hier die Ausgaben einer fortlaufenden Temperaturmessung.

Natürlich funktioniert der Monitor nur, solange Ihr Arduino mit Ihrem PC über USB verbunden ist. Falls Sie ein Board über einen Programmer anschließen müssen, klappt das Monitoring möglicherweise nicht ohne Weiteres.

Lassen Sie uns einige praktische, nützliche und coole Anwendungsbeispiele ausprobieren, um den Arduino besser kennenzulernen!

Beispiel: Das SSD1306-Display über I^2C anschließen

Natürlich besitzt jeder Arduino eine I^2C-Schnittstelle, die Kontakt zum *OLED-Display mit SSD1306-Controller* aufnehmen kann. Verbinden Sie Ihren Arduino gemäß Tabelle 13.3.

SSD1306	Arduino
GND	GND
VCC	5 V
SCL	A5 (Nano), D21 (Mega/Due)
SDA	A4 (Nano), D20 (Mega/Due)

Tabelle 13.3 Anschlüsse für den SSD1306-Controller

Leider weichen die Pinbelegungen der Arduino-Varianten mitunter leicht voneinander ab, die Leitungen für I^2C können Sie aber nicht frei ändern. Werfen Sie daher sicherheitshalber einen Blick auf das genaue Pin-out-Diagramm Ihres Exemplars. Das für den Nano finden Sie beispielsweise unter *https://store.arduino.cc/products/arduino-nano* und als PDF unter *https://content.arduino.cc/assets/Pinout-NANO_latest.pdf*. Suchen Sie die Darstellung, in der SDA und SCL aufgeführt sind, und prüfen Sie, welche Pins die richtigen sind.

Zum Ansteuern des Displays gibt es auch für Arduinos eine fertige Bibliothek, die allerdings standardmäßig nicht verfügbar ist. Ändern Sie das wie folgt:

1. Wählen Sie **Sketch · Bibliothek einbinden · Bibliotheken verwalten**, sodass der *Bibliotheksverwalter* erscheint.
2. Tippen Sie ins Suchfeld »ssd1306« ein und drücken Sie [↵].
3. Die Bibliothek erfordert zwei von ihr abhängige andere Bibliotheken. Bestätigen Sie, dass diese mit installiert werden sollen.

4. Freundlicherweise bringt die Bibliothek direkt ein paar Beispielsketche mit. Die sehen Sie aber erst, wenn Sie die Arduino-IDE einmal komplett neu starten. Suchen Sie unter **Datei • Beispiele • Adafruit SSD1306 • ssd1306_128x64_i2c** und schauen Sie sich den Sketch an.
5. Es gibt eine Zeile, in der die I²C-Adresse des Displays definiert ist. Schreiben Sie die Adresse Ihres Displays dort hin:

```
#define SCREEN_ADDRESS 0x3C
```

Das war schon alles. Kompilieren Sie den Sketch und laden Sie ihn auf Ihren Arduino. Sie sollten eine etwas hypnotisierende Grafikdemo zu sehen bekommen (Abbildung 13.9).

Abbildung 13.9 Auf dem Arduino läuft die Displaydemo mit fallenden Sternen.

Schauen Sie sich die Funktionen im Code an, die nach und nach in der Animation demonstriert werden. Der Code ist gut dokumentiert. Lassen Sie uns als Nächstes einen einfachen Sensor und den A/D-Wandler ausprobieren und das Display als Ausgabegerät verwenden.

Beispiel: Temperaturmessung mit A/D-Wandler

Für diesen Aufbau benötigen Sie einen *Thermistor* (*NTC*, siehe Abschnitt 4.2, »Widerstand und ohmsches Gesetz«), der mit einem festen Widerstand zu einem Spannungsteiler geschaltet wird (Abbildung 13.10).

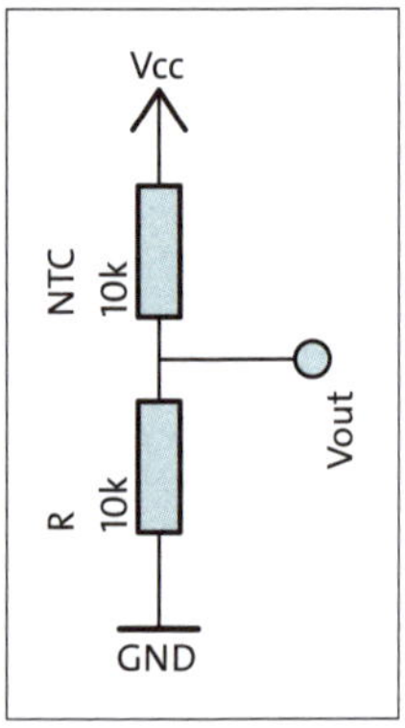

Abbildung 13.10 Der Spannungsteiler aus Widerstand und NTC liefert am Mittelabgriff die Ausgangsspannung. Wie im angloamerikanischen Raum üblich, habe ich hier die Spannungen mit V (Voltage) statt U bezeichnet – das passt besser zu den Beschriftungen am Arduino-Board.

Stellen Sie die Spannungsteilergleichung für diese Schaltung auf, um sich die Funktionsweise klarzumachen:

$$\frac{V_{\text{out}}}{V_{\text{cc}}} = \frac{R}{R + R_{\text{NTC}}}$$

Der A/D-Wandler des Arduino misst später das Spannungsverhältnis, das auf der linken Seite steht. Um daraus den momentanen Widerstand des Thermistors (und damit die Temperatur) berechnen zu können, stellen Sie die Gleichung um:

$$R_{\text{NTC}} = R \cdot \left(\frac{V_{\text{CC}}}{V_{\text{out}}} - 1\right)$$

Da der Widerstand R bekannt ist und die Versorgungsspannung ebenfalls, können Sie mit diesen Daten in einem Sketch die Temperatur berechnen, wenn Sie die *Steinhart-Hart-Gleichung* verwenden:

$$T = \left(c_1 + c_2 \ln(R_{\text{NTC}}) + c_3(\ln(R_{\text{NTC}})^3)\right)^{-1}$$

Die drei Konstanten sind der Spezifikation Ihres Thermistors zu entnehmen. Ich verwende in diesem Beispiel ein vorgefertigtes Modul namens *KY-013* (Abbildung 13.11), das bereits den benötigten 10-K-Widerstand enthält.

Dessen genaue Parameter sind laut Spezifikation:

c_1 = 0,001129148

c_2 = 0,000234125

c_3 = 0,0000000876741

Bevor Sie das Modul an Ihren Arduino anschließen, messen Sie mit dem Multimeter die Widerstände zwischen den Pins. Die beiden Pins mit 20 kΩ sind die beiden »äußeren«, die mit der Versorgungsspannung bzw. Masse zu verbinden sind. An die Versorgungsspannung gehört der Pin, der mit einem blanken Anschluss des Thermistors verbunden ist, dort messen Sie keinen Widerstand. Der verbleibende Pin gehört dann an den A/D-Eingang des Arduino, und zwar A0. Schließen Sie den Thermistor zusätzlich zum OLED-Display an. Schreiben Sie einen Sketch namens *thermistor* mit dem folgenden Code (Listing 13.2).

Abbildung 13.11 Das Thermistor-Modul KY-013 besitzt einen winzigen SMD-Widerstand für den Spannungsteiler.

```
#include <SPI.h>
#include <Wire.h>
#include <Adafruit_GFX.h>
#include <Adafruit_SSD1306.h>

Adafruit_SSD1306 display(128, 64, &Wire, -1);
int ThermistorPin = A0;
float R = 10000;
float c1 = 0.001129148, c2 = 0.000234125, c3 = 0.0000000876741;

void setup() {
  Serial.begin(9600);
  if(!display.begin(SSD1306_SWITCHCAPVCC, 0x3c)) {
```

```
    Serial.println(F("Display-Fehler"));
    for(;;);
  }
  display.setTextSize(3);
  display.setTextColor(SSD1306_WHITE);
}

void loop() {
  float Vout = analogRead(ThermistorPin);
  float Rntc = R * (1023.0 / Vout - 1.0);
  float logRntc = log(Rntc);
  float T = (1.0 / (c1 + c2*logRntc + c3*logRntc*logRntc*logRntc));
  T = T - 273.15;
  display.clearDisplay();
  display.setCursor(0, 0);
  display.print(T);
  display.println(" C");
  display.drawCircle(96,4,4,SSD1306_WHITE);
  display.display();
  delay(500);
}
```

Listing 13.2 Digitales Thermometer mit Thermistor und OLED-Display

Herz des Codes ist die erste fett hervorgehobene Zeile, die für das Einlesen des analogen Spannungswerts zuständig ist. Der Rückgabewert von `analogRead()` ist eine Zahl von 0 bis 1023, da der A/D-Wandler des Arduino eine Auflösung von 10 Bit hat. Der niedrigste Ausgabewert (0) entspricht einer Eingangsspannung V_{out} = 0 V, der höchste (1023) entspricht 5 V. Deshalb steht in der Folgezeile die 1023 anstelle der Versorgungsspannung – letztlich misst der A/D-Wandler eben das Verhältnis aus Eingangs- und Versorgungsspannung. Es folgt die *Steinhart-Hart-Gleichung*, um die Temperatur zu berechnen – allerdings in Kelvin, folglich müssen Sie noch 273,15 abziehen, um die Celsius-Skala zu erreichen.

Danach schreibt der Code die Temperatur ins OLED-Display. Eine weitere Zeile ist hervorgehoben: Leider enthält der Zeichensatz der Adafruit-Grafikbibliothek kein °-Zeichen, daher muss der Code einen Kreis zwischen Zahl und Celsius-C malen (es gibt alternativ einen Font-Konverter, um eine eigene Schriftart mit genau den benötigten Zeichen zu erstellen: *https://github.com/tchapi/Adafruit-GFX-Font-Customiser*).

Spielen Sie den Sketch auf den Arduino und probieren Sie Ihr selbst gebautes digitales Thermometer aus (Abbildung 13.12)!

Abbildung 13.12 Der Aufbau ist mit Steckplatine schnell erledigt.

Testen Sie die Schaltung, indem Sie einen Finger an den Thermistor halten (oder einen Zeh, falls Sie niedrigere Temperaturen ausprobieren möchten). Sie können den Widerstand auch in die Nähe einer Kerze halten (bitte nicht in die Flamme!). Spezifiziert ist der verwendete Thermistor übrigens für –55 bis 125 °C bei einer Genauigkeit von einem halben Grad. Übrigens: Wenn Sie den Thermistor an den Prozessor auf Ihrem Board halten, wird er nur eine Temperatur kaum über Zimmertemperatur messen – so wenig Leistung verbrät der Arduino im Vergleich zum spürbar betriebswarmen Raspberry Pi!

Beispiel: Joystick und Schlange

Als ich für die Vorbereitung dieses Buchs meinen Fundus an Arduino-Modulen durchwühlte, fiel mir unter anderem ein analoger Joystick in die Hand (Abbildung 13.13). Meinen Sie nicht auch, es ist Zeit für ein entspanntes, kleines Mikrocontroller-Game?

Grundsätzlich gibt es nicht nur analoge, sondern auch digitale Eingabegeräte zur Richtungsbestimmung in Spielen – dann gehört zu jeder Bewegungsrichtung eine An/Aus-Taste. So funktionieren beispielsweise Spiele mit WASD- oder Pfeiltastensteuerung. Der vorliegende Joystick besteht jedoch aus zwei *Potenziometern*, die als Spannungsteiler geschaltet sind und bei Bewegungen des Sticks über zwei quer zueinander liegende Achsen verstellt werden. Die Nullstellung entspricht ungefähr der mittleren Einstellung der Potis.

Der genaue Widerstandswert der Potenziometer kann Ihnen dabei piepegal sein, interessant ist nur der relative Einstellungswert. Mit zwei A/D-Wandlern lassen sich getrennt Werte von 0 bis 1023 für die *x*- und die *y*-Achse auslesen, wobei die Mittelstellung in etwa dem Wert 512 entspricht. Zusätzlich lässt sich der Stick nach unten drücken, was eine einfache Klicktaste auslöst.

Abbildung 13.13 Dieses Joystick-Modul hat einen so großen Steuerknüppel, dass man die Potenziometer nicht erkennen kann.

Das kleine Spiel, das ich mit Ihnen zusammen für die Kombo aus Joystick, Arduino und OLED-Display schreiben möchte, ist ein Klassiker: *Snake*. Dabei bewegen Sie den Kopf einer Schlange, die immer länger wird, entweder senkrecht oder waagerecht (nicht diagonal), bis sich die Schlange selbst in den Schwanz beißt. Dieses Mikro-Game lässt sich in wenigen Zeilen programmieren – etwas Komplexeres können Sie sich ja später selbst ausdenken. Für Snake genügt zwar ein digitaler Joystick, aber ein analoger tut's natürlich auch mit der passenden Abfrage.

Besonders praktisch für diese Spielidee ist, dass Sie in das Display nicht nur einzelne Pixel malen (oder daraus löschen) können, Sie können mit der Funktion `display.getPixel()` auch ermitteln, ob ein Pixel gesetzt ist, um festzustellen, ob das Spiel vorüber ist, wenn der Schlangenkopf dort als Nächstes hinmöchte. Indem Sie anfangs einen Rahmen um die Spielfläche zeichnen, können Sie das Ausbrechen aus dem Bildschirm ohne Extracode verhindern.

Schließen Sie das Display wie gehabt an den Arduino an und den Joystick an die Pins A0 (*Vrx*), A1 (*Vry*) und D4 (*SW*). Den etwas länger geratenen Sketch zeige ich Ihnen im Folgenden Stück für Stück:

```
#include <SPI.h>
#include <Wire.h>
#include <Adafruit_GFX.h>
#include <Adafruit_SSD1306.h>

Adafruit_SSD1306 display(128, 64, &Wire, -1);

int JoyX = A0;
int JoyY = A1;
int Btn = 4;
int x=64;
int y=32;
int vx=1;
int vy=0;
int score=0;
int gameover=0;
int difficulty;
int offset=30;
```

Im ersten Teil konfigurieren Sie das Display. Die Variablen sind für die Arduino-Eingänge zuständig (`JoyX`, `JoyY`, `Btn`), sie merken sich die aktuelle Position des Schlangenkopfs (`x`, `y`) sowie dessen Bewegungsrichtung (`vx`,`vy`). Weitere Variablen werden benötigt für die erreichte Punktzahl (`score`), den Game-over-Status, den momentanen Schwierigkeitsgrad und die Größe der »Totzone« (`offset`), also des mittleren Joystick-Bereichs, der nicht zu einer versehentlichen Spielaktion führen soll.

```
void setup() {
  Serial.begin(9600);
  if(!display.begin(SSD1306_SWITCHCAPVCC, 0x3c)) {
    Serial.println(F("Display-Fehler"));
    for(;;);
  }
  pinMode(Btn, INPUT_PULLUP);
  display.setTextColor(1);
  display.setTextSize(2);
  start();
}
```

Die Funktion setup() initialisiert die serielle Schnittstelle (nur für Fehlermeldungen oder Debugging) und verpasst dem Eingang für den Joystick-Knopf einen Pull-up-Widerstand, weil das Signal beim Drücken mit Masse verbunden wird. Außerdem werden Textfarbe und -größe festgelegt. Anschließend wird das Spiel sofort gestartet, indem die zusätzliche Funktion start() aufgerufen wird. Diese folgt sogleich:

```
void start() {
  display.clearDisplay();
  display.drawRect(0,0,127,63,1);
  vx=1;
  vy=0;
  x=64;
  y=32;
  score=0;
  gameover=0;
  difficulty=0;
}
```

Beim Start jeder Runde wird das Display gelöscht und ein Rahmen außen gezeichnet, der das Spielfeld begrenzt. Die momentane Geschwindigkeit wird auf vx=1 und vy=0 gesetzt (also nach rechts) und die Startposition in die Bildschirmmitte. Jetzt fehlt nur noch der Game-Loop:

```
void loop() {
  if(!gameover) {
    float jx = analogRead(JoyX);
    float jy = analogRead(JoyY);
    int dx=0;
    int dy=0;
    if(jx>511+offset) dx=1;
    if(jx<511-offset) dx=-1;
    if(jy>511+offset) dy=1;
    if(jy<511-offset) dy=-1;
    if(dx!=0 xor dy!=0) {
      vx=dx;
      vy=dy;
    }
    x+=vx;
    y+=vy;
    score+=10;
```

```
    if(display.getPixel(x,y)) {
      gameover=1;
      display.setCursor(10,20);
      display.print("GAME OVER");
      display.setCursor(20,40);
      display.print(score);
    } else {
      display.drawPixel(x,y,1);
    }
    display.display();
    difficulty=score/1000;
    if(difficulty>19) difficulty=19;
    delay(20-difficulty);
  } else {
    if(!digitalRead(Btn)) start();
  }
}
```

Diese Funktion unterscheidet zwischen den Modi `gameover` oder nicht: Nur solange das Spiel läuft, wird der Joystick abgefragt. Die vier `if`-Abfragen berücksichtigen den Totzonen-`offset`, um die Richtung `dx`/`dy` zu ermitteln, in die der Spieler den Joystick gerade drückt. Wichtig ist das `xor` im nächsten `if`, das dafür sorgt, dass diagonale Richtungen ignoriert werden. Denn nur wenn *genau eine* Richtung `dx` oder `dy` nicht 0 ist, darf diese als neue Bewegungsgeschwindigkeit in `vx` und `vy` übernommen werden.

Die aktuelle Kopfkoordinate wird hochgezählt, und `getPixel()` prüft, ob die Schlange gegen einen Pixel gestoßen ist. Dieser Fall schaltet in den `gameover`-Modus und schreibt einen Schriftzug sowie die erreichte Punktzahl auf den Bildschirm. Ansonsten zeichnet `drawPixel()` die Schlange weiter.

Erst der Aufruf `display.display()` schickt alles über I^2C zum *OLED-Display*, was einen Moment dauert. Danach wird der Schwierigkeitsgrad abhängig von der Punktzahl erhöht, aber maximal bis 19 – denn die `difficulty` wird einfach von der Wartezeit bis zum nächsten Durchlauf der Schleife abgezogen. Ein steigender Schwierigkeitsgrad äußert sich also in einer leichten Zunahme des Tempos.

Probieren Sie das Micro-Spiel aus! Sicher erreichen Sie einen höheren Highscore als ich (Abbildung 13.14). Aber nicht schummeln!

Abbildung 13.14 Falls Sie einen 3-D-Drucker besitzen, entwerfen Sie ein passendes Gehäuse, und schon haben Sie Ihre eigene mobile Spielekonsole konstruiert!

Beispiel: Töne abspielen

Als vor ein paar Jahren meine Türklingel den Geist aufgab, fiel mein Blick auf meine Schachtel mit Arduinos. Daraus wurde ein kleines Bastelprojekt, das ich Ihnen hier zum Abschluss des Arduino-Reigens kurz zeigen möchte. Die Aufgabe: Sounds erzeugen mit dem Arduino.

Zunächst einmal müssen Sie sich vor Augen halten, dass Sie nicht einfach eine *mp3*-Datei mit Ihrem Lieblingssong auf den Arduino kopieren können. Erstens gibt es kein Dateisystem, und zweitens genügt der vorhandene Flash-Speicher eines Arduinos nicht annähernd, um eine Musikdatei in akzeptabler Qualität aufzunehmen (ein Song benötigt je nach Bitrate etwa 1 MB/min).

Infos über Ihren Arduino abrufen

Vielleicht haben Sie schon beim Hochladen eines Sketchs gesehen, dass dabei einiges an Daten durch das untere Fenster der Arduino-IDE läuft (siehe Abbildung 13.15).

Unter anderem erhalten Sie Details über den verfügbaren Speicher. Mein angeschlossenes Nano-Board verfügt über 1 KB EEPROM und 32 KB Flash-Speicher. Weiter unten sehen Sie die Größe Ihres kompilierten Sketchs (siehe Abbildung 13.16).

Bei einer Codegröße von etwa 3 KB bleiben von den 32 KB also noch 29 KB übrig. An dieser Stelle erkennen Sie übrigens auch den Typ des Boards (*Device Signature*).

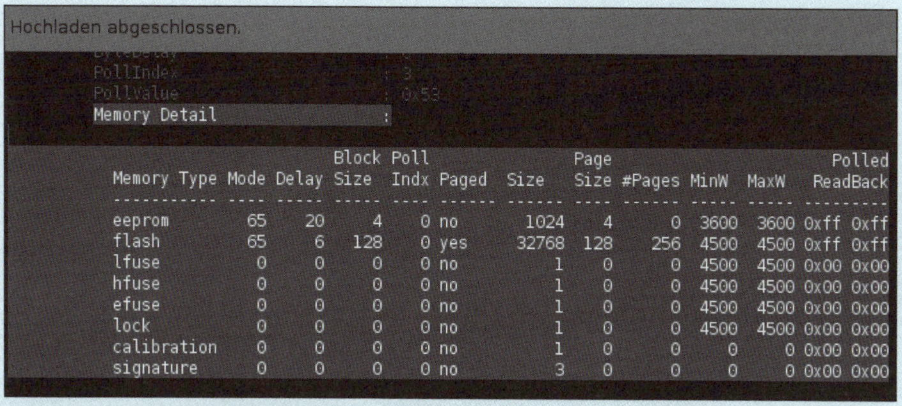

Memory Type	Mode	Delay	Block Size	Poll Indx	Paged	Size	Page Size	#Pages	MinW	MaxW	Polled ReadBack	
eeprom	65	20	4	0	no	1024	4	0	3600	3600	0xff	0xff
flash	65	6	128	0	yes	32768	128	256	4500	4500	0xff	0xff
lfuse	0	0	0	0	no	1	0	0	4500	4500	0x00	0x00
hfuse	0	0	0	0	no	1	0	0	4500	4500	0x00	0x00
efuse	0	0	0	0	no	1	0	0	4500	4500	0x00	0x00
lock	0	0	0	0	no	1	0	0	4500	4500	0x00	0x00
calibration	0	0	0	0	no	1	0	0	0	0	0x00	0x00
signature	0	0	0	0	no	3	0	0	0	0	0x00	0x00

Abbildung 13.15 Einblick in die Daten, die die Arduino-IDE verarbeitet

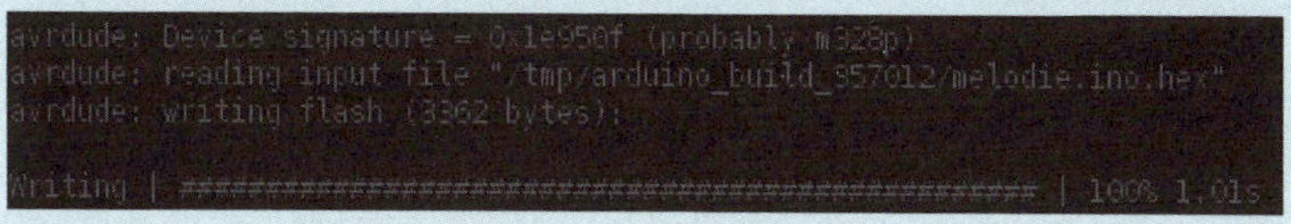

```
avrdude: Device signature = 0x1e950f (probably m328p)
avrdude: reading input file "/tmp/arduino_build_857012/melodie.ino.hex"
avrdude: writing flash (3362 bytes):

Writing | ################################################## | 100% 1.01s
```

Abbildung 13.16 Größe des kompilierten Sketchs

Verbinden Sie eine Taste mit Pin D3 und GND sowie einen Lautsprecher (8Ω) oder einen Buzzer mit Pin D4 und GND (Abbildung 13.17).

Der Arduino beherrscht PWM (siehe Abschnitt 10.1, »Motor ist nicht gleich Motor«), und diese Pulse können, die richtige Frequenz vorausgesetzt, als Tonsignal dienen. Dazu existiert die Funktion `tone()`, die an einem Pin für eine festgelegte Dauer einen Ton mit der gewünschten Frequenz erzeugt:

```
tone(4, frequency, duration);
```

Freilich handelt es sich um Rechteckpulse, also nicht mal annäherungsweise um einen wohlklingenden Sinus. Insofern ist auch die Arduino-Funktion `analogWrite()` (die ähnlich funktioniert wie `tone()`) irreführend: Sie kann nicht etwa einen festen Spannungswert zwischen 0 und 5 V an einem Pin erzeugen, sondern nur ein Rechtecksignal mit entsprechendem *Duty Cycle*. Das exakte Gegenteil des vorhandenen A/D-Wandlers, ein D/A-Wandler (DAC), fehlt also beim Nano. Ein größerer Arduino wie der Due besitzt dieses Feature jedoch.

Sie können versuchen, das rechteckige Ausgangssignal mit zwei bis drei RC-Filterstufen zu glätten. Dann benötigen Sie allerdings einen nachgeschalteten Verstärker, weil durch die Widerstände nicht mehr viel Strom beim Lautsprecher ankommt. Die Mühe lohnt sich: Ein Sinus klingt einfach angenehmer als ein Rechteck (Abbildung 13.18)!

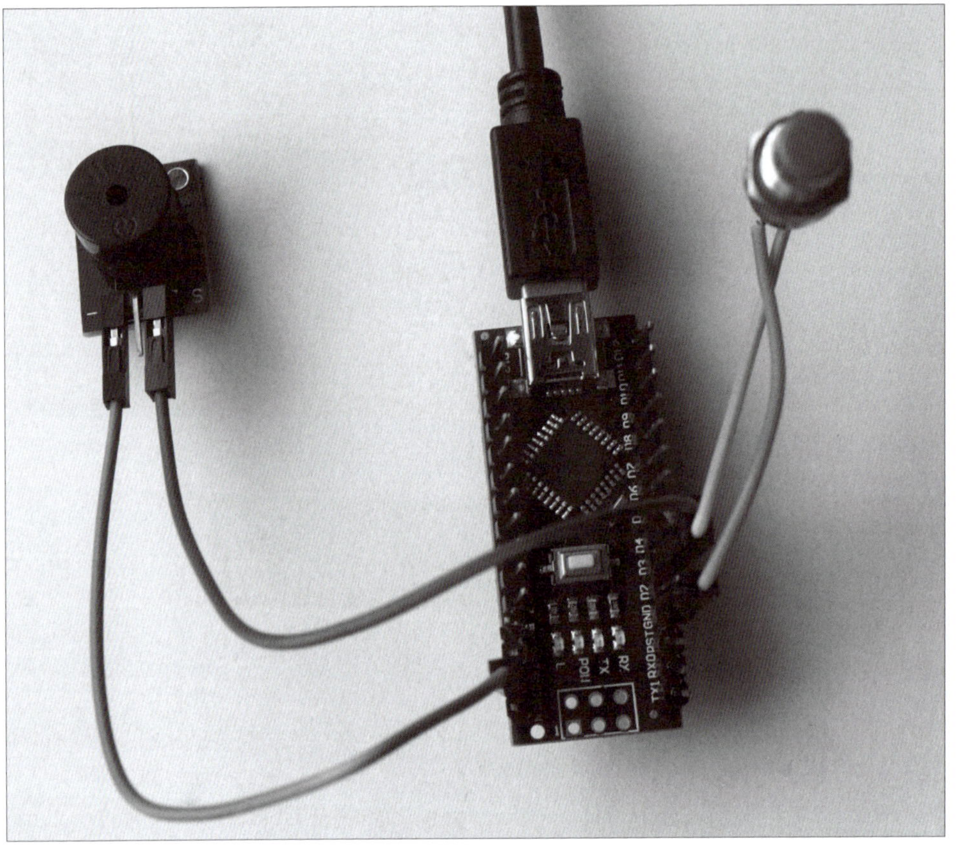

Abbildung 13.17 Wenn Sie sich einen größeren Lautsprecher und ein viel längeres Kabel zum Taster vorstellen, sehen Sie hier eine fertige Türklingel.

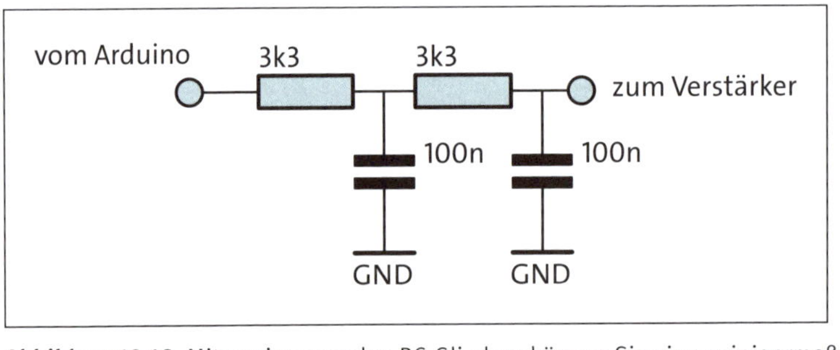

Abbildung 13.18 Mit zwei passenden RC-Gliedern können Sie einen einigermaßen wohlklingenden Beinahe-Sinus erzeugen, benötigen aber einen Verstärker. Die Werte für R und C sind nur Beispiele.

Für die Tonerzeugung brauchen Sie ein einfaches Skript (Listing 13.3). Die Datei *pitches.h*, die die Frequenzen der Noten definiert, ist in der Arduino-IDE bei den Beispielen in Sektion 2 (**Tone-Melody**) enthalten, von dort können Sie sie kopieren.

```
#include "pitches.h"

int melody[] = {
  NOTE_F4, NOTE_G4, NOTE_A4, NOTE_F4,
  NOTE_F4, NOTE_G4, NOTE_A4, NOTE_F4
};

int noteDurations[] = {
  4, 4, 4, 4, 4, 4, 4, 4
};

void setup() {
  pinMode(3,INPUT_PULLUP);
}

void play() {
  for (int thisNote = 0; thisNote < 8; thisNote++) {
    int noteDuration = 1000 / noteDurations[thisNote];
    tone(4, melody[thisNote], noteDuration);
    int pauseBetweenNotes = noteDuration * 1.30;
    delay(pauseBetweenNotes);
    noTone(4);
  }
}

void loop() {
  if(!digitalRead(3)) {
    play();
  }
}
```

Listing 13.3 Die Taste startet die Melodie.

Im Sketch sind die Melodie und die Notenlängen separat als Listen (*Arrays*) definiert, die jeweiligen Tonhöhen (die in *pitch.h* definiert sind) stehen kommasepariert in geschweiften Klammern. Für die Notenlängen gilt dasselbe. Die 4 steht für Viertelnoten. Für eine Achtelnote müssten Sie eine 8 notieren.

Wie Sie am `delay()`-Aufruf sehen, wartet die `tone()`-Funktion keineswegs bis zum Ende der Notenlänge, sondern kehrt sofort zurück. Deshalb müssen Sie danach warten, bevor Sie die nächste Note spielen können, und mit dem Faktor 1,30 einen kleinen Abstand zwischen den Tönen einfügen.

Probieren Sie den Sketch aus! Erkennen Sie die Melodie? Natürlich können Sie eine andere einbauen. Beachten Sie dabei, dass die beiden Listen für Noten und Längen genau gleich lang sein müssen.

Wenn Ihnen der ausgegebene Ton zu leise ist, fügen Sie einfach einen analogen Verstärker hinzu (siehe Abschnitt 4.4, »Halbleiter«). Auf der Rückseite des Arduino Nano sehen Sie einen 5-Volt-Spannungsregler vom Typ *AMS1117*, der mit einer maximalen Eingangsspannung von 15 V spezifiziert ist. Sie können also mühelos den Arduino an V_{in} mit einem 12-Volt-Netzteil betreiben und einen Ausgangspin über einen Transistor mit einem Lautsprecher und 12 V verbinden. Alternativ verwenden Sie ein MOSFET-Modul und eine geeignete Spannungsquelle (Abbildung 13.19).

Abbildung 13.19 Ein MOSFET und eine 9-Volt-Batterie können den Klingelsound auf einfache Weise verstärken.

Diese simple Schaltung lässt sich klangmäßig sicher optimieren, soll aber zu Demonstrationszwecken an dieser Stelle genügen. Eine Alternative für anspruchsvollere Audioschaltungen sind übrigens Stereoverstärkerboards wie ein PAM8403, die sogar mit 5-Volt-Spannungsversorgung arbeiten. Sicher fallen Ihnen noch weitere Bastelprojekte mit dem Arduino oder anderen Mikrocontrollern ein. Bevor ich Ihnen im finalen Kapitel ein etwas größeres Projekt zeige, nehmen Sie sich ruhig etwas Zeit für die allerletzten ...

13.3 Entspannungsübungen

Aufgabe 1

Erweitern Sie den Temperaturmessungs-Sketch um einen Speicher für die minimal und maximal gemessene Temperatur und zeigen Sie diese mit an.

Aufgabe 2

a) Konstruieren Sie ein Theremin.

b) Spielen Sie auf dem Theremin die Titelmelodie von *Raumschiff Enterprise*.

Hinweise: Ein *Theremin* ist ein elektronisches Musikinstrument, das einen Ton spielt, dessen Höhe von der Position Ihrer Hand in der Luft abhängt. Klassische Theremin-Exemplare verwenden dafür eine Antenne. Nutzen Sie stattdessen den Ultraschallsensor HC-SR04 und einen Mikrocontroller Ihrer Wahl. Falls Sie einen Arduino wählen: Wenn Sie die Funktion `tone()` ohne Notenlänge aufrufen, wird der Ton dauerhaft gespielt, bis Sie `noTone()` aufrufen. Die Noten der Enterprise Titelmelodie sind: g3-g4-e4-d4-c4-h3-b3 – g3-g4-f4-e4-d4-c4-h3). Ein Display als Spielhilfe könnte hilfreich sein.

13.4 Lösungen

Aufgabe 1

Um die minimale und maximale bisher gemessene Temperatur anzuzeigen, fügen Sie zunächst im oberen Bereich des Sketchs zwei neue Variablen hinzu:

```
float Tmin = 999;
float Tmax = -273;
```

Die beiden Variablen erhalten Startwerte, die garantiert bei der erste Messung unter- bzw. überschritten werden.

Um dies zu prüfen, fügen Sie nach der Berechnung der Temperatur zwei Zeilen ein:

```
if(T>Tmax) Tmax=T;
if(T<Tmin) Tmin=T;
```

Diese `if`-Abfragen ändern Maximum und Minimum genau dann, wenn es jeweils über- bzw. unterschritten wird. Wenn hinter einem `if()` nur ein Befehl folgt, dürfen Sie übrigens die geschweiften Klammern weglassen.

Jetzt fehlt nur noch die Ausgabe. Aus Platzgründen sollen Minimal- und Maximaltemperatur in kleinerer Schrift erscheinen. Dazu muss das Setzen der Schriftgröße in den `loop()` verschoben werden. Der gesamte Code für die Ausgabe sieht dann so aus:

```
display.clearDisplay();
display.setTextSize(3);
display.setCursor(0, 0);
display.print(T);
display.println(" C");
display.drawCircle(96,4,4,SSD1306_WHITE);
display.setCursor(0, 30);
display.setTextSize(1);
display.print("Min:");
display.print(Tmin);
display.print(" Max:");
display.print(Tmax);
display.display();
```

Sie können den ganzen Aufbau (mit Batterieversorgung) in den Kühlschrank oder über Nacht auf den Balkon stellen, um die Minimaltemperatur zu ermitteln. Ebenfalls denkbar wäre ein Temperaturdiagramm der letzten Stunden – achten Sie aber darauf, dass der Sketch schon im jetzigen Zustand mehr als die Hälfte des Nano-Flash-Speichers belegt (etwa 16 K), was hauptsächlich an der integrierten Bibliothek zur Ansteuerung des Displays liegt. Sie sehen: Irgendwann stoßen Sie bei so einem kleinen Mikrocontroller-Modell doch an gewisse Grenzen.

Aufgabe 2

Sie haben bereits die Komponenten kennengelernt, aus denen Sie ein Theremin bauen können: den Abstandssensor *HC-SR04*, einen Lautsprecher und (optional) ein *OLED-Display SSD1306*. Schließen Sie den Sensor an die Pins GPIO 7 und 8 an sowie Lautsprecher oder Buzzer an GPIO 4. Wenn Sie das Display anschließen möchten, verwenden Sie dafür die I^2C-Pins A4 und A5 wie bisher. Sie benötigen die Frequenzen und Noten sowie eine Umrechnung des gemessenen Abstands in die Frequenz. Der Einfachheit halber kommt dabei ein Dreisatz zum Einsatz: je weiter weg, desto höher die Note. Dabei ist es hilfreich, einen Mindest- und einen Maximalabstand festzulegen. Wird diese Grenze überschritten, soll das Instrument schweigen.

Schauen Sie sich meinen Aufbau an (Abbildung 13.20) und meinen Code (Listing 13.4).

Abbildung 13.20 Mein Theremin zeigt Entfernung, Frequenz und die nächstgelegene Note auf dem Display an. Den gesamten Code für diese Variante finden Sie im Downloadpaket.

```
#include <Wire.h>
#include "pitch.h"

const int trigPin = 7;
const int echoPin = 8;
long duration;
float distance,frequency;
const float distMin = 3;
const float distMax = 20;

float noteLow = NOTE_G3;
float noteHigh = NOTE_B4;
float r;

void setup() {
  pinMode(trigPin, OUTPUT);
  pinMode(echoPin, INPUT);
  Serial.begin(9600);
}
```

```
void loop() {
  digitalWrite(trigPin, LOW);
  delayMicroseconds(2);
  digitalWrite(trigPin, HIGH);
  delayMicroseconds(10);
  digitalWrite(trigPin, LOW);
  duration = pulseIn(echoPin, HIGH);
  distance = (duration*.0343)/2;
  if(distance <= distMax) {
    if(distance < distMin) distance = distMin;
    r =(distance - distMin) / (distMax - distMin);
    frequency = noteLow + (noteHigh - noteLow)*r;
    tone(4, frequency);
  } else {
    noTone(4);
  }
}
```

Listing 13.4 Dieser Theremin-Sketch ist so einfach wie möglich gehalten.

Dieses einfache Programm verzichtet auf eine Displayausgabe. Wegen des größeren Umfangs finden Sie ein erweitertes Programm nur im Downloadpaket. Der Tonumfang reicht von g3 bis b4, das reicht genau für die Beispielmelodie.

Erwarten Sie von dem Arduino-Theremin bitte keine Klangwunder. Das Audiosignal ist ein deformiertes Rechteck, und die Distanzmessung verursacht eine ohrenunfreundliche Verzögerung: Sie hören nur bei sehr langsamer Handbewegung keinen abrupten Übergang. Außerdem führt die Ungenauigkeit der Entfernungsmessung zu wackligen Tönen, selbst wenn Sie Ihre Hand einigermaßen ruhig halten. Vielleicht fallen Ihnen noch ein paar Verbesserungen an Code und Aufbau ein! Falls Sie es schaffen, die Enterprise-Melodie zu spielen, schicken Sie mir gern eine Aufnahme an *uwe.post@ludetis.de*!

Kapitel 14

Smart Home: Ein Profi-Projekt

Sie haben in diesem Buch so viele Basics aus der Welt der Elektrotechnik gelernt, dass Sie nicht nur bereit für ein spannendes Studium sind, sondern auch alle Voraussetzungen besitzen, um ein reales, nützliches Projekt auf die Beine zu stellen. Mein persönliches Beispiel heißt »Sesam öffne dich« – und Ihres?

14.1 Anforderungen und Planung

Als Elektroingenieur gestalten Sie Ihr Handeln *lösungsorientiert*. Sie bekommen eine genau beschriebene Aufgabe, die Ihr *Auftraggeber* als gelöst betrachtet, sobald die vorher vereinbarten *Abnahmebedingungen* erfüllt sind. In diesem Kapitel sind Sie selbst der Auftraggeber oder die Auftraggeberin. Starten Sie Ihr eigenes Projekt! Schauen Sie sich in Ihrer Wohnung um: Was für eine elektrotechnische Lösung können Sie gebrauchen? Wie können Sie mit geeigneter Technik Ihr Leben verbessern? Ich zum Beispiel habe ständig Angst, dass ich meinen Haustürschlüssel vergesse. Mein Handy habe ich hingegen immer dabei. Wäre es nicht praktisch, wenn ich mit dem Smartphone meine Haustür öffnen könnte? Auch mit den Smartphones meiner Kinder sollte das funktionierten, aber natürlich sollte niemand sonst meine Tür öffnen können – das Projekt ist also eindeutig sicherheitskritisch.

Gut geplant ist halb gebaut, sagt der erfahrene Techniker. Lassen Sie uns also mit einer Planung beginnen, damit nichts schiefgeht.

Ziele formulieren

Anfangs müssen Sie sich über den Projektumfang Klarheit verschaffen: Was soll geschehen, was nicht? Wie lauten die Anforderungen? Je genauer diese definiert sind, umso eher vermeiden Sie Missverständnisse mit Ihrem Auftraggeber (auch wenn Sie das selbst sind).

Die Ziele meines Projekts habe ich grob in der Einführung skizziert. Natürlich geht das etwas genauer:

- Die Haustür verfügt über ein Schloss mit Elektromagnet, der es entriegeln kann.
- Mit einer App auf dem Smartphone soll dieser Elektromagnet von einer geeigneten Schaltung kurzzeitig aktiviert werden.
- Die App bzw. deren Funktionalität darf nur einem ausgewählten Personenkreis zur Verfügung stehen, d. h., es ist ein »Geheimnis« erforderlich, das Dritten unbekannt ist, sodass diese sich selbst dann keinen Zutritt verschaffen können, wenn ihnen die App in die Hände fällt oder wenn sie die Kommunikation zwischen Phone und Haus irgendwie abhören.

Lösungswege ermitteln

Prüfen Sie zunächst, welche Infrastruktur bereits vorhanden ist. Vielleicht lässt sich etwas davon nutzen? In meinem Fall existiert bereits ein *Türmagnet*, der per Klingeldraht mit einer uralten, unbenutzten *Telefonanlage* verbunden ist (Abbildung 14.1).

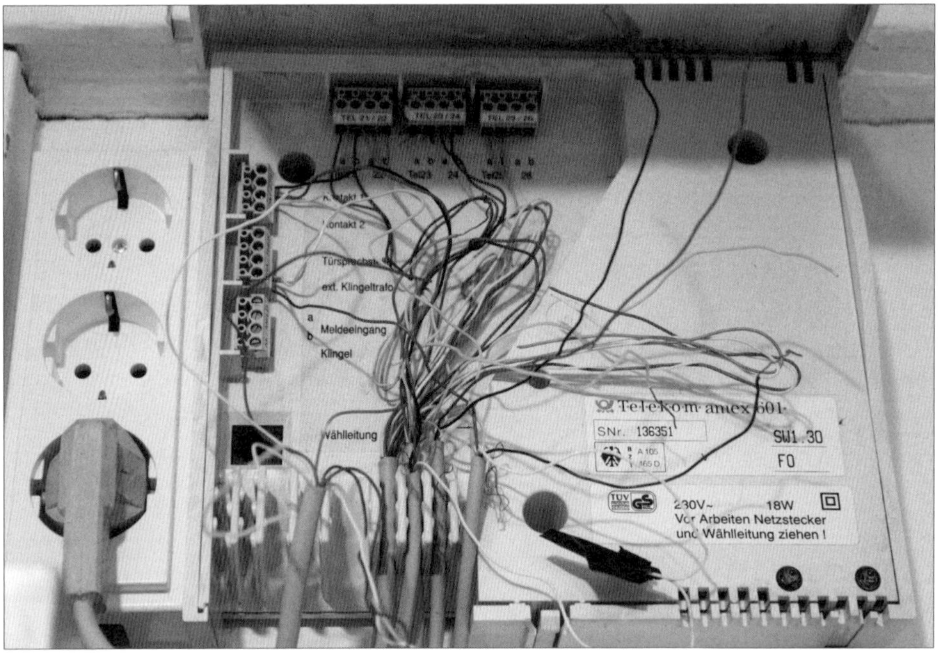

Abbildung 14.1 Die alte Telefonanlage ist weder ordentlich verkabelt, noch gibt es brauchbare Beschriftungen. Welche zwei Drähte zum Magneten führen, konnte ich anhand der Farben und mit einer Widerstandsmessung herausfinden (bevor Sie so etwas tun, trennen Sie die Verbindung und ziehen Sie den Netzstecker!)

Magnet und Kabel lassen sich grundsätzlich weiterverwenden, was eine Menge Arbeit spart. Aber alles andere ist völlig offen. Gesucht wird eine effiziente, optimale Lösung unter den gegebenen Umständen. Nicht alle Projekte sind so überschaubar wie dieses. Manchmal ist eine Aufgabenstellung so komplex, dass Sie gut beraten sind, eine Unterteilung vorzunehmen.

Bei Lösungsansätzen sind Kreativität und Know-how gefragt. Zum besseren Verständnis hilft immer eine Skizze, so simpel sie auch ausfallen mag (Abbildung 14.2).

Welche Geräte, Prozesse oder Methoden sind Ihnen bekannt, die die Anforderungen erfüllen? Wenn Sie im Team arbeiten, kann an dieser Stelle ein *Brainstorming* helfen – wohlgemerkt nur, um mögliche Lösungen aufzulisten. Die Bewertung anhand unterschiedlicher Kriterien ist nicht Teil des Brainstormings, weil das die Kreativität einschränkt. Erst Ideen sammeln! Hier sind meine:

- Der Elektromagnet des Schlosses wird von einem *Relais* oder einem *MOSFET* über die vorhandenen beiden Drähte geschaltet. Dafür genügt ein GPIO-Pin im Ausgangsmodus. Die Betriebsspannung von Klingel- und Schlossschaltungen ist fast immer 12 V=. Wenn der später ausgewählte digitale Schaltkreis damit arbeiten kann, bietet sich ein MOSFET an. Wenn er mit 5 V versorgt werden muss, ist entweder ein Festspannungsregler oder ein separates 5-Volt-Netzteil erforderlich. Im letzteren Fall verwende ich zwei getrennte Stromkreise mit 5 bzw. 12 V und ein Relais.

- Berührungsloser Schlüssel: *RFID-Chips* vor ein Lesegerät halten. Die weltweit eindeutigen IDs, die die Tür öffnen dürfen, sind in einem kleinen Programm hinterlegt. Falls ein Chip verloren geht, wird er aus der Liste genommen und ein neuer eingetragen.
- So gut wie alle Smartphones beherrschen heutzutage *NFC* (*Near Field Communication*). Eine Mini-App könnte beim Kontakt mit einem Lesegerät außerdem Biometrie einsetzen (Fingerabdruckscan).
- Die Schlüssel-App sendet ein Infrarotsignal oder eine geheime Tonfolge an einen geeigneten Empfänger, der daraufhin den Magneten betätigt.
- Eine App (kann auch der Browser sein) ruft im WLAN (das sicher bis zur Haustür reicht) eine *Webanwendung* auf. Diese schaltet nach Eingabe eines Passworts den Türmagneten.
- Das Smartphone verbindet sich per App oder Browser mit einem *Bluetooth*-Gerät im Haus. Die App sendet einen geheimen Code, die Schaltung empfängt ihn und schaltet den Türmagneten, wenn er stimmt.

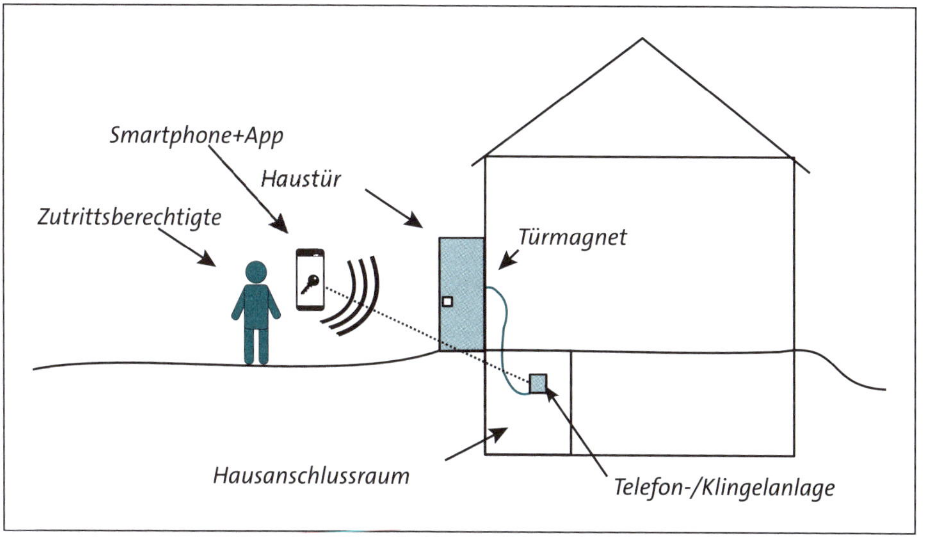

Abbildung 14.2 Meine Skizze enthält alle wichtigen Elemente.

Lösungswege bewerten und entscheiden

Vorweg: Dieser Schritt erfordert manchmal ein paar Tests, um bestimmte Optionen endgültig bewerten zu können. Außerdem ist es möglich, dass eine Kombination der Ideen die beste Lösung ergibt. Zunächst fallen Ihnen sicher sofort ein paar Vor- und Nachteile der Vorschläge ins Auge:

- Zwei Stromkreise bzw. Netzteile für die relativ einfache Schaltung zu verwenden, klingt nicht sehr verlockend. Gern verwenden wir einen MOSFET an einem GPIO-Ausgang (plus Freilaufdiode wegen der induktiven Last) und kommen mit einer 12-Volt-Versorgung aus, die hinreichend Strom liefert, um den Magneten sicher zu schalten. Mangels technischer Dokumentation des Magneten messen wir den Innenwiderstand und schätzen mit dem ohmschen Gesetz den Strombedarf. Falls die letztlich gewählte digitale Schaltung nicht mit 12 V klarkommt (wie z. B. ein *Arduino Nano*), muss ein passender Spannungsregler (z. B. 7805) eingeplant werden.

Abbildung 14.3 Dieser 7805-Spannungsregler ist bereits mitsamt Glättungskondensator auf eine Lochrasterplatine gepflanzt worden

- RFID und NFC erfordern einen sehr geringen Abstand zwischen Lesegerät und Schlüssel. Das Lesegerät müsste fast zwingend außen neben der Haustür angebracht werden, was erstens möglicherweise zusätzliche Leitungen erfordert und es zweitens der Gefahr von Vandalismus aussetzt.
- Eine Übertragung über Infrarot scheitert daran, dass die meisten Smartphones keine Infrarot-LED besitzen – die gehört einfach nicht zur Standardausstattung. Das ist schade, denn dann könnte ein Phone auch die TV-Fernbedienung ersetzen. Hinzu kommt bei diesem Vorschlag (auch beim Audiosignal und bei Bluetooth), dass das einseitige Senden eines Schlüsselcodes abgehört werden kann. Ein Angreifer müsste den Code lediglich aufzeichnen und mit einem geeigneten Gerät abspielen, um sich Zugang zu verschaffen.

- Die Lösung mit dem WLAN klingt verlockend: Sie installieren einfach einen lokalen Webserver im heimischen Netz, der vom Phone aus vor der Haustür erreichbar ist. Die Verbindung ist erstens per se hinreichend stark verschlüsselt, und zweitens haben nur Personen mit WLAN-Schlüssel überhaupt Zugang. Es würde also eine einfache Webseite mit Passwort- oder PIN-Eingabe und einem Öffnen-Button genügen. Alternativ könnten Sie eine Positivliste mit *Mac-Adressen* mit Zutrittsgenehmigung hinterlegen und die Passworteingabe einsparen (jedes WLAN-Modul in einem Endgerät hat eine eindeutige Adresse). Diese Liste müsste natürlich immer aktualisiert werden, wenn eine zutrittsberechtigte Person ein neues Handy hat. Für den Betrieb wäre ein Einplatinencomputer wie der *Raspberry Pi* eine naheliegende Option, da er ohnehin WLAN mitbringt und ein Standardwebserver schnell installiert ist. So ein Pi verbraucht aber im Dauerbetrieb ein bisschen viel Strom. Daher bietet sich eher ein Mikrocontroller mit WLAN-Modul an, z. B. ein *Raspberry Pi Pico 2W* oder ein *ESP32 Wroom*. Beide kosten etwas über 10 €. Auch einige Arduinos gibt es mit WLAN (oder Erweiterungsmodule für solche ohne). Machbar wäre diese Lösung auf jeden Fall. Eine kurze Suche im Netz findet auch schnell ein Tutorial für einen Arduino-Webserver mit WLAN: *https://docs.arduino.cc/tutorials/uno-wifi-rev2/uno-wifi-r2-hosting-a-webserver/*.
- Eine *Bluetooth*-Lösung verbraucht deutlich weniger Strom, stellt aber höhere Anforderungen an die Programmierung als jene mit WLAN. Das liegt daran, dass sich grundsätzlich alle Personen innerhalb der BT-Reichweite mit dem Gerät verbinden können. Eine Bluetooth-Übermittlung lässt sich mitschneiden und kopieren, sodass es nicht genügt, wenn das Endgerät nur den immer gleichen Passcode an die Schlossschaltung schickt. Ganz so einfach geht das also nicht. Es ist ein »Geheimnis« (*Shared Secret*) erforderlich, das nur Endgerät und Schlossprogramm kennen. Dann kann das *Challenge-Response-Protokoll* zum Einsatz kommen: Das Schloss sendet einen zufälligen, immer neu generierten Code an das Endgerät, dieses verschlüsselt diesen Code mit dem Geheimnis und sendet das Resultat zurück. Nur der richtig verschlüsselte Antwortcode öffnet das Schloss. Kniffig an dieser Lösung ist, dass Sie eine native App auf den Endgeräten installieren müssen, um das Protokoll zu implementieren. Zwar kann auch eine Webseite im Chrome-Browser Bluetooth verwenden (*Web Bluetooth API*), aber wo hinterlegen Sie diese Webseite? Auf einem lokalen Webserver in Ihrem WLAN? Dann können Sie auch gleich die zuvor besprochene Lösung umsetzen. Auf Ihrem privaten Webspace im Internet? Sie sehen: Diese Lösung ist etwas kompliziert – *unnötig* kompliziert. Sicher kennen Sie den *KISS*-Merkspruch: *Keep it simple, stupid!* Je unkomplizierter, desto weniger kann schiefgehen.

Ich denke, die effizienteste Lösung steht nach diesen Überlegungen fest: Es wird ein *Raspberry Pi Pico* mit Webserver im heimischen *WLAN*. Der Türmagnet wird zusätzlich per *Relais* geschaltet.

Wenn bei Ihrem eigenen Projekt die Entscheidung nicht so leichtfällt, können Sie kleine Experimente, Mockups oder Machbarkeitsstudien einschieben, vorausgesetzt, Sie haben das nötige Material griffbereit. Wenn Sie nicht auf Anhieb die beste unter den vorgeschlagenen Lösungen identifizieren können, denken Sie sich ein Punktesystem aus oder fragen erfahrene Personen im Kollegen- oder Freundeskreis – womöglich haben Sie einen kleinen, nicht unwichtigen Aspekt übersehen. Sobald Sie sich für einen Lösungsweg entschieden haben, können Sie mit der konkreten Planung fortfahren.

Ressourcenplanung

Die für Ihr Projekt benötigten *Ressourcen* lassen sich grob in drei Bereiche aufteilen: *Material, Werkzeug, Ausstattung*. Wenn Sie möchten, können Sie Know-how als menschliche Ressource betrachten – bei größeren, anspruchsvollen Projekten kommt es natürlich darauf an, passende Experten einzusetzen. Für mein Schloss-Projekt gestaltet sich die Planung relativ übersichtlich:

Material

- 1 Mikrocontroller Raspberry Pi Pico W
- 1 Relaismodul 5 V/250 V mit eingebauter Freilaufdiode
- Kabel (aus der Bastelkiste)
- 1 Netzteil 7,5 V= 1,5 A (aus der Restekiste, am Türmagneten erfolgreich getestet)
- 1 Festspannungsregler 7805 (5 V/1,5 A)
- 1 Glättungskondensator 22 µF/40 V (aus der Bastelkiste)
- 1 kleine Lochrasterplatine, um Spannungsregler und Kondensator aufzulöten (aus der Bastelkiste)

Werkzeug

- Schraubendreher (Schlitz und Kreuzschlitz)
- Lötkolben und Lötzinn
- Multimeter
- Seitenschneider

Infrastruktur

- Kabelverbindungen/Kabelschächte
- Befestigungsmöglichkeit für Geräte

Prüfen Sie, was bereits vorhanden ist oder neu beschafft werden muss. Planen Sie die Beschaffung, d. h., prüfen Sie, in welchem Laden oder Versand Sie mit welchen Lieferzeiten rechnen müssen und ob das zu Ihrem Zeitplan passt.

Falls Sie eine eigene Platine für eine umfangreiche Schaltung entwerfen, berücksichtigen Sie die angegebenen Herstellungszeiten. Wenn Sie Platinen oder sonstige Bauteile besonders billig in China bestellen, kalkulieren Sie mehrere Wochen Lieferzeit ein.

Lieber alles nachprüfen!

Insbesondere wenn Sie vorhandene Bauteile oder Infrastruktur nutzen möchten, überprüfen Sie immer erst alle Annahmen.

- Führt dieses Kabel wirklich zu dem Anschluss, an den es gehört?
- Liefert dieses alte Netzteil wirklich die aufgedruckte Spannung? (Und Gleichspannung, nicht etwa Wechselspannung?)
- Genügt die Spannung, und liefert das Netzteil genug Strom, um das vorhandene Gerät sicher zu versorgen?

Vorsorge ist besser als spätere Fehlersuche!

Kostenplanung

Schreiben Sie die Kosten für die benötigten Ressourcen in eine Tabelle (z. B. in *LibreOffice Calc* oder *Excel*), um sich einen Überblick zu verschaffen. Verwenden Sie dabei die automatischen Rechenformeln der Software. Berücksichtigen Sie auch Versandkosten, falls welche anfallen. Recherchieren Sie die Preise bei einem vertrauenswürdigen Händler und nehmen Sie nicht den billigsten Preis in China.

Anzahl	Artikel	Einzelpreis	Gesamtpreis
1	Raspberry Pi Pico W	11,99	11,99
1	Relaismodul 5 V/250 V	4,00	4,00
1	Festspannungsregler 7805 5 V/1,5 A	2,20	2,20
	Summe		18,19

Tabelle 14.1 Stellen Sie eine komplette Liste des Materialbedarfs zusammen.

Vergleichen Sie die Summe mit dem verfügbaren Budget!

Risikoanalyse/-management

In meinem Projekt gibt es keine großen Gefahrenquellen. Das kann natürlich auch ganz anders aussehen! Denken Sie an Starkstrom, denken Sie an Medizintechnik oder eine Ampelsteuerung, bei der keinesfalls alle Autos und Fußgänger gleichzeitig grünes Licht bekommen dürfen. Je nach Aufgabenstellung kann es sein, dass Sie sich an eine ganze Liste konkreter Sicherheitsrichtlinien halten müssen. Bei meinem Projekt beträgt die höchste vorkommende Spannung 12 V, das ist ungefährlich. Wahrscheinlicher als ein elektrischer Schlag ist eine Verbrennung beim Löten.

Wann immer Sie löten müssen, achten Sie auf gute Belüftung. Immer hilfreich ist eine *dritte Hand* (eine Halterung mit Sockel), denn mit Lötkolben in der einen Hand und Lötzinn in der anderen ist Ihre Ausstattung an Gliedmaßen erschöpft.

Wichtig ist, dass Sie zunächst Risiken identifizieren und bewerten. Was an relevanten Risiken übrig bleibt, muss möglichst vermieden oder minimiert werden.

Qualitätsstandards

Es gibt eine ganze Reihe von etablierten – und bei allen Arbeiten mit Netzspannung und darüber teils auch verpflichtenden – Standards, die Sie beachten müssen oder sollten. Letztlich dienen diese dazu, Risiken zu minimieren. Zu den wichtigsten Standards zählen:

- *DIN/VDE-Normen* (siehe *https://www.vde-verlag.de/normen.html*). Diese überaus umfangreiche Normenbibliothek hier auch nur annähernd darzustellen, ist leider nicht möglich. Spätestens wenn Sie mit 230-Volt-Schaltungen zu tun haben, kommen Sie aber an dem Thema nicht vorbei.
- Farben von Kabeln, Drähten und Litzen (z. B. bei Gleichstrom Rot = Pluspol, Schwarz = Minuspol).
- Sichere elektrische Verbindungen in einer der Stromstärke angemessenen Dimension (Lötverbindungen, Schraubklemmen).
- Ordentlich verlegte Kabel mit der richtigen Länge: Zu kurze Kabel sind Zugkräften ausgesetzt und können reißen, zu lange Kabel verschwenden Material und tendieren zu undurchschaubarer Spaghettistruktur. Verwenden Sie Kabelbinder, wenn mehrere Leitungen parallel zu verlegen sind.
- Bevorzugen Sie überall dort Steck- oder Schraubverbindungen gegenüber Lötverbindungen, wo Teile austauschbar sein sollten (z. B. zum Netzteil).
- Isolieren Sie blanke, stromführende Teile, die mit anderen in Berührung kommen könnten. Verwenden Sie Schrumpfschlauch oder Isolierband.

- Befestigen Sie Bauteile mit Schrauben oder, bei leichten Teilen, die sich garantiert nicht im Betrieb erwärmen, mit Heißkleber. Klebestreifen halten nicht lange! Nichts sollte wackeln.
- Beschriften Sie Anschlüsse standardkonform und gut erkennbar.

Qualitätssicherung

- Prüfen Sie jede Verbindung, bevor Sie sie in Betrieb nehmen – mindestens mit einem prüfenden Blick (wenn nötig, durch ein Vergrößerungsglas), an wichtigen Stellen aber auch mit dem Multimeter, bevor Sie die Stromversorgung anschließen. Testen Sie mit dem Durchgangsprüfer, ob Verbindungen wirklich Strom leiten, und stellen Sie sicher, dass es keinen Kurzschluss gibt.
- Vier-Augen-Prinzip: Lassen Sie eine andere Person Ihre Schaltpläne und den Aufbau überprüfen. Keine falsche Scham: Jeder macht mal Fehler!
- Testen Sie nach Inbetriebnahme und auch in der Zeit danach.
- Testen Sie Fehlerszenarien, beispielsweise einen Stromausfall (also Netzteil abziehen und wieder einstecken).

Abnahmekriterien

In einem Kundenprojekt sind die *Abnahmekriterien* üblicherweise vertraglich festgelegt. Der Kunde prüft dabei die Installation selbst und erteilt Ihnen die Abnahme, wenn er zufrieden ist.

Zur Abnahme gehören neben der Übergabe des Systems oft eine Schulung und eine ...

Dokumentation

Schriftlich festzuhalten sind meist nicht nur die Benutzeranweisungen, sondern auch Schaltpläne und andere Unterlagen. Gerade an dieser Stelle ist Sorgfalt eine gute Idee – denn wann immer Ihre Auftraggeber Probleme mit Ihrer Schaltung haben, die sie wegen mangelhafter Dokumentation nicht selbst lösen können, wenden sie sich an *Sie*.

Ein beliebter Fehler an dieser Stelle ist die »Dokumentation mache ich später«-Aufschieberitis. Dabei geraten Sie oft selbst in die Situation, dass Sie rätselnd vor Ihrer Schaltung stehen, weil Ihnen ein wichtiges Detail entfallen ist. Stellen Sie sich vor, dass Sie nach einem langen Wochenende Ihre probeweise aufgebaute Schaltung halb zerlegt vorfinden, weil irgendjemand dringend eine der Komponenten zum Testen brauchte. Wissen Sie noch genau, wie alles wieder zusammengesteckt werden muss?

Dokumentieren Sie also lieber *sofort*. Das kann formlos geschehen und später ins Reine geschrieben werden. Aber verschieben Sie die Dokumentation nicht komplett auf »später« – ich garantiere Ihnen, Sie werden auch dann wenig Lust dazu haben. Also bringen Sie es hinter sich!

14.2 Schrittweise Entwicklung

Sobald Ihr Projekt eine gewisse Schwelle an Komplexität überschreitet, ist eine schrittweise Herangehensweise notwendig. Dabei dürfen Sie nicht den zweiten Schritt vor dem ersten gehen – es gibt Abhängigkeiten, die Sie berücksichtigen müssen. Falls mehrere Personen beteiligt sind und das Projekt sich über längere Zeit hinzieht, empfiehlt sich ein Gantt-Diagramm (Abbildung 14.4).

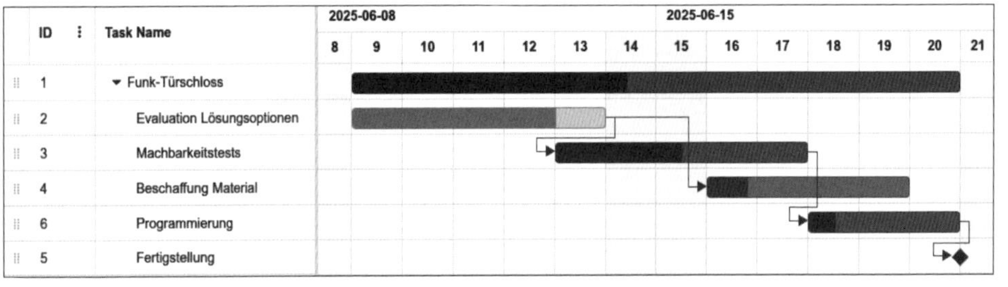

Abbildung 14.4 Ein Gantt-Diagramm stellt übersichtlich dar, für wann welche Aufgabe eingeplant ist und welche Abhängigkeiten es gibt. Mein Projekt ist eigentlich klein genug, um darauf zu verzichten, aber Sie sollten mal so ein Diagramm gesehen haben, bevor Ihr Projektmanagement damit um die Ecke kommt.

In meinem Fall war der eigentliche Aufbau der Schaltung bereits mit den Machbarkeitstests erledigt (und das nötige Material war zufälligerweise schon komplett vorhanden), sodass ich bereits den Aufbau vornehmen konnte, während ich den ersten Testcode schrieb.

Bei Verwendung von *Mikrocontrollern* ist die Programmierung ein entscheidender Schritt. Eine zusätzliche Schwierigkeit besteht oft darin, dass normalerweise beim Entwickeln die fertige Hardware und die Infrastruktur noch nicht zur Verfügung stehen, da sie parallel entwickelt und konstruiert werden. Sie müssen sich daher überlegen, wie Sie Ihre Software im Labor testen können. Außerdem sollten Sie die Software schrittweise entwickeln, wobei Sie jeden Zwischenschritt separat testen müssen. In meinem Beispiel etwa so:

1. Taste an Eingang schaltet Relaismodul
2. Anmeldung im WLAN
3. Erreichbarer Webserver

4. Webseite auf dem Server mit Button
5. Button auf Webseite schaltet Relaismodul
6. Ergänzung PIN-Eingabe auf Webseite (bei falscher PIN Fehlermeldung anzeigen)
7. Abfrage einer Whitelist mit zulässigen Mac-Adressen

Schon für die ersten Schritte muss natürlich mindestens eine Probeverdrahtung am Basteltisch erfolgen. Wenn das Relais schaltet, wird das später auch der Türmagnet tun, wenn die Versorgungsspannung genügt. Die Elektronik meines Projekts konnte ich tatsächlich zum großen Teil am Schreibtisch verkabeln und testen (Abbildung 14.5).

Abbildung 14.5 Meine gesamte Schaltung habe ich mit Heißkleber auf ein kleines Holzbrettchen geklebt (natürlich könnte ich auch ein passendes Gehäuse 3-D-drucken). Rechts oben sehen Sie den Anschluss für das 7,5-Volt-Netzteil, unterhalb davon die kleine Platine mit dem Spannungsregler. Unten ist der Türmagnet anzuschließen.

Beispiel: Raspberry Pi Pico und MicroPython

Ich hatte Ihnen schon angedeutet, dass Sie den Mikrocontroller *Raspberry Pi Pico* mit *MicroPython* programmieren können. Dazu müssen Sie einmalig ein *UF2-Image* auf das Board spielen. Das geht sehr leicht: Wenn Sie den Pico über USB bei gehaltener BOOTSEL-Taste mit einem PC verbinden (im sogenannten *Bootloader-Modus*), meldet er sich als externes Laufwerk an. Beschaffen Sie sich die passende *UF2*-Datei (von *https://www.raspberrypi.com/documentation/microcontrollers/micropython.html#drag-and-drop-micropython*) und kopieren Sie sie auf das Laufwerk. Der Pico startet dann von allein neu.

Es gibt mehrere Möglichkeiten, um Programme in MicroPython mit dem Raspberry Pi Pico zu entwickeln:

- Mit einem einfachen Editor über die serielle Verbindung (unkomfortabel).
- Mit *Visual Studio Code* und Plug-ins namens *Raspberry Pi Pico* und *MicroPico*.
- Mit *Thonny*, einer einfachen Python-Entwicklungsumgebung.

Ich wähle für dieses Beispiel die dritte Option. Thonny können Sie für Windows, Mac und Linux bei *https://thonny.org/* herunterladen. Einmal installiert, klicken Sie bei angeschlossenem Pico (nicht im Bootloader-Modus!) unten rechts, um die aktive Python-Umgebung zu ändern. Wählen Sie bei den Optionen die Zeile **MicroPython (Raspberry Pi Pico)** aus (Abbildung 14.6).

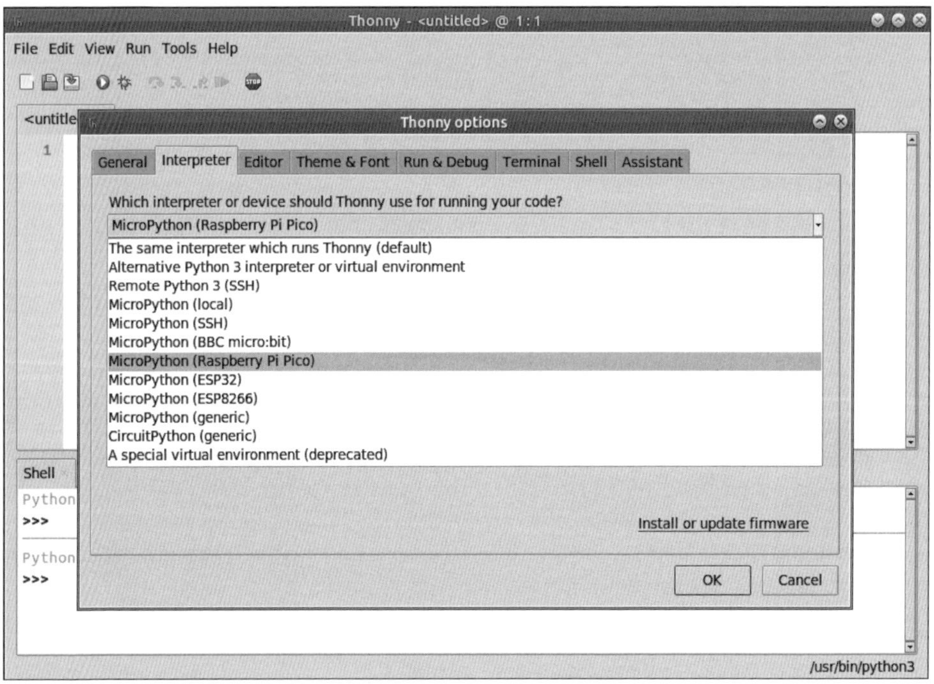

Abbildung 14.6 Konfigurieren Sie Thonny für Ihren Mikrocontroller.

Wenn alles geklappt hat, sehen Sie im unteren Bereich des Thonny-Fensters eine Versionsmeldung von MicroPython. Testen können Sie die Installation mit einem ganz kleinen MicroPython-Programm:

```
from machine import Pin
import time
led = Pin(4,Pin.OUT)
print(
while(True):
    led.value(0)
    time.sleep(1)
    led.value(1)
    time.sleep(1)
```

Natürlich ist es auch dieses Mal wieder ein Blink-Programm. Schließen Sie eine LED (mit Vorwiderstand) an Pin GP4 an. Ein Klick auf das grüne Start-Icon in Thonny genügt, um das Programm auf den Pico zu kopieren und zu starten. Im Shell-Bereich unten sehen Sie die Bestätigung. Falls Thonny einmal die Verbindung verliert (zum Beispiel wenn Sie den Pico aus- und wieder eingesteckt haben), klicken Sie auf das rote Stop/Restart-Icon rechts in der Leiste (Abbildung 14.7).

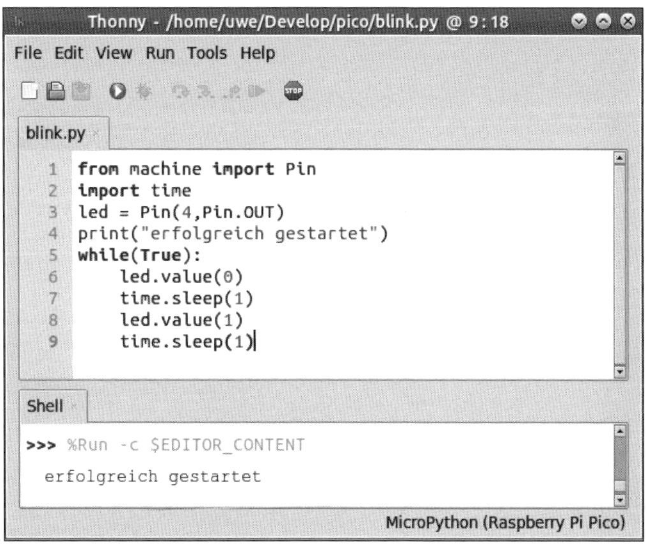

Abbildung 14.7 Das Blink-Programm für den Pico fordert Ihre Python-Kenntnisse nur minimal.

Einer der Vorteile der MicroPython-Umgebung ist, dass sie automatisch `print`-Ausgaben ins Shell-Fenster von Thonny umleitet. Sie können also sehr leicht hilfreiche Ausgaben einbauen, die Sie beim Entwickeln und Testen unterstützen. Wenn Sie später den Pico standalone betreiben, verschwinden diese Ausgaben nebenwirkungsfrei im Nichts. Um im laufenden Betrieb Einblick ins Geschehen zu erhalten, schließen Sie ein Display an und sorgen darauf für Ausgaben. Ob sich der Aufwand lohnt oder ob es sogar obligatorisch ist, hängt von den Projektanforderungen ab. Zumindest eine Betriebs-LED sollten Sie einplanen.

Beachten Sie, dass Ihr Programm im Gegensatz zu anderen Mikrocontrollern bei Verwendung von MicroPython nicht die Alleinherrschaft über das System hat. Vielmehr ist es weiterhin die MicroPython-Runtime-Umgebung, die in Aktion tritt, sobald der Pico an eine Spannungsversorgung gesteckt wird. Dabei startet Ihr Programm nur dann automatisch, wenn es den Dateinamen *main.py* trägt! Das können Sie (bei verbundenem Pico) von Thonny aus mit **File • Save as** bewerkstelligen (ja, mit der MicroPython-Umgebung hat der Pico so etwas wie ein Dateisystem, von wo Sie übrigens dort abgelegte Daten nachladen können).

Um ein laufendes Programm abzubrechen, klicken Sie auf das Stop-Icon oder drücken im Shell-Fenster `Strg` + `C`.

Beispiel: WLAN-Anmeldung mit MicroPython

In MicroPython ist es nicht kompliziert, sich mit einem WLAN-Netzwerk zu verbinden. Natürlich müssen Sie dazu SSID und Passwort hinterlegen. Da es eine Weile dauert, bis die Verbindung fertig aufgebaut ist – und weil das ebenso schiefgehen kann –, brauchen Sie etwas mehr Code (Listing 14.1).

```
import network
import socket

ssid = 'Name Ihres WLANs'
password = 'Passwort für Ihr WLAN'
wlan = network.WLAN(network.STA_IF)
wlan.active(True)
wlan.connect(ssid, password)

max_wait = 10
while max_wait > 0:
    if wlan.status() < 0 or wlan.status() >= 3:
        break
    max_wait -= 1
    print('warten...')
    time.sleep(1)
```

```
if wlan.status() != 3:
    raise RuntimeError('fehlgeschlagen')
print('verbunden')
```

Listing 14.1 Dieser Code baut eine WLAN-Verbindung auf.

Der erste Teil des Codes startet den Verbindungsaufbau. Der mittlere Teil wartet bis zu 10 Sekunden lang auf einen Status <0 oder >=3. Nur wenn der Status 3 ist, ist die Verbindung erfolgreich aufgebaut – im Fehlerfall wird mit `raise` ein Fehler erzeugt und der Programmablauf beendet.

Am besten packen Sie Code wie diesen in eine eigene Funktion, die nicht nur beim ersten Start, sondern auch nach einem überraschenden Ausfall des WLAN wiederholt aufgerufen wird. Sie möchten ja nicht nach einem Neustart Ihres Routers Ihre Schaltung manuell neu starten!

Beispiel: Einfacher Webserver mit MicroPython

Ich kann an dieser Stelle nicht die gesamte Funktionsweise eines Webservers erklären. Grundsätzlich wartet der Code auf eine eingehende Verbindungsanfrage von einem Client (z. B. einem Browser) und reagiert darauf mit einer Antwort, die üblicherweise aus einer *HTML-Seite* besteht. Das Prinzip dahinter heißt auch *Request-Response*. Die HTML-Seite können Sie als eigene Datei auf dem Pico speichern. Dazu können Sie natürlich Thonny als Editor verwenden. Sie laden den HTML-Code wie folgt aus der Datei in eine Variable:

```
with open('sesam.html', 'r') as file:
    html = file.read()
```

Wie Sie sicher wissen, verfügt jedes bei einem Router angemeldete Gerät über eine (innerhalb des WLAN) eindeutige IP-Nummer und einen Namen (z. B. `pico2w`). Um auf eingehende Browseranfragen zu warten, bindet sich der Code über einen sogenannten *Socket* an eine IP-Nummer (wobei die Nummer 0.0.0.0 »alle verfügbaren« bedeutet) und einen Port (Standard für Webserver ist 80):

```
addr = socket.getaddrinfo('0.0.0.0', 80)[0][-1]
s = socket.socket()
s.bind(addr)
s.listen(1)
```

Anschließend muss der Code nur noch endlos warten und einen Verbindungswunsch akzeptieren:

```
cl, addr = s.accept()
print('Anfrage von: ', addr)
request = cl.recv(1024).decode('utf-8')
```

Anschließend steht in der Variablen `request` die komplette Anfrage des Clients. Falls Sie mehr als eine Webseite unterstützen, müssen Sie den Request hier auswerten. Ansonsten können Sie einfach die Antwort senden, und zwar den zuvor geladenen HTML-Code in der Variablen `html`:

```
cl.send('HTTP/1.0 200 OK\r\nContent-type: text/html\r\n\r\n')
cl.send(html)
cl.close()
```

In meinem Projekt enthält die HTML-Seite ein Eingabefeld für die PIN und eine Schaltfläche zum Abschicken. Das erzeugt einen weiteren Request. Den auszuwerten, ist etwas komplizierter, aber letztlich ruft der Code nach erfolgreicher Prüfung der gesendeten PIN eine simple Funktion auf, die den GPIO-Pin mit dem angeschlossenen Relais für zwei Sekunden auf *high* schaltet. Falls Sie ein ähnliches Projekt planen, finden Sie den gesamten Code im Downloadpaket.

Ich habe meinen Auftraggeber (mich selbst) jetzt mit einem funktionierenden WLAN-Türöffner beglückt und mir die formelle Abnahme erteilt. Ich stehe vorm Haus, rufe auf dem Smartphone (im WLAN) ein zuvor hinterlegtes Bookmark auf, gebe die PIN ein – und schon lässt mein Haus mich rein.

Wie sieht es mit Ihrem Projekt aus? Was haben Sie zustande gebracht? Lassen Sie es mich wissen und schicken Sie mir eine E-Mail an *uwe.post@ludetis.de* – ich bin gespannt!

Auf jeden Fall bin ich sicher, dass Sie an dieser Stelle bestens auf Ihr Studium vorbereitet sind. Ich wünsche Ihnen viel Erfolg auf Ihrem Weg – mit möglichst geringem Widerstand!

Index

F

G

H

I

J

K

L

M

N

S

T

U

V

W

X

Z

Visuelles Programmieren leicht gemacht

Bauen Sie komplexe Schaltungen auf, ohne eine einzige Zeile Code zu schreiben – Node-RED macht es möglich. Mit dem visuellen Programmierkonzept erstellen Sie Flows und Logiken, die Ihre Projekte steuern. Udo Brandes stellt Ihnen dazu in diesem Handbuch alle Nodes vor und zeigt Ihnen, wie Sie Ihre Anforderungen übersichtlich modellieren und passende Dashboards erstellen.

560 Seiten, gebunden, in Farbe, 39,90 Euro, ISBN 978-3-8362-9908-4

www.rheinwerk-verlag.de/5824